# Paris

D1390839

**GUIDES BLEUS ÉVASION**

L'édition originale de ce guide a été établie par **Hervé Juvin** et **Denis Montagnon**. La présente édition a été mise à jour par **Gérard Peter, Florence Humbert, Emma-nuelle Boyer** et **Olivier Cathus**.

Nous remercions la mairie de Paris et ses différents départements pour l'aide qu'ils nous ont apportée; Jean-Robert Pitte, directeur de l'ouvrage *Paris, histoire d'une ville*; Georges Poisson, auteur du *Guide Bleu Paris*.

**Direction**: Isabelle Jeuge-Maynart. **Direction éditoriale**: Catherine Marquet. **Responsable de collection**: Armelle de Moucheron. **Édition**: Marie-Christine Barraux, Élisabeth Cautru, Sophie Mejdoub. **Lecture-correction**: Sylvie Grenier, Yolande Le Douarin. **Informatique éditoriale**: Lionel Barth. **Maquette intérieure et mise en pages PAO**: Catherine Riand. **Documentation**: Sylvie Gabriel. **Cartographie**: Fabrice Le Goff. **Fabrication**: Gérard Piassale, Caroline Garnier, Maud Hubert. *Avec la collaboration de*: Jocelyne Chamarat, Camille Duval, Aurélie Joiris, Emmanuel Meier, Marion Metzinger, Régis Cocault.

# Paris

**GUIDES BLEUS ÉVASION**

# Sommaire

faubourg St-Germain, 177 – **Montparnasse et le XIVᵉ arrondissement**, 182 – La rue de Rennes, 182 – Autour de la gare Montparnasse, 182 – **Les ateliers d'artistes, 186** – Plaisance et le XIVᵉ arrondissement, 188 – **La tour Eiffel et les Invalides**, 189 – La tour Eiffel et son quartier, 189 – Le quartier des Invalides, 191.

# P R A T I Q U E

# C A R T E S   E T   P L A N S

EMBARQUER

## QUE VOIR ?

Quartier par quartier,
un commentaire sur
les plus beaux sites
à visiter, des idées
pour découvrir
Paris hors des sentiers
battus, des suggestions
de promenades.

## QUOTIDIEN

Les transports,
l'hébergement,
les restaurants,
les mille et une choses
pour organiser son séjour.

Ci-contre : Capitale des arts,
Paris a toujours attiré les artistes.
Ici, le pont Marie (1614),
l'un des plus anciens ponts
de la capitale, relie la rive droite
à l'île St-Louis.

# Quartier par quartier

Des thermes de Cluny à la Maison du Japon, l'ancienne Lutèce est de ces villes qui jamais ne laissent indifférent. Si les siècles ont chacun déposé ici leurs sédiments, derrière les pierres de ses monuments imposants se cache l'âme de Paris : celle de ses bistrots où résonne la gouaille du « titi parigot » ; celle de ses places tranquilles au parfum de villages ; celle de ses lieux intimes comme ces ateliers d'artistes noyés dans la verdure. Bouleversant les idées reçues que sa légende a momifiées, Paris est ainsi un concentré d'univers qui se télescopent. Trépidante et fourmillante, à la Bourse comme dans les boîtes branchées, elle vit à plein régime 24 h sur 24. Sous les feux de la mode et dans les quartiers chic, elle étale son luxe avec superbe ; dans les quartiers ethniques et populaires, elle montre un visage plus humain.

## Dans les îles

➤ *Voir carte sur le rabat avant*

L'**île de la Cité**\*\*\* *(p. 64)* et l' ♥ **île St-Louis**\*\*\* *(p. 74)* se donnent la main. Pourtant, tout les oppose. Bien que remodelée par le baron

Haussmann, la première groupe encore les principaux souvenirs du Paris médiéval autour de **Notre-Dame**\*\*\* *(p. 64)*, chef-d'œuvre de l'âge d'or du gothique. Plus résidentielle, la seconde séduit par ses élégants hôtels : l'**hôtel Lauzun**\*\* *(p. 74)* et l'**hôtel Lambert**\*\* *(p. 75)*, ses rues piétonnières et ses glaciers réputés.

# La rive droite

> *Voir carte sur le rabat avant*

## Le Marais\*\*\* et la Bastille\*

Des hôtels des XVIIe et XVIIIe s. comme s'il en pleuvait, avec notamment **Carnavalet**\*\* *(p. 84)*, **Sully**\*\*\* *(p. 88)* et **Soubise**\*\* *(p. 79)*, l'**église St-Gervais-St-Protais**\* *(p. 89)*, le musée **Picasso**\*\* *(p. 80)* et la plus belle place de Paris, la **place des Vosges**\*\*\* *(p. 84)*, le tout sur fond de boutiques chic et de cafés à la mode.

## Beaubourg\* et le quartier des Halles\*

Entre l'incontournable **Centre Georges-Pompidou**\*\*\* *(p. 91)*, étendard coloré de la modernité, et la pittoresque ♥ **rue Montorgueil** *(p. 95)*, un nouveau visage s'est dessiné ici : le **Forum des Halles**\* *(p. 94)* avec ses magasins, ses cafés branchés au milieu desquels émerge, imperturbable, l'église **St-Eustache**\*\* *(p. 94)*, gothique et Renaissance.

## Le quartier du Louvre\*\*\* et du Palais-Royal\*\*

Le luxe s'y affiche avec constance depuis la **place Vendôme**\*\* *(p. 104)* jusqu'à la **place des Victoires**\*\* *(p. 110)*, en passant par le jardin des **Tuileries**\*\* *(p. 102)*. Ici sont réunis quelques-uns des plus beaux monuments parisiens, presque tous du XVIIe ou du XVIIIe s. Avec, comme cerise sur le gâteau, un temple de la culture : le **Louvre**\*\*\* *(p. 97)*.

## Les Grands Boulevards\*

De la **Madeleine**\* *(p. 112)* au ♥ **canal St-Martin**\* *(p. 119)*, en passant par l'**Opéra**\*\* *(p. 114)*, à la décoration époustouflante, voici le Paris bourgeois, opulent et animé. Vous goûterez aussi au charme suranné des galeries couvertes : le ♥ **passage Jouffroy** *(p. 117)*, le ♥ **passage des Panoramas** *(p. 117)* et le ♥ **passage des Princes** *(p. 117)*.

## Montmartre\*\*\*, Pigalle et la ♥ Nouvelle Athènes\*

Patrie de la bohème artistique, Montmartre offre une grande diversité. Si le **Sacré-Cœur**\* *(p. 124)* et la **place du Tertre** *(p. 126)* sont envahis par les touristes, la ♥ **rue Lepic**\* *(p. 120)* et le ♥ **quartier des Abbesses**\* *(p. 127)* ont des allures

villageoises. Luisant sous les *peep-shows*, **Pigalle** et ses anciens caf' conc' reconvertis en boîtes branchées attirent les noctambules. Vers la place St-Georges, la ♥ **Nouvelle Athènes**⋆ *(p. 128)* livre un visage plus bourgeois.

## Les Champs-Élysées⋆⋆⋆

La plus belle avenue du monde cultive l'art des perspectives. Cafés, cinémas et boutiques attirent les badauds. L'Exposition universelle de 1900 a laissé ici quelques chefs-d'œuvre d'architecture : le **Grand Palais**⋆⋆, le **pont Alexandre-III**⋆⋆, le **Petit Palais**⋆⋆ *(p. 136)* ; au **palais de la Découverte**⋆⋆, les enfants joueront aux apprentis sorciers *(p. 136)*. Envie de beau linge ? L'**avenue Montaigne**⋆ *(p. 137)*, fief de la haute couture, est à deux pas. À voir aussi absolument : le ♥ **musée Jacquemart-André**⋆⋆ *(p. 137)*.

### Le Trocadéro⋆ et les beaux quartiers⋆

Bienvenue dans le quartier des musées. Outre le **musée de l'Homme**⋆ ou **de la Marine**⋆⋆, les plus prestigieux sont **Guimet**⋆⋆⋆ *(p. 146)* pour l'art asiatique, **Marmottan**⋆⋆ pour l'impressionnisme *(p. 147)* et le **musée municipal d'Art moderne**⋆⋆ *(p. 146)*. Les quartiers-villages d'♥ **Auteuil**⋆ *(p. 147)* et de ♥ **Passy**⋆ *(p. 146)* invitent quant à eux à une belle balade architecturale avec des immeubles **Art nouveau** de Guimard, Sauvage et Mallet-Stevens.

# La rive gauche

➤ *Voir carte sur le rabat avant*

## Le Quartier latin⋆⋆

Tant qu'il y aura des étudiants, le Quartier latin, où trône la doyenne des universités, la **Sorbonne**⋆ *(p. 156)*, restera l'un des plus attachants de Paris. Étonnant télescopage des siècles, le diplodocus au ♥ **Jardin des Plantes**⋆, les **arènes**⋆ de la **Lutèce gallo-romaine** *(p. 160)*, près de la **rue Mouffetard**⋆⋆ *(p. 159)*, et les **thermes de Cluny**⋆⋆ *(p. 156)* narguent quelques bâtiments modernes : l'**Institut du monde arabe**⋆⋆ *(p. 163)* et la **Bibliothèque de France**⋆ *(p. 163)*. Amateurs d'églises, voici **St-Séverin**⋆⋆ *(p. 153)*, le ♥ **Val-de-Grâce**⋆⋆ *(p. 158)* ou encore ♥ **St-Étienne-du-Mont**⋆⋆ *(p. 158)*.

## St-Germain-des-Prés⋆⋆

Fief de l'intelligentsia, le quartier des librairies et des éditeurs est aussi un haut lieu de la mode. Même si les terrasses du *Flore* et des *Deux Magots* incitent à la paresse, résistez à la tentation car d'autres surprises vous attendent : l'**Institut de France**⋆⋆ *(p. 170)* et le **pont des Arts**⋆, qui lui fait face *(p. 170)*, l'**église St-Sulpice**⋆

(p. 172), le ♥ **musée Zadkine**\*\* (p. 176) et la ♥ **place de Fürstenberg**\*, plantée de paulownias (p. 172).

### Le faubourg St-Germain\*\*

Si vous raffolez d'hôtels particuliers (XVIIIᵉ s.), vous ne serez pas déçu: le **Palais-Bourbon**\* (p. 177), l'hôtel Bouchardon, qui abrite le **musée Maillol**\* (p. 180), les élégantes demeures des rues de **Grenelle**\*\* (p. 180) et de **Varenne**\*\* (p. 179), sans oublier le **musée d'Orsay**\*\*\* (p. 227) et le **musée Rodin**\*\* (p. 178).

### Montparnasse\* et le XIVᵉ arrondissement

Un quartier d'hier avec ses lieux mythiques, *Le Dôme* (p. 185), *La Coupole* (p. 185), ou méconnus comme la ♥ **rue Didot** (p. 189) et ses villas agrémentées de jardinets et l'**église N.-D.-du-Travail**\* (p. 188), étonnante église métallique. Un quartier d'aujourd'hui où l'art contemporain s'affiche à la ♥ **Fondation Cartier**\* (p. 185). Pour prendre le frais au vert, le **parc Montsouris**\* (p. 45). Du haut de la **tour Montparnasse** s'offre un fabuleux **panorama**\*\*.

### La tour Eiffel\*\*\* et les Invalides\*\*

Ici, Louis XIV et Louis XV ont cherché tour à tour à susciter l'admiration, tandis que les Expositions universelles affichaient aux yeux du monde leur ingéniosité. Un florilège de monuments légendaires en donne acte: les **Invalides**\*\*\* (p. 194), l'**École militaire**\*\* (p. 191) et la **tour Eiffel**\*\*\* (p. 189), la plus élancée de toutes les Parisiennes.

## ◼ Si vous aimez...

### Les symboles de Paris

➤ **DANS LES ÎLES.** Notre-Dame\*\*\* (p. 64) et la Sainte-Chapelle\*\*\* (p. 70).

➤ **RIVE DROITE.** Le Grand Louvre\*\*\* (p. 97), les Champs-Élysées\*\*\* (p. 131), la place de la Concorde\*\*\* (p. 131), l'Arc de Triomphe\*\* (p. 139), la place du Tertre (p. 126) et le Sacré-Cœur\* (p. 124).

➤ **RIVE GAUCHE.** La tour Eiffel\*\*\* (p. 189), les Invalides\*\*\* (p. 194) et St-Germain-des-Prés\*\* (p. 168).

### Paris gothique

➤ **DANS LES ÎLES.** Notre-Dame\*\*\* (p. 64), la Sainte-Chapelle\*\*\* (p. 70), la Conciergerie\*\* (p. 70).

➤ **RIVE DROITE.** Les églises St-Gervais-St-Protais* *(p. 89)*, St-Merri* *(p. 90)*, St-Germain l'Auxerrois* *(p. 96)* et St-Pierre-de-Montmartre* *(p. 126)*, sans oublier la ♥ tour St-Jacques* *(p. 90)*, ♥ le cloître des Billettes* *(p. 77)* et l'hôtel de Sens* *(p. 88)*.

➤ **RIVE GAUCHE.** Les églises St-Séverin** *(p. 153)*, ♥ St-Étienne-du-Mont** *(p. 158)*, ♥ St-Germain-des-Prés*, la plus ancienne *(p. 171)*, et ♥ St-Julien-le-Pauvre* *(p. 153)* ainsi que des exemples d'architecture civile du Moyen Âge à Paris: l'hôtel de Cluny*** *(p. 156)*.

### Paris Renaissance et classique

➤ **DANS LES ÎLES.** La place Dauphine** *(p. 71)* et ♥ l'île St-Louis*** *(p. 74)*.

➤ **RIVE DROITE.** L'hôtel Carnavalet*** *(p. 84)* et l'église St-Eustache** *(p. 94)*. De style classique: la cour Carrée du Grand Louvre*** *(p. 99)*, la ♥ place des Vosges*** *(p. 84)*, ♥ l'hôtel de Sully*** *(p. 88)*, la place Vendôme** *(p. 104)* et la place des Victoires** *(p. 110)*.

➤ **RIVE GAUCHE.** Le jubé** Renaissance de l'église St-Étienne-du-Mont *(p. 158)*. Les Invalides*** *(p. 194)* et l'église du ♥ Val-de-Grâce** *(p. 158)*, apogée du classicisme, de même que l'Institut de France** *(p. 170)* et la chapelle de la Sorbonne* *(p. 156)*.

### Paris entre Lumières et Révolution

➤ **RIVE DROITE.** La place de la Concorde*** *(p. 131)* et le Palais-Royal** *(p. 106)* avant tout, mais aussi l'hôtel de Soubise** *(p. 79)* et l'église St-Roch* *(p. 105)*.

➤ **RIVE GAUCHE.** Le Panthéon** *(p. 157)*, l'hôtel de la Monnaie** *(p. 168)*, l'École Militaire** *(p. 191)*, l'église St-Sulpice** *(p. 172)* et les hôtels du fbg St-Germain, en particulier rues de Grenelle** *(p. 180)* et de Varenne** *(p. 179)*.

### Paris impérial

➤ **RIVE DROITE.** L'Arc de Triomphe** *(p. 139)*, la Madeleine* *(p. 112)* et la rue de Rivoli *(p. 43)*, percée par Napoléon.

# Carte d'identité

Fluctuat nec mergitur :
*« Je suis battu
par les flots mais
ne sombre pas »,
telle est la devise
de Paris. Elle illustre
l'importance
de la corporation
des marchands de l'eau
au Moyen Âge.*

➤ **SITUATION**. À 372 km en amont de l'embouchure de la Seine. Altitudes maximales : 148 m dans le quartier de Belleville et 128 m à Montmartre.

➤ **SUPERFICIE**. 105,4 km$^2$ (0,022 % du territoire national), soit 12 km d'E en O sur 9 km du N au S.

➤ **DIVISION ADMINISTRATIVE ET STATUT**. 20 arrondissements. La ville est gérée par un maire élu pour six ans.

➤ **POPULATION**. Paris *intra-muros* : 2 125 246 habitants en 1999. Arrondissement le plus peuplé : XVe (225 362 hab.). Arrondissement le moins peuplé : Ier (16 888 hab.). Agglomération parisienne : 9,6 millions d'habitants.

➤ **RESSOURCES**. Ses 220 000 entreprises réalisent à elles seules 10 % du produit intérieur brut français. 1/4 de l'activité industrielle, 1/3 de l'activité tertiaire sont produits à Paris. 21 % de la population active française travaille à Paris.

➤ **TOURISME**. 21 millions de touristes par an env.

➤ **MONUMENTS LES PLUS FRÉQUENTÉS**. La cathédrale Notre-Dame (12 millions de visiteurs par an), devant le Centre G.-Pompidou (7 millions) et la tour Eiffel (5,72 millions).

➤ **ESPACES VERTS**. Plus de 400 parcs et jardins auxquels s'ajoutent le bois de Boulogne (846 ha) et le bois de Vincennes (995 ha).

➤ **ENSEIGNEMENT**. 18 universités (Paris et région) et 30 grandes écoles. 1/3 des étudiants français sont inscrits en Île-de-France.

➤ **PÔLE SCIENTIFIQUE**. Paris et sa région occupent le 4e rang international dans le domaine de la recherche.

➤ **TRANSPORTS**. Les 16 lignes de métro couvrent 211 km de voies.

➤ **RIVE GAUCHE**. Le tombeau de l'Empereur* aux Invalides *(p. 195)*.

### Paris du XIXe siècle

➤ **RIVE DROITE**. L'Opéra Garnier** *(p. 114)*, les Grands Boulevards* *(p. 112)*, les passages ♥ des Princes et ♥ des Panoramas *(p. 117)*, la ♥ Nouvelle Athènes* *(p. 128)*.

➤ **RIVE GAUCHE**. La tour Eiffel*** *(p. 189)* avant tout.

### Paris 1900-1937

➤ **RIVE DROITE**. À ♥ Auteuil*, les créations Art nouveau fourmillent, notamment ♥ rue La Fontaine* *(p. 151)*, et l'Art déco se signale ♥ rue Mallet-Stevens* *(p. 147)*, à la Fondation Le Corbusier* ou encore à Montmartre, ♥ avenue Junot *(p. 121)*.

➤ **RIVE GAUCHE**. La rue Vavin* *(p. 185)*, où Sauvage construisit en

## La Seine, les canaux et les fontaines

➤ **Dans les îles.** Les vues du fleuve depuis le Pont-Neuf** *(p. 71)*, le ♥ square du Vert-Galant** *(p. 71)* ou le quai d'Orléans* *(p. 75)*.

➤ **Rive droite.** Le pont Alexandre-III** *(p. 136)* et le ♥ canal St-Martin* *(p. 119)*. La ♥ fontaine des Innocents** *(p. 93)* et la ♥ fontaine de Niki de St-Phalle* *(p. 93)*.

1912 son fameux immeuble à gradins**, la rue Campagne-Première* *(p. 185)*, le bd Raspail *(p. 185)* et ses bâtiments des années 1930, la Cité universitaire*, dont deux pavillons ont été conçus par Le Corbusier *(p. 149)*.

## Paris contemporain

➤ **Rive droite.** La pyramide** de Pei au Louvre *(p. 100)*, le Centre Georges-Pompidou*** *(p. 91)*, l'Opéra Bastille* *(p. 86)*, la future Cinémathèque française* *(p. 164)*, la Cité des sciences*** *(p. 237)* et la Cité de la musique** *(p. 239)*.

➤ **Rive gauche.** L'Institut du monde arabe** *(p. 163)* et la Bibliothèque de France*, à Tolbiac *(p. 163)*, la ♥ Fondation Cartier* *(p. 185)*, la maison de la culture du Japon* *(p. 191)* et la place de la Catalogne* *(p. 188)*.

➤ **Rive gauche.** Le pont des Arts* *(p. 170)*, le quai St-Michel et ses bouquinistes *(p. 153)*, la fontaine de Médicis* *(p. 176)* et la♥ fontaine des Quatre-Saisons* *(p. 180)*.

## Parfums d'ailleurs

➤ **Rive droite.** La communauté juive ashkénaze de la ♥ rue des Rosiers *(p. 84)*, les grossistes en tissus séfarades du ♥ Sentier *(p. 118)*, les Kurdes, Turcs et Pakistanais du ♥ faubourg St-Denis *(p. 118)*, les Chinois, Cambodgiens et Juifs ashkénazes de Belleville *(p. 51)*, et le quartier Stalingrad-Goutte-d'Or *(p. 56)*, mi-arabe, mi-africain.

➤ **Rive gauche.** La ♥ mosquée* de Paris *(p. 160)*, le Chinatown de la porte de Choisy *(pp. 50, 150 et encadrés pp. 251 et 261)*.

➤ **Aux environs.** La Grande Arche** de la Défense *(p. 165)*.

de Zadkine** *(p. 176)* et de Bour-delle** *(p. 184)*.

### La nature et les parcs

➤ **RIVE DROITE**. Les jardins des ♥ Tuileries* *(p. 102)* et du ♥ Palais-Royal *(p. 107)*, les parcs haussman-niens des Buttes-Chaumont** *(p. 43)* et Monceau* *(p. 43)*, les parcs contemporains de la

### Parfums de village

➤ **RIVE DROITE**. À Montmartre, ♥ rue Lepic** *(p. 120)* ou ♥ place Charles-Dullin *(p. 128)*; dans les beaux quartiers à ♥ Auteuil* *(p. 147)*, ♥ Passy* *(p. 146)* et ♥ bd de Beauséjour *(p. 147)*.

➤ **RIVE GAUCHE**. Les ♥ marchés des rues Mouffetard** *(p. 159)*, ♥ de Buci *(p. 168)* et du ♥ bd Ras-pail *(p. 185)*, la minuscule ♥ place de Fürstenberg* *(p. 172)* et les petites ♥ villas du XIVᵉ arrondisse-ment *(p. 189)*, aux alentours du parc Montsouris *(p. 44)*.

### Les ateliers d'artistes et les maisons d'écrivains

➤ **RIVE DROITE**. La maison de Victor Hugo* *(p. 85)*, les ♥ ateliers du peintre Gustave Moreau* *(p. 129)* et ♥ d'Ary Scheffer *(p. 129)*, le Bateau-Lavoir* *(p. 127)*, la ♥ cité des Fusains *(p. 186)* et la ♥ maison de Balzac* *(p. 151)*.

➤ **RIVE GAUCHE**. L'♥ atelier de Delacroix* *(p. 172)*, les ♥ ateliers

Villette**  *(p. 55)*, de Belleville* *(p. 55)* et de Bercy** *(p. 54)*.

➤ **RIVE GAUCHE**. Le ♥ Jardin des Plantes* *(p. 160)*, ♥ du Luxem-bourg** *(p. 176)*, le parc hauss-mannien de Montsouris* *(p. 44)* et les parcs contemporains A.-Citroën** *(p. 54)* et G.-Brassens* *(p. 54)*.

**Et aussi** : les bois de Vincennes* et de Boulogne* *(p. 45)*.

### Les musées

➤ **RIVE DROITE**. Le Louvre*** *(p. 196)*, le musée d'Art moderne du Centre Georges-Pompidou*** *(p. 223)*, le musée Picasso** *(p. 80)*, le musée municipal d'Art moderne** *(p. 236)*, le musée Gui-met*** des Arts asiatiques *(p. 234)* et le musée Cernuschi* *(p. 240)*, le musée Marmottan** *(p. 147)* et le ♥ musée de l'Orangerie** *(p. 103)*, le ♥ musée Jacquemart-André** *(p. 137)*, le musée Carnavalet de l'Histoire de Paris* *(p. 222)*, le musée des Monuments français**

# Paris, autrement

*Cathédrale aquatique (1874), le réservoir de Montsouris était à son époque le plus grand réservoir du monde. Il approvisionne encore un Parisien sur cinq.*

**IL EST 5 H, PARIS S'ÉVEILLE**... Même si l'ouvrier parisien est désormais un oiseau rare, la ville s'ébroue toujours à l'heure du boulanger.

**DÎNER CHEZ UN GRAND CHEF**. Une folie qui n'a pas de prix pour un souvenir impérissable *(p. 152)*.

**UNE SOIRÉE INOUBLIABLE**. À l'Opéra Bastille ou à la Comédie-Française, vous aurez l'embarras du choix *(p. 285)*.

**PARIS LA NUIT**. Écumez les boîtes de Pigalle, faites la tournée des bars de Belleville ou encanaillez-vous dans les guinguettes du bord de Seine *(p. 275)*.

**PARIS L'ÉTÉ**. Pour profiter de la ville sans les embouteillages et vivre au rythme de ses festivals en plein air *(p. 28)*.

**PARIS À NOËL**. Pour les illuminations et les vitrines animées des grands magasins, sans oublier la grande roue des Tuileries *(p. 20)*, un classique du bonheur enfantin.

**SUR LES CANAUX ET LE FLEUVE**. Il n'est pas de visite à Paris sans son fleuve, qui nous livre ses plus beaux ornements, ni sans le canal St-Martin, la « petite Venise parisienne » *(p. 119)*.

**EN BUS**. Avec le PC par exemple, pour découvrir les « musts » de la Petite Ceinture *(p. 150)*.

**À VÉLO OU À ROLLER**. Le dimanche, sur les voies sur berges rendues à ses habitants *(p. 32)* ou le vendredi soir pour les fous de rollers *(p. 31)*.

**JOUER AUX COURSES**. À l'hippodrome d'Auteuil, de Longchamp ou de Vincennes.

**ASSISTER À UNE MANIFESTATION SPORTIVE**. Au Marathon de Paris, à Roland-Garros, ou sur les Champs-Élysées, pour l'arrivée du Tour de France *(p. 20)*.

**LA CAMPAGNE À LA VILLE**. Au Salon de l'agriculture, chaque année *(p. 20)*, et à la Ferme de Paris dans le bois de Vincennes *(p. 45)*.

**DANS LES CIMETIÈRES**. Une visite hors du temps dans des jardins de sculptures *(p. 210)*.

**CHEZ LES ARTISANS D'HIER ET D'AUJOURD'HUI**. Dans les cours du faubourg St-Antoine et au viaduc des Arts réhabilité *(p. 87)*.

**PARIS EXOTIQUE**. Des parfums de l'Orient (Barbès, Belleville, *p. 51*) aux senteurs de l'Inde (passage Brady) en passant bien sûr par Chinatown (XIIIe arrdt, *p. 251*).

**PARIS INSOLITE**. En explorant les entrailles de la ville (les égouts, *p. 191*), ses galeries souterraines (les catacombes, *p. 189*).

(p. 145), le ♥ musée G.-Moreau* (p. 129) et le ♥ musée de la Vie romantique (p. 129).

➤ **RIVE GAUCHE**. Le musée du Moyen Âge et des Thermes de Cluny*** (p. 225), le Muséum d'histoire naturelle** (p. 161), le musée d'Orsay*** (p. 227), le ♥ musée Rodin** (p. 178), le ♥ musée Zadkine** (p. 176) et le musée Bourdelle** (p. 184).

## ◼ Programme

### Trois jours

Trois jours permettent de prendre la mesure de tout ce que vous n'aurez pas le temps de voir ! **JOUR 1**. Premier repérage depuis les étages de la **tour Eiffel** (p. 189), dirigez-vous vers les **Champs-Élysées** (p. 131) ou poursuivez la première approche en bateaux-mouches. L'**après-midi**, le **Grand Louvre** (p. 97). **JOUR 2**. L'**île de la Cité** (p. 64), puis balade sur la rive gauche l'**après-midi** : au choix, le **Quartier latin** (p. 152), **St-Germain-des-Prés** (p. 168) ou le **musée d'Orsay** (p. 227). **JOUR 3**. Laissez parler vos goûts : au choix, **Montmartre** (p. 120) et les **Grands Boulevards** (p. 117) avec une halte dans les grands magasins (p. 26) ou une extension vers le **canal St-Martin** (p. 119). Les **hôtels du Marais** (p. 76) et flânerie autour de la **Bastille** (p. 86), ses artisans. Le luxe de la **place Vendôme** (p. 104) et la mode autour de la **place des Victoires** (p. 110). Les ors des **Invalides** (p. 194) et les hôtels du **faubourg St-Germain** (p. 177).

### Sept à dix jours

Toutes les balades proposées dans le guide se réalisent en une semaine. Mais dix jours restent un laps minimal pour voir les «incontournables» de la capitale, tout en prenant le temps de savourer la ville : ses parcs (pp. 44 et 54), ses quartiers méconnus et ses musées de charme (p. 196).

# QUOTIDIEN

## ■ Aller à Paris

### En avion

**Deux aéroports** desservent la capitale : **Roissy-Charles-de-Gaulle**, situé à 25 km au nord, et **Orly** (aérogares sud et ouest), à 14 km au sud. **Rens**. ☎ 01.48.62.12.12 et 01.49.75.15.15.

#### COMPAGNIES AÉRIENNES

➤ **AIR FRANCE**. Elle reste la plus importante firme française pour les vols étrangers vers l'Hexagone. Pour les liaisons intérieures, elle n'a plus le monopole et d'autres compagnies pratiquent des prix très intéressants. Il existe plusieurs agences à Paris :

Champs-Élysées, Luxembourg, Invalides, Bastille. **Rens. et rés.** ☎ 08.02.80.28.02, par Minitel 3615 ou 3616 AIRFRANCE, www.airfrance.fr. Des liaisons quotidiennes sont assurées depuis la province (Bordeaux, Lyon, Nice, Marseille, Toulouse, etc.) et les pays francophones.

➤ **AIR CANADA**. Trois vols quotidiens au départ de Montréal, Québec et Toronto desservent Paris. **Rens. et rés.** ☎ 08.25.80.08.81, par Minitel 3615 AIRCANADA, www.aircanada.ca.

➤ **AIR LIBERTÉ**. 50 vols quotidiens pour la capitale sont proposés au départ de la province et des DOM-TOM. **Rens. et rés.** ☎ 08.03.80.58.05, par Minitel 3615 AIRLIBERTE, www.air-liberte.fr.

➤ **AOM**. Liaisons quotidiennes au départ de Nice, Perpignan, Marseille, Toulon et les DOM-TOM. **Rens. et rés.** ☎ 08.03.00.12.34, par Minitel 3615 AOM, www.aom.com.

➤ **SABENA**. Plusieurs vols quotidiens pour Paris, mais elle est concurrencée par le TGV Thalys *(2 h de voyage)*, plus avantageux. **Rens. et rés.** ☎ 08.20.83.08.30, par Minitel 3615 ou 3616 SABENA, www.sabena.com.

➤ **SWISSAIR**. Plusieurs vols quotidiens relient Paris, Genève et Zurich. **Rens. et rés.** ☎ 08.02.30.04.00, par Minitel 3615 ou 3616 SWISSAIR, www.swissair.fr.

➤ **NOUVELLES FRONTIÈRES**. Des vols quotidiens à prix compétitifs sont proposés depuis la Corse, les DOM-TOM, Montréal, Québec et Toronto. **Rens. et rés.** ☎ 08.25.00.08.25, par Minitel 3615 ou 3616 NF, www.nouvelles-frontieres.com.

## ACCÈS AU CENTRE

➤ **DE ROISSY**. Rapide et économique, le **RER** (**ligne B**) relie le centre de la capitale en 1/2 h, toutes les 15 mn. Premier départ à 4 h 56 de la gare du Nord et 5 h 30 de Châtelet; env. 50 F. Plus longs, le **bus 350** conduit à la gare du Nord et le **351**, place de la Nation. Autre possibilité : les **cars Air France**, qui permettent de gagner la porte Maillot ou le terminus avenue Carnot, de 5 h 45 à 23 h ; env. 45 F. Enfin, **Roissybus** rejoint la rue Scribe, près de l'Opéra, en 45 mn, de 6 h à 23 h ; env. 55 F. Beaucoup plus coûteux, mais rapide, sauf en cas d'embouteillages, le **taxi** conduit au centre en une cinquantaine de minutes ; env. 250 F.

➤ **D'ORLY**. Rapide et économique, le **métro Orlyval** puis le **RER** (**ligne B**) relient le centre en 30 mn. Trains toutes les 4 à 8 mn de 6 h à 22 h, le dim. de 7 h à 22 h 55 ; env. 60 F. Par **Orlyrail** (navette, puis **ligne C** du **RER**), comptez 40 mn ; env. 35 F. Plus longs, **Orlybus** met 25 mn pour gagner Denfert-Rochereau ; env. 30 F,

et le **car Air France**, 30 mn pour les Invalides ; env. 50 F. Beaucoup plus coûteux mais rapide, sauf embouteillages, le **taxi** conduit au centre en une vingtaine de minutes ; env. 150 F.

*Pour avoir des informations sur les horaires des départs et des arrivées, et sur les vols en cours, consulter le Minitel 3615 HORAV.*

### En train

C'est la solution la plus économique et parfois la plus rapide. **Six gares** relient la province et les pays francophones à la capitale. **Rens. et rés.** ☎ 08.36.35.35.35, par Minitel 3615 SNCF, www.sncf.fr.

➤ **GARE D'AUSTERLITZ**, 55, quai d'Austerlitz ; XIIIᵉ **arrdt M°** Gare-d'Austerlitz. Elle dessert le sud-ouest de l'Hexagone. **Accès** au centre de Paris par le **RER** C, la **ligne 10** du **métro** et le **bus 24**.

➤ **GARE DE L'EST**, 10, pl. du 11-Novembre-1918 ; Xᵉ **arrdt M°** Gare-de-l'Est. Elle dessert l'est de la France et aussi le Luxembourg et la Suisse. **Accès** au centre en 15 mn env. par les **lignes 4, 5 et 7** du **métro** et les **bus 38, 39 et 47**.

➤ **GARE DE LYON**, pl. Louis-Armand ; XIIᵉ **arrdt M°** Gare-de-Lyon. Elle dessert le sud-est de la France, la Suisse et l'Italie. **Accès** au centre en 15 mn env. par le **RER** A et D, les **lignes 1 et 14** du **métro** et les **bus 24 et 29**.

➤ **GARE MONTPARNASSE**, 17, bd de Vaugirard ; XVᵉ **arrdt M°** Montparnasse-Bienvenüe. **Accès** au centre en 15 mn env. par les **lignes 4, 12 et 13** du **métro** et les **bus 95 et 96**.

➤ **GARE DU NORD**, 1, rue de Dunkerque ; Xᵉ **arrdt M°** Gare-du-Nord. Elle dessert le nord de la France et la Belgique. **Accès** au centre en 15 mn env. par le **RER** B et D et les **lignes 4** et **5** du **métro**.

➤ **GARE ST-LAZARE**, pl. du Havre ; VIIIᵉ **arrdt M°** Gare-St-Lazare. Elle dessert la Normandie. **Accès** au centre par les **bus 24, 29** en 15 mn env. Le **RER** E passe par la gare St-Lazare et la gare du Nord.

## Les liaisons intergares

Quelques lignes de bus, particulièrement utiles, assurent les liaisons intergares. Il s'agit du **bus 20** (gare St-Lazare-gare de Lyon), du **bus 26** (gare St-Lazare-gare du Nord), du **bus 48** (gare du Nord-gare Montparnasse), du **bus 65** (gare d'Austerlitz-gare de Lyon-gares de l'Est et du Nord), du **bus 91** (gare Montparnasse-gares d'Austerlitz et de Lyon), du **bus 28** (gare Montparnasse-gare St-Lazare).

### En voiture

Les autoroutes et les nationales vous laissent aux portes de Paris. N'hésitez pas à emprunter le **boulevard périphérique** pour gagner le centre. Lorsque la circulation est normale, il faut compter env. **20 mn**. Aux heures d'affluence *(entre 8 h et 10 h le matin et 18 h et 20 h le soir)*, le trajet peut durer trois fois plus longtemps, et il est alors préférable de passer par le centre ou par les **boulevards extérieurs**.

## ■ Enfants

De grandes troupes de **cirque** (Gruss, Bouglione, etc.) se produisent régulièrement à Paris, surtout à la période des **fêtes**. Pour plus de renseignements, reportez-vous à *Pariscope*. Les vitrines animées de Noël dans les grands magasins sont aussi très appréciées. Toute l'année, les théâtres de **marionnettes**, situés dans les parcs, restent une valeur sûre *(tous les mer., sam. et dim. apr.-m.)*. Vous en trouverez au **rond-point des Champs-Élysées**, au **Champ-de-Mars**, au **jardin du Luxembourg**, au **bois de Vincennes**, aux parcs des **Buttes-Chaumont** et **Montsouris**. *Voir aussi p. 284.*

## ■ Festivals et manifestations

Paris change de visage au fil des mois. Au printemps et en été, les **festivals** attirent des artistes venus de tous les horizons. En automne et en hiver, les **salons** battent leur plein ; les fêtes de fin d'année sont l'occasion de spectacles et de manifestations en tout genre. Vous trouverez de la documentation sur les principales manifestations ayant lieu pendant votre séjour à l'**Espace du tourisme d'Île-de-France**, Carrousel du Louvre, 99, rue de Rivoli ; 1er **arrdt M°** Palais-Royal ☎ 01.44.50.19.98, www.paris-ile-de-france.com ; *ouv. t.l.j. sf mar. de 10 h à 19 h.*

➤ **Janvier.** Salon des antiquaires, avenue Montaigne. Prix d'Amérique, à l'hippodrome de Vincennes.

➤ **Février.** Salon de l'agriculture, à la porte de Versailles. Salon des papiers anciens, des livres et des collections, à la porte de Champerret.

➤ **Mars.** Salon des antiquaires, à Auteuil. Journée des naissances, à la Ferme de Paris, dans le bois de Vincennes.

➤ **Avril.** Marathon de Paris. Foire du Trône.

➤ **Mai.** Journées **portes ouvertes des ateliers d'artistes** de Belleville. Les « **Pestacles** », festival de théâtre pour enfants, au parc floral, jusqu'en **septembre**. Festival de jazz, concerts gratuits à 16 h 30 les samedis et dimanches au parc floral, jusqu'en **juillet**. Journée de la tonte à la Ferme de Paris, dans le bois de Vincennes. Finale de la **Coupe de France de football**.

➤ **Juin.** Grand steeple-chase de la Ville de Paris, hippodrome d'Auteuil. Internationaux de France de tennis, à Roland-Garros. Course des serveurs et des garçons de café. Foire St-Germain (expositions, foire aux antiquaires, marché de la poésie). Fête de la musique, le 21, grands concerts sur les places et à la Villette. Manifestation du Carré Rive Gauche. Festival Chopin, au parc de Bagatelle tout le mois et en **juillet**. Fête foraine des Tuileries, jusqu'à fin août.

➤ **Juillet.** Fête du cinéma. Festival de jazz, à la Villette. Fête nationale du 14 juillet (revue des troupes, défilé militaire, grand bal, feux d'artifice). Festival Paris quartier d'été (danse, concerts-promenades, cirque, théâtre), de la **mi-juillet** à la **mi-août**. Arrivée du **Tour de France** aux Champs-Élysées. **Festival de cinéma en plein air** au parc de la Villette du **17 juillet** au **26 août** (*voir encadré p. 29*).

➤ Août. **Festival Paris quartier d'été** jusqu'à la mi-août. **Festival de cinéma en plein air** au parc de la Villette. **Concerts classiques** à 16 h 30 les samedis et dimanches au parc floral, jusqu'en **septembre**.

➤ Septembre. **Festival d'automne à Paris** (danse, théâtre, musique, cinéma, arts plastiques). **Journée du patrimoine.**

➤ Octobre. **Grand marché d'art contemporain**, à Bastille. **Journées portes ouvertes des ateliers d'artistes** de Ménilmontant. **Vendanges** dans les jardins de Paris (Bercy, Belleville, G.-Brassens et Montmartre).

➤ Novembre. **Salon des antiquaires** à l'hippodrome d'Auteuil. **Mois de la photo** à la maison de la Photographie. **Salon du livre de jeunesse** à Montreuil, de la fin novembre au **début décembre**.

➤ Décembre. **Illuminations** dans les rues et les grands magasins. **Crèche** monumentale à l'Hôtel de Ville. **Marché de Noël** au parc floral.

## ■ Hébergement

L'**Office de tourisme de Paris** (*voir p. 22*) propose différentes formules de logement : hôtels, locations, échanges d'appartements et centres pour les jeunes. *Voir aussi encadré p. 245.*

### Hôtels

Il en existe plus d'un millier, de l'hôtel sommaire au palace international. Les deux et trois étoiles sont majoritaires. N'oubliez pas de **réserver** au moins un **mois à l'avance**, surtout entre Pâques et la Toussaint. En ce qui concerne les **tarifs**, vous débourserez **plus qu'ailleurs** : un deux étoiles coûte ici le prix d'un trois étoiles en province.

#### DANS QUEL QUARTIER ?

Les hôtels les plus luxueux se trouvent surtout sur la **rive droite**, aux alentours de la place Vendôme, de l'Opéra

*La grande roue des Tuileries fait la joie des enfants en été et à Noël.*

ou des Champs-Élysées (ces deux derniers quartiers étant assez bruyants). Le XVIᵉ arrdt est un quartier à la fois résidentiel et calme. Plus vivante, la **rive gauche** compte un bon nombre d'hôtels de charme ; c'est peut-être dans le VIIᵉ arrdt que vous rencontrerez les adresses les plus calmes.

### Échange et location d'appartements

Il s'agit de locations de studios ou d'appartements haut de gamme, dotés de commodités (cuisine équipée, TV, téléphone). Les prix varient selon la période et deviennent intéressants si vous séjournez à plusieurs. Liste complète de ces résidences à l'office de tourisme.

**Paris Appartements Services**, 20, rue Bachaumont ; IIᵉ arrdt ☎ 01.40. 28.01.28. L'agence fournit studios et appartements dans les Iᵉʳ, IIᵉ, IIIᵉ et IVᵉ arrdts.

**Intervac**, 230, bd Voltaire ; XIᵉ arrdt ☎ 01.43.70.21.22. Propose des **échanges** d'appartements : les seuls frais à envisager sont des frais d'annonce dans le catalogue.

## Carte Musées et monuments

Cette carte donne accès libre à 70 musées et monuments de la ville. Très vite rentabilisée, elle sert, en outre, de coupe-file, bien pratique au Louvre, à Orsay ou à Beaubourg. En vente dans les musées et les monuments, les stations de métro, à l'office de tourisme et dans les Fnac. **Tarifs**: forfait 1 jour (85 F); 3 jours (170 F) ou 5 jours consécutifs (255 F). ☎ 01.44.61.96.60. www.intermusees.com.

### Spécial jeunes

Différentes associations proposent des logements bon marché.

**Auberges de jeunesse**, 27, rue Pajol; XVIIIe **arrdt M°** La Chapelle ☎ 01.44.89.87.27, www.fuaj.org.

**Auberge internationale des jeunes**, 10, rue Trousseau; XIe **arrdt M°** Ledru-Rollin ☎ 01.47.00.62.00.

**LFAJ**, 67, rue Vergniaud; XIIIe **arrdt M°** Glacière ☎ 01.44.16.78.78.

**UCRIF**, 27, rue de Turbigo; IIe **arrdt M°** Rambuteau ☎ 01.40.26.57.64.

### ▪ Horaires

➤ **Banques.** Leurs horaires sont les mêmes que partout en France (*9 h-17 h*) mais les nombreux distributeurs de billets dispensent souvent de les fréquenter.

➤ **Magasins.** Ils sont généralement *ouverts de 10 h à 19 h*. Les grands magasins ferment le dimanche, sauf pendant les fêtes de fin d'année, et tous observent une **nocturne** par semaine (**BHV** *le mer.*; **Samaritaine** *le jeu.*; **Marks and Spencer** *les mer. jeu. et ven.*; **Galeries Lafayette** *le jeu.*; **Printemps** *le jeu.*). Certains magasins des Champs-Élysées (le Virgin Megastore par exemple), du boulevard St-

Michel (Quartier latin) et de la rue des Francs-Bourgeois (Marais) ouvrent le dimanche.

➤ **Musées et monuments.** De manière générale, les musées et les monuments se visitent *six jours sur sept de 10 h à 18 h à l'exception des jours fériés*. Les musées nationaux ferment le **mardi**; les musées municipaux, le **lundi** (Art moderne, ateliers de Bourdelle et de Zadkine, Carnavalet, Cernuschi, Cognacq-Jay, Petit Palais). Les **nocturnes** se pratiquent de plus en plus fréquemment (musée du Louvre, *les lun. et mer.*; musée des Arts décoratifs, *le mer.*; musée d'Orsay, *le jeu.*; Grand Palais, *le mer.*; Petit Palais, *le jeu.*).

➤ **Poste.** Les bureaux sont *ouverts de 8 h à 19 h du lun. au ven. et le sam. de 8 h à 12 h*. En raison de l'affluence, évitez les heures de déjeuner et le samedi matin. **Poste principale**: 52, rue du Louvre; Ier **arrdt M°** Louvre. **Permanence t.l.j. 24 h/24** pour le téléphone et les télégrammes internationaux.

➤ **Restaurants.** Généralement, on sert *jusqu'à 22 h* (un peu plus tard parfois le week-end) dans un établissement classique, et *jusqu'à 23 h ou plus* dans les brasseries, les bars à vin, les restaurants chinois et maghrébins. Au-delà, vous devrez souvent dîner dans des restaurants de chaînes (*Hippopotamus, Batifol, Bistrot Romain, Léon*, etc.) ou dans les fast-foods qui *ferment vers minuit ou 1 h* (voir encadré p. 274 ).

### ▪ Informations touristiques

**Office de tourisme et des congrès de Paris**, 127, av. des Champs-Élysées; VIIIe **arrdt M°** George-V ☎ 08.36.68.31.12, www.paris-touristoffice.com ; *ouv. du lun. au sam. de 9 h à 20 h, dim. et j.f. de 11 h à 18 h. F. 1er mai*. Il fournit toutes les informations nécessaires et dispose d'un service de réservations hôtelières. Vous pourrez aussi vous y procurer des guides, des plans et des tickets RATP. **Autres antennes**: à la **gare de Lyon** et à la **tour Eiffel** (*de mai à sept. seulement*). Voir encadré p. 245.

## ◼ Jours fériés

NOUVEL AN. 1ᵉʳ janv. LUNDI DE PÂQUES. FÊTE DU TRAVAIL. 1ᵉʳ mai. JOUR DE LA VICTOIRE. 8 mai. ASCENSION. 6ᵉ jeu. après Pâques. PENTECOTE. 2ᵉ lun. après l'Ascension. FÊTE NATIONALE. 14 juillet. ASSOMPTION. 15 août. TOUSSAINT. 1ᵉʳ nov. ARMISTICE. 11 nov. NOËL. 25 déc.

## ◼ Médias

➤ **PRESSE.** Paris est le pôle de l'information française ; tous les quotidiens nationaux, les hebdomadaires et la presque totalité des revues et magazines sont imprimés ici ou dans la banlieue. Pour les spectacles, les concerts et les expositions en cours, *Le Figaro* et *Le Monde* offrent chaque mercredi des **suppléments** à leurs lecteurs : le *Figaroscope* pour le premier, et *Aden* pour le second, qui à cette occasion s'est associé aux *Inrockuptibles*. Citons également l'hebdomadaire de télévision *Télérama*, qui accorde une large place aux divertissements dans son supplément parisien.

➤ **RADIO.** Différentes stations informent leurs auditeurs des sorties, fêtes ou concerts à ne pas manquer. Parmi celles-ci, on peut citer **FIP** (105.1), **Radio Nova** (101.5), **RTL 2** (105.9), **Europe 2** (103.5), **Skyrock** (96.0), **NRJ** (100.3).

➤ **TÉLÉVISION.** En plus des six chaînes hertziennes, tous les arrondissements peuvent recevoir les chaînes câblées, notamment la chaîne locale Paris Première.

## ◼ Restaurants

La capitale du pays est aussi celle de la gastronomie. On y trouve de tout et à tous les prix : depuis la grande cuisine sophistiquée jusqu'à la table familiale en passant par les cuisines régionales et ethniques *(voir encadré p. 261)*. Comme dans beaucoup de domaines, les restaurants subissent les **modes**, et l'engouement d'un jour ne garantit pas l'immuabilité. Par ailleurs, gardez bien à l'esprit que le **prix moyen** d'un bon repas sera toujours **plus élevé ici qu'en province**. En moyenne, il faut tabler sur 120 F pour un dîner.

### Les quartiers

Attention, les **quartiers touristiques** (Montmartre, les Grands Boulevards, les Halles, Odéon, St-Séverin, rue Mouffetard…) ne sont pas toujours synonymes de hauts lieux gastronomiques, et les prix ne sont pas toujours en rapport avec la qualité des plats. De manière générale, les pizzérias, les caves à fondues, les crêperies du Quartier latin ou de Montparnasse ne sont pas inoubliables. *Vous trouverez en fin de guide une liste d'établissements classés par quartiers et par prix (p. 244).*

➤ **CUISINE FRANÇAISE.** Les gourmets fortunés trouveront la plupart des grandes tables *(réservation plusieurs semaines à l'avance)* vers le **faubourg St-Germain**, les **Champs-Élysées**, l'**Étoile** et le XVIᵉ **arrdt**. Ceux qui cherchent un bon restaurant français **à moins de 300 F** se rendront dans le **Marais** et dans les arrondissements proches du **centre** (IXᵉ, XIᵉ, XIIᵉ, XIIIᵉ,

---

### Téléphoner

Si vous êtes de ceux qui ne possèdent pas encore un téléphone mobile, sachez que les cabines téléphoniques équipées de cartes à puce restent une bonne solution !

➤ **À L'ÉTRANGER.** Composez le 00 + l'indicatif du pays + l'indicatif de la ville + le n° de votre correspondant.

➤ **DE L'ÉTRANGER.** Composez le 00 + 33 + l'indicatif de la ville sans le 0 + le n° de votre correspondant.

➤ **RENSEIGNEMENTS.** Pour la France métropolitaine et les DOM, composez le 12. Pour les TOM et l'étranger, composez le 32.12.

XIVe, XVe **arrdts**) qui regorgent de bistrots sympathiques. Vous hésitez entre choucroute et fruits de mer ? Choisissez une **brasserie**. Le décor est parfois somptueux et l'ambiance animée et chaleureuse.

➤ **CUISINE EXOTIQUE**. Pour goûter une vraie cuisine exotique, à la fois délicieuse et pas chère *(100 à 200 F par personne)*, il n'y a que l'embarras du choix. Les restaurants **cambodgiens**, **vietnamiens**, **chinois** et **thaïs** se situent entre les portes d'Ivry et de Choisy, ou encore autour de Belleville ; les **japonais**, entre le Palais-Royal et l'Opéra ; les tavernes **ashkénazes**, autour de la rue des Rosiers, les restaurants **turcs** vers le faubourg St-Denis et la rue St-Maur ; enfin, les restaurants **indiens** et **pakistanais** se concentrent, notamment, passage Brady. *Voir encadré p. 261.*

## Santé

Paris possède une pléthore d'hôpitaux et de pharmacies ; les médecins, les dentistes et nombre de grands professeurs y exercent, vous n'avez donc rien à craindre lors de votre séjour. *Voir encadré p. 246.*

➤ **HÔPITAUX**. Ils sont plus d'une centaine (publics et privés) disséminés dans la ville. La plupart d'entre eux se trouvent autour des gares (Est, Nord et Montparnasse) et réunissent, dans leurs services, toutes les spécialités.

➤ **PHARMACIES**. Elles sont ouvertes sans interruption entre midi et 14 h ; certaines ne ferment qu'à minuit *(voir p. 245)*.

## Sécurité

Paris est une capitale sûre. Attention toutefois aux **vols dans les voitures** et aux **pickpockets** dans les endroits très fréquentés (grands magasins, métro, etc.) et touristiques en général. La nuit, aucun quartier n'est à éviter en particulier, si ce n'est peut-être les alentours des gares. Le **métro** est surveillé en permanence par des caméras vidéo. En fin de soirée, évitez les wagons et les couloirs déserts.

## Shopping

### Antiquités, brocante

Les magasins d'antiquités méritent une visite même si vous n'avez pas l'intention d'acheter. Certains sont regroupés au **Louvre des Antiquaires** (Ier **arrdt M°** Louvre - Palais-Royal), dans le **Village St-Paul** (IVe **arrdt M°** St-Paul) ou au **Carré Rive Gauche** (VIe **arrdt M°** St-Germain-des-Prés). On peut aussi, pour connaître les ventes annoncées, consulter *La Gazette de Drouot* (en kiosque) et se rendre dans la plus grande salle des ventes de Paris (IIe **arrdt M°** Richelieu-Drouot). En revanche, les **puces** *(p. 282)* ont perdu de leur intérêt marchand, mais reste le plaisir de la balade. *Pour les adresses, voir p. 282.*

### Boutiques-musées

De la parure de Joséphine au flacon à parfum de Napoléon, en passant par la tête de Toutankhamon, le *Catalogue de la Réunion des Musées nationaux* propose des reproductions d'œuvres d'art (lithographies, objets décoratifs, meubles, sculptures et bijoux). Les fonds muséographiques de la Ville de Paris, notamment en matière d'art contemporain, sont aussi très riches. *Pour les adresses, reportez-vous p. 284.*

### Librairies

Avec ses 2 000 librairies, Paris n'usurpe pas son rang de capitale culturelle. Les magasins les mieux fournis se situent dans le **Quartier latin**, vers le **Palais-Royal** et St-Germain-des-Prés. La **Fnac** et **Virgin Megastore** offrent le plus grand choix au meilleur prix. *Pour les adresses, voir p. 284.* Dans un autre domaine, les **bouquinistes** *(voir encadré p. 166)* ne sont pas à négliger, même si les bibliophiles y font plus rarement des trouvailles aujourd'hui. N'hésitez pas à vous éloigner de Notre-Dame, les stocks sont souvent plus intéressants.

### Marchés

Quelques jours par semaine, ils sont une cinquantaine à rendre à Paris son parfum de village, du plus cosmopolite

*La place Vendôme, vitrine du luxe et des grands joailliers.*

et populaire comme ceux de **Barbès** (XVIII$^e$ **arrdt**) ou d'**Aligre** (XII$^e$ **arrdt**) aux étals plus chic du marché «bio» de **Raspail** (VI$^e$ **arrdt**) ou d'**Auteuil** (XVI$^e$ **arrdt**). *Pour connaître les plus beaux marchés, voir encadré p. 281.*

➤ **LE MARCHÉ AUX FLEURS ET AUX OISEAUX**, IV$^e$ **arrdt M°** Cité; *du lun. au sam. de 8h30 à 19h30.* À deux pas du Palais de Justice, il mérite une visite ne serait-ce que pour le parfum des fleurs et Notre-Dame en toile de fond. Le **dimanche** *(aux mêmes horaires),* canaris, perruches et mainates investissent les lieux. On peut poursuivre la balade **quai de la Mégisserie**, en face, où des **animaleries** tiennent le pavé.

➤ **LE MARCHÉ AUX TIMBRES**, cours Marigny; VIII$^e$ **arrdt M°** Champs-Élysées; *jeu., dim. et jours fériés; de 9h à 19h.*

# Au bonheur des dames

« *La femme est reine dans le magasin, elle doit s'y sentir comme dans un temple élevé à sa gloire, pour sa jouissance et son triomphe.* » (*Émile Zola*)

### Des pionniers centenaires

La première cathédrale du commerce est celle du **Bon Marché**, créé par Aristide Boucicaut en 1852. Celui-ci jette les bases du commerce moderne (affichage des prix, principe de l'échange et du remboursement, soldes) et innove en matière d'actions sociales. Dans un quartier encore peu passant, Jules Jaluzot pressent l'essor de l'urbanisation et fonde le **Printemps** en 1865 près de St-Lazare. En 1869, Ernest Cognacq, un camelot qui vendait des cravates sur le Pont-Neuf, ouvre une petite boutique, la **Samaritaine**, qui est aujourd'hui le plus grand des grands magasins parisiens. Ancien magasin de frivolités, les **Galeries Lafayette** voient le jour en 1899 grâce à Alphonse Kahn et Théophile Bader.

### « Rien n'est trop beau pour vous, mesdames » !

Coupoles néobyzantines, verrières monumentales, exubérance de l'Art nouveau, les palais de la tentation du boulevard Haussmann déploient leur charme à grand renfort de ferronneries, de dorures et de stucs. Quant à la Samaritaine, ses différents bâtiments

**Le Printemps**
abrite une coupole monumentale de 20 m de diamètre (1911).

**La Samaritaine**.
Côté Seine, la façade dotée de bow-windows, est un des meilleurs exemples de style Art déco à Paris. Le magasin 2 affiche, quant à lui, une structure métallique aux panneaux fleuris ornés de mosaïques.

**TOILETTES d'HIVER**

*Lundi 20 Octobre et jours suivants*

**Le Bon Marché**. Pour réaliser sa charpente métallique, on fit appel à Gustave Eiffel. L'escalier central a été remplacé depuis par celui du designer Andrée Putman.

forment à eux seuls une passionnante anthologie de l'architecture 1900-1930, dont les auteurs sont Frantz Jourdain et Henri Sauvage. Mais quand on aime, on ne compte pas : les Galeries Lafayette comme le Printemps possèdent chacun 50 000 m² destinés à la vente et occupent plus 3 000 salariés. Le jeu en vaut bien la chandelle : à chaque heure, quelque 500 personnes franchissent les portes des grands magasins. Pourtant, la concurrence est rude ; de l'autre côté du boulevard, C & A et Marks & Spencer viennent faire de l'ombre à ces vénérables maisons.

Immortalisée dans le film, avec Audrey Hepburn, *Charade*, il est fréquenté par les philatélistes et les collectionneurs... de cartes de téléphone ! On y trouve aussi des cartes postales classées par régions.

➤ **LES MARCHÉS AUX PUCES.** St-Ouen, Vanves, Clignancourt, les amateurs de brocante pourront fouiner à loisir dans le royaume de la fripe et du bric-à-brac. *Pour les adresses, voir p. 282.*

### Produits exotiques

Des parfums de l'Orient aux senteurs de l'Inde, Paris offre à tous ceux qui rêvent d'exotisme l'occasion de s'évader pour le prix d'un ticket de métro *(voir encadré p. 251).*

### Mode

Paris symbolise l'élégance et le luxe aux yeux du monde entier. Même les créateurs étrangers ne manquent pas de tester leurs collections devant les exigeants jurys parisiens. Quant aux grands couturiers français, ils contribuent à faire marcher l'industrie du luxe, un secteur économique lucratif qui s'exporte très bien *(p. 58).*

➤ **HAUTE COUTURE.** Si les modèles ne sont accessibles qu'à une poignée de femmes et d'hommes dans le monde, la plupart des grands couturiers (Chanel, Christian Lacroix, Lanvin, Christian Dior, etc.) suivent désormais l'exemple donné par les créateurs comme Jean-Paul Gaultier ou Agnès B. en développant des lignes de prêt-à-porter visant une clientèle plus large.

➤ **LES QUARTIERS DE LA MODE.** Traditionnellement, les grands noms du luxe (haute couture, parfumerie et bijouterie) ont leur adresse dans le XVIe arrdt : **avenue Montaigne** et **rue François-Ier** ; **rue du Faubourg-St-Honoré** et **place Vendôme**. Les créateurs de mode ont quant à eux essaimé vers la **place des Victoires**, la **rue Étienne-Marcel**, la **rue du Louvre** et surtout la **rue du Jour**. Autre terrain de chasse favori des branchés : la **place St-Germain-des-Prés**, la **rue des Saints-Pères**, la **rue de Grenelle** et

la **rue Bonaparte**. Enfin, le quartier du Marais, notamment la **rue des Rosiers**, concentre aussi de nombreuses boutiques qui ont l'avantage d'être ouvertes le dimanche. *Voir aussi p. 84.*

➤ **LES GRANDS MAGASINS.** Autres vitrines du luxe parisien, les Galeries Lafayette, le Printemps et le Bon Marché sont des hauts lieux de la mode. La Samaritaine et le Bazar de l'Hôtel de Ville (BHV) gardent quant à eux l'image de «cavernes d'Ali Baba», que ce soit dans le domaine du jouet, de la quincaillerie ou du bricolage. *Voir aussi pp. 26 et 282.*

### Musique

On trouve un peu partout des supermarchés dans ce domaine, notamment aux **Halles**, à **Opéra** ou sur les **Champs-Élysées**. Les nostalgiques du microsillon se consoleront en fouillant dans les bacs du Quartier latin. Là encore, la **Fnac** et, plus récemment, **Virgin Megastore** sont les enseignes les plus intéressantes. Conseils et possibilité d'écouter sur place et d'échanger les CD. *Pour les adresses, voir p. 284.*

## ■ Spectacles

L'achat de *L'Officiel des spectacles* ou de *Pariscope (parution le mer.)* doit être votre premier geste en arrivant dans la capitale. Pour un prix dérisoire, vous y trouverez la programmation des théâtres, des cinémas, des concerts, des expositions, restaurants et boîtes de nuit.

### Cinéma

Avec près de **500 écrans** et environ **300 films** projetés, sans compter les festivals, les ciné-clubs, la Cinémathèque et les vidéothèques du Forum des Halles ou du Centre Pompidou, vous n'aurez que l'embarras du choix pour «vous faire une toile». Pourtant, la quasi-totalité des salles des arrondissements périphériques a disparu, de même que la moitié des cinémas d'art et d'essai du Quartier latin. Aujourd'hui, le cinéma se concentre

# Le cinoche en plein air

Chaque été, la pelouse du parc de la Villette devient la plus grande salle de cinéma de Paris et accueille près de 200 000 spectateurs. La soirée commence généralement par un pique-nique à la bonne franquette, puis on s'installe confortablement sur des transats avec, pour les frileux, des couvertures. Films cultes ou films d'aujourd'hui sont projetés sur un écran géant de 26 m. Suspense, aventure, humour, le répertoire est éclectique, pour le plus grand bonheur des cinéphiles (*La Nuit du chasseur, Pandora, Breaking the Waves, etc.*), soit au total près de 40 films à la belle étoile. Rens. ☎ 01.40.03.75.03. www.la-villette.com.

surtout dans les **complexes multisalles** du quartier des Champs-Élysées, de Montparnasse, des Gobelins, de la place d'Italie, des Grands Boulevards, des Halles et d'Odéon. Seuls ces deux derniers projettent systématiquement les films en v.o. La Bastille attire aussi les cinéphiles, avec trois salles. *Pour les adresses, voir p. 287.* **Rens. programmes et rés.** : Allô Ciné ☎ 01.40.30.20.10.

## Danse

Les compagnies étrangères se produisent surtout au **Théâtre de la Ville** et au **Théâtre des Champs-Élysées**. Le ballet de l'Opéra de Paris est désormais domicilié au **palais Garnier** et à l'**Opéra Bastille**. *Pour les adresses, voir p. 289.*

## Expositions

L'exposition commémorative est en vogue. Régulièrement, les files d'attente s'allongent devant le **Grand Palais**, dont les **rétrospectives** de maîtres célèbres attirent les visiteurs par centaines de milliers (La Tour, Vermeer, etc.), même si aujourd'hui il est possible de réserver des billets à l'avance.

## Musique

➤ MUSIQUE CLASSIQUE. Les amateurs d'**orchestres symphoniques** et de **récitals** se rendront salles Pleyel et Gaveau, ainsi qu'au Théâtre des Champs-Élysées. La **musique de chambre** est plutôt bien représentée

au Théâtre de la Ville, aux auditoriums des Halles et du Louvre. La **musique baroque** est, notamment, présente au petit théâtre du musée Grévin. L'**art lyrique** règne à l'Opéra Bastille, à l'Opéra-Comique, au Théâtre musical de Paris, au Châtelet, et au théâtre des Champs-Élysées. La **musique contemporaine** a élu domicile à la Cité de la musique de la Villette, où l'Ensemble Intercontemporain de Pierre Boulez se produit quelquefois en concert. *Pour les adresses, voir p. 289.*

➤ VARIÉTÉS, ROCK. Les stars de variétés et du rock'n roll donnent des concerts au **Palais omnisports de Paris-Bercy**, au **Zénith** (la Villette), voire en plein air (Parc des Princes, hippodrome de Longchamp, etc.). D'autres artistes, au calendrier moins chargé, se produisent dans des salles plus humaines comme l'**Olympia** ou le **Casino de Paris**. Enfin, une légion de petites salles accueillent étoiles montantes et artistes à découvrir : **La Cigale**, l'**Élysée-Montmartre**, le **Rex-Club** ou les caves des **cafés de Belleville** et de **Ménilmontant**... *Pour les adresses, voir p. 287.*

➤ JAZZ. Les meilleurs « bœufs » se déroulent au **New Morning**, au **Petit Journal** (Montparnasse et St-Michel), au **Caveau de la Huchette**, au **Petit Opportun**, au **Club Lionel Hampton** de l'hôtel Méridien et à la **Grande Halle de la Villette**. *Pour les adresses, voir p. 287.*

# Les musées préférés des enfants

*La Cité des Enfants à La Villette.*

## Théâtres

Tous les renseignements figurent dans *L'Officiel des spectacles* ou dans *Pariscope*. L'office de tourisme informe également sur les spectacles et propose de réserver des places. Il est aussi possible de faire des réservations par l'intermédiaire d'agences spécialisées ou de billetteries. *Pour les adresses, voir p. 290.*

## Réservation et billets à prix réduits

Il est possible de se procurer des places à moitié prix pour le jour même dans trois **kiosques** : celui de la **Madeleine** ; celui de l'esplanade de la tour Montparnasse ; celui de la **station du RER** Châtelet-Les Halles. Sans réduction : Interspectacles ☎ 01.42.33.44.55 et par Minitel 3615 SPECTACTEL (aussi valables pour connaître les programmes de musique et de danse) ; **billetterie Fnac** qui centralise aussi les réservations de différents spectacles (théâtre, concerts, etc.) ; **Minitel** 3615 FNAC.

## ■ Sports

Malgré le manque d'espace, plus d'une centaine de sports se pratiquent à Paris : de la **canne** (sorte d'escrime remontant, semble-t-il, à l'époque carolingienne) à la **pétanque**, sport favori des Parisiens si l'on en croit les sondages. Pour tout renseignement concernant le sport, **Allô Sports** ☎ 01.42.76.54.54 et 08.20.00.75.75.

## ■ Transports

Problème particulièrement aigu : voilà dix ans que Paris se retrouve paralysé par la circulation dense, en début et en fin de journée. La solution coule de source : marche dans le centre ; métro et RER pour les longues distances.

### S'orienter

➤ **LE CENTRE.** La numérotation des arrondissements est révélatrice de la **croissance en escargot** de la ville à partir de l'île de la Cité, son noyau originel. Vous arpenterez surtout les huit premiers, qui dessinent le centre de Paris en un rectangle de 4 km sur 6 km env. (de l'Opéra à Montparnasse, du N au S, et de la Bastille aux Champs-Élysées, d'E en O).

▶ **PLANS ET REPÈRES.** Pour les grandes balades, munissez-vous d'un plan digne de ce nom. Vous en trouverez facilement dans une librairie ou dans un kiosque. Plus poétiquement, certains monuments servent de bous-sole : la **tour Eiffel** indique le S-O, la **basilique du Sacré-Cœur** le N et la **tour Montparnasse** le plein S. Grossièrement, enfin, la **Seine** traverse Paris d'E en O. Les grands plans près des **bouches de métro** peuvent s'avérer aussi très utiles. Mieux encore, demandez votre chemin à un agent de police (ou à un taxi) : tous ont un plan détaillé de Paris dans leur poche.

### Transports en commun

Où que vous soyez, une station de métro ou un arrêt de bus se trouve toujours à proximité. L'indispensable plan du réseau (bus et métro) s'obtient gratuitement aux guichets.

▶ **BILLETS ET FORFAITS.** Que vous preniez l'autobus, le métro ou le RER, le ticket est le même. Les titres de transport sont en vente dans les stations de métro, les gares du RER, les terminus de bus et les bureaux de tabac. Parmi les **forfaits** valables sur le réseau RATP, signalons **Mobilis**, un seul ticket pour toute une journée ; **Paris visite**, pour voyager pendant 1, 2, 3 ou 5 jours ; le **ticket jeunes**, pour circuler toute la journée le samedi, le dimanche ou un jour férié, et la **carte orange**, ticket au mois ou à la semaine. Les **moins de 4 ans** voyagent gratuitement. Une réduction de 50 % est accordée aux **enfants de moins de 10 ans** et aux titulaires de la carte de **famille nombreuse**.

▶ **OBJETS TROUVÉS RATP.** ☎ 01.40. 30.52.00.

### BUS

C'est le moyen de transport le **moins stressant**. Ses **57 lignes** sont généralement fréquentées par les gens peu pressés (10 km/h de moyenne en heure de pointe !) et par les retraités. Sachez que les bus dont le numéro commence par un **2** partent de la **gare St-Lazare**, par un **3** de la **gare de l'Est**, par un **4** de la **gare du Nord** et par un **9** de la **gare Montparnasse** ; enfin, ceux dont le numéro débute par un **7** desservent l'**Hôtel de Ville**.

Le **service** fonctionne entre **6 h 30** et **20 h 30** ou **0 h 30** selon les lignes. Seuls certains bus roulent le dimanche et les jours fériés. Le réseau **Noctambus** assure un **service minimal de nuit** à partir d'arrêts situés avenue Victoria

## Rollers, la « rando » du vendredi soir

Chaque vendredi, à 22 h, la place d'Italie est le point de ralliement des amateurs de rollers venus des quatre coins de la capitale. Cinq mille patineurs, de quinze à soixante-cinq ans, se retrouvent ainsi pour une randonnée de 25 km à travers la ville. Le cortège est ouvert par des motards. Un rendez-vous qui, depuis 1993, attire chaque semaine toujours plus de monde. Si chacun patine selon son niveau, jeunes, retraités, athlètes ou simples amateurs, viennent avant tout pour faire la fête. Au milieu d'un joyeux tintamarre résonnent les sifflets et les cornes de brume ; on s'asperge à coups de pistolets à eau : une ambiance bon enfant entre défilé de mode et rendez-vous familial. Location de rollers : **Rollerland** ☎ 01.40.27.96.97.

# Le temps qu'il fait

Le charme de Paris opère en toute saison. En moyenne, il pleut annuellement 171 jours (à Nice : 88, à Brest : 211) et il neige 15 jours. De juin à août, l'ensoleillement est à son maximum, certains en profitent pour bronzer sur les berges de la Seine ou sur les pelouses des parcs, accessibles notamment à la Villette, Montsouris, André-Citroën ainsi que dans les bois de Boulogne et de Vincennes. C'est de l'observatoire du parc Montsouris que les prévisions météorologiques sont données chaque jour ☎ 08.38.68. 02.75. Attention ! Certains jours de beau temps donnent lieu à des pics de pollution ; la circulation automobile alternée peut être alors décrétée. La maison de l'Air, au parc de Belleville *(ouv. du mar. au ven. de 13 h 30 à 17 h 30 ; sam. et dim. jusqu'à 18 h 30)*, permet de comprendre tout ce qui se passe dans l'atmosphère, depuis le repérage des oiseaux en vol en passant par la circulation des pollens et, bien sûr, le phénomène de pollution atmosphérique.

(Ier **arrdt M°** Châtelet) et rue St-Martin (IIIe **arrdt M°** Châtelet) : 10 lignes partent de 1 h à 5 h 30 toutes les heures en direction des **principales portes de Paris**. Prix du billet : 15 F pour un trajet simple.

## Métro

Le métro est constitué de **16 lignes**, dont la station Châtelet est le carrefour le plus important. La **direction** est indiquée sur chaque quai, et les **correspondances** sont signalées par

des enseignes lumineuses. Enfin, des plans sont affichés à l'extérieur et à l'intérieur de chaque station. Évitez les **heures de pointe** : de 8 h à 9h et entre 17 h et 18 h. Le **service** fonctionne entre **5 h 30** et **0 h 30**. En ce qui concerne les **tarifs**, un seul billet suffit quelle que soit la longueur du trajet, ce qui le rend particulièrement économique. Afin de désengorger la ligne A du RER entre Gare-de-Lyon et Auber, la **ligne 14** (MÉTÉOR) a été mise en place en 1998.

Sur le plan architectural, certaines stations méritent une visite, ne serait-ce que pour leur remarquable **décoration**. Il s'agit des stations Louvre et Varenne pour leurs moulages ; Liège pour ses carreaux de céramique ; Cluny-La Sorbonne pour les mosaïques de Bazaine ; Orsay pour les œuvres d'artistes contemporains. **Rens.** ☎ 08.36.68.41.14., www.ratp.fr.

## RER

Le réseau express régional compte **5 lignes** : A (E-O) ; B (N-S) ; C, qui longe la rive gauche de la Seine ; D (N-S) et E (centre-E). S'il dessert la banlieue, il permet aussi de traverser rapidement la capitale. Le **prix** du billet est identique à celui du métro tant que l'on est dans Paris *intramuros*. Le **service** fonctionne entre **5 h 30** et **1 h 15**. Rens. ☎ 01.53.90. 20.20.

### Taxis

Les **tarifs** (jour ; nuit dès 19 h ; banlieue ; bagages...) sont affichés à l'intérieur. Certaines compagnies sont désormais équipées de terminaux Carte Bleue : finis les problèmes de monnaie... Dans tous les cas, une course avant 8 h **se réserve la veille**. Un taxi n'a pas le droit de vous prendre si vous êtes à moins de 50 m d'une station *(p. 244)*.

### Vélo

Les Parisiens se sont mis au vélo, lentement mais sûrement. **Cinquante nouveaux kilomètres** sont venus fin 1997 se raccorder aux deux axes N-S

# Sécurité cartes bancaires

➤ Numéro vert international pour toutes les cartes bancaires
☎ 08.36.69.08.80.
➤ **CARTES BLEUES VISA**. ☎ 08.00.90.11.79.
➤ **CARTES AMERICAN EXPRESS**. ☎ 01.47.77.72.00.
➤ **CARTES EUROCARD/MASTERCARD**. Numéro vert international
☎ 08.00.90.23.90.
➤ **DINERS CLUB**. ☎ 01.49.06.17.17.

et E-O déjà existants sur 71 km, dont 15 dans les bois de Vincennes et de Boulogne. Désormais, les **berges de la Seine** sont accessibles aux **cyclistes** et aux amateur de **rollers** le dimanche. À noter aussi que la RATP loue des vélos de mars à oct. **Maison Roue libre** ☎ 01.53.46.43.77.

### Voiture

Quelque 1 500 000 voitures entrent quotidiennement dans la capitale. Aux embouteillages inextricables, à l'agressivité proverbiale des Parisiens au volant s'ajoutent le problème kafkaïen du parking et les contraventions innombrables (dépassement de temps à l'horodateur, circulation dans les files réservées aux bus, stationnement gênant ou interdit).

➤ **STATIONNER**. C'est un vrai casse-tête, en particulier en soirée dans le centre car le nombre des **parkings souterrains** reste insuffisant et ceux-ci reviennent cher. Si vous stationnez en surface, l'achat d'une **carte à puce** *(dans les bureaux de tabac)* est indispensable, car les horodateurs à pièces vont disparaître. Le stationnement est **payant** à Paris *(de 9h à 19h t.l.j. sf le dim.; **temps max.**: 2 h; prix variable selon les arrondissements)*. Certaines rues sont classées en **stationnement résidentiel** (horodateurs marqués d'un point jaune) : vous pouvez y garer votre voiture **gratuitement** *(le sam. et t.l.j. en août)*. Attention aux **places de livraisons**, vous risquez une amende même la nuit.

## ■ Urgences

*Voir encadré p. 246.*

## ■ Vie nocturne

### Où sortir ?

En gros (car les exceptions sont légion), le **quartier de l'Odéon** attire les moins de 30 ans. Les intellectuels dédaignent les **Champs-Élysées**, trop tapageurs. Parmi les quartiers branchés, citons **Pigalle**, les **Abbesses**, la **Bastille**, **Oberkampf**, **Belleville** et **Ménilmontant**. Dans les boîtes, les trois tendances musicales se composent de hip-hop, latino et techno, mais les bals-musettes et les guinguettes sont aussi au goût du jour *(p. 285)*.

La Seine fut longtemps l'artère
nourricière de la capitale.
Des embarcations de toutes tailles
transportaient le blé, le vin,
le poisson salé et le bois ;
les moulins, les pompes
hydrauliques tournaient
à plein régime ; sur les ponts,
fort encombrés, s'entassaient
les baraques, tandis que
sur leurs bateaux-lavoirs,
les lavandières travaillaient
le dos courbé, les mains
dans l'eau glaciale.

D É C O U V R I R

# HÉRITAGE

P rompt à l'enthousiasme comme à la révolte, Paris fit et défit les rois, porta les utopies des siècles et fut le moteur de la France. L'histoire de la ville met en scène les grandes heures du pays, ses hommes les plus illustres et ses monuments les plus prestigieux.

## Un site favorable

Le lieu semble peuplé depuis le **Paléolithique** (vers -200 000). Sa situation sur la Seine, à proximité du confluent de la Marne et de la Bièvre, fait de lui un important carrefour pour le commerce et les échanges. Chasseurs puis agriculteurs néolithiques s'établissent sur les berges du fleuve comme l'attestent les trois pirogues de la période chasséenne retrouvées récemment à Bercy. Les terres fertiles, les forêts et les carrières de pierre fournissent aux habitants les éléments nécessaires au développement de la ville future.

Vers le IIIe s. av. J.-C., la tribu gauloise des **Parisii** prend possession des lieux. Une de ses places fortes est érigée sur l'îlot de la Cité. La bourgade se révèle assez riche pour envoyer 8 000 hommes appuyer la rébellion de Vercingétorix. Elle saura tirer profit de la **conquête romaine** : en 53-52 av. J.-C., au lendemain de la **guerre des Gaules**, Lutèce se dédouble : gauloise sur l'île de la Cité et romaine sur la rive gauche, où elle s'étend vers la montagne Ste-Geneviève *(voir p. 158).*

### La ville gallo-romaine

À la fin du Ier s. apr. J.-C., l'ère romaine produit les premiers exemples d'architecture : les **arènes** de **Lutèce** peuvent contenir la bagatelle de 15 000 personnes !

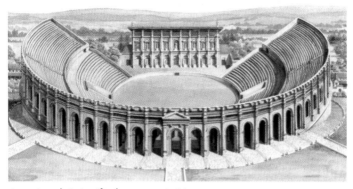

*Les arènes de Lutèce (fin du Ier s. apr. J.-C.).*

Autres vestiges de l'époque, les **thermes de Cluny** (IIe-IIIe s. apr. J.-C.) participent du même goût romain pour les constructions collectives. D'autres monuments longent le *cardo maximus*, c'est-à-dire l'axe nord-sud (actuelle rue St-Jacques), par exemple le **palais** ou encore le **temple** dédié à Jupiter sur l'île de la Cité.

Les **invasions barbares** du milieu du IIIe s. mettent fin à une longue période de prospérité. Peuplée d'environ 10 000 habitants, la ville se replie derrière les remparts de la Cité. Tous les bâtiments de la rive gauche sont détruits, à l'exception du **forum** sur la montagne Ste-Geneviève, ceinte de murailles.

### De Lutèce à Paris

Malgré le péril barbare, la ville demeure une base arrière importante de la **Gaule romaine**. Quand, en 360, **Julien l'Apostat** choisit le palais de la Cité pour se proclamer empereur, **Paris** – c'est désormais son nom officiel – est un important **foyer de christianisme**, soit près d'un siècle après la décapitation de son premier évêque, **St Denis** (vers 250). Les vagues d'invasion suivantes le laissent exsangue et recroquevillé dans le réduit défensif de la Cité. Deux noms émergent de ces siècles obscurs : **St Marcel** et **Ste Geneviève**. En 451, l'évêque parisien et la bergère de Nanterre galvanisent la résistance de la population. Les bandes d'Attila préféreront s'épargner un siège et jeter leur dévolu ailleurs. En hommage à son héroïsme, Geneviève deviendra la patronne de la ville (immortalisée par **Landowski** en 1928).

## Paris, capitale du royaume

À la fin du Ve s., **Clovis**, roi des Francs, souhaite étendre ses conquêtes vers le sud ; en 508, il consacre Paris au rang de **capitale** du royaume. À sa suite, les rois mérovingiens l'embellissent d'églises, tel Childebert, qui élève **Ste-Croix-St-Vincent** à St-Germain-des-Prés. Au VIIe s., **Dagobert** choisit d'être inhumé dans la basilique fondée par Ste Geneviève sur le tombeau de St Denis ; à partir des Capétiens, les rois l'imiteront pendant plus de huit siècles.

## De l'éclipse carolingienne au berceau des Capétiens

Au VIIIe s., le centre de l'empire de Charlemagne se déplace à Aix-la-Chapelle, au nord-est. Mis à sac à plusieurs reprises par les **Normands** au IXe s., Paris n'est plus qu'un simple carrefour commercial sur la Seine. En 987, **Hugues Capet** fonde une nouvelle dynastie, les Capétiens, qui concentrent leurs pouvoirs sur Paris, ville principale de leur domaine. C'est en fait **Louis VI le Gros** (1081-1137) qui donne vraiment la préférence à Paris. On lui doit la rénovation du palais royal sur l'île de la Cité et celle de l'actuel Pont-au-Change, dont l'accès est protégé par un ouvrage fortifié : le **Châtelet**.

## Corporations et fondations religieuses

Le roi accélère aussi le développement de la rive droite en transférant un marché public à la **plaine des Champeaux** – futur quartier des Halles. Bouchers, boulangers et poissonniers commencent à s'organiser en **corporations**, de même que les **marchands de l'eau**, qui sont à l'origine de la municipalité parisienne. Parallèlement, des noyaux d'habitations voient le jour autour de fondations religieuses dans des zones encore très éloignées (St-Germain-des-Prés et St-Marcel, rive gauche ; St-Germain-l'Auxerrois et St-Martin-des-Champs, rive droite). L'année 1163 marque l'apparition de l'**architecture gothique** (p. 72), avec **Maurice de Sully** qui entreprend d'édifier **Notre-Dame** ; plus tard, sous Saint Louis, le nouveau style s'épanouira avec l'édification de la **Sainte-Chapelle** (1248).

## La Cité, le négoce et l'Université

Au début du XIIIe s., Paris offre trois quartiers clairement délimités : au centre, la **Cité** constitue le vieux noyau urbain où siège l'**administration** royale et épiscopale ; la **rive droite** concentre l'activité économique autour de la place de Grève et du marché des Champeaux ; la **rive gauche** est le fief de l'**Université**, qui accueille les étudiants sur les pentes de la montagne Ste-Geneviève. En 1215, une « université » (droit de se regrouper) leur est accordée. Celle-ci remporte un tel succès que le terme désigne par la suite le lieu où se regroupent maîtres et élèves.

## L'urbanisme de Philippe Auguste

En 1180, Philippe Auguste décide de s'appuyer sur Paris pour renforcer le pouvoir monarchique. On lui doit les premiers travaux d'**urbanisme** (pavage des rues principales) et surtout la construction de l'**enceinte**, premier des cercles concentriques qui vont rythmer la croissance de la capitale (voir carte p. 39). La muraille, dont vous aurez une idée plus précise en visitant le Louvre médiéval (p. 197), couvrait alors 253 ha et comptait plusieurs portes. Elle était verrouillée par la **forteresse du Louvre**.

Sous le règne de **Philippe le Bel**, Paris est la ville la plus peuplée et la plus riche d'Occident. Les maisons débordent sur les ponts – on peut les traverser tous sans jamais voir la Seine ! Cet essor démographique s'accompagne d'une intense activité commerciale et financière où s'affirme une puissante **oligarchie marchande**.

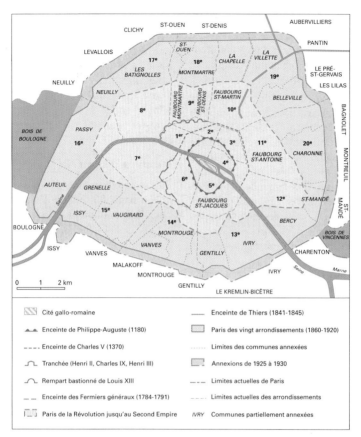

LES AGRANDISSEMENTS SUCCESSIFS DE PARIS

## La première émeute

Les temps changent avec la guerre de Cent Ans : l'insécurité, les impôts plus élevés, la peste noire ont tôt fait d'attiser les mécontentements ; la **première révolution** parisienne éclate en 1358, menée par le prévôt des marchands, **Étienne Marcel** *(p. 77)*. Traumatisée, la monarchie n'aura de cesse d'affaiblir le pouvoir de la municipalité au cours des siècles suivants. En 1789, prévôt et échevin ne seront plus que des titres honorifiques, concédés par le roi à ceux qui l'ont bien servi.

## Des ouvrages défensifs au Paris Renaissance

À partir de 1364, **Charles V** fait bâtir une **nouvelle muraille** englobant le **Louvre**, qui perd son rôle défensif pour devenir une résidence royale même si finalement le souverain préfère demeurer au château de Vincennes ! À l'est, la forteresse de la Bastille est érigée.

La reconstruction de Paris revient à Louis XI puis à Louis XII, dont les règnes sont marqués par les chantiers de chefs-d'œuvre **gothiques flamboyants** : St-Séverin *(p. 153)*,

St-Étienne-du-Mont *(p. 158)* et l'**hôtel de Cluny** *(p. 156)*. Ce style au goût prononcé pour un décor presque profane durera jusqu'au début du XVIIe s. !

**François Ier**, qui fixe sa résidence officielle à Paris, tente d'imposer son amour de l'Italie Renaissance. Il fonde le **Collège de France** (1530), où l'humaniste **Budé** s'oppose à l'archaïsme de la Sorbonne. Il commande l'**Hôtel de Ville**, édifié en 1532 par **D. de Cortone**. Çà et là, des motifs antiques apparaissent dans la décoration de **St-Étienne-du-Mont** *(p. 158)* ou de **St-Eustache** *(p. 94)*. Plus ouverte aux nouveautés que le clergé, la noblesse adopte volontiers ce style italianisant comme en témoigne l'**hôtel Carnavalet** *(p. 84)*, agrémenté de sculptures de **J. Goujon**. En 1549, l'artiste réalisera un autre chef-d'œuvre Renaissance, les **nymphes** de la **fontaine des Innocents** *(p. 93)*.

# Du faste des palais aux luttes sanglantes

François Ier puis Henri II désirent un palais lumineux et confortable, à l'image des résidences de la Loire. Les travaux sont confiés à **Pierre Lescot** *(p. 97)*, dont le nom est désormais attaché à la fameuse cour Carrée. En 1564, Catherine de Médicis commande à **P. Delorme** le palais des **Tuileries**, qu'on relie à celui du roi par une **galerie** en bord de Seine. Au-delà, des jardins, réaménagés plus tard par Le Nôtre, ferment la perspective.

Tandis que la noblesse jouit des fastes, l'Église et le peuple voient d'un mauvais œil cet humanisme triomphant qui fait, selon eux, le lit de la **Réforme**. Car la capitale

reste l'un des grands **centres religieux** de l'époque. La tragique nuit de la **St-Barthélemy** (1572) est le point culminant de la lutte sanglante dirigée par la Ligue. Converti au catholicisme, **Henri IV** fait son entrée dans une capitale dévastée et affaiblie : « Paris vaut bien une messe. »

## L'œuvre d'Henri IV

Bien secondé par l'intendant **Sully**, le Navarrais fait œuvre d'urbaniste. Pour améliorer la circulation sur l'île de la Cité et dans le quartier St-Germain, il supprime le lacis de ruelles aux maisons imbriquées et fait achever le **Pont-Neuf** (1578-1607), le premier dépourvu d'habitations. Mais le plus beau témoignage laissé par le roi reste la **place des Vosges**, place royale *(voir encadré p. 85)* dont les pavillons adoptent déjà le style monumental qui sera porté à sa perfection sous Louis XIV.

## Des palais, des hôtels et des dômes

En 1615, S. **de Brosse** édifie dans l'esprit italien le **palais du Luxembourg** pour Marie de Médicis. Ses jardins sont agrémentés de cascades et de fontaines. Par la suite, Richelieu confie à **Lemercier** le soin de bâtir le **Palais-Cardinal** (1642 ; futur Palais-Royal). Prisé par la noblesse, le Marais se lotit et se pare d'hôtels prestigieux comme l'**hôtel de Sully** (1624) ou l'**hôtel des Ambassadeurs** *(p. 81)*. La spéculation immobilière touche aussi l'**île St-Louis**, où s'élèvent l'**hôtel Lambert** et l'**hôtel Lauzun**. La Contre-Réforme voit l'achèvement de **St-Gervais-St-Protais** et de **St-Étienne-du-Mont**, qui arborent sur leur façade un style jésuite. Le **dôme** à l'italienne fait son entrée dans la ville et se décline à **St-Paul-St-Louis**, à la Sorbonne puis au **Val-de-Grâce**, dû à **F. Mansart**.

## À la gloire du Roi-Soleil

À la mort de Louis XIII, la révolte des grands de ce monde ouvre les troubles de la **Fronde**. Dès lors, le Roi-Soleil nourrira pour toujours une méfiance envers Paris : en 1682, il abandonne la turbulente capitale pour Versailles – il faudra attendre la IIIᵉ République pour qu'un chef de l'État français réside enfin en permanence dans la capitale ! Pour autant, Louis XIV ne néglige pas la ville, loin de là, et les constructions visant à glorifier le monarque se multiplient. Les **places Vendôme** et **des Victoires** mettent en scène la statue du souverain ; les fontaines et les arcs de triomphe chantent la grandeur du Roi-Soleil. Les plus brillants architectes, **L. Le Vau** et **C. Perrault**, œuvrent au **Louvre** sous la direction de **Ch. Le Brun** *(p. 97)*. De son côté, **J. Hardouin-Mansart** élève l'**hôtel des Invalides** (1677) et surtout le fameux **dôme**, chef-d'œuvre inégalé du style classique. Citons aussi les réalisations utilitaires des **Gobelins**, de l'**Observatoire** et de la **Salpêtrière**.

Quand ils ne cherchent pas à flatter le roi, les courtisans participent à cet élan modernisateur en s'installant toujours plus nombreux au **Marais**, dans le **faubourg St-Germain**, qui se pose déjà en futur rival *(p. 177)*, ou autour de la place Vendôme.

## Le renouveau des Lumières

Pour affirmer son pouvoir, le Paris du Roi-Soleil se posait en **modèle culturel** avec une architecture grandiose qui cultivait à la fois le goût de la perspective et de la symé-trie. La mort de **Louis XIV** sonne le glas de ce style pompeux et rigide. Les artistes adoptent la sinuosité du **style rocaille**. La mode est au confort, à l'intimité des pièces aux délicieux décors de boiseries ou de chinoiseries (**hôtel de Soubise**). La faveur du moment va aux **faubourgs St-Honoré** et **St-Germain**, où les plus belles demeures sont construites *(p. 82)*, comme l'**hôtel de Lassay** ou l'**hôtel Biron** (actuel musée Rodin). Le goût rousseauiste pour la nature pousse certains notables à s'établir dans le quartier vierge des **Champs-Élysées** ou à la campagne (**Montmartre !**). Loin de la cour, certains nobles se font bâtir des « folies », de petits havres de paix à l'architecture exotique ou extravagante comme à **Monceau** ou à **Bagatelle**. Dans le domaine privé, les **maisons de rapport**, de quatre à cinq étages, essaiment *(p. 148)*.

## Le Paris de Louis XV et de Louis XVI

À la fin des années 1740, le roi lance une série de travaux d'envergure. **J. A. Gabriel** est chargé d'édifier l'**École militaire** (1756) et la **place Louis-XV** (aujourd'hui place de la Concorde), ouverte sur l'ouest, où, pour la première fois, on s'efforce d'harmoniser le bâtiment avec l'environnement naturel. Au chapitre religieux, deux chantiers importants s'achèvent : **St-Roch** et **St-Sulpice**, que l'Italien **G. Servandoni** agrémente d'une façade baroque. À la fin du règne de Louis XV, le **Panthéon** (1764) ouvre une époque nouvelle : celle du **néoclassicisme** et du retour à l'antique. Son architecte, **G. Souflot**, renoue avec les formes simples et rectilignes, aux antipodes de la fantaisie décorative. Sa

*La prise
de la Bastille,
le 14 juillet 1789.*

façade étire une pompeuse colonnade, surmontée d'un péristyle
corinthien que beaucoup de
monuments, de l'**Odéon** (1782) à
la **Madeleine** (1845), vont imiter.

Pour les Parisiens, le règne de
**Louis XVI** reste entaché d'un souvenir haï : l'**enceinte** fiscale **des
Fermiers généraux**, édifiée pour
juguler la fraude liée à l'entrée et à
la sortie des marchandises. Le long
de cette enceinte, C. **Ledoux**
(1788) bâtit les barrières d'octroi :
autant de portes triomphales dans
le pur style néoclassique. Avec
l'**hôtel de la Monnaie** (1777), elles
restent les plus belles créations de
la période prérévolutionnaire.

## La révolution dans la ville

Muselée par l'absolutisme, la capitale se rebelle contre un souverain
absent. La Révolution de 1789 et,
plus tard, celles de 1830 et de 1848
sont des événements avant tout
parisiens. C'est le Paris des **clubs**
et des **salons** qui prend la **Bastille**,
élit J. Bailly, son premier maire, et
va chercher le roi à Versailles.

La ville devient désormais le
**centre de la vie politique** du pays.
En l'espace d'une dizaine d'années,
les habitants vivent au rythme des
exécutions sommaires sur fond de
rationnement alimentaire. Une
grande partie des églises et des
monuments est mutilée ou rasée.

# Vers la modernité

## Prestige et urbanisation au Premier Empire

Après le retour triomphal de **Bonaparte** – et plus encore à l'avènement de l'**Empire** –, Paris se réorganise, répare les saccages et adopte de nouveaux équipements. Les chantiers de Napoléon vont, en fait, jeter les bases de la grande ville du XIXe s. : construction de **quais**, du **pont d'Iéna** et du **pont des Arts** ; création d'**abattoirs** ; creusement du **canal de l'Ourcq** (1802), percement d'**égouts** ; **numérotation** des rues. Préfiguration des réalisations d'Haussmann, la **rue de Rivoli** est percée.

Du côté de l'architecture, Napoléon assure l'apothéose du **néoclassicisme** avec la **Madeleine** (1845), le **palais Brongniart** (la Bourse) ou encore la **Chambre des députés**. Les **arcs de triomphe** de l'**Étoile** ou du **Carrousel** témoignent du même style un peu grandiloquent qui célèbre l'Empire. Pour mieux pérenniser son souvenir, Napoléon apporte sa touche personnelle au **chantier du Louvre** *(p. 97)* en faisant appel aux architectes **Percier** et **Fontaine**.

## Misère et ordre moral

La chute de l'Empire amène les troupes ennemies, cosaques et anglaises, sur les Champs-Élysées en 1814-1815. La monarchie se soucie, par ailleurs, peu des quartiers insalubres que décrivent, à l'époque, **Eugène Sue** ou **Victor Hugo**.

Dans ce Paris de 700 000 habitants, le **choléra** de 1832 fait 20 000 victimes. En favorisant l'ascension d'une nouvelle bourgeoisie, l'essor industriel aggrave encore les **inégalités**. À côté des zones résidentielles (François-I[er], St-Georges, Europe, faubourg St-Germain), un prolétariat misérable s'entasse dans les quartiers centraux, qui constituent, avec les faubourgs de l'est, le foyer d'opposition au régime, le **Paris des barricades**. Acculés à la ruine, les petits artisans ne tardent pas à se révolter, provoquant la chute de **Louis-Philippe** en 1848.

La Restauration se veut un retour à l'**ordre moral** et encourage la construction de nouvelles **églises** (St-Vincent-de-Paul, N.-D.-de-Lorette). La vogue du gothique conduit **Viollet-le-Duc** à restaurer **Notre-Dame**, on crée aussi des pastiches du Moyen Âge, comme l'**église Ste-Clotilde**.

## Haussmann ou le grand chambardement

La vraie révolution parisienne ne date ni de 1789 ni de 1848 mais débute avec la prise du pouvoir par **Napoléon III** en 1851. En l'espace de vingt ans, le paysage urbain va être transfiguré, passant brutalement du Moyen Âge à l'ère industrielle. Améliorer la circulation, équiper, assainir, embellir, tels sont les objectifs assignés au préfet **Haussmann**, qui dispose d'importants moyens financiers. En surface, on rase des quartiers pour créer **avenues** et **immeubles** *(p. 148)*, on habille les nouveaux trottoirs d'une gamme complète de mobilier *(voir encadré p. 135)*, on bâtit des **gares**, les **Halles** et des hôpitaux ; en sous-sol, **Belgrand** triple le réseau d'**égouts**. **Alphand** aménage quant à lui les bois de Boulogne et de Vincennes ainsi que les espaces verts (Montsouris, Buttes-Chaumont et Monceau, *p. 44*). Ces ambitieux projets

# Parcs d'hier

*Directement inspirés des jardins anglais, les parcs qui fleurissent au XIX<sup>e</sup> s. sont les lointains héritiers du siècle des Lumières, notamment de Rousseau et Hubert Robert. Aux jardins à la française de Le Nôtre succède une nature «pittoresque» usant de l'irrégularité du terrain, parsemé d'édifices exotiques.*

### L'empereur jardinier

Lors de ses années d'exil londonien, Napoléon III prend goût aux jardins paysagers anglais. Dans un souci d'hygiène et de philanthropie, il fait des parcs l'un des éléments clés de sa ville idéale et confie les travaux à **Alphand**, surnommé «l'ingénieur artiste». Celui-ci multiplie les éboulis rocheux, creuse des lacs, saupoudre le tout de ruines ou de pagodes. En 20 ans, 1 834 ha d'espaces verts sont aménagés.

### Le parc Monceau**

➤ VIII<sup>e</sup> **arrdt**; **M°** *Monceau; bus:* 30, 84, 94.

**Hors plan par VII-C1** La **folie de Chartres** est à l'origine de ce parc de 8 ha, dessiné au XVIII<sup>e</sup> s. par **Carmontelle**, lançant du même coup la mode des jardins pittoresques anglo-chinois. Si le paysage échappe à la rigueur cartésienne du style français, il n'en est pas moins artificiel puisque façonné par l'homme (grottes, cascades). En outre, une multitude de monuments factices, les «**fabriques**», ornent le parc: colonnade, temple Renaissance, pont vénitien, pyramide avaient pour but, selon son auteur, de réunir en un seul jardin «tous les temps et tous les lieux». Au XIX<sup>e</sup> s., le parc est amputé de moitié et ceinturé de grilles élégantes.

**À droite : le parc Montsouris**. Son charme provient du fait qu'il alterne à la fois vastes pelouses et collines vallonnées.

**À droite : le parc des Buttes-Chaumont**, «jardin mirage» selon Aragon. L'île est couronnée d'un petit temple, inspiré de la Sibylle à Tivoli, dans le goût des fabriques du XVIII<sup>e</sup> s. On y accède par un pont suspendu vertigineux.

**Ci-dessous : la Naumachie du parc Monceau**, un bassin ovale où se reflète une colonnade corinthienne, «fabrique» dans le goût des jardins anglo-chinois du XVIII<sup>e</sup> s.

## Le parc Montsouris*

> XIV<sup>e</sup> arrdt; **RER** Cité-Universitaire; bus: 21, 67, PC.

**Hors plan par XII-B4** D'une superficie de 15,5 ha, il fait pendant au parc des Buttes-Chaumont. Attardez-vous devant le belvédère, le grand lac et le lieu mythique du méridien calculé par Arago. La bordure O du parc abrite de ravissantes maisonnettes des années 1920 et 1930. Tout près, le réservoir de Montsouris est une formidable cathédrale aquatique *(p. 16)* d'une capacité de 200 millions de litres, il approvisionne encore un Parisien sur cinq, mais seules les truites, garantes de la qualité des eaux, ont le droit de le visiter.

## Le parc des Buttes-Chaumont**

> XIX<sup>e</sup> arrdt; **M°** Botzaris; bus: 26, 70, 75.

**Hors plan par V-D1** Ce parc paysager de 25 ha constitue l'archétype des parcs haussmanniens. « En 1860, des ateliers d'équarrissage et un dépotoir de vidange occupaient seuls et rendaient infects ces parages inhabités et peu sûrs. [...] Je conçus l'idée bizarre au premier aspect d'en faire un lieu d'attrait pour les populations des XIX<sup>e</sup> et XX<sup>e</sup> arrondissements », rapporte Haussmann, dans ses *Mémoires*. Ses grands arbres, son relief accidenté, la **vue** depuis l'île en font le plus agréable, sans doute, des parcs haussmanniens. De quoi faire oublier, le sinistre gibet de Montfaucon qui s'y trouvait au Moyen Âge !

**Ci-dessous :**
le parc de Bagatelle**,
enclavé dans le bois
de Boulogne, est réputé
pour sa roseraie,
créée en 1904 par un ami
de Monet.

## Les bois de Boulogne* et de Vincennes*

Bordant les deux extrémités de la capitale, les bois de Boulogne **hors plan par VIII-A1** et de Vincennes **hors plan par II-D3** sont les **vestiges** de l'ancienne forêt qui entourait Paris au Moyen Âge. Longtemps laissés à l'abandon, ils doivent leur configuration actuelle à Alphand, qui aménagea lacs, allées cavalières et hippodromes. Dès le XVIII<sup>e</sup> s., certains aristocrates se font bâtir à Neuilly ou à Bagatelle** des **folies** pour leurs rendez-vous galants. Le **Jardin d'Acclimatation*** *(p. 285)* et le **Pré-Catelan** *(p. 271)* contribuent par la

suite à en faire la promenade mondaine de la Belle Époque. Ancienne chasse royale, le bois de Vincennes (995 ha) est, quant à lui, plus populaire. Le ♥ **zoo*** *(p. 285)*, le lac **Daumesnil** et son temple bouddhique, le **parc floral*** *(☎ 01.43.43.92.95)* et la **ferme** *(☎ 01.43.28.47.63)* sont ses principaux attraits. *Des visites guidées sont organisées dans les parcs de la ville, p. 291.*

## Haussmann et le vieux Paris

Dans ses *Mémoires*, Haussmann décrivait ainsi les quartiers de jadis : « La place St-Michel était bien mesquine à cette époque [...]. Je longeais l'ancien Palais de Justice, ayant à ma gauche l'amas ignoble d'*immondices* qui déshonoraient naguère la Cité et que *j'eus la joie de raser plus tard*. Poursuivant ma route par le pont St-Michel, il me fallait franchir la petite place où se déversaient, comme dans un *cloaque*, les eaux de la rue de la Harpe, de la Huchette, de St-André-des-Arts. » Face à ce constat sévère, voici comment le préfet définissait sa mission : « l'éventrement du vieux Paris, du quartier des émeutes, des barricades par une large voie centrale perçant de part en part un *dédale de ruelles* jusqu'alors *impraticables* ».

Le triomphe de la bourgeoisie contribue au **rayonnement** de la capitale, ville de plaisirs mondains chantés par Offenbach et dont le plus beau témoignage reste le fastueux **Opéra** (1875) de C. Garnier *(p. 114)*. Autres emblèmes de cette époque capitaliste, les **grands magasins** *(p. 26)* et les **banques** affichent leur opulence sur les Grands Boulevards.

### Des barricades de la Commune aux grandes expositions

Assiégée par l'**armée allemande** pendant l'hiver 1870-1871, Paris est en proie à la faim et au froid. Le sentiment d'avoir été trahis engendre le drame de la **Commune**, les **émeutiers** de la « semaine sanglante » brûlent les Tuileries, l'Hôtel de Ville et de nombreux hôtels particuliers. La répression fait plusieurs dizaines de milliers de victimes. Au lendemain de ces heures sombres, une basilique expiatoire est élevée, le **Sacré-Cœur** (1910). Bientôt, l'**immigration massive** (Bretons et Auvergnats) la revigore d'un sang neuf, et en 1876, la population parisienne franchit le cap des 2 millions d'habitants.

Sous la **IIIᵉ République**, Paris se dote d'infrastructures dignes d'une grande métropole – lycées, hôpitaux, **gaz**, **électricité** – et impose l'usage des boîtes à ordures, auxquelles le préfet **Poubelle** donne son nom. Les **Expositions universelles** (1878, 1889 et 1900) offrent l'occasion d'affirmer des tendances novatrices telles que l'**architecture métallique** *(voir encadré p. 190)* dont la célèbre **tour Eiffel** (1889) constitue le meilleur exemple. Dans le même temps, l'**Art nouveau** fait son apparition sur les

ne sont pas dénués de préoccupations militaires : les larges percées rectilignes doivent aussi permettre de **maîtriser les émeutes** *(voir encadré p. 46)*, qui furent fatales aux prédécesseurs de l'empereur.

En 1860, l'**annexion de la petite banlieue** (Auteuil, Passy, Vaugirard, Grenelle, Montmartre, La Chapelle, Belleville, Charonne et Bercy) avec la création de **20 arrondissements** permet de décongestionner enfin Paris, qui frôle le 1,7 million d'habitants en 1870 ! L'urbanisme défini par Haussmann ne connaîtra aucune grande modification jusqu'aux transformations de la seconde moitié du XXᵉ s. *(p. 52)*.

*Entreprise en 1900, la construction du métro dura environ trente ans.*
*Les fortes déclivités, à Montmartre par exemple, la superposition des lignes*
*aux échangeurs, la traversée sous le fleuve, réclamèrent des prouesses techniques.*
*Ici, maquette exécutée en 1902 pour le tronçon Lamarck-Abbesses.*

façades privées du XVIᵉ arrdt et dans les bouches de métro, décorées par **Hector Guimard**.

### D'une guerre à l'autre

Après la **guerre de 1914**, durant laquelle s'illustrent les **taxis** de la capitale, le **réseau métropolitain** (inauguré en 1900) est étendu à la proche banlieue ; les premières **HLM** en brique autour de la petite ceinture sont construites à la hâte, car la population atteint en 1921 près de 3 000 000 habitants ! Les **palais de Tokyo** et de **Chaillot**

marquent l'architecture des années 1930. Plus ponctuellement, des **avant-gardistes** comme **Le Corbusier** (cité du Refuge ; pavillons de la Suisse et du Brésil à la Cité universitaire), **Mallet-Stevens** (hôtels cubistes et toits-terrasses dans le XVIᵉ arrdt), **Sauvage** (immeubles à gradins, rue Vavin) renouvellent l'architecture de l'époque (p. 148).

En **juin 1940**, l'armée allemande s'installe dans la capitale : le couvre-feu, la pénurie, les contrôles de la police, et bientôt les rafles et les internements à **Drancy**, rythment quotidiennement les quatre années d'Occupation. En août 1944, les chars de **Leclerc** libèrent Paris, et le **général de Gaulle** fait une entrée triomphale sur les Champs-Élysées.

## Le temps des barres

Après les exigences immédiates de la reconstruction en 1945, Paris traverse une période de ruptures totales (1950-1970). Des quartiers entiers – près d'un tiers de la ville ! – sont démolis et remplacés par de **hautes tours** hostiles à la mitoyenneté et posées sur des dalles en béton : c'est le cas au **front de Seine**, à **Montparnasse**, dans le **quartier Italie** et à **la Défense**. Il faut attendre la crise pétrolière de 1973 pour assister à une vraie remise en cause de cet urbanisme vertical qui défigure la ville. Pour faciliter la circulation, le **boulevard périphérique** est créé (1973) et le Réseau express régional (**RER**) est mis en place (1969). Dans la même optique, le cœur de la capitale est désengorgé par le **transfert des Halles** à Rungis (1969).

Une fois encore, Paris s'affirme comme le pôle incontesté de la vie politique française où les événements sont amplifiés (mai 1968 ; obsèques du général de Gaulle en 1970). Déjà, pourtant, la **décentralisation** s'amorce : en 1977, la ville se dote enfin d'un **maire**, et le mouvement s'intensifie avec la loi de 1982, qui désengage progressivement l'État des affaires de la cité.

## L'empreinte des présidents

Les années 1980 inaugurent un renouveau monumental. Dans la lignée des grands monarques, les présidents veulent tour à tour marquer la ville de leur sceau. G. Pompidou ouvre la voie avec le centre qui porte son nom à **Beaubourg** (1977), V. Giscard d'Estaing s'applique, quant à lui, à réhabiliter la **gare d'Orsay** et l'espace vacant de la **Villette**, qui deviendra le gigantesque complexe culturel que l'on sait (Cité des sciences, Géode, Zénith, Cité de la musique, sans oublier le parc lui-même), et fait aussi édifier le **Palais omnisports** de Bercy (1983). En l'espace de deux septennats, F. Mitterrand donne à Paris un visage résolument contemporain *(p. 164)*. Il reprend l'idée de l'**Institut du monde arabe** et en confie la réalisation à **Jean Nouvel** (1987). Le projet du **Grand Louvre** et son corollaire – le ministère des Finances de Bercy (1989) – est lancé. Le bicentenaire de la Révolution française voit fleurir un bataillon d'édifices prestigieux : l'**Opéra Bastille** (Ott), la **pyramide du Louvre** (Pei), la **Grande Arche** (Spreckelsen), qui prolonge la perspective tracée entre le Louvre et l'Arc de Triomphe. Enfin, les réalisations mitterrandiennes s'achèvent avec la **Cité de la musique** (Portzamparc, 1995) et la **Bibliothèque de France** (Perrault, 1995), nouveau pôle du plus vaste chantier que la France ait connu depuis Haussmann : la **ZAC Paris-Rive gauche** *(p. 52)*.

ACTUALITÉ

O n aura beau dire, Paris
s'affirme toujours comme
centre politique, éco-
nomique et culturel.
C'est de la capitale que les grands
de ce monde gouvernent le pays,
qu'une grande partie des entreprises assure sa bonne santé.
Presque 2 millions de personnes
s'y rendent chaque matin pour tra-
vailler. À travers la mode et
l'industrie du luxe en général, le
« chic parisien » est un atout économique de taille. C'est aussi à
Paris que les artistes et les intellectuels ont, la plupart de temps, élu
domicile. À l'image des saisons, les
quartiers de la capitale évoluent,
s'épanouissent, meurent ou renais-
sent. Des arrondissements changent ainsi d'affectation, de population et de paysages, s'embourgeoi-
sant peu à peu. Bien plus, les quartiers pauvres d'hier seront les
quartiers chic de demain.

## Diversité
## des paysages sociaux

Avec plus de **deux millions
d'habitants**, la capitale française
est la **cinquième ville** de la communauté européenne, après
Londres, Madrid, Berlin et Rome.
Derrière l'homogénéité des quartiers haussmanniens se cache une
grande diversité de paysages
sociaux qui se complètent et
s'opposent tout à la fois.

## Une densité exceptionnelle

Aussi étonnant que cela puisse paraître, Paris a une des densités de population les plus élevées du monde. Conséquence inévitable, les espaces verts se font rares, exception faite de quelques quartiers privilégiés situés près des grands parcs haussmanniens (Monceau, Montsouris, Buttes-Chaumont) ou des quartiers centraux (Luxembourg, Tuileries et Palais-Royal). À chaque poussée démographique, de nouvelles constructions sont venues rogner les plates-bandes, et à défaut de grands espaces verdoyants, le tissu urbain est maintenant parsemé de squares et de quelques promenades plantées. Certes, plusieurs parcs *(p. 54)* ont été récemment créés dans les arrondissements périphériques (la Villette, Belleville, Bercy, G.-Brassens, A.-Citroën) où demeuraient encore quelques réserves foncières, mais ceux-ci restent insuffisants en comparaison avec des métropoles telles que Londres ou bien New York.

## Les quartiers bourgeois

À l'ouest se trouve ce que l'on appelle les « **beaux quartiers** » (VIIe, VIIIe, XVIe et XVIIe arrdts, ainsi que les environs du Champ-de-Mars, dans le XVe). Les rues tranquilles font valoir des immeubles cossus, dont les appartements souvent somptueux abritent depuis toujours la bourgeoisie aisée. L'**embourgeoisement** gagne aussi les arrondissements périphériques au **sud** (XIVe et XVe arrdts) mais également dans le **Marais** (IIIe et IVe arrdts), où les appartements rénovés et les immeubles neufs de standing ont complètement trans-formé le quartier. Ainsi, l'**envol des valeurs immobilières** chasse peu à peu les anciens résidents et attire des actifs issus des classes aisées. Le phénomène gagne aujourd'hui l'**est parisien**, valorisé par les nouveaux bâtiments de prestige (Opéra Bastille, ministère des Finances et Palais omnisports de Bercy, Bibliothèque de France) ou les **réhabilitations** (viaduc des Arts).

## Les quartiers populaires et ethniques

Anciens bastions ouvriers, les XIXe et XXe arrdts, ainsi que le XVIIIe – à l'exception de Montmartre – offrent encore un grand **brassage social**, mais à voir la prolifération des constructions récentes, il est permis de se demander quel sera leur sursis… D'ailleurs, le Ménil-montant chanté par Maurice Che-valier, les anciens abattoirs de la Villette ne sont-ils pas devenus des quartiers *in* ? Pour s'en convaincre, il suffit de regarder autour de soi : de grandes compagnies comme le *Club Méditerranée*, le groupe *André* ou encore les ateliers de J.-P. Gaultier ont choisi d'y emménager.

Les îlots où s'enracinent les communautés **ethniques** ont mieux conservé leur caractère populaire. C'est le cas de certains coins du **Marais**, du **Temple** ou du **Sentier**, domaines traditionnels des minorités juives d'Europe de l'Est ou d'Afrique du Nord. C'est le cas également du «Chinatown parisien», autour de l'**avenue de Choisy** (XIIIe arrdt), et enfin du **faubourg St-Denis**, où cohabitent Kurdes, Turcs, Sri-Lankais et Pakistanais. D'autres îlots ethniques (Afrique noire et Maghreb) subsistent, notamment dans le XVIIIe **arrdt**, mais leur concentration est

# Belleville et Ménilmuch'

*Les villas des Lilas, rue de Mouzaïa.*

Dans ces quartiers traditionnellement populaires, les immeubles vétustes ont été remplacés par les lotissements neufs de standing. Le souvenir de Piaf plane encore mais pour combien de temps ?

➤ **À BELLEVILLE, hors plan par V-D1**. Il faut voir le petit quartier juif séfarade *(rue Dénoyez* **M°** *Belleville)* et le marché *(mar. et ven.)* près du bd de Belleville, aux allures de souk. Là, c'est une débauche de couleurs et d'épices, les couscoussiers en inox trônent pêle-mêle à côté du henné ou du *ghassoul* pour les cheveux ; la semoule et les olives s'achètent en vrac au poids. Plus haut, l'ancienne grande rue du village, la rue de Belleville, est aujourd'hui ponctuée d'une multitude de restaurants asiatiques propices à une halte gastronomique. Rue des Fêtes* et ♥ rue de Mouzaïa*, le décor se fait subitement bucolique, les villas entourées de jardins parfois luxuriants sentent encore le Paris des années 1920.

➤ **À MÉNILMONTANT, hors plan par V-D2**. Bordée de commerces et de cafés d'un autre âge, la rue de Ménilmontant (**M°** *Ménilmontant*) a mieux préservé sa saveur de faubourg. Les beaux vestiges du vieux Ménilmuch' se situent plutôt sur les hauteurs : rue de la Mare, rue des Savies et rue des Cascades*, où Jacques Becker tourna *Casque d'or* (au n° 44).

moindre, car bien souvent les habitants ont été contraints d'emménager en banlieue. C'est ainsi que la **Goutte-d'Or** opère actuellement sa mutation *(voir encadré p. 56)*. Quant aux Algériens et aux Marocains du quartier de **Belleville**, ils sont peu à peu supplantés par les Cambodgiens – qui ont créé ici un second « Chinatown », signe d'embourgeoisement qui ne trompe pas.

## Le centre : City, mode et intelligentsia

Bien que dépeuplés, les quartiers du centre ont globalement conservé leur identité. Détrônés par la Défense, les environs de la **Bourse**, de l'**Opéra** et de **St-Lazare** restent tels qu'Haussmann les avait voulus : une City à la française, active, tournée vers le tertiaire… et déserte dès la sortie des bureaux, à l'exception notable des **Grands Boulevards**. Les **Champs-Élysées** et leurs alentours jouent toujours cette partition à quatre voix : affaires, luxe, loisirs et fêtes nocturnes. De même, **St-Germain** et, dans une moindre mesure, le **Quartier latin** s'accrochent à leurs universités, leurs libraires, leurs éditeurs, bref, à leur réputation de citadelles de l'intelligentsia, même si les boutiques de mode parfois ont pris le dessus. Restent les **Halles**, **Beaubourg** et leur prolongement du **Marais**, seuls quartiers du centre à avoir subi une mutation radicale depuis vingt ans. Si chacun fait mine de regretter les Halles d'antan, nombreux sont ceux qui fréquentent ses bars et ses magasins. Quant aux noctambules et aux artistes qui en avaient fait un quartier branché, ils ont bien souvent émigré vers l'est, aux loyers plus accessibles.

### Paris se lève à l'est

Pour mener à bien son expansion, la ville a un besoin vital d'**espaces**. Dès 1983, le **plan de rénovation de l'est parisien** définissait l'ensemble des actions à mettre en œuvre dans les arrondissements de l'est (Xe, XIe, XIIe, XIIIe, XVIIIe, XIXe, XXe arrdts) afin d'opérer un **rééquilibrage** par rapport à l'Ouest, mieux équipé et mieux loti. Ainsi, des quartiers vétustes (Chalon) ont été reconstruits ; des friches industrielles (**Bercy**, **la Villette**, **Citroën**) ont donné lieu aux parcs contemporains que l'on sait *(p. 54)*, et des terrains ferroviaires (Paris-Rive gauche) ont été reconvertis. À l'heure actuelle, une trentaine de zones (ZAC) font l'objet d'un réaménagement. La plus importante, **Paris-Rive gauche**, couvre, à elle seule, 130 ha. Jamais, depuis Haussmann, on n'avait réalisé une opération d'urbanisme de cette envergure. Lancé en 1991, le chantier vise à créer un « nouveau Quartier latin », avec ses logements, ses écoles, ses commerces, ses jardins, ses transports en commun (dont la ligne Météor) et ses ponts reliant une rive à l'autre. Le quartier comporte **trois pôles** : **Tolbiac**, pratiquement achevé (autour de la **Grande Bibliothèque**) ; **Austerlitz** (autour de l'hôpital de la Salpêtrière) et **Masséna** (autour des Grands Moulins de Paris). L'axe principal du quartier à naître est l'**avenue de France**, qui le traverse d'est en ouest.

# Qui sont les Parisiens ?

Des habitants stressés, arrogants, nombrilistes ou « intellos ». C'est l'image que donnent les Parisiens à la majorité des Français. Qu'en est-il vraiment ?

### Un déraciné qui s'oublie

Le provincial considère à tort Paris comme un monolithe ; il se trompe tout autant en traitant le Parisien comme une espèce à part car ce dernier n'est autre qu'un provincial qui s'oublie. Un déraciné jadis venu de Picardie, puis d'Auvergne, de Bretagne ou de Normandie (avant ou depuis la guerre), et qui a dû tout construire sur place, avec rien ou pas grand-chose… Cette assertion mérite des nuances, mais le fait est qu'**un Parisien sur vingt** – seulement – est issu de deux parents nés dans la capitale, la majorité avouant une origine provinciale ou étrangère !

L'apport d'**étrangers** a d'ailleurs contribué au renouvellement démographique. Ces derniers représentent ainsi **16 % de la population** parisienne actuelle. À la première place, les Algériens ont détrôné les Portugais, suivis des Marocains et des Tunisiens. Ici **cosmopolite** n'est pas un vain mot, et c'est tant mieux car les émigrés viennent rajeunir et revigorer une ville qui, sans eux, serait passablement exsangue.

## Les solitaires

En effet, la capitale **vieillit** : dans certains quartiers, il arrive que plus de 1/5 de la population totale ait **plus de 65 ans** ! Certes, le phénomène n'est pas spécifique à Paris, il touche aussi d'autres grandes métropoles, mais il n'en persiste pas moins. La cause principale réside dans des **loyers prohibitifs** qui ont bien souvent entraîné l'**exode** vers la petite et la moyenne ceinture d'une population jeune, en âge de fonder une famille. Pourtant, Paris attire un grand nombre d'**étudiants** puisque – centralisme oblige – il offre une pléiade d'**universités** (18 universités, 30 grandes écoles) : **un jeune sur trois** fait des études supérieures à Paris !

Par ailleurs, **un ménage sur deux** est formé d'un seul individu. Ces solitaires ne sont pas tous, loin s'en faut, des jeunes cadres indépendants et ambitieux voulant garder les coudées franches… Le **manque de ressources**, le **divorce** (il frappe **un couple sur deux** !) et

## Le Parisien

« On est Parisien comme on est spirituel, comme on est bien portant – sans s'en apercevoir. Le vrai Parisien n'aime pas Paris, – mais il ne peut vivre ailleurs. Le poisson ne se réjouit pas d'être dans l'eau – mais il meurt dès qu'il en est dehors. Le Parisien médit souvent de Paris, mais il ne s'en éloigne jamais pour bien longtemps. »

Alphonse Karr (1808-1890)

surtout le **veuvage** en constituent les principales raisons. Les arrondissements périphériques, où la proportion de jeunes et de familles est plus importante, sont les moins touchés. L'ouest, en revanche, illustre tout à fait ce concept d'une capitale vieillissante.

## Le privilège des classes aisées

À qualification égale, on y gagne mieux sa vie qu'à Quimper ou à Vesoul – même si le salaire part quelquefois pour moitié en frais de logement, et davantage encore dans ces vacances indispensables à l'oxygénation des citadins. Les catégories sociales les plus favorisées, du **cadre supérieur** à l'ensemble des **professions libérales**, sont surreprésentées dans la capitale, tout comme les gens des **arts et** des **spectacles**, qui, pour la plupart, n'imagineraient pas vivre ailleurs. Ces populations privilégiées totalisent à elles seules **30 % des actifs**. Un record inégalé, puisque la moyenne nationale est de 10 % !

# Parcs d'aujourd'hui

À l'étroit dans la ville, les paysagistes d'aujourd'hui ont investi les friches industrielles de la périphérie pour créer des parcs d'un genre nouveau. Il ne s'agit plus de ressusciter des morceaux de campagne comme au XIXᵉ s. mais d'organiser des jardins conceptuels où l'espace vert est fragmenté, voire minéralisé.

### Parc de Bercy**

➤ *XIIᵉ arrdt*; *41, rue Paul-Belmondo* **M°** *Bercy*; *bus*: *24, 87.*

**Hors plan par IX-D2-3** Ce parc de 13,5 ha, achevé en 1997 (**Ferrand, Feugas, Leroy, Huet, Raguin**), se définit comme un «jardin de mémoire». De son passé **vinicole**, il a conservé les chaussées pavées où l'on acheminait les fûts depuis la Seine, des arbres centenaires le long des anciens **chais** et une ancienne maison de négociant. D'ouest en est se succèdent la **grande prairie**, les neuf **jardins thématiques**, la **maison du Jardinage** (☎ *01.53.46.19.19*; *ou Paris-Nature* ☎ *01.43.28.47.63*) et enfin le **jardin romantique** au relief accidenté planté de pins corses et agrémenté d'un lac.

**Les parterres thématiques de Bercy** comprennent un verger, un potager, une roseraie, un labyrinthe et un jardin de plantes aromatiques. Derrière, on distingue les tours de la Bibliothèque de France.

### Parc André-Citroën**

➤ *XVᵉ arrdt*; *rue Balard* **M°** *Balard* **RER** *Javel, Bd-Victor-Hugo.*

**Hors plan par VIII-B4** Cet ensemble futuriste et architecturé (14 ha) a été conçu par **Provost** et **Clément** en 1992. De part et d'autre de l'entrée se trouvent deux jardins carrés que tout oppose: le lumineux **jardin blanc** et le **jardin noir**, plus dense, dont les conifères sont taillés comme des bonsaïs géants. L'eau est ici omniprésente, courant dans le **Grand Canal**, s'épanouissant en jets multiples. Devant les deux grandes **serres** aériennes s'ouvre une belle **perspective** sur la Seine. Le long de la pelouse, six **jardins sériels** associent chaque sens à la couleur d'un métal. Au nord, le **jardin en mouvement** est une prairie sauvage qui contraste avec la sophistication des jardins précédents.

**Le parc Citroën.** Ses serres en verre et en teck abritent une orangerie et un jardin méditerranéen. Six serres plus petites invitent à une halte à l'extrémité des jardins sériels.

### Parc Georges-Brassens*

➤ *XVᵉ arrdt*; *rue des Morillons* **M°** *Porte-de-Vanves.*

**Hors plan par XII-A4** Il intègre les vestiges des anciens abattoirs de Vaugirard comme l'attestent les **taureaux** en bronze de l'entrée principale, la **halle** aux chevaux et le **beffroi** à la criée. À côté de la **ruche** et du

**Le parc Georges-Brassens.** Chaque week-end, une foire aux livres se tient sous ses pavillons métalliques.

**jardin de senteurs**, spécialement conçu pour les aveugles, 700 pieds de **vigne** donnent lieu à des **vendanges** en octobre.

## Parc de la Villette**

➤ XIX<sup>e</sup> **arrdt M°** *Porte-de-Pantin, Porte-de-la-Villette, Corentin-Cariou; bus: 75, 151, PC. Plan p. 238.*

**Hors plan par VI-B1** Créé par **Tschumi** (1991) à l'emplacement des **abattoirs** de la Villette, ce parc ludique et pluriculturel est le plus grand de Paris (55 ha). Reliant la Cité des sciences à la Cité de la

**Le dragon de la Villette**, plébiscité par les enfants, est un spectaculaire animal. Sa langue métallique tient lieu de toboggan.

musique au sud, il s'organise autour de 11 **jardins thématiques** (Frayeurs enfantines, Dunes et vents…) que parsèment 25 «**folies**» rouges, couleur complémentaire du vert. Près de l'une d'elles, **Oldenburg** a conçu une gigantesque **bicyclette**. Le mobilier urbain est signé **Philippe Starck**.

## Parc de Belleville*

➤ XX<sup>e</sup> **arrdt**; *entrées: rue des Couronnes, rue Piat, rue Julien-Lacroix, rue Jouye-Rouve* **M°** *Couronnes et Belleville.*

**Le parc de Belleville**, du haut de ses escaliers transversaux dotés de pergolas, offre un panorama exceptionnel de la capitale.

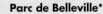

**Hors plan par V-D2** Créé en 1988 par **Debulois** et **Brichet**, ce «jardin belvédère» accroché à la colline s'étend sur une superficie de 4,5 ha. Bassins en demi-lune, cascatelles en escalier, le parc possède la plus grande fontaine en cascade – 100 m de longueur – de Paris. Une **vigne** rappelle que l'on venait déguster dans les guinguettes du quartier du vin à moindres frais. Deux monuments du vieux Belleville ont été intégrés au parc: le **portail** de la villa d'Ottoz et l'ancien **bas-relief** de la crèche de La Goutte de lait.

## La Goutte-d'Or

➤ **XVIIIᵉ arrdt Mᵒ** *Barbès-Rochechouart ou Château-Rouge.*

**Hors plan par VI-B2** C'est le petit vin blanc – atroce piquette, en vérité – qui donna son nom à ce quartier du XVIIIᵉ arrdt… Aujourd'hui, l'ancien ghetto maghrébin a été livré aux promoteurs pour « réhabilitation ». L'important chantier ne touche pas moins de 230 immeubles et devrait s'achever courant 2001. En attendant, les immeubles insalubres au loyer bon marché continuent d'abriter les étrangers désargentés, soit au total 36 nationalités ! Ici, les minuscules échoppes de coiffeurs-barbiers côtoient les épiceries-herboristeries où l'on peut se procurer les remèdes les plus farfelus. Dans la rue, on rencontre les marchands de menthe et les férus des parties de bonne-teau (jeu de passe-passe avec trois cartes). Chaque jour, le marché de la rue Dejean offre l'ambiance de Bamako : arrivage direct de *capitaines sossos, tilapias, tiofs,* ignames et bananes plantains. Rue des Poissonniers, les tissus proviennent de Côte d'Ivoire et les foulards d'Égypte. Rue Myrha, on confectionne des tenues sénégalaises à des prix très inédits. Chez Toto, rue Polonceau, les mamas viennent faire le plein en wax, tissus imprimés des traditionnels boubous.

À l'autre bout de l'échelle sociale, les **ouvriers**, autrefois nombreux dans les faubourgs, ont accompagné l'exil de leurs industries en banlieue ou en province. Les simples **employés** du tertiaire leur ont emboîté le pas. Eux non plus n'ont pas les moyens de s'acquitter de loyers prohibitifs.

### Sans domicile fixe

Vivre à Paris n'est donc pas donné à tout le monde. L'importante proportion de bacheliers et de VIP ne masque pas la **pauvreté** qui saute aux yeux dans les quartiers chic ou dans les couloirs du métro se prêtant à la mendicité. Comme toutes les autres métropoles, la capitale est en effet durement frappée par le chômage (12,3 % de la population active en 1998) : le nombre des **sans-abri** est de l'ordre de 10 000, si bien que la municipalité a dû mettre en place un SAMU social pour leur venir en aide. Les Parisiens côtoient cette misère au quotidien avec l'indifférence qu'on réserve aux choses ordinaires, même si des associations comme les Restaurants du cœur tentent de réveiller le sens de la solidarité.

### Métro, boulot, dodo

Bien qu'exilés en banlieue ou sur place à pied d'œuvre, 60 % des Parisiens se rendent généralement au bureau en **transports en commun**. Ce qui n'est pas sans poser quelques problèmes, car les premiers travaux de Météor et d'Éole ne permettent pas encore de désengorger le réseau. En cas de **grève**, la situation tourne à la catastrophe. Les **deux heures** requises habituellement atteignent facilement le double. Ces jours de crise engendrent de curieuses formes de solidarité : auto-stop, « téléphone arabe » aux arrêts ou dans les stations, etc. De quoi démentir le préjugé qui fait rimer Paris avec individualisme…

Les transports en commun ne sont pas utilisés par tout le monde, **1,5 million de voitures** (environ 36 % de la population parisienne) circule quotidiennement dans Paris, avec tous les inconvénients que cela engendre (parking, embouteillage, saturation du boulevard périphérique, etc.), sans parler des nuisances sonores et de la pollution, qui provoquent des gênes respiratoires, en particulier chez les jeunes enfants et les personnes âgées.

# Centre du pouvoir et de l'économie

La décentralisation a encore des progrès à faire : Paris reste – et pour longtemps – le lieu où tout se décide en France puisque ici sont réunies les instances du **législatif** et de l'**exécutif** (l'Assemblée nationale, le Sénat et le palais de l'Élysée), ainsi que la totalité des **ministères**. Qui dit pouvoir dit aussi **contre-pouvoirs**. Outre une myriade d'associations privées, tous les **syndicats** et les **partis politiques** siègent dans la capitale – souvent près des centres décisionnels du faubourg St-Germain.

## Pilier de l'économie française

Autre aspect du monopole parisien : les **sièges sociaux**. La majorité des **grandes sociétés françaises** est établie dans le triangle Bourse-St-Lazare-place Vendôme, **City** de la capitale, soit les **3/4** des compagnies d'assurances et des banques. À ces chiffres, il faut ajouter aussi les 8 000 entreprises étrangères présentes à Paris. Au total, **220 000 entreprises** sont installées dans la capitale et réali-

sent à elles seules **10 % du produit intérieur brut** français. Trop à l'étroit dans les bureaux du centre-ville, certaines ont investi d'autres territoires : **la Défense** et, maintenant, **Bercy**. Il en résulte aujourd'hui un grand **axe est-ouest**, véritable **poumon économique** du pays, qui concentre l'essentiel des forces vives.

## Capitale de l'emploi et cité internationale

Ce bouillonnement est à la mesure du marché de l'emploi. La région occupe plus de **1/4 des salariés français** et la moitié des fonctionnaires, le **tertiaire** étant le secteur d'activité le plus massivement représenté. Cette force vive se distingue par un niveau de qualification supérieur à la moyenne nationale. Si l'**industrie** emploie moins d'individus que le commerce, les grandes décisions sont bien souvent adoptées dans les sièges sociaux de la capitale. L'ouvrier sochalien de Peugeot voit ainsi son sort décidé aux Champs-Élysées.

Paris est aussi une **cité européenne** d'envergure internationale, tout dialogue avec l'étranger transite par la capitale. Outre une centaine d'ambassades, elle abrite de grands organismes tels que l'**Unesco** ou l'**OCDE**. **Deuxième place financière** d'Europe – derrière Londres –, c'est aussi le premier **centre de congrès** et de salons internationaux. Ce succès tient sans doute à sa situation géographique, et plus encore à une dense **infrastructure d'accueil** : les équipements hôteliers sont aptes à recevoir simultanément des milliers de congressistes, sans compter l'attrait que représente la ville elle-même auprès des hommes d'affaires étrangers.

# Un marché florissant

Il n'est pas de visite à Paris sans un voyage sur son fleuve : 5 millions de passagers – deux fois la population de la capitale – empruntent les bateaux qui sillonnent la Seine. Créés pour l'Exposition universelle de 1867, les Bateaux-Mouches (construits dans le quartier Mouche à Lyon, d'où leur nom) ne possèdent pas moins de 13 navires. Sans parler des Vedettes du Pont-Neuf ou encore des Batobus, ces *vaporetti* parisiens découverts une année de grève (p. 290). Le soir venu, pas de temps mort : les dîners-croisières constituent les deux tiers du chiffre d'affaires des Bateaux-Mouches, pour ne citer qu'eux. Au programme, souper fin en musique sous l'éclairage des projecteurs qui illuminent les berges et leurs plus beaux monuments. Autre compagnie d'importance, avec aussi 13 navires, les Bateaux Parisiens – filiale d'un groupe de restauration collective – offrent des prestations similaires et croquent une belle part du gâteau. Dans le créneau haut de gamme, les Yachts de Paris sont venus s'ajouter à la liste des concurrents : dans leurs trois yachts de style années 1930, on sert une cuisine raffinée signée par une grande toque. Certains bateaux de réception peuvent ainsi accueillir 450 personnes pour dîner, un millier pour un cocktail... Un marché juteux qui attire de plus en plus de professionnels, Pierre Cardin lui-même a lancé le *Maxim's-sur-Seine*, un bateau de croisière où l'on peut dîner, réplique du fameux restaurant de la rue Royale (p. 263).

## La Mecque des touristes

Le tourisme constitue naturellement une ressource importante *(voir encadré ci-dessus)* : chaque année, Paris accueille quelque **21 millions** de touristes. Les étrangers y séjournent 2,5 jours en moyenne : à peine le temps de visiter ses plus beaux monuments. Les hôtels parisiens reçoivent essentiellement des **Japonais**, lesquels semblent ne pas vouloir perdre une seule miette du spectacle à la fois étrange et éblouissant que la capitale leur procure. Viennent ensuite les **Américains**, les **Anglais**, les **Italiens**, les **Allemands**... Quant au **tourisme d'affaires**, qui joue la carte du prestige dans les palaces et les grands restaurants, c'est un marché très lucratif sur lequel on mise beaucoup.

## Vitrine du luxe et de la mode

Hermès, Cartier, Guerlain, Lalique, Louis Vuitton... Tout ce qui se crée en France dans les domaines de la maroquinerie, de la parfumerie, de la joaillerie, de l'orfèvrerie ou de la cristallerie s'expose à Paris. Le poids économique de ce secteur est de taille : **110 milliards de francs**, soit autant que l'industrie aéronautique et spatiale ! Les produits de luxe sont principalement destinés à une clientèle étrangère (Asie, États-Unis, pays du Golfe) : 75 % du chiffre d'affaires se réalisent à l'export. Cette industrie, qui emploie environ 200 000 personnes, offre l'originalité d'une non-délocalisation délibérée : sa **valeur ajoutée** réside précisément dans le fait qu'elle est **française**, et plus spécifiquement, parisienne. Ne dit-on pas que le « **chic parisien** » est inimitable ?

Deux fois par an, la grand-messe de la mode réunit les plus **importants couturiers**, 2 000 journalistes et près de 1 000 acheteurs ; encore une fois, Paris donne le *la* et continue de faire recette. Pierre Cardin est d'ailleurs membre de l'Institut, signe que la mode n'est pas un art mineur.

## Capitale des arts

Pétillante d'imagination et anticonventionnelle, Paris continue d'incarner une certaine **liberté de pensée** et se révèle un creuset pour des talents multiples venus d'ailleurs : on y dénombre pas moins de 7 000 peintres et sculpteurs étrangers. Après le Montmartre de Picasso et le Montparnasse de Modigliani, les ateliers fleurissent à Belleville ou aux entrepôts des **Frigos**, quai de la Gare, qui abritent plus de 200 artistes chacun (*p. 186*).

Du côté des divertissements, la **télévision** est sérieusement concurrencée par un vaste choix d'**activités culturelles**. Sait-on que New York nous envie le parc parisien de **salles de cinéma** ? **Théâtres, cafés-théâtres, opéras** produisent aussi chaque année leur moisson de

*Le chic parisien est et restera inimitable. Ici, dessin de Christian Lacroix pour la collection été 1998.*

nouveaux talents. Quant à la presse, c'est une institution locale bien vivante.

Enfin, l'un des attraits majeurs de la capitale tient aux **rencontres** qu'on peut y faire. Elles ont lieu un peu partout, dans les cafés, aux spectacles ou lors des grands rassemblements.

# Les repères de l'histoire

| Histoire | Dates | Monuments et urbanisme |
|---|---|---|
| Les *Parisii* s'installent sur l'île de la Cité. | IIIe s. av. J.-C. | |
| -52. La cité des Parisii devient romaine. | Ier s. av. J.-C. | Arènes, forum, thermes. |
| 360. Lutèce devient Paris. | IVe s. | |
| 451. Ste Geneviève détourne Attila de Paris. | Ve s. | |
| 508. Clovis établit le siège du royaume dans la Cité. | VIe s. | |
| 1081-1137. Règne de Louis VI le Gros. | | Les halles sont installées dans la plaine des Champeaux. |
| 1137-1180. Règne de Louis VII. | XIIe s. | 1163. Notre-Dame (Maurice de Sully). |
| 1180-1223. Règne de Philippe Auguste. | XIIIe s. | Louvre et nouvelle enceinte de Paris. |
| 1226-1270. Règne de Saint Louis. | | 1248. Sainte-Chapelle (Pierre de Montreuil). |
| 1358. Soulèvement d'Étienne Marcel. | XIVe s. | 1364-1380. Bastille et nouvelle enceinte. |
| 1364-1380. Règne de Charles V. | | |
| 1420-1436. Paris occupé par les Anglais. | XVe s. | |
| 1528. François Ier (1515-1547) réside à Paris. | XVIe s. | 1530. Collège de France. |
| 1572. Massacres de la St-Barthélemy. | | 1564. Tuileries (Delorme). |
| 1588. Henri III chassé de Paris par la Ligue. | | |
| 1594-1610. Henri IV. | XVIIe s. | 1605. Place des Vosges. |
| | | 1607. Pont-Neuf. |
| 1610-1617. Régence de Marie de Médicis. | | 1615-1626. Palais du Luxembourg (Salomon de Brosse). |
| 1617-1643. Règne de Louis XIII. | | 1627-1664. Aménagements de l'île St-Louis et du Marais. |
| 1643-1715. Règne de Louis XIV. | | 1642. Palais-Royal (Lemercier). |
| | | 1661. Institut (Le Vau). |
| | | 1665. Val-de-Grâce. |
| 1667. Création de la Manufacture des Gobelins par Colbert. | | 1667. Observatoire (Perrault). |
| | | 1677. Les Invalides (Bruant, Hardouin-Mansart). |
| | | 1687. Place Vendôme (Hardouin-Mansart). |
| 1715-1723. Régence de Philippe d'Orléans. | XVIIIe s. | 1756. École militaire (Gabriel). |
| 1723-1774. Règne de Louis XV. | | 1760-1780. Place de la Concorde (Gabriel) et Panthéon (Soufflot). |

**1774-1792**. Règne de Louis XVI.

**14 juillet 1789**. Prise de la Bastille.

**10 août 1792**. Prise des Tuileries et chute de la royauté.

**21 janvier 1793**. Exécution de Louis XVI.

**1804-1814**. Napoléon Ier empereur.

**1814-1824**. Règne de Louis XVIII.

**1824-1830**. Règne de Charles X.

**Juillet 1830**. Les Trois Glorieuses.

**1830-1848**. Monarchie de Juillet avec Louis-Philippe.

**Février 1848**. IIe République.

**1852-1870**. Second Empire avec Napoléon III.

**1870-1940**. IIIe République.

**1940-1944**. Occupation nazie.

**1958**. Ve République.

**Mai 1968**. Manifestations.

**1969**. De Gaulle démissionne. Georges Pompidou élu président.

**1974**. Valéry Giscard d'Estaing président.

**1977**. Jacques Chirac élu maire de Paris.

**1981**. Élection de François Mitterrand.

**1986-1988**. Jacques Chirac Premier ministre.

**1995**. Jacques Chirac président.

**1997**. Lionel Jospin Premier ministre.

**1784-1791**. Enceinte fiscale des Fermiers généraux (Ledoux).

**1800**. 12 arrdts.

XIXe s.

**1802-1812**. Canal de l'Ourcq.

**1806-1836**. Arc de Triomphe (Chalgrin) et colonne Vendôme.

**1825**. Canal St-Martin.

**1841-1845**. Fortifications de Thiers.

**1852-1870**. Travaux d'Haussmann.

**1860**. 20 arrdts.

**1861-1875**. Opéra (Garnier).

**1866-1867**. Parc des Buttes-Chaumont.

**1889**. Tour Eiffel.

XXe s.

**1900**. Grand Palais (Girault), Petit Palais (Girault), pont Alexandre-III. Premier métro et Art nouveau (Guimard).

**1910**. Basilique du Sacré-Cœur (Rauline, Magne).

**1920**. Cité U. (Le Corbusier).

**1937**. Palais de Tokyo et Chaillot.

**1958-1963**. Unesco, CNIT et Maison de la radio.

**1969**. Transfert des Halles à Rungis.

**1973**. Périphérique et tour Montparnasse.

**1977**. Centre G.-Pompidou (Piano, Rogers).

**1983**. Plan de rénovation de l'est parisien. Palais omnisports de Bercy.

**1986**. Musée d'Orsay. La Villette (Fainsilber, Tschumi).

**1987**. Institut du monde arabe (Nouvel).

**1989**. Pyramide du Louvre (Pei). Grande Arche (Spreckelsen), Opéra Bastille (Ott), Ministère des Finances (Chemetov).

**1992**. Parc A.-Citroën (G.-Clément).

**1995**. Cité de la musique (Portzamparc) et Bibliothèque de France à Tolbiac (Perrault).

**1997**. Maison du Japon (Yamanaka). Parc de Bercy.

**1998**. Stade de France (Macary, Zubléna, Costantini et Regembal).

Le pont Alexandre-III
et ses élégants candélabres;
les Invalides au dôme scintillant
de mille feux, voici deux emblèmes
de Paris. L'un reflète l'art décoratif
de la IIIe République, l'autre marque
l'apogée du classicisme français.

SUR PLACE

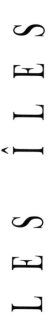

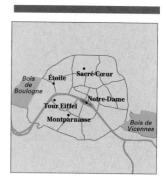

# L'île de la Cité\*\*\*

**M**ythique berceau de la capitale, la Cité a aujourd'hui l'aspect que lui a légué Haussmann: le vieux lacis de ruelles aux maisons imbriquées d'où émergeaient les tours de la cathédrale n'a pas été épargné, mais le XIXᵉ s. a su rendre à Notre-Dame toute sa splendeur perdue. L'île St-Louis, voisine, n'a en revanche guère changé depuis le Grand Siècle, ses rues paisibles ont gardé un charme provincial, où les façades aux porches majestueux semblent ignorer l'agitation de la ville.

Occupée par la préfecture, le Palais de Justice, le tribunal de commerce et l'Hôtel-Dieu, la Cité présente en son centre un visage rationnel, essentiellement administratif si l'on excepte la lumineuse chapelle palatine, pur chef-d'œuvre du gothique. À la pointe de l'île se cachent des lieux plus poétiques et des paysages splendides.

## Notre-Dame\*\*\*

➤ *IVᵉ* **arrdt**; *6, pl. du Parvis-Notre-Dame* **M°** *Cité;* **bus**: *21, 24, 38, 47, 85, 96, Balabus.* **Parking**: *pl. du Parvis-Notre-Dame.* **Ouv**. *en semaine de 8 h à 18 h 45, jusqu'à 19 h 45 le sam. et le dim.; f. le sam. de 12 h 30 à 14 h;* **vis. guidées** *en semaine à 12 h* ☎ *01.42.34.56.10;* **tours**: *vis. t.l.j.* ☎ *01.44.32.16.70;*

*accès payant.* **Concert d'orgues:** *rens. auprès du bureau d'accueil.*

**I-C2** Notre-Dame, avec ses 12 millions de visiteurs par an, est plus qu'un monument. Les Parisiens lui réservent une affection quasi amoureuse. Ils parlent d'elle comme d'une personne, et suivent de près ses ravalements successifs. Il n'en est pas un qui ne la considère comme la plus belle cathédrale de France… ce qui est peut-être la pure vérité.

#### UNE ARCHITECTURE RÉSOLUMENT MODERNE

On priait ici depuis déjà mille ans: le sanctuaire dont la construction est lancée par Maurice de Sully en 1163 occupe l'emplacement d'un temple gallo-romain et d'une basilique (VIe s.). Première des grandes cathédrales classiques, Notre-Dame se réclame aussitôt de la **modernité**; pour la première fois, on a recours à l'**arc-boutant** *(p. 72)*. La forme du **plan à tribunes** est reprise de la basilique de St-Denis, autre bâtiment révolutionnaire en son temps. Malgré l'union de toutes les forces vives – roi, clergé, nobles, corporations et même les pauvres –, les travaux se prolongent jusqu'au XIVe s. Au XIIIe s., le chantier passe sous la direction de Jean de Chelles et de Pierre de Montreuil, lesquels transforment sensiblement le plan initial afin de mieux éclairer le vaisseau. En 1334, Jean Ravy achève la cathédrale avec les admirables arcs-boutants du chœur.

#### DES RÉNOVATIONS ABUSIVES À L'ŒUVRE DE VIOLLET-LE-DUC

Durant les trois siècles suivants, la cathédrale intime le respect. Mais à la fin du XVIIe s., le gothique paraît «barbare» aux lointains enfants de la Renaissance. On détruit le jubé

À ne pas manquer

Notre-Dame***, p. 64.
La Sainte-Chapelle***, p. 70.
La Conciergerie**, p. 70.
♥ L'île St-Louis***, p. 74.
La place Dauphine**, p. 71.
♥ Le marché aux fleurs*, p. 69.

de Pierre de Chelles, on remplace les vitraux par du verre blanc, et le portail central est élargi. Par la suite, la **Révolution** jette à bas bon nombre de statues. Le **sacre de Napoléon**, immortalisé par David, a lieu dans un édifice délabré dont on a masqué la ruine par des tentures et des drapeaux. Pressé par l'opinion et des artistes comme Victor Hugo, auteur du fameux *Notre-Dame de Paris* (1831), Louis-Philippe confie à **Viollet-le-Duc** la restauration complète de la cathédrale. C'est le résultat de cette entreprise que vous voyez maintenant. Certes, l'œuvre de l'architecte n'est pas parfaite. Au moins a-t-elle rendu vie à ce fleuron de l'art gothique.

### L'extérieur***

La cathédrale est imposante par ses proportions harmonieuses: l'édifice est trois fois plus long que large, et les tours n'ont que deux fois la hauteur sous voûtes (35 m).

#### LA FAÇADE OCCIDENTALE***

Elle est mise en valeur par la place du Parvis, qui a été dégagée. Parfaite d'équilibre, elle est considérée à juste titre comme le chef-d'œuvre du gothique français. Ses 3 étages indiquent d'emblée la structure interne de l'édifice.

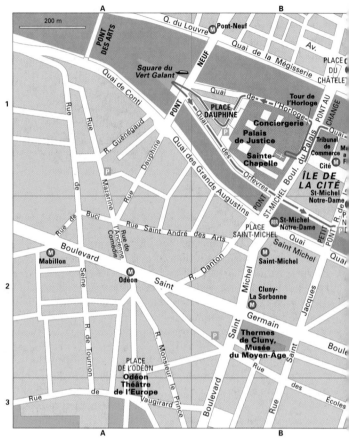

I - LES ÎLES

➤ **LES PORTAILS**\*\*\*. Le premier étage est celui du triple portail que surmonte la galerie des Rois. Au **centre**, le **portail du Jugement**, très restauré, est dominé par la statue du Christ entouré des apôtres. Au-dessus figure le Jugement dernier avec la pesée des âmes par saint Michel. Aux pieds des grandes statues, les **bas-reliefs** des Vices et des Vertus. À **g.**, le très beau **portail de la Vierge** est le plus intéressant de tous. Son tympan a d'ailleurs servi de modèle aux imagiers du Moyen Âge. La composition étagée montre successivement la Résurrection de la Vierge et son Couronnement, en compagnie de trois prophètes et de trois rois – ses ancêtres. En bas-reliefs, des **scènes de travaux des mois** illustrent l'humanisme naissant de l'art gothique (vers 1210). À **dr.**, le **portail Ste-Anne** est sans doute une œuvre plus ancienne (vers 1160) rapportée *a posteriori*. Il montre (au tympan) la Vierge en majesté, entourée par la cour céleste (sur les voussures). Au linteau alternent des scènes de la vie de Ste Anne et de la Vierge.

➤ **LES GALERIES**\*\*\*. Au-dessus des portails court la **galerie des Rois** de Juda, que les révolutionnaires

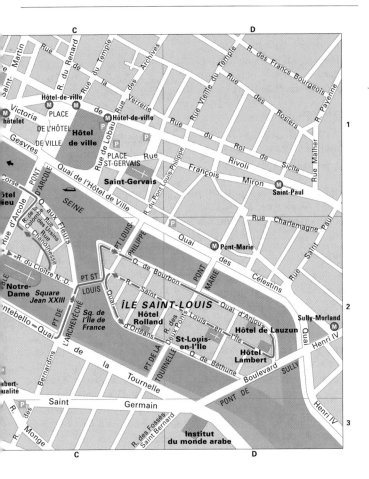

prirent pour des rois de France et abattirent en 1793. Les statues ont été refaites par Viollet-le-Duc. Les originaux, retrouvés en 1977, sont exposés au musée de Cluny (p. 225). La très belle **rose**\*\*\* de l'étage supérieur – plus de 9 m de diamètre – est la plus grande jamais réalisée en ce début du XIIIe s. Inspirée par l'ancienne symbolique romane de la roue de la Fortune, elle est flanquée de deux statues: Adam et Ève. Une **galerie** ajourée joint les deux tours. Les monstres et les oiseaux nocturnes, dont la célèbre **Stryge**\*\* – un vampire mi-femme, mi-chienne –,

illustrent le goût néogothique de Viollet-le-Duc.

### LES FAÇADES LATÉRALES ET LE CHEVET\*\*\*

Ouvrant sur le square Jean-XXIII, le **portail sud, ou St-Étienne**, déroule sur son tympan la prédication et la lapidation du premier martyr chrétien. C'est une œuvre de Jean de Chelles (1258).

Jadis, les chanoines gagnaient le cloître de la cathédrale par le **portail nord** – orné d'une statue de **Vierge à l'Enfant**. Tout près, la **porte Rouge** arbore 7 **bas-reliefs** (XIVe s.) illustrant la vie de la Vierge.

En reculant un peu, admirez le réseau des **arcs-boutants**\*\*\* qui confère au vaisseau une légèreté aérienne et accentue l'élancement de la flèche refaite au XIXᵉ s.

### L'intérieur\*\*\*

Il se compose de **5 nefs** pour **3 portails** – ce qui est exceptionnel. Lors des grandes cérémonies, 9 000 fidèles peuvent s'y rassembler. Ce que nous voyons aujourd'hui est une structure nue où le décor peint et l'orfèvrerie sont désormais absents.

### LES ROSES\*\*

Ne vous attendez pas à admirer de purs vitraux gothiques : seules les roses sont d'époque – et, pour celle du N, presque intacte. La **rose ouest** représente, autour de la Vierge, les Vertus et les Vices ; la **rose nord** : des personnages de l'Ancien Testament entourant la Vierge mère ; la **rose sud** : les vierges, des saints, des apôtres et, au centre, le Christ. Les autres **vitraux** ont été réalisés aux XIXᵉ et XXᵉ s. selon des procédés médiévaux.

### LES CHAPELLES\*\*\*

Elles abritent de grands **tableaux** à sujets religieux, les « mays ». De 1630 à 1707, la confrérie des orfèvres avait coutume d'offrir l'un d'eux à la cathédrale chaque 1ᵉʳ mai.

---

## Où faire une pause ?

Au square du Vert-Galant **I-A1**, sur l'île de la Cité.

Chez un glacier Berthillon **I-CD2**, sur l'île St-Louis.

---

### LE CHŒUR\*\*\*

Sa décoration date du début du XVIIIᵉ s. Outre les boiseries des **stalles**, on admirera deux statues, de Louis XIII et de Louis XIV, entourant une belle **Vierge de pitié** de **Nicolas Coustou**. Subsistent aussi, aux trois premières travées, quelques vestiges de l'ancienne clôture du XIVᵉ s. Contre le pilier S-E du transept, ne manquez pas la célèbre **statue de la Vierge** (XIVᵉ s.).

On terminera la visite par le **trésor**\* *(accès à dr. du chœur ; ouv. de 10h à 18h, le dim. de 14h à 18h).* Il renferme des objets de culte, des manuscrits anciens, des reliques et la **Croix palatine**, contenant un fragment de la Vraie Croix.

## Autour de Notre-Dame

**I-BC1** Haussmann a tranché dans le vif du vieux quartier médiéval. Le **parvis**, d'où rayonnent toutes les routes de France, a triplé sa superficie. C'est pourquoi il apparaît si vaste de nos jours.

La **place du Parvis**, côté rue de la Cité, ménage l'accès à la **crypte archéologique**\* *(ouv. t.l.j. de 10h à 19h ; accès payant).* Cette galerie présente des vestiges des anciennes constructions qui se sont superposées au fil des époques : salles gallo-romaines, fondations de remparts romains, caves médiévales.

L'**Hôtel-Dieu** s'étend jusqu'aux quais. Le bâtiment du XIXᵉ s. a remplacé l'hôpital primitif, fondé au Moyen Âge. C'est aujourd'hui le seul grand centre hospitalier du cœur de Paris.

Vers la **rue du Cloître-Notre-Dame** s'ouvrent des rues du temps jadis, telles la **rue Chanoinesse** ou la **rue de la Colombe**, où plane encore le souvenir d'**Abélard**, cha-

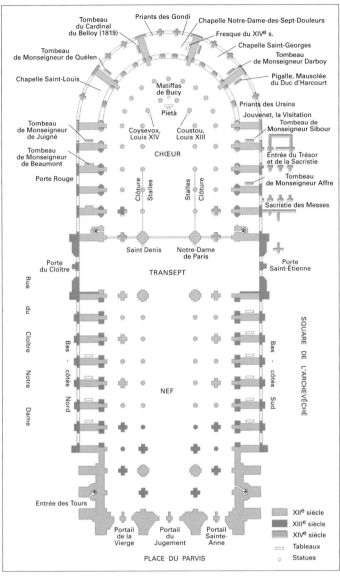

Tombeau du Cardinal du Belloy (1819)

Priants des Gondi

Chapelle Notre-Dame-des-Sept-Douleurs

Fresque du XIVᵉ s.

Chapelle Saint-Georges

Tombeau de Monseigneur de Quélen

Tombeau de Monseigneur Darboy

Chapelle Saint-Louis

Pigalle, Mausolée du Duc d'Harcourt

Matiffas de Bucy

Pietà

Priants des Ursins

Jouvenet, la Visitation

Coysevox, Louis XIV

Coustou, Louis XIII

Tombeau de Monseigneur Sibour

Tombeau de Monseigneur de Juigné

CHŒUR

Entrée du Trésor et de la Sacristie

Tombeau de Monseigneur de Beaumont

Tombeau de Monseigneur Affre

Porte Rouge

Clôture

Stalles

Stalles

Clôture

Sacristie des Messes

Saint Denis

Notre-Dame de Paris

Porte du Cloître

Porte Saint-Étienne

Rue du Cloître Notre Dame

TRANSEPT

SQUARE DE L'ARCHEVÊCHÉ

Bas-côtés Nord

Bas-côtés Sud

NEF

Entrée des Tours

Portail de la Vierge

Portail du Jugement

Portail Sainte-Anne

PLACE DU PARVIS

XIIᵉ siècle

XIIIᵉ siècle

XIVᵉ siècle

Tableaux

Statues

LA CATHÉDRALE NOTRE-DAME

noine de Notre-Dame. Vers la pointe O de l'île, le **quai aux Fleurs** et le **quai de la Corse** ménagent de belles **vues** de la rive droite de la Seine. En chemin, ne manquez pas le rafraîchissant ♥ **marché aux fleurs**\* *(ouv. du lun.* *au sam. de 8 h à 19 h 30)*, qui se transforme en marché aux oiseaux le dimanche *(mêmes horaires)*.

## Le Palais de Justice

➤ *Iᵉʳ **arrdt**; 4, bd du Palais* **M°** *Cité;* **bus**: *21, 38, 85, 96.*

**I-B1** Il occupe presque toute la partie occidentale de l'île et abrite deux monuments du plus haut intérêt : la Sainte-Chapelle et la Conciergerie. Des kilomètres de couloirs souterrains relient les bureaux des juges à la « PJ » du quai des Orfèvres, immortalisé par Clouzot.

### SIÈGE DU POUVOIR POLITIQUE

Depuis l'époque romaine jusqu'à la guerre de Cent Ans, le palais a vu défiler de nombreuses têtes couronnées. Au XIVe s., Charles V, traumatisé par les émeutes, fomentées par Étienne Marcel, qui saccagèrent la résidence royale, le quitte pour le Louvre. Devenu siège du Parlement, le bâtiment est incendié aux XVIIe et XVIIIe s. puis reconstruit. Il n'a plus rien à voir avec ce qu'en montraient jadis les *Très Riches Heures du duc de Berry.*

### LA SAINTE-CHAPELLE***

➤ *Accès à g. de la cour de Mai; ouv. t.l.j. de 9 h 30 à 18 h 30, 10 h à 17 h hors saison; f. j.f.; accès payant* ☎ *01.53.73.78.51.*

Situé dans le cadre ingrat de la cour du Palais de Justice, ce pur joyau de l'apogée de l'art gothique défie les lois de la pesanteur. Son harmonie de lignes, de couleurs et de lumière est sans équivalent au monde.

UN SPLENDIDE RELIQUAIRE. Lorsque Baudouin II, empereur byzantin, vend la Couronne du Christ pour éponger ses dettes, Saint Louis l'acquiert sans hésiter (1239). Il charge ensuite **Pierre de Montreuil** de bâtir le sanctuaire qui abriterait les reliques. L'architecte et les tailleurs de pierre travaillent en un temps record; en 1248, la Sainte-Chapelle est inaugurée.

➤ **L'EXTÉRIEUR***. Il a l'apparence d'une vaste **châsse de verre.** Une simple armature de piliers soutient les voûtes, et quelques contreforts équilibrent les poussées. Il n'y a donc **aucun mur,** seulement des verrières hautes de 15 m. L'édifice est composé de **deux chapelles** ; l'une, la chapelle basse, *(rez-de-chaussée)* était destinée les serviteurs ; l'autre, la chapelle haute *(1er étage)* réservée à la famille royale et aux dignitaires.

➤ **L'INTÉRIEUR***. Richement décorée, la **chapelle basse** abrite des **pierres tombales** – dont celle de Jacques, frère de Nicolas Boileau, l'auteur des fameuses *Satires.* Un **escalier à vis** conduit à la **chapelle haute,** qui marque l'aboutissement de toutes les recherches de la période gothique sur le voûtement et l'éclairage.

➤ **LES VERRIÈRES***. C'est le plus bel exemple de l'art du **vitrail** au XIIIe s. Véritable bible en images, plus d'un millier de scènes de l'Ancien et du Nouveau Testament sont ici représentées.

Le reste de cette architecture – haute de plus de 20 m sous voûte – disparaît sous les dorures rénovées au XIXe s. Dans la dernière travée du **chœur,** une porte donne, à dr., sur l'**oratoire** bâti par Louis XI, qui pouvait assister à l'office sans être vu.

À l'angle du quai de l'Horloge et du bd du Palais, la **tour de l'Horloge*** est ornée de la **première horloge publique** de Paris, commandée en 1371.

### LA CONCIERGERIE**

➤ *1, quai de l'Horloge* **M**° *Cité ou Châtelet ; ouv. t.l.j. de 9 h 30 à 18 h 30 ; 10 h à 17 h hors saison; accès payant* ☎ *01.53.73.78.50.*

C'est la partie la plus ancienne du palais des Capétiens. Son apparence médiévale doit toutefois beaucoup aux restaurateurs du siècle dernier.

**DU PALAIS ROYAL À LA PRISON RÉVOLUTIONNAIRE.** Le nom même du bâtiment témoigne de l'importance de la fonction de concierge: celle d'un grand seigneur qui gardait le logis en l'absence du roi. Composée de 3 salles gothiques datant de Philippe le Bel, la Conciergerie devient vite une **prison**: Ravaillac et le brigand **Cartouche** y sont incarcérés. La Révolution fait grand usage de ses salles délabrées: se succèdent ici quelque 2 600 girondins qui passeront ensuite à la guillotine, puis **Marie-Antoinette** (en 1793). Plus tard, les bourreaux de celle-ci, **Danton** et **Robespierre**, partageront, ironie de l'histoire, un cachot voisin.

➤ **L'INTÉRIEUR.** À dr., en descendant, s'ouvre la **salle des Gardes** (début du XIVe s.), formée de 2 nefs sur croisée d'ogives. Sur la g., un escalier mène à la **salle des Gens d'armes**\*\*, l'une des plus belles salles gothiques jamais construites. Ces 4 nefs voûtées d'ogives accueillent souvent des **concerts** (☎ 01.42.50.96.18). La dernière travée de la salle était appelée « rue de Paris », du nom du bourreau, Monsieur de Paris, qui y officiait à la Révolution.

## La place Dauphine et le Vert-Galant\*\*

➤ *1er arrdt* M° *Pont-Neuf;* **bus**: *27, 58, 70.*

**I-AB1** Cet îlot de calme tire un charme presque provincial de ses petits restaurants et de ses galeries d'art. De l'autre côté du Pont-Neuf s'étend le Vert-Galant, qui offre une jolie **vue** des quais de Seine.

### LA PLACE DAUPHINE\*\*

**I-B1 Sully**, le célèbre intendant d'Henri IV, la fit bâtir à l'emplacement de l'ancien verger du roi, à l'endroit même où Philippe le Bel avait fait brûler le grand maître des Templiers, **Jacques de Molay**. Le ministre la dédia au Dauphin de l'époque, le futur Louis XIII *(voir aussi encadré p. 85).* Les maisons qui ceignaient cette place triangulaire étaient jadis toutes semblables : en brique et en pierre, coiffées d'ardoises ; seules 3 maisons *(aux nos 12, 14 et 26)* ont conservé leur aspect d'origine.

### LE PONT-NEUF\*\*

**I-AB1** C'est le **plus ancien pont de Paris** (1578), il n'a pratiquement pas subi de modification. C'est aussi le **premier pont** en pierre **dépourvu de maisons**. Sa longueur – 300 m – fit de sa construction un tour de force pour l'époque. Il a été « emballé » par **Christo** en 1985.

### ♥ LE SQUARE DU VERT-GALANT\*\*

**I-A1** En contrebas, la **statue équestre** d'Henri IV (XIXe s.) rappelle la réputation du roi, grand séducteur. Le site offre de magnifiques **perspectives** sur la Seine et ses bateaux-mouches, dont il est l'un des embarcadères *(p. 290).*

À côté, le **quai des Orfèvres**, ancien centre des joailliers, est aujourd'hui le siège de la police judiciaire. Sur la rive gauche *(par le Pont-au-Double),* le **quai de Montebello** ménage aussi de belles **vues** du chevet de la cathédrale. En direction de l'île St-Louis *(par le pont de l'Archevêché),* le **square de l'Île-de-France** constitue une halte agréable. À proximité se trouve le **Mémorial aux martyrs de la Déportation** *(visite t.l.j. de 10h à 12h et de 14h à 17h; accès libre).*

# Paris, capitale gothique

*A*vec l'essor des villes et l'affer-
missement du pouvoir cen-
tral, une nouvelle esthétique
apparaît au XIIᵉ s. Une longue histoire d'amour débute alors entre
Paris et l'architecture gothique,
un style auquel la capitale restera
fidèle presque cinq siècles durant !

## Le berceau du gothique

Le gothique apparaît précocement en Île-de-
France ; bien mieux, la région est la première
à rejeter les formules romanes, trop
frustes, pour se tourner vers une
architecture plus ambitieuse. Dès
1135, **St-Martin-des-Champs**
*(p. 118)* utilise la croisée d'ogives,
soit dix ans avant que **Suger** n'édicte à St-Denis
les règles d'un style que les bâtisseurs de cathédrales porteront à sa perfection le siècle suivant.

## L'exemple de Notre-Dame

En 1163, **Maurice de Sully** entreprend la reconstruction de **Notre-Dame** *(p. 64)*. D'emblée, la cathédrale
place la capitale des rois capétiens au premier plan des
recherches architecturales du temps. L'édifice a beau
rester pétri d'influences anciennes (notamment dans
les tribunes et le double collatéral), son équilibre entre
les pleins et les vides, les talents de **Jean de Chelles** et
de **Pierre de Montreuil** marqueront les grandes réalisations de l'âge classique

## Air, pierre et lumière

À la différence de l'architecture antique ou romane, le
gothique cherche à unifier les volumes en les ouvrant
les uns sur les autres. C'est pourquoi les mêmes motifs
(voûte d'ogives et travée) se répètent.
Les bâtisseurs de cathédrales n'ont
de cesse d'améliorer cet espace,
qui semble destiné à se démul-
tiplier à l'infini.
Pour capter le pou-
voir unificateur de
la lumière, ils per-
cent des fenêtres
toujours plus nom-
breuses. Grâce aux
arcs-boutants, ils
haussent considéra-
blement les voûtes en
amincissant les sup-
ports. Ainsi se mêle l'air à la
lumière et à la pierre…

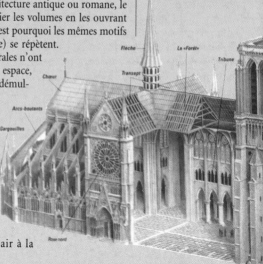

Flèche — La «Forêt» — Tribune — Transept — Chœur — Arcs-boutants — Gargouilles — Rose nord

**La Sainte-Chapelle** marque l'apogée du gothique. D'immenses verrières y tiennent lieu de murs, laissant entrer la lumière à profusion.

**Notre-Dame** est à la charnière de l'évolution du gothique : dernière des cathédrales primitives à tribunes (Noyon, Senlis, Laon…), première des cathédrales classiques (Chartres, Reims, Amiens…). Elle se réclame de la modernité avec ses admirables arcs-boutants.

## L'âge d'or du gothique rayonnant (1240-1350)

Le règne de Saint Louis voit l'aboutissement des recherches entreprises à Notre-Dame. Quatre-vingts ans séparent pourtant les deux églises. Auparavant sobre et quelque peu massif, le gothique se métamorphose en un style orné, élégant et aérien. La **Sainte-Chapelle** illustre ce nouvel âge d'or : un pur jeu de lignes qui privilégie la verticalité et la luminosité des parois. Son auteur présumé, **Pierre de Montreuil**, est aussi l'homme qui donna à Notre-Dame ses fameux arcs-boutants et créa, pour l'abbaye St-Germain-des-Champs, un réfectoire d'une légèreté aérienne

## Paris flamboyant (1350-1520)

St-Séverin *(p. 153)*, St-Médard *(p. 159)*, St-Merri *(p. 90)*, St-Germain-l'Auxerrois *(p. 96)*… À Paris, le gothique flamboyant ne compte plus ses témoignages. Ceux-ci ne proclament plus la grandeur des rois mais – et c'est nouveau – celle de ses mécènes (bourgeois ou corporations) et de son clergé. Ils délaissent les voûtes vertigineuses d'antan pour s'adonner à une exubérance décorative presque profane, baroque avant la lettre. Les vitraux – qui ont donné leur nom à ce gothique tardif – enluminent toutes les fenêtres. Les voûtes s'ornent de réseaux de nervures. Les piliers adoptent quelquefois la forme d'une hélice. Et les portails sont l'objet d'un soin particulier.

Rose ouest

Statue de la Vierge Marie

Galerie des Rois

Tympan

Trous de boulins

# ♥ L'île Saint-Louis***

➤ IVe **arrdt M°** *Pont-Marie; **bus:*** 67.

**I-CD2** C'est ici que, au XVIIe s., les nouveaux enrichis et les parlementaires faisaient construire leurs hôtels particuliers, qu'ils considéraient d'ailleurs comme trop exigus! Si l'île St-Louis a gardé de nos jours son aspect villageois, qu'on ne se méprenne pas: ses demeures nobles accueillent les Parisiens bien nés ou établis de longue date. Ici s'étendaient, à l'origine, deux îlots: l'île aux Vaches et l'île Notre-Dame. Saint Louis venait y rendre la justice. Des travaux de comblement ont permis, par la suite, de les réunir.

## Le quai de Bourbon

**I-C2** Réservé aux piétons, que distraient quelques chanteurs de rue, le **pont St-Louis** débouche sur le quai de Bourbon, qui contourne la pointe O de l'île. Ce bel espace pavé commande une jolie **vue*** de la rive droite, de l'église St-Gervais *(p. 89)* et des toits de l'Hôtel de Ville. Au **n° 45** se trouve la **maison du Centaure** (1659), ainsi nommée en raison d'un des médaillons de sa façade. Plus loin, sur la rive N de l'île, on remarque plusieurs **hôtels** à mansardes ouvragées.

## Le quai d'Anjou

**I-D2** Il prolonge le quai de Bourbon. Au **n° 17**, l'**hôtel Lauzun*** (1656-1657) est l'œuvre de Le Vau. Il appartint à Jérôme Pichon, bibliophile célèbre en son temps pour avoir ouvert ses portes à la bohème artistique et littéraire des années 1840 (Baudelaire, Dumas, Delacroix…). Sa **façade** présente un balcon en fer forgé soutenu par trois consoles à rouleaux, ce qui est tout à fait nouveau pour l'époque. En effet, c'est seulement au XVIIe s. que le balcon fait son apparition dans les demeures parisiennes, inaugurant, avec lui, l'utilisation du fer forgé, qui va susciter tant de virtuosité chez les serruriers. À l'**intérieur** *(visite uniquement en saison ☎ 01.43.54.27.14)*, la **décoration**, pleine de fantaisie, de boiseries

*Le quai d'Orléans.*

# Lavoirs et bains flottants

*Au XIXe s., on dénombre encore une vingtaine de lavoirs flottants le long des quais parisiens, celui de l'île St-Louis a été détruit en 1942.*

Lorsque Christophe Marie entreprit l'urbanisation de l'île St-Louis, Louis XIII lui octroya de nombreux privilèges, dont celui de posséder des bateaux-lavoirs. Les lavandières, à qui l'on proposait moyennant finances une «place pour laver», s'installaient sur des bancs. Chacune d'elles disposait de baquets d'eau chaude où le linge était lavé puis rincé dans la Seine. À la fin du XVIIe s. apparurent aussi des établissements de bain. Ceux qui ne pouvaient pas se permettre les services d'un porteur de baignoire à domicile fréquentaient ces «bains à quat'sous». L'usager pouvait y consommer en outre des petits pains, des saucisses ou des bouillons. Quiconque portait son regard sur le fleuve découvrait ainsi toute une flottille de lavoirs et de bains, dont le plus connu était celui de la Samaritaine, situé non loin de la pompe qui alimentait en eau le centre de Paris avant que cette dernière ne soit remplacée par le grand magasin.

peintes, constitue un des exemples les plus intéressants du XVIIe s.

Vers la pointe orientale, l'**hôtel Lambert**★★, bâti en 1642 par **Le Vau**, se distingue aussi par son décor intérieur, dû à Le Brun, où le sens de l'apparat annonce déjà Vaux-le-Vicomte et Versailles.

## La rue St-Louis-en-l'Île

**I-CD2** Elle surprend par son allure villageoise. L'**église St-Louis**★ *(au*

*n° 19 bis)* est coiffée d'une bien curieuse horloge (1741). À l'**intérieur**, boiseries et ors constituent une fastueuse décoration de style jésuite. Plus loin, un arrêt s'impose chez le glacier **Berthillon** *(p. 279)*.

## Le quai d'Orléans★

**I-C2** Il est bordé de beaux hôtels particuliers *(aux n⁰ˢ 6, 8, 20 et 22)*, dont le très bel **hôtel Rolland**★ *(aux n⁰ˢ 18 et 20)*. Beau **panorama**★ sur la rive gauche.

# LA RIVE DROITE

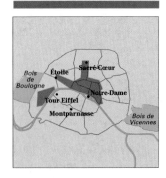

# Le Marais*** et la Bastille*

Fief de la noblesse aux siècles d'Henri IV et de Louis XIII, le Marais redevient l'un des endroits chic de la capitale depuis que ses hôtels particuliers ont retrouvé tout leur lustre. Le quartier populaire de la Bastille a opéré la même mutation: c'est aujourd'hui un des lieux branchés de la nuit parisienne.

## Le Marais***

Porches majestueux, cours pavées, ferronneries, le Marais offre l'occasion d'une superbe balade architecturale à travers l'histoire du XVIIe s. Même si aujourd'hui les galeries d'art et d'antiquités ont souvent pris possession des lieux, la vie de quartier a été préservée dans certains îlots populaires: la rue des Archives reste aux mains des maroquiniers chinois et des grossistes de bijouterie fantaisie; la rue des Rosiers demeure la «Jérusalem du *falafel* et du gâteau au pavot».

### L'Hôtel de Ville*

➤ IVe **arrdt**; *pl. de l'Hôtel-de-Ville* **M°** *Hôtel-de-Ville;* **bus:** *38, 47, 58, 67, 69, 70, 72, 74, 75, 76, 96, Balabus;* **vis. guidée** *le lun. à 10h30 au départ de la rue Lobau, porche Rivoli;* **durée:** *1 h; accès payant* ☎ *01.42.76.59.27.*

**II-A2** Cet édifice, reconstruit dans un style néo-Renaissance plutôt pompier, campe sur un immense parvis désormais piétonnier qu'une grande crèche se charge, l'hiver, d'animer.

## NAISSANCE D'UNE MUNICIPALITÉ

Au XIIIe s., Paris est la ville la plus riche d'Occident, et ses marchands constituent une véritable force économique. Organisés en corporations, ou guildes, ces bourgeois avaient coutume de se réunir **place de Grève**; s'esquisse alors l'ébauche d'un pouvoir municipal. C'est aussi sur cette place, qui descendait jusqu'à la Seine pour former un port naturel, que se déroulaient les fêtes, les émeutes et les exécutions capitales (celle de Ravaillac, par exemple). Les sans-travail (d'où l'origine de l'expression «être en grève») venaient y proposer leurs services au milieu d'un va-et-vient de charrettes et de débardeurs. La prévôté des marchands perdure jusqu'à la Révolution, date à laquelle la capitale se dote d'un maire, élu par le conseil municipal. En 1871, à la fin de la Commune, les insurgés incendient la vieille maison aux Piliers de l'ancien prévôt des marchands Étienne Marcel (XIVe s.). La IIIe République fait reconstruire l'hôtel selon l'esthétique de l'époque.

➤ **L'EXTÉRIEUR.** La **façade** est caractéristique de l'architecture historiciste en vogue au XIXe s. Cette époque lui a aussi légué son goût pour les statues «éducatives»: elles sont plus d'une centaine à représenter des hommes et des femmes illustres, ou encore des **allégories** – comme celle de la Ville de Paris (au-dessus de l'horloge) qu'encadrent l'Instruction et le Travail.

---

## À ne pas manquer

♥ La place des Vosges***, p. 84.

L'hôtel Salé** et le musée Picasso**, p. 80.

L'hôtel** et le musée Carnavalet*, pp. 84 et 222.

♥ L'hôtel de Sully***, p. 88.

♥ Le cloître des Billettes*, p. 77.

L'hôtel de Sens*, p. 88.

La place de la Bastille*, p. 86.

La rue St-Antoine*, p. 88.

♥ La rue des Rosiers, p. 84.

---

➤ **L'INTÉRIEUR.** Il se distingue par sa décoration, les 7 essences de bois du parquet de la salle à manger et les 24 lustres en cristal de Baccarat qui éclairent la salle des Fêtes. Dans cette dernière, les peintres **Jean-Paul Laurens** et **Puvis de Chavannes** – artistes officiels de l'époque – ont représenté l'histoire de Paris tout en exaltant la beauté féminine avec un érotisme naïf. Le **cabinet** du maire s'orne d'œuvres rappelant ses prédécesseurs illustres: les prévôts Étienne Marcel et François Miron, ainsi que Bailly.

Sur la place, les bricoleurs pousseront la porte du **Bazar de l'Hôtel-de-Ville** (BHV; *p. 283*), paradis du clou en vrac et de la scie égoïne.

## La rue des Archives*

➤ ♥ **LE CLOÎTRE DES BILLETTES*** (*aux nos 22-26*). C'est le seul cloître **médiéval** subsistant à Paris. Il faisait partie d'un couvent dont l'existence remonte au XIIIe s. Notez les voûtes flamboyantes qui reposent sur de forts piliers (*nombreux concerts et expositions ☎ 01.42.46.76.05*).

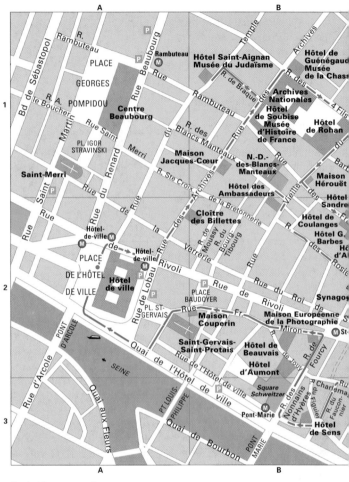

II - Le Marais et la Bastille

➤ **La maison de Jacques Cœur**\*
(au n° 40). Il s'agit d'une des **plus
anciennes maisons** de la capitale.
Caractéristique du XVᵉ s., avec ses
fenêtres à meneaux et son appareil
en brique rouge, elle fut habitée
par le fils du célèbre financier de
Charles VII.

## L'hôtel de St-Aignan\*\*
## et le musée du Judaïsme

➤ IIIᵉ **arrdt**; 71, rue du Temple
**M°** Rambuteau ou Hôtel-de-Ville;
**bus**: 29, 38, 47, 75; **ouv.** du lun. au
ven. de 11h à 18h, le dim. à partir de
10h ☎ 01.53.01.86.53; accès payant.

➤ **L'hôtel**. Précédée d'un portail
monumental orné de curieuses
**têtes d'Indiens** sculptées, la
**façade** offre une ordonnance
grandiose des pilastres corinthiens. La partie g. de la cour n'est
qu'un trompe-l'œil.

➤ **Le musée**. Il retrace l'histoire des
juifs à travers leurs migrations et
évoque le cadre de vie des communautés ashkénazes et séfarades.

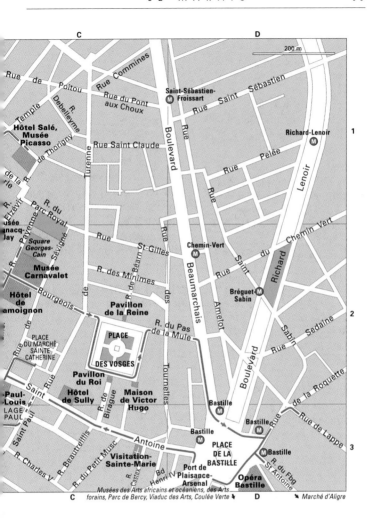

Musées des Arts africains et océaniens, des Arts forains, Parc de Bercy, Viaduc des Arts, Coulée Verte ↘ ↗ Marché d'Aligre

Parmi les œuvres intéressantes et les **objets cultuels**, citons : une série de **stèles funéraires** provenant des cimetières juifs parisiens du Moyen Âge ; une *souccah* du XIXe s. (cabane précaire que l'on monte à l'occasion de la fête des Tabernacles) ; des **lithographies** de l'artiste constructiviste El Lissitzky et des **estampes** du XVIIIe au XXe s.

## Les Archives nationales*

➤ IIIe *arrdt*; 60, rue des Francs-Bourgeois **M°** *Rambuteau ou Hôtel-de-Ville*; **bus**: *29, 75*; *ouv. t.l.j. de 13h45 à 17h45 sf mar.* ☎ *01.40.27.60.96.*

**II-B1** Ce vaste quadrilatère englobe les hôtels d'Assy, Breteuil, Fontenay, Jaucourt et Rohan. Les archives conservent env. 6 milliards de documents sur 280 km de rayonnages !

### L'HÔTEL DE SOUBISE** ET LE MUSÉE DE L'HISTOIRE DE FRANCE*

➤ *Ouv. t.l.j. de 12h à 17h45 sf mar.; et à partir de 13h45 le w.-e.* ☎ *01.40.27.60.96.*

**LE QUARTIER GÉNÉRAL DES CATHO-LIQUES.** Le bâtiment fut édifié à l'emplacement du manoir d'**Olivier de Clisson**, compagnon de Du Guesclin, sur un ancien terrain des Templiers. Il fut acheté en 1553 par la famille de Guise, qui en fit le quartier général des la Ligue pendant les guerres de Religion.

➤ **L'HÔTEL.** Le portail sur rue donne accès à une **splendide cour d'honneur**\*\*, en fer à cheval, entourée d'une galerie de colonnes. Au fond, l'harmonieuse **façade** est surmontée, en son centre, d'un fronton triangulaire.

➤ **LE MUSÉE.** Il occupe les appartements de la princesse de Soubise, qui ont conservé un éblouissant **ensemble décoratif**\*\*\* de style **rocaille** (salon ovale et chambre de parade), œuvres de Natoire, Boucher et Van Loo. L'ancienne **salle des gardes** rassemble de précieux documents de l'histoire de France, comme l'**édit de Nantes** et la **Déclaration des droits de l'homme**.

## Où faire une pause ?

Place des Vosges **II-C2**, pour boire un verre sous les arcades.

Rue des Rosiers **II-B2**, chez les épiciers-traiteurs d'Europe centrale.

Dans un jardin de la Promenade plantée **hors plan par II-D3**.

Le Village St-Paul **II-C3**, pour les amateurs d'antiquités.

Au square Georges-Cain (rue Payenne) **II-C2**, où l'on peut entendre, au crépuscule, le chant – enregistré – d'un rossignol.

## L'hôtel de Rohan\*\*

➤ *Visites seulement lors des conférences guidées et de la Journée du patrimoine.*

**II-B1** Construit par Delamair, il apparaît comme le complément du palais de Soubise. Dans la cour de dr., coiffant l'entrée des anciennes écuries, un **bas-relief** de Robert Le Lorrain, *Les Chevaux du Soleil*\*\*, constitue une des plus belles sculptures françaises du XVIIIe s. Le **décor intérieur**, plein de fantaisie, se distingue particulièrement dans le **cabinet** exotique **des Singes**\*\*, peint par Huet vers 1750.

## L'hôtel de Guénégaud\*\* et le musée de la Chasse

➤ *60, rue des Archives M° Rambuteau ou Hôtel-de-Ville; ouv. t.l.j. de 10h à 12h30 et de 13h30 à 17h30 sf mar. ☎ 01.42.72.86.43; accès payant.*

**II-B1** L'hôtel, signé François Mansart, abrite le **musée de la Chasse et de la Nature**. N'y manquez pas les œuvres de **Cranach**, **Bruegel** et **Rubens**, la collection d'armes ou les scènes de chasse peintes par les maîtres du genre, en particulier **Oudry**. De l'Afrique à l'Asie, chaque salle recrée un paysage naturel peuplé de grands animaux naturalisés (gorille, lion, ours, caribous…).

## L'hôtel Salé\*\* et le musée Picasso\*\*

➤ *IIIe arrdt; 5, rue de Thorigny M° Chemin-Vert ou St-Sébastien-Froissart; bus: 29, 96, 69, 75; musée ouv. t.l.j. sf mar. de 9h30 à 18h d'avr. à sept.; 17h30 le reste de l'année ☎ 01.42.71.25.21.*

➤ **L'HÔTEL.** La **façade**, du XVIIe s., est encadrée de sphinx et surmontée d'un majestueux fronton.

À l'**intérieur** se déploie un des plus beaux **escaliers** de Paris; vous y admirerez aussi un remarquable **plafond** décoré.

➤ LE MUSÉE. Il possède une exceptionnelle collection de peintures, de sculptures et de céramiques, mais aussi des statuettes d'art africain, océanien et ibérique. La visite s'organise de manière **chronologique** et couvre toute la production de l'artiste (périodes bleue, rose, cubisme, etc.). Ainsi verra-t-on l'*Autoportrait*\*\* (1901), caractéristique de la période bleue, puis le second *Autoportrait*\*\* (1906), qui annonce *Les Demoiselles d'Avignon*, œuvre clé du XXe s. Dans les salles **cubistes**, la peinture, comme la *Nature morte à la chaise cannée*\* (1912), est confrontée à d'autres techniques: papiers collés ou sculpture. Voir aussi quelques œuvres plus «classiques», comme le *Portrait d'Olga*\* (1917) et la *Flûte de Pan*\*\* (1923), auxquelles succèdent des réalisations plus surréalistes: *Le Baiser* (1925) ou *La Crucifixion* (1930).

Rejoindre la rue Vieille-du-Temple, au n° 54, la **tourelle gothique** à encorbellement signale la **maison de Jean Hérouët**, trésorier de Louis XIII. Non loin, l'**église des Blancs-Manteaux** *(12, rue des Blancs-Manteaux)* est un édifice de style classique doté d'une chaire baroque et d'un orgue remarquable *(nombreux concerts)*.

## L'hôtel des Ambassadeurs\*

➤ *47, rue Vieille-du-Temple* **M°** *Hôtel-de-Ville. Ne se visite pas.*

**II-BC2** Il se distingue par son imposant portail orné, notamment, de **têtes de Gorgones**\*. L'**intérieur** possède des décors de l'époque, comme la jolie **galerie**\* peinte par Michel Corneille et une «**chambre à l'italienne**\*».

## La rue des Francs-Bourgeois\*\*

**II-BC2** Son nom tire son origine des maisons d'aumône qui au Moyen Âge accueillaient ici les pauvres dispensés d'acquitter les taxes: les «francs-bourgeois». La portion délimitée par la rue Vieille-du-Temple et la rue Elzévir concentre un grand nombre de demeures fastueuses: l'**hôtel de Sandreville** *(au n° 26)*, du plus pur style Louis XVI; l'**hôtel de Coulanges**\* *(au n° 35)*, siège de la **maison de l'Europe**, à l'élégant **porche à mascarons**; l'**hôtel Guillaume-Barbes** *(au n° 33)* et enfin l'**hôtel d'Albret**, dont la cour s'orne d'une colonnade sculptée par Bernard Pagès, proche du mouvement Support-Surface.

## Le musée Cognacq-Jay\*

➤ *IIIe arrdt; 8, rue Elzévir* **M°** *Chemin-Vert ou Rambuteau; bus: 29, 96; ouv. t.l.j. du mar. au dim. de 10 h à 17 h 40* ☎ *01.40.27.07.21; accès payant.*

**II-BC1-2** Installé dans l'hôtel de Donon (XVIe s.), il réunit les collections du fondateur de la Samaritaine *(p. 26)*. Sous des boiseries richement décorées, les salles offrent un ensemble exceptionnel d'**œuvres d'art européennes du** XVIIIe s.\*\*: dessins de Watteau, peintures de Boucher, Chardin, Fragonard, Greuze, Canaletto, Rembrandt, pastels de La Tour. Les porcelaines de Saxe et les meubles estampillés recréent l'intimité d'une demeure parisienne au siècle des lumières. En grimpant jusqu'aux combles, vous verrez les plus belles **charpentes**\* de la ville.

# Les hôtels particuliers

*D*ès la fin du XVᵉ s., l'hôtel parisien se fixe dans le paysage urbain comme en témoigne l'hôtel de Cluny. Durant le Grand Siècle, ces résidences de plaisance, entre cour et jardin, connaissent leurs heures de gloire au Marais. Au XVIIIᵉ s., les grandes parcelles des faubourgs St-Honoré et St-Germain attirent la noblesse, qui s'y fait bâtir des demeures plus confortables, agrémentées de parcs.

**L'hôtel de Sully,**
édifié par Jean Androuet Du Cerceau (1624). Il a conservé son ordonnance complète (porche d'entrée encadré de pavillons, cour, corps de logis, jardin et, au fond de ce dernier, l'orangerie menant à la place des Vosges). Son ornementation foisonnante reste imprégnée de l'esprit Renaissance.

## Les grandes heures du Marais

La création de la place des Vosges (1612) par Henri IV met le quartier du Marais à la mode. Cet ancien marécage devient la terre d'élection de l'aristocratie et le centre de la vie mondaine pendant tout le XVIIᵉ s. La précieuse Mlle de Scudéry et la libertine Ninon de Lenclos y tiennent salon ; Sully y donne des ballets fastueux. Autour de la rue St-Antoine, principale voie d'accès à Paris, nobles, gens de robe et des finances se font élever des hôtels, dont le raffinement est réservé aux façades intérieures ouvertes sur des jardins aux parterres savamment agencés, comme l'hôtel de Guénégaud (p. 80). On fait appel aux plus grands maîtres pour dessiner l'édifice ou en décorer l'intérieur (Androuet Du Cerceau, Le Vau, Mansart, Le Brun, Mignard).

## Le faubourg St-Germain : au plus près du roi

À la fin du XVIIᵉ s., la noblesse, prenant exemple sur son souverain, installé à Versailles, répugne désormais à côtoyer bourgeois et gens du peuple comme elle le fait au Marais. L'aristocratie s'établit alors massivement dans le fbg St-Honoré et le fbg St-Germain. Ce dernier quartier se lotit à vive allure comme l'illustrent brillamment les hôtels Matignon (p. 179), de Salm (p. 181) ou Biron (p. 178), dont le corps de logis est isolé à la manière d'un château. Mᵐᵉ Récamier et Samuel Bernard, banquier de Louis XV, y organisent des fêtes somptueuses. La Révolution sonne le glas de ce second âge d'or.

**L'hôtel Carnavalet**
(1560), un hôtel Renaissance, agrandi plus tard par F. Mansart. La cour d'honneur sert de cadre à la statue de Louis XIV (Coysevox). Les bas-reliefs des *Quatre Saisons* sont attribués à Jean Goujon.

**L'hôtel de Rohan**
(1705), dû à Delamair, est une des réalisations du Marais. Au-dessus des anciennes écuries, *Les Chevaux du Soleil*, chefs-d'œuvre de la sculpture du XVIIIe s., ont été sculptés par Robert Le Lorrain.

**L'hôtel Biron** (1728), bâti par Gabriel et Aubert, dans le faubourg St-Germain où est installé aujourd'hui le musée Rodin. Dès le XVIIe s., les escaliers se déclinent en plusieurs variantes : escalier d'honneur desservant les salons de réception, escalier de service pour les domestiques ou encore escaliers dérobés pour les rendez-vous galants.

## Entre cour et jardin

Suivant un plan rigoureux défini dès la fin du Moyen Âge, l'hôtel s'ordonne autour d'une cour centrale et d'un jardin, le plus souvent placé à l'arrière. Les façades sont en pierre de taille, et le décor, plus ou moins majestueux, varie selon le rang social du propriétaire. L'accent est généralement mis sur le bâtiment du fond de la cour, avec une ou deux ailes en retour vers la rue. Un portail ferme l'ensemble, qui peut parfois prendre l'aspect d'un véritable arc de triomphe.

## Le décor intérieur

Dès 1660, Richelet écrit : « L'hôtel est la maison de quelque seigneur de qualité. » Pour cette raison, le décor intérieur y tient un rôle important. On distingue les pièces d'apparat, destinées aux réceptions et à la vie sociale, et les appartements privés, plus confortables. Sous Louis XV, le pompeux ordre antique est délaissé pour les lignes courbes : le style rocaille triomphe dans les boiseries, qui sont mises à l'honneur et deviennent un élément essentiel du décor.

## ♥ La rue des Rosiers

➤ *Éviter le sam., jour du shabbat* **M°** *St-Paul.*

**II-B2** L'ancien chemin de ronde de l'enceinte de Philippe Auguste est le principal ♥ **quartier juif** de Paris, et ce depuis le XIIᵉ s. À l'époque, il était interdit aux juifs – tout comme aux Lombards d'ailleurs – d'exercer des métiers dits « nobles » (avocats, enseignants), ceux-ci se firent donc commerçants ou prêteurs sur gages... Passé les magasins de prêt-à-porter, vous goûterez l'atmosphère des épiceries casher, des pâtisseries d'Europe centrale, des écoles religieuses (les *yeshiva*), des boucheries homologuées par le Beth Din et des innombrables boutiques à *falafel*, parmi lesquelles trône le restaurant ♥ *Goldenberg (p. 258).*

Poussez jusqu'à la **rue Pavée**, où **Hector Guimard** a bâti une **synagogue**\* Art nouveau *(au n° 10).*

## L'hôtel de Lamoignon\*\*

➤ *IIIᵉ* **arrdt** ; *24, rue Pavée* **M°** *Rambuteau ou Hôtel-de-Ville.*

**II-C2** Construit en 1584 pour Diane de France, c'est l'un des plus anciens du Marais. La **façade** principale sur la cour, animée de pilastres corinthiens, est un bel exemple de l'**ordre colossal**. L'hôtel abrite la **Bibliothèque historique** de la Ville.

## L'hôtel Carnavalet\*\*

➤ *IIIᵉ* **arrdt** ; *23, rue de Sévigné* **M°** *St-Paul ou Chemin-Vert;* **bus**: *29, 69, 76, 96.*

**II-C2** C'est l'un des chefs-d'œuvre de l'architecture française des XVIᵉ et XVIIᵉ s. Il est né de la juxtaposition de **deux bâtiments**: l'un, italianisant commencé par Pierre

**Lescot** en 1544; l'autre classique, ajouté par **Mansart**, au milieu du XVIIᵉ s. La **façade** sur rue présente un admirable **portail à bossages** Renaissance. Dans la **cour d'honneur**, la **statue de Louis XIV**\*\* est l'œuvre de **Coysevox** (1689). Le corps de logis principal a gardé son aspect du milieu du XVIᵉ s.; les bas-reliefs des *Quatre Saisons*\* sont attribués à Jean Goujon.

L'hôtel Carnavalet et son voisin, l'hôtel Le Peletier-de-St-Fargeau, se partagent les collections du **musée de l'Histoire de Paris**\* *(p. 222).*

## ♥ La place des Vosges\*\*\*

➤ *IVᵉ* **arrdt** **M°** *Chemin-Vert ou Bastille;* **bus**: *20, 29, 65, 96.*

**II-C2** C'est l'une des plus belles places de Paris, et sans doute la plus agréable. Des célébrités y sont domiciliées, et vous les surprendrez peut-être sous ses arcades, dans une galerie de peinture ou à la terrasse d'un café.

UN TRAGIQUE TOURNOI. « Quand on pense qu'on la doit au coup de lance de Montgomery ! » ironisait Victor Hugo. C'est en effet à la suite d'un tournoi qu'Henri II expira à l'hôtel des Tournelles, jouxtant la place. De chagrin, Catherine de Médicis fit démolir le palais. Après avoir songé à y installer une manufacture, Henri IV fit construire cette place royale en 1612 *(voir encadré p. 85).* Centre des fêtes et des plaisirs de la cour au XVIIᵉ s., elle fut longtemps le pré favori des duellistes. Elle prit en 1800 le nom de place des Vosges, le premier département à avoir acquitté l'impôt.

➤ UNE SYMÉTRIE RIGOUREUSE. La place ordonne ses 36 pavillons autour de 2 édifices plus élevés, de

# Les places royales

*La place des Vosges, archétype des places royales.*

À partir d'Henri IV, la ville se doit d'honorer son souverain. Ainsi naissent les places Dauphine *(p. 71)* et des Vosges *(p. 84)*, qui servent en quelque sorte d'écrin à la statue du roi. Fermées et bordées de maisons, ces places deviennent des carrefours aérés aux vastes perspectives sous Louis XIV ainsi qu'on peut le voir place des Victoires *(p. 110)* ou place Vendôme *(p. 104)*. La dernière place royale est celle de la Concorde *(p. 131)*, réalisée au temps de Louis XV ; ironie du sort, Louis XVI y fut guillotiné !

part et d'autre du jardin : le **pavillon du Roi** *(côté rue de Birague)* et le **pavillon de la Reine** *(côté rue des Francs-Bourgeois)*. Marquées par une unité stricte, les façades ont conservé leur harmonie raffinée : le blanc de la pierre, le rouge des fausses briques et le bleu de l'ardoise s'accordent à merveille avec le ciel changeant de Paris. Au centre se dresse la statue équestre de Louis XIII.

La place s'enorgueillit du souvenir de M^me de Sévigné (née au n° 1 bis), de **Bossuet** *(au n° 17)*, de **Richelieu** *(au n° 21)* et de **Victor Hugo** *(ci-dessous)*.

### LA MAISON DE VICTOR HUGO*

➤ *IV^e arrdt ; 6, pl. des Vosges* **M°** *Chemin-Vert ou Bastille ; **bus** : 20, 29, 65, 96 ; **ouv**. t.l.j. de 10h à 17h45 sf lun.* ☎ *01.42.72.10.16 ; accès payant.*

De 1832 à 1848, l'écrivain vécut dans l'hôtel de Rohan-Guéménée. La maison abrite des souvenirs le concernant, ainsi que ses **dessins*** (souvent des lavis), visionnaires et quelquefois cruels.

# Le quartier de la Bastille*

➤ *XI^e* **arrdt**
**M°** *Bastille*; **bus:**
*20, 29, 61, 65, 69,
76, 86, 87, 91,
Balabus.*

**II-D3** Tradition-
nellement populaire et frondeur
avec ses courettes d'artisans et ses
commerces auvergnats, le quartier
est devenu dans les années 1980 un
des plus «in» de Paris. La création
de l'Opéra Bastille et, dans une
moindre mesure, du port de plaisance de l'Arsenal a bouleversé le
paysage sociologique et attiré ici
les promoteurs – en dix ans, le prix
du mètre carré a décuplé ! Rue de
Lappe et rue de la Roquette, bars à
tapas et bals musettes invitent les
chalands. Au viaduc des Arts, des
ateliers chic perpétuent à leur
manière la tradition du faubourg.
Quant aux marchands de meubles
kitsch du faubourg St-Antoine, ils
font toujours la nique aux antiquaires du Village St-Paul.

### La place de la Bastille*

**II-D3** Cette place est depuis toujours un lieu de rendez-vous
populaire, que ce soient des manifestations syndicales ou des fêtes
importantes comme le **grand bal
du 14 juillet**.

**LE POUVOIR ARBITRAIRE**. La place
doit son nom à la forteresse de la
Bastille (1382), qui perdit sa vocation défensive sous Louis XIII et
devint prison d'État. Fouquet,
Voltaire, le marquis de Sade y
furent «embastillés». En s'empa-
rant de celle-ci le 14 juillet 1789, le
peuple parisien s'attaquait au
pouvoir arbitraire qui emprison-
nait à tour de bras sur simple

lettre de cachet. En l'espace de
quelques mois, la forteresse était
démolie *(on peut en voir une
maquette au musée Carnavalet,
p. 222).*

Au centre, la **colonne de Juillet**
célèbre le souvenir des victimes de
la **Révolution de 1830**. Elle est
surmontée d'une statue en bronze,
le *Génie de la Liberté.* En choisis-
sant cette figure neutre, Louis-
Philippe essaya de ménager toutes
les familles de pensée : glorifier
ceux à qui il devait son trône, les
émeutiers de Juillet, sans pour
autant heurter les royalistes.

### Opéra Bastille*

➤ *XII^e* **arrdt** ; 120, rue de Lyon
**M°** *Bastille*; **RER** *Gare-de-Lyon*;
*renseignements et **réservations** de
9h à 19h sf dim.* ☎ *08.36.69.78.68.*

**II-D3** Emblème architectural des
«années Mitterrand», ce bâtiment
anthracite habillé de verre a été
conçu par **Carlos Ott** en 1989.
L'extérieur impressionne par sa
taille et son absence de décoration.

*L'intérieur de l'Opéra Bastille.*

# La Coulée verte*

➤ **M°** Bastille, Ledru-Rollin, Gare-de-Lyon, Daumesnil – Félix-Éboué et Bel-Air.

**Hors plan par II-D3** À deux pas de la Bastille *(à l'angle de l'av. Daumesnil et du bd Diderot)*, une promenade plantée de 4,5 km a été aménagée sur l'ancienne voie de chemin de fer de La Varenne. Située le plus souvent en hauteur, cette balade bucolique et aérienne offre l'occasion de découvrir le XIIe arrdt sous un autre œil. La première halte du parcours est le jardin Hector-Malot, qui comprend deux terrasses agrémentées d'une pergola. Après la rue Montgallet, une passerelle annonce le jardin de Reuilly, vaste pelouse où alternent euphorbes, bambous et fougères. Situé au niveau de la rue, le mail Vivaldi mène au jardin de l'ancienne gare de Reuilly, où règne une ambiance champêtre. Une piste cyclable a aussi été aménagée. À la sortie du tunnel reconverti en grotte, la promenade s'enfonce à 7 m en contrebas et donne l'illusion de pénétrer dans un sous-bois. Sur la g., un labyrinthe végétal a été reconstitué. Peu après l'av. du Général-Bizot, on atteint le jardin Charles-Péguy, plus minéral. La fin du parcours permet de rejoindre le bois de Vincennes *(p. 44)* via le bd de la Guyane, où

d'autres promenades vous attendent. De retour vers Bastille, vous pouvez faire un crochet par les ateliers des artisans qui se sont implantés sous les voûtes restaurées du viaduc des Arts*.

L'Opéra Bastille programme environ 200 représentations d'opéras et de ballets par saison. Si son architecture a été fortement contestée, la réussite du **plateau technique** fait l'unanimité (salle de 2 700 places, jeux de lumière, excellente acoustique). À l'entracte, vous jouirez de magnifiques perspectives sur la place.

## Vers le ♥ marché d'Aligre et la rue de Charonne

**Hors plan par II-D3** Autour de la place, la **rue de la Roquette** et la ♥ **rue de Lappe**, très animées le soir, forment une suite ininterrompue de boutiques et de restaurants. Fidèle à la tradition du bal musette, le **Balajo** n'a pas pris une ride depuis 1936 *(p. 286)* et accueille les Parisiens venus s'encanailler. Derrière ses vitrines clinquantes, la ♥ **rue du faubourg St-Antoine** cache, quant à elle, un quartier authentiquement parisien, où des ateliers d'artisans sont blottis dans un réseau tortueux de **cours** et de **passages** – près de 600 au total ! Passage du Cheval-Blanc, de la Main-d'Or, cour du Bel-Air, autant de lieux poétiques où exercent encore dinandiers, bronziers et ébénistes. La **rue de Charonne**, qui croise le faubourg, est aussi le fief des artisans, même s'ils ont été rejoints aujourd'hui par les artistes, les designers et les galeries d'art branchées. Un peu plus loin en direction de l'hôpital St-Antoine, le ♥ **marché d'Aligre** *(t.l.j. sf lun., de 8 h à 13 h et de 15 h 30 à 19 h 30 ; dim., de 8 h à 13 h)* aux allures de souk est un des plus pittoresques de Paris.

De retour vers la place de la Bastille, le **port de plaisance de l'Arsenal** offre une agréable balade le long des quais, à moins que vous ne préfériez vous embarquez pour une visite des écluses sur les canaux *(p. 291).*

## La rue St-Antoine*

➤ IV^e **arrdt** ; 62, rue St-Antoine **M°** *St-Paul* ; **bus** : 67, 69, 76, 96, Balabus.

**II-C2-3** Cette ancienne voie romaine qu'empruntaient les têtes couronnées prolonge aujourd'hui la rue de Rivoli. Elle conserve plusieurs demeures des XVII^e-XVIII^e s. Au coin de la rue Castex, le **temple de la Visitation-Ste-Marie*** est une des premières réalisations importantes de **F. Mansart** (1632).

### ♥ L'HÔTEL DE SULLY***

➤ IV^e **arrdt** ; 62, rue St-Antoine **M°** *St-Paul* ; visite libre de la cour de 7 h 30 à 19 h ☎ 01.44.61.21.69.

**II-C2** Construit par **Jean Androuet Du Cerceau**, c'est l'un des plus beaux hôtels du Marais. Les bâtiments situés autour de la **cour d'honneur*** ont gardé un esprit très Renaissance et offrent une ornementation particulièrement riche. Les **façades** (cour et jardin) portent des figures des Éléments et des Saisons. L'**intérieur**, occupé

par la Caisse des monuments historiques, abrite de remarquables **plafonds peints**.

### L'ÉGLISE ST-PAUL-ST-LOUIS*

**II-C2** C'est une des rares constructions jésuites parisiennes. Sa façade à frontons et colonnes est typique de ce style **baroque** qui traduisait l'esprit de la Contre-Réforme. Le **dôme** y fait son apparition, préfigurant la Sorbonne ou le Val-de-Grâce. Une importance majeure est accordée à l'autel, vers lequel devait converger le regard. La **nef**, lumineuse, est ornée d'un *Christ aux Oliviers** de Delacroix et d'une **Vierge de pitié** de Germain Pilon.

Par la rue St-Paul, rejoignez la zone piétonnière du ♥ **Village St-Paul**, constituée d'une succession de cours où une soixantaine d'antiquaires ont pignon sur rue.

## L'hôtel de Sens*

➤ IV^e **arrdt** ; 1, rue du Figuier **M°** *St-Paul ou Pont-Marie* ; **bus** : 67, 69, 76, 96, Balabus ; **ouv.** t.l.j. de 13 h 30 (10 h sam.) à 20 h 30 sf dim. et lun.

**II-B3** Édifié de 1475 à 1519, c'est l'un des rares hôtels à témoigner du Paris médiéval, comme le proclament ses **tourelles à poivrière** et son aspect défensif. Foyer d'intrigues durant la Ligue, puis demeure de la reine Margot, il abrite aujourd'hui la **bibliothèque Forney**, consacrée aux arts.

## Vers l'église St-Gervais-St-Protais

**II-B2-3** Le **square Schweitzer** offre un beau **point de vue** sur la longue façade classique de l'**hôtel d'Aumont*** *(7, rue de Jouy)*. Ici, rien de défensif : agrandissant l'hôtel dessiné par **Le Vau** au milieu du XVIIe s., **F. Mansart** en fit une demeure d'agrément, éclairée par de hautes fenêtres qui ouvrent sur un jardin à la française, dû à **Le Nôtre**. L'intérieur est richement décoré.

➤ **LA MAISON EUROPÉENNE DE LA PHOTOGRAPHIE** *(5-7, rue de Fourcy; ouv. t.l.j. de 11 h à 20 h, sf lun., mar. et j.f.; accès payant).* Cette élégante bâtisse à l'architecture classique des Lumières est consacrée à la photographie. Ses collections permanentes comportent notamment des séries complètes telles que *Les Américains* de **Robert Frank** ou *Prague 1968* de **Josef Koudelka**.

➤ **L'HÔTEL DE BEAUVAIS**\* *(68, rue François-Miron).* Il a été construit sous Louis XIII par Lepautre. Contrairement au plan traditionnel, ici le bâtiment principal se trouve sur la rue et non au fond d'une cour *(voir aussi p. 82).* Si la demeure a perdu toute sa décoration intérieure, sa **cour**\* ovale et ses **caves gothiques** sont remarquables.

Un peu plus loin *(n° 2 à 14)*, maisons restaurées, dont celles de l'ancien **pourtour St-Gervais**\*. Aux **n°s 2** et **4** se trouve la maison de la dynastie des **Couperin**, titulaires pendant presque tout le XVIIe s. de l'orgue de l'église voisine.

## L'église St-Gervais-St-Protais*

➤ *IVe* **arrdt***; 2, rue François-Miron* **M°** *Hôtel-de-Ville;* **bus***: 67, 69, 76, 96, Balabus.*

**II-AB2** En dépit de sa façade jésuite, c'est un chef-d'œuvre du gothique tardif. La **façade** surélevée est du plus bel effet. Elle fut la première à superposer les trois ordres antiques: dorique, ionique et corinthien. Le **gothique flamboyant** contraste violemment avec l'extérieur – voir en particulier la spectaculaire **clé de voûte**\* de la chapelle de la Vierge. Outre les **vitraux** des XVIe et XVIIe s. et les **stalles**\* du chœur, admirez l'**orgue**, sur lequel **F. Couperin** composa ses deux messes.

# Beaubourg*
# et le quartier des Halles*

Les aménagements des années 1970 ont bouleversé la physionomie du quartier et son paysage sociologique. L'univers truculent du «Ventre de Paris», et sa cohorte de petits métiers, a été supplanté par une concentration record de magasins et de cafés très prisés des jeunes. Mais cette frénésie de consommation a ses côtés nobles : ici, la culture vous sollicite un peu partout, au Centre Georges-Pompidou, temple de l'art moderne, et à l'église St-Eustache, fleuron du gothique flamboyant, qui paraît presque incongrue dans le voisinage du Forum. Reste aussi le spectacle : danseurs de hip-hop, place des Innocents, jongleurs et cracheurs de feu à Beaubourg.

## Beaubourg*

### La place du Châtelet

➤ *Ier arrdt* **M°** *Châtelet ;* **bus :** *21, 38, 47, 58, 67, 69, 70, 72, 74, 75, 76, 81, 85, 96, Balabus.*

**III-A3** Elle doit son nom à la forteresse du XIIe s. qui défendait l'accès à l'île de la Cité. Deux grandes salles de spectacle, bâties par **Davioud** en 1862, l'encadrent. Le Châtelet est devenu le digne **Théâtre musical de Paris** qui se distingue par des programmations musicales audacieuses. Le **Théâtre de la Ville** *(2, pl. du Châtelet ;* **réservations** *15 jours à l'avance, lun.-sam.* ☎ *01.42.74.22.77. Voir p. 289),* en face, ne le lui cède en rien pour l'excellence de ses représentations – ballets, concerts, spectacles dramatiques… Pour l'anecdote, la scène actuelle recouvre l'endroit où Gérard de Nerval fut retrouvé pendu un matin de 1855.

### ♥ La tour St-Jacques*

Serrée dans son petit square, elle dégage un charme poétique dont les surréalistes, déjà, s'étaient entichés. C'est le seul vestige de l'ancienne église gothique flamboyante de la corporation des bouchers construite sous François Ier. Les pèlerins de l'Île-de-France partant pour St-Jacques-de-Compostelle s'en servaient comme point de ralliement Le clocher est utilisé maintenant comme station météorologique !

En suivant la **rue St-Martin**, vous croiserez la rue des Lombards, ainsi baptisée parce que bon nombre d'usuriers italiens s'y étaient installés au Moyen Âge.

### L'église St-Merri*

➤ *IVe arrdt ; 76, rue de la Verrerie* **M°** *Rambuteau, Châtelet ou Hôtel-de-Ville ;* **bus :** *21, 38, 47, 58, 67, 69, 70, 72, 74, 75, 76, 81, 85, 96.*

**III-B2** Contemporaine de la tour St-Jacques, cette église offre le même

## À ne pas manquer

Le Centre Georges-Pompidou***, p. 91.
L'église St-Eustache**, p. 94.
♥ La tour St-Jacques*, p. 90.
♥ La fontaine des Innocents*, p. 93.
♥ La rue Montorgueil, p. 95.

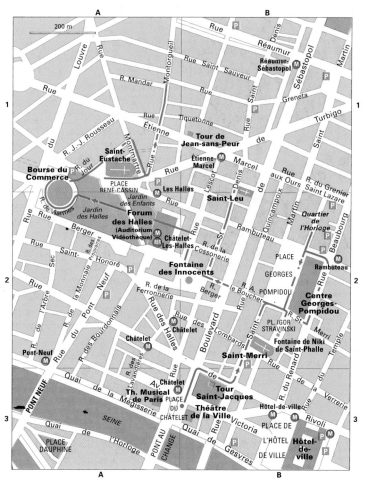

III - BEAUBOURG ET LE QUARTIER DES HALLES

style gothique tardif. Si l'**extérieur** garde un aspect médiéval, l'**intérieur** a subi de nombreuses modifications, à l'instar de Notre-Dame. Il renferme un riche **mobilier** (buffet d'orgue où Camille Saint-Saëns officiait, chaire, intéressants tableaux, vitraux du XVIe s.).

Rejoignez la vaste esplanade où se dresse le Centre Pompidou aux couleurs rutilantes. Cette piazza est un peu une scène géante, où se produisent les bateleurs.

## Le Centre Georges-Pompidou***

➤ *IVe arrdt*; pl. *Georges-Pompidou* M° *Châtelet, Hôtel-de-Ville ou Rambuteau*; **RER** *Châtelet-Les Halles*; **bus**: *21, 29, 38, 47, 58, 69, 70, 72, 74, 75, 76, 81, 85, 96*; **parking** *payant*; **musée national d'Art moderne et expositions temporaires**: *ouv. t.l.j. sf mar. de 11h à 21h; accès payant*; **atelier Brancusi**: *ouv. t.l.j. sf mar. de 13h à 19h; accès payant*; **Bibliothèque publique**

*Le centre Pompidou et ses tubulures multicolores. Ici, le fonctionnel a été rejeté à l'extérieur.*
*Des couleurs permettent de distinguer les différents conduits : les tuyaux d'aération et de chauffage (bleu), les conduites d'eau (vert) et les circuits électriques (jaune).*

voisinage avec le marché des Halles, qui y déversait ses déchets. En 1936, les premières maisons sont détruites, puis le plan d'aménagement du quartier des Halles incluant Beaubourg est lancé en 1968. Georges Pompidou décide alors de construire un vaste centre de création et d'exposition d'art contemporain. Le projet des architectes **Renzo Piano** et **Richard Rogers** sera retenu parmi 700 autres. Le Centre est inauguré en 1977 et prend le nom du président, lequel – ironie du sort – n'en aima guère l'architecture !

➤ **L'EXTÉRIEUR**. Ce vaisseau d'avant-garde aux **cheminées** éclatantes présente l'originalité d'avoir rejeté à l'extérieur de l'édifice tout ce qui aurait pu nuire à l'utilisation de l'espace intérieur et à la fluidité de la circulation : escalators, ascenseurs, conduites d'eau et gaines d'air sont aussi apparents que dans un immeuble industriel, et les diverses fonctions sont signalées par des couleurs. On accède au Centre par une entrée unique depuis la piazza, désignée de l'extérieur par un auvent. *Pour l'atelier Brancusi*, voir p. 223.

*d'information* (BPI) : *ouv. t.l.j. sf mar. de 12 h à 22 h, à partir de 11 h les sam. et dim. **Rens.** ☎ 01.44.78. 12.33, par Minitel 3615 BEAUBOURG.*

**III-B2** « Raffinerie » pour les uns, étendard de la modernité pour les autres : plus de vingt ans après son inauguration, le bâtiment continue d'alimenter les polémiques. Quoi qu'il en soit, le musée le plus visité de France (environ 7 millions de visiteurs par an) fait l'unanimité quant à l'intérêt de ses collections et la qualité de ses manifestations.

➤ **DU « BEAU BOURG » AU CARREFOUR PLURICULTUREL**. Charmant lieu de villégiature des bourgeois de Paris au Moyen Âge, le « Beau Bourg » devint rapidement un endroit insalubre en raison de son

➤ **L'INTÉRIEUR**. Le hall est un immense espace où cohabitent l'accueil, la galerie des enfants et divers services (librairie, Poste…). Sous l'effigie de Pompidou – un portrait-sculpture de **Vasarely** –, s'organisent les accès aux différents niveaux du bâtiment, notamment le pôle parole, cinéma et spectacles au niveau –1, la salle de cinéma au niveau 1, la Bibliothèque publique d'information et le musée national d'Art moderne (niveaux 4 et 5, *voir p. 223*). Des **terrasses**\* offrent un très beau **panorama**\*\* du centre-ville et des toits de Paris.

## Autour du Centre Georges-Pompidou

**III-B2** En sortant du Centre, vous trouvez à dr. le **quartier de l'Horloge**, animé par une grande **horloge à automates***, *Le Défenseur du Temps*, œuvre de J. Monestier (1979). À 12 h, 18 h et 22 h, un homme armé livre un combat contre un dragon, un oiseau ou un crabe.

À g., en sortant du Centre, la ♥ **fontaine*** colorée de Jean Tinguely et Niki de Saint-Phalle a été dédiée à Stravinski. Ses figures animées pleines de fantaisie lui valent un franc succès auprès des touristes.

## La rue St-Denis

**III-B2** C'est l'une des plus anciennes de Paris. Cette voie romaine qui menait à la basilique royale était traditionnellement empruntée par les têtes couronnées lors de leur entrée triomphale dans la ville. Aujourd'hui, c'est un tout autre paysage : l'industrie du sexe, et ses *peep-shows*, tente de résister à l'assaut des boutiques de mode et des *fast-foods*.

### LE SQUARE DES INNOCENTS*

Qui croirait qu'à cet endroit s'étendait le charnier des Innocents, où furent déposés quelque deux millions de cadavres ? Il fallut attendre le XVIIIᵉ s. pour qu'on décide de transférer ces ossements aux catacombes *(p. 189)*. L'opération dura trois ans. Après quoi, l'on dressa un marché sur les anciennes fosses communes.

Au centre, la ♥ **fontaine des Innocents***, dessinée par **Pierre Lescot** et sculptée par **Jean Goujon**, constitue l'une des premières manifestations véritablement Renaissance à Paris. Les **nymphes*** presque sensuelles au drapé ondoyant illustrent le goût du milieu du XVIᵉ s. pour les formes antiques. Aujourd'hui, une faune jeune armée de skate-boards et de magnétophones aime à s'y rassembler.

> ## Où faire une pause ?
>
> Autour de la fontaine de J. Tinguely et N. de Saint-Phalle **III-AB2**, bordée de cafés-salons de thé.
>
> Sur la terrasse panoramique du Centre Pompidou **III-B2**.
>
> Au jardin des Halles et au manège du Forum **III-A2**, le plus ancien carrousel de Paris.

# Le quartier des Halles*

➤ *Iᵉʳ arrdt* **M°** *Les Halles ou Étienne-Marcel;* **RER** *Châtelet-Les Halles;* **bus***: 21, 29, 38, 47, 58, 67, 69, 70, 72, 74, 81, 85.*

**III-A2** Congestionné par le trafic quotidien du marché de gros, le cœur de Paris dut renoncer aux Halles et à sa population haute en couleur pour laisser place à un nouveau quartier qui comporte, en son centre, un immense complexe commercial bordé d'immeubles d'habitation et un vaste jardin pour l'aérer. Les badauds y font du lèche-vitrines ou envahissent les cinémas multisalles, les jeunes viennent y boire un verre ou jouer de la musique.

DU «LOUVRE DU PEUPLE» AU CHANTIER CYCLOPÉEN. Raconter l'histoire du lieu, c'est raconter la rive droite car les Halles ont été le foyer de son développement. Pour désengorger – déjà ! – le marché de l'île de la Cité, Philippe Auguste fait installer des halles sur la plaine des Champeaux (petits-champs). L'endroit prend, au fil du temps, de l'extension. Vers 1850, Napoléon III, séduit par la structure métallique légère de la nouvelle gare de l'Est, réclame des bâtiments plus fonctionnels. **Victor Baltard** réalise 10 pavillons en fonte et toits en zinc reliés par un réseau de rues couvertes, son œuvre est saluée par l'empereur comme le «Louvre du peuple» *(voir aussi encadré p. 190).* En 1969, les halles centenaires s'avèrent inadaptées aux besoins de la capitale, constamment embouteillée. On transfère donc l'activité à Rungis, et l'on rase les pavillons – au grand dam des amateurs d'architecture, à l'exception d'un seul qui se dresse à présent à Nogent-sur-Marne. Suivent alors quinze ans de chantier autour d'un gouffre mystérieux qui fut longtemps l'un des sujets de conservation favoris des habitants.

➤ **Le Forum des Halles**\* *(1-7, rue Pierre-Lescot).* Les architectes **Vasconi** et **Pencréac'h** ont conçu trois niveaux de verrières au-dessus de l'échangeur du RER. Ce temple du **shopping** passe pour la surface commerciale la plus rentable de France (vêtements, jeux, déco, disques, etc.). Au niveau -3, le nouveau Forum est une puissante cathédrale en béton brut, aussi haute qu'un immeuble de cinq étages ! La **place Carrée** (Chemetov) donne accès à des équipements culturels fort riches, dont l'**Auditorium des Halles** et la **Vidéothèque de Paris** *(p. 287)* ainsi qu'à une **piscine** *(p. 245).*

Longeant les rues Rambuteau et Lescot, les «**girolles**» élancées de Jean **Willerval** sont des constructions en verre réfléchissant. La **terrasse** permet de voir le jardin et le forum dans son ensemble.

➤ **Le jardin des Enfants**\* *(105, rue Rambuteau ☎ 01.45.08.07.18. Pour les enfants de 7 à 11 ans. Attention: accès limité, téléphoner pour réserver et connaître les horaires).* **Claude Lalanne** a recréé six **univers** ludiques: la forêt **tropicale** (piège à tigre) ; le monde mou (**piscine de balles**) ; le monde géométrique et sonore (**marches musicales**) ; le monde volcanique ; l'île mystérieuse, à laquelle on accède par un toboggan; la cité interdite (**labyrinthe**).

➤ **Le jardin des Halles**\*. Ce jardin urbain orné de tonnelles est dû à François-Xavier **Lalanne**. Il aboutit à la **place René-Cassin**, où **Henri de Miller** a réalisé une sculpture pleine de poésie qui représente une tête couchée, l'oreille collée au sol.

➤ **La Bourse du commerce** *(2, rue de Viarmes).* Elle occupe l'ancienne halle au blé. Accolé à ce bâtiment subsiste un vestige de l'hôtel de Soissons: la **colonne astrologique** que Catherine de Médicis fit élever vers 1575 pour Ruggieri.

## L'église St-Eustache\*\*

➤ *1er* **arrdt**; *2, rue du Jour* **M°** *Les Halles ou Étienne-Marcel;* **RER** *Châtelet-Les Halles;* **bus**: *67, 74, 85.*

**III-A1** C'est l'une des rares bénéficiaires du plan d'urbanisation des Halles, car les pavillons Baltard, avant leur destruction, la masquaient complètement. Gothique par son plan et son ossature mais habillé d'éléments Renaissance, ce très bel édifice a été construit à partir du XVIᵉ s.

## « Le ventre de Paris »

*La criée du poisson aux Halles de Paris au XVIIᵉ s.*

« Les voitures arrivaient toujours ; les cris des charretiers, les coups de fouet, les écrasements du pavé sous le fer des roues et le sabot des bêtes grandissaient ; et les voitures n'avançaient plus que par secousses, prenant file, s'étendant au-delà des regards, dans des profondeurs grises, d'où montait un brouhaha confus. Tout le long de la rue du Pont-Neuf, on déchargeait [...] les chevaux immobiles et serrés, rangés comme dans une foire ; [...] la charge dépassait un grand diable de bec de gaz planté à côté, éclairant en plein l'entassement des larges feuilles, qui se rabattaient comme des pans de velours gros vert [...] Sur le carreau, les tas déchargés [...] s'étendaient jusqu'à la chaussée. Entre chaque tas, les maraîchers ménageaient un étroit sentier pour que le monde pût circuler. Tout le large trottoir, couvert d'un bout à l'autre s'allongeait, avec les bosses sombres des légumes. »

Émile Zola, 1873.

**DES HÔTES CÉLÈBRES.** St-Eustache est réputée pour la notoriété de ses paroissiens. **Richelieu** et **Molière** y furent baptisés. C'est là aussi que l'on enterra ce dernier – de nuit, et sous la fausse épithète de « tapissier du roi » (les acteurs n'ayant pas droit à une cérémonie religieuse).

➤ **L'EXTÉRIEUR.** Faites le tour par la rue du Jour pour admirer les **arcs-boutants**\* gothiques et le **chevet**\*\*, près duquel se tenait, au Moyen Âge, le **pilori**. Au n° **3 de la rue Montmartre**, une impasse conduit à la **façade du croisillon nord**\*\*, typiquement Renaissance. Elle est flanquée de deux tourelles d'escalier. À la pointe du pignon, la **tête du cerf** rappelle la conversion de St Eustache.

➤ **L'INTÉRIEUR.** On y retrouve l'élancement gothique sous un décor Renaissance. Parmi les **œuvres d'art**\*\*, notez les **vitraux**\* (XVIIᵉ s.) du chœur et, dans les chapelles : les *Disciples d'Emmaüs*\* de l'école de Rubens, le **tombeau de Colbert**\*, sculpté par Coysevox, la **statue de la Vierge**\* exécutée par **Pigalle** ainsi que le *Martyre de St Eustache*\* par Vouet. Le passé des Halles est évoqué par une sculpture naïve de Raymond Mason : *Le Départ de Paris des fruits et légumes*\* (1971).

En sortant, flânez dans la ♥ **rue Montorgueil**, aux jolies devantures anciennes, son **marché** quotidien rappelle l'animation pittoresque des Halles de jadis. Certains de ses cafés continuent d'ailleurs d'ouvrir dès 5 h du matin comme au bon vieux temps.

# Le quartier du Louvre★★★
# et du Palais-Royal★★

Luxe et opulence… C'est là que Paris se proclame capitale du goût. L'impeccable ordonnance des places, les jardins rigoureusement dessinés montrent la France du Grand Siècle. Après le Louvre des antiquaires, les joailliers de la place Vendôme et les couturiers des alentours de la place des Victoires s'offrent aux yeux. Sur la place de la Bourse se dresse la cathédrale de la finance du XIXᵉ s. Mais le monument phare de la capitale est, sans aucun doute, le Louvre, qui a gardé l'empreinte des rois bâtisseurs jusqu'à la réalisation du « grand dessein », sous Mitterrand.

## Le quartier du Louvre

### L'église St-Germain-l'Auxerrois★

➤ *1ᵉʳ arrdt ; 2, pl. du Louvre* **M°** *Louvre ; bus : 21, 27, 69, 72, 74, 76, 81, 85, Balabus ; concert de carillon tous les mer. de 14 h 30 à 15 h 30 sf vacances scolaires.*

**IV-B2** Paroisse des rois de France et des artistes du Louvre, il s'agit d'un monument majeur, même s'il a été mutilé.

#### DES MÉROVINGIENS
#### AUX RESTAURATIONS DU XIXᵉ SIÈCLE

L'édifice, élevé à l'emplacement d'un sanctuaire mérovingien, joue, au XVIᵉ s., un rôle capital lors des guerres de Religion puisqu'il donne le signal du massacre de la St-Barthélemy en 1572. Les architectes **Le Vau** et **Soufflot**, les

peintres **Boucher**, Nattier et **Chardin**, les sculpteurs **Coustou** et **Coysevox** y sont enterrés. Durant la **Révolution**, l'église sert de magasin de fourrage puis d'imprimerie ! Vouée à la démolition, l'église est cependant restaurée au XIXᵉ s. par **Baltard** et **Lassus**.

➤ **L'EXTÉRIEUR.** De l'époque romane ne subsiste que le **clocher**. Le **porche★**, de style flamboyant, donne toute son originalité à l'édifice. Admirez notamment le tympan du **portail central**.

➤ **L'INTÉRIEUR.** Malgré les remaniements, la beauté de la **nef★** reste intacte. L'église abrite de nombreuses œuvres d'art : un **retable flamand★** en bois sculpté (1519), *L'Arbre de Jessé* ; des vitraux du XVIᵉ s. et une **grille en fer forgé et ciselé★** (1767) autour du chœur. Devant le rond-point central se dressent la **statue de St-Germain assis★** (rare exemple de statue gothique en bois ; XVᵉ s.) et le **banc d'œuvre monumental★**, jadis réservé à la famille royale. Le très beau **buffet d'orgue**\* du XVIIIᵉ s. provient de la Sainte-Chapelle.

## Le Grand Louvre\*\*\*

➤ *Iᵉʳ **arrdt**; pyramide, cour Napoléon* **M°** *Louvre ou Palais-Royal;* **bus**: *21, 24, 27, 39, 48, 68, 69, 72, 76, 81, 95, Balabus* ☎ *01.40.20.51.51.*

**IV-AB2** Forteresse défensive sous Philippe Auguste, résidence d'agrément sous François Iᵉʳ, cité d'artistes au XVIIᵉ s., ce somptueux palais conserve l'empreinte des règnes successifs. Le redéploiement de ses collections sur l'ensemble du bâtiment et l'érection de la pyramide de Pei l'ont consacré «temple de l'art» *(pour la description du musée, voir p. 196).*

### LE PALAIS DES ROIS DE FRANCE

Depuis huit siècles, l'histoire du Louvre est indissociable de celle de la France. À l'origine, une forteresse, édifiée par **Philippe Auguste**, flanque à l'O le rempart qui protège Paris. **Charles V** fait agrandir l'édifice par **Raymond du Temple** et en agrémente l'aspect. Mais, c'est surtout à **François Iᵉʳ** et à son architecte, **Pierre Lescot**, que l'on doit son allure de palais Renaissance. Henri II aménage, notamment, la **salle des Cariatides** *(voir encadré p. 100)* et poursuit les travaux de son père *(aile Lescot et bâtiments S)*. À la demande de Catherine de Médicis, Philibert Delorme construit les Tuileries, qui seront reliées au palais sous Henri IV par une longue **galerie**. Par la suite, Louis XIII charge **Lemercier** d'agrandir l'**aile O** *(pavillon Sully)*. Un peu plus tard, la régente **Anne d'Autriche** aménage ses appartements d'été dans la **Petite Galerie**. La **cour Carrée** est achevée sous Louis XIV par **Le Vau** *(ailes N et S)* et **Perrault**, à qui l'on doit la **Colonnade**.

### DES ARTISTES AU MUSÉE

Lorsque Louis XIV s'établit à Versailles, le palais est abandonné à une centaine d'artistes; au XVIIIᵉ s., Coustou, Bouchardon et Boucher y logent avec leur famille ! Faute de crédits, les travaux sont suspendus; pendant un siècle, il pleuvra dans les ailes intérieures dépourvues de toit ! Le Louvre devient également un lieu mal famé, fréquenté par les voleurs à la tire et les prostituées. Les baraquements et les gargotes s'y entassent. En 1793, un **premier musée** « destiné aux amateurs éclairés » est inauguré. Ayant chassé les artistes, **Napoléon Bonaparte** fait appel à **Percier** et **Fontaine** pour la construction de l'**aile N** *(rue de Rivoli)* et l'**arc du Carrousel**. De nombreux aménagements intérieurs sont réalisés. Cinquante ans plus tard, **Napoléon III** donne au Louvre l'aspect général que nous lui connaissons:

*Guidant le public vers l'entrée, la pyramide de Pei s'élève à 21 m au-dessus du sol. Sa résille de 612 losanges transparents et sa forme épurée mettent en valeur la cour Napoléon.*

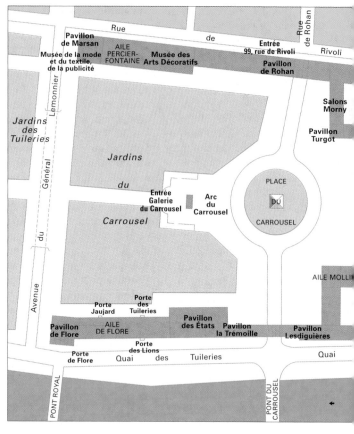

LE GRAND LOUVRE

**Visconti** puis **Lefuel** achèvent d'enclore l'espace compris entre le Vieux Louvre et les Tuileries ; c'est de la même époque que datent les **appartements de l'empereur** et la **salle du Manège** *(voir encadré p. 100)*.

### L'ABOUTISSEMENT DU « GRAND DESSEIN »

En **1981**, la décision est prise d'affecter au musée les locaux du ministère des Finances. En guise d'entrée, au milieu de la cour Napoléon, l'architecte **Pei** érige une pyramide de verre (**1989**). Pour le bicentenaire de la création du musée, les surfaces d'exposition sont redéployées. Une galerie commerciale souterraine relie l'œuvre de Pei à la **pyramide inversée**, de l'architecte Michel Macary, située sous le rond-point du Carrousel. Une cité nouvelle est née.

### L'EXTÉRIEUR***

Le Louvre présente une unité de façade remarquable pour un palais de cette importance, tant de fois remanié. Mais, en observant les différences de construction et de décoration, un visiteur attentif peut aisément distinguer la partie

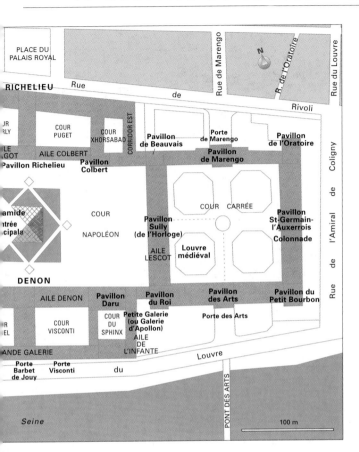

ancienne (autour de la cour Carrée et le long de la Seine) des bâtiments du XIXᵉ s.

➤ **LA COLONNADE**\*\*. Attribuée à **Claude Perrault**, frère de l'auteur des *Contes*, elle a été conçue le plus large possible : aucun pavillon surélevé ne vient dominer ses extrémités. Vous pouvez admirer son ordonnance classique depuis le salon de thé *Cador (2, rue de l'Amiral-de-Coligny ☎ 01.45.08.19.18)*.

➤ **LA COUR CARRÉE**\*\*\*. C'est le cœur du Vieux Louvre. Sous les pavés, d'importants vestiges de la forteresse médiévale ont été mis au jour. À la majesté dégagée par la Colonnade répond l'équilibre de la cour. L'**aile O**\*\*\*, face à l'entrée, comporte trois parties : la plus ancienne *(à g. du pavillon de l'Horloge)*, rythmée par trois avant-corps flanqués de colonnes cannelées, est l'œuvre de **Pierre Lescot**. **Jean Goujon** la décora d'**allégories**\*\*\* : à g., *L'Abondance* et *Neptune* surmontent la devise d'Henri II *(Donec totum impleat orbem)* ; au centre, *Mars* et *Bellone* illustrent le thème de la guerre ; à dr., la *Science* avec Archimède et Euclide. Au milieu de l'aile O, le **pavillon Sully** a été édifié par **Lemercier** ;

## Un palais à visiter

La salle du Manège.

Fascinés par la richesse des collections du plus vaste musée du monde, les touristes qui visitent le Louvre ont tendance à ne pas voir le palais lui-même, alors que sur ses murs se lit le poids des siècles. Un itinéraire à travers ses 26 plus belles salles a été spécialement conçu pour retracer sa passionnante histoire, de la salle St-Louis aux appartements de Napoléon III. Des panneaux explicatifs jalonnent le parcours. Les fenêtres offrent des points de vue inhabituels sur le palais. On verra, par exemple, le Louvre médiéval** et ses vestiges ; l'art de la Renaissance s'exprime dans la salle des Cariatides**, construite par Pierre Lescot, ou dans l'escalier Henri-II**, un des plus beaux de l'époque, décoré par Jean Goujon. Dans la Petite Galerie, les appartements d'été d'Anne d'Autriche** aux stucs sculptés présentent de somptueux plafonds peints dus à Romanelli. Aménagée par Le Vau, la brillante galerie d'Apollon*** illustre la grandeur de Louis XIV, avec des décors de Le Brun puis de Delacroix. Si les salles Percier et Fontaine** ont été ornées selon les souhaits de Napoléon Ier, les siècles se télescopent dans la salle Henri-II, décorée par Braque. Étonnante survivance des anciennes écuries de Napoléon III, la salle du Manège équestre** voûtée, en briques et pierres, offre de remarquables chapiteaux à têtes d'animaux (1861).

**Durée** : 1 h 30 pour la visite des salles seules ; dépliant spécifique disponible à l'accueil.

les **trois** autres **ailes** par **Le Vau**, qui sut respecter l'ordonnance de Pierre Lescot.

➤ **LE LOUVRE CÔTÉ SEINE**. La **Grande Galerie*** (300 m) borde le quai du Louvre. Elle porte bien son nom puisque, sous Louis XIII, des chasses au renard y étaient organisées ! Remarquez la **frise d'amours*** chevauchant les génies de la mer, au-dessus du rez-de-chaussée. Au 1er étage de la **Petite Galerie**, en retour d'équerre, se situe la **galerie d'Apollon*** (fer-

mée pour restauration de 2001 à 2004). Depuis la Seine, on a une belle **vue** du **pont des Arts*** et de l'Institut (p. 170). À l'ouest, le **pavillon de Flore**, qui appartenait au château des Tuileries, porte sur sa façade S un relief de **Carpeaux**, le *Triomphe de Flore**.

➤ **LA COUR NAPOLÉON** ** ET LA PYRAMIDE**. C'est du **pavillon Sully**, au centre, que vous apprécierez le mieux le déploiement grandiose des ailes du Louvre. Agrémentée de bassins, la cour encadre la **pyramide**\*\* de **Pei**, qui indique clairement au visiteur l'entrée principale du musée. Sa forme géométrique s'intègre avec discrétion au site et ses verrières assurent un éclairage naturel de l'intérieur. Une **statue équestre**\*\* de Louis XIV du **Bernin**, cabrée dans l'axe des Champs-Élysées, complète l'ensemble.

➤ **L'ARC DE TRIOMPHE DU CARROUSEL**\* **ET LES JARDINS**\*. L'arc, élevé sous Napoléon Iᵉʳ par **Percier** et **Fontaine** pour célébrer les victoires de la campagne de 1805, fut conçu avec fantaisie sur le modèle romain de Septime Sévère. À côté, des **escaliers** donnent accès à la **galerie marchande**\* où vous pourrez acheter des répliques de montres molles d'un tableau de Dalí ou d'autres copies d'œuvres d'art. Devant s'étendent les **jardins**\* fraîchement plantés du Carrousel, un labyrinthe d'ifs taillés où les opulentes **statues**\* **de Maillol** ont pris place.

*Statue de Maillol.*

## Musée des Arts décoratifs\*\*

➤ *Iᵉʳ **arrdt**; 107, rue de Rivoli; entrée handicapés : 105, rue de Rivoli **M°** Palais-Royal, Pyramide ou Tuileries; **bus**: 21, 27, 39, 48, 69, 72, 81,95; **ouv**. t.l.j. sf le lun. de 11h à 18h, à partir de 10h les sam. et dim., nocturne le mer. jusqu'à*

*21 h ☎ 01.44.55.57.50; accès payant.* ***Attention**: en cours de **rénovation**. Réouverture de la totalité des salles prévue en 2004.*

**IV-AB2** Il propose un panorama complet du mobilier et des objets décoratifs, du Moyen Âge à nos jours. Seul le **département Moyen Âge-Renaissance** se visite. Ses **9 salles** rassemblent des témoins de l'art religieux et de la vie quotidienne du XIIIᵉ au XVIᵉ s. Les points forts en sont les **retables** peints ou sculptés comme celui de **Saint-Jean-Baptiste**\*\*. Parmi les tapisseries, voir en particulier la ***Tenture du monde***\* et le ***Roman de la rose***\*. Dans la **salle du Maître de la Madeleine**, admirez le panneau florentin de la **Vierge à l'Enfant**\*\* (XIIIᵉ s.) et le **polyptyque de San Elpidio**\*\* (XIVᵉ s.). Les **arts du feu** sont représentés par des **émaux peints** des XVᵉ et XVIᵉ s., des **faïences** hispano-mauresques, des **majoliques** mais surtout une **Vierge de Pitié**\*\* en terre émaillée. Dans le mobilier français et italien, on notera aussi les jolis **panneaux marquetés**\*.

## Le musée de la Mode et du Textile\*

➤ *Même adresse; mêmes horaires.*

Il retrace l'évolution du costume et de ses accessoires de la Régence à nos jours. Fort riches, les collections permanentes sont mises en scène suivant un **thème** modifié chaque année. Les **grands couturiers** du XXᵉ s. comme Poiret, Lanvin, Chanel figurent en bonne place, de même que les créateurs d'aujourd'hui (Kenzo, Alaïa).

## Le musée de la Publicité\*

➤ *Même adresse; mêmes horaires.*

Il retrace l'histoire de la **publicité**, du milieu du XVIIIᵉ s. à nos jours.

Les collections sont présentées de façon thématique lors d'expositions temporaires.

## Les Tuileries**

➤ *1er arrdt* **M°** *Tuileries ou Concorde; **bus**: 42, 68, 69, 72, 73, 84, 94, Balabus.*

**IV-A1-2** Le «château de plaisir» de Catherine de Médicis s'est envolé en fumée: la Grande Galerie du Louvre et l'aile Percier-Fontaine n'étreignent plus désormais qu'une absence. Seuls demeurent les jardins dessinés par Le Nôtre, sublime jardinier du Grand Siècle. Pris d'assaut au moindre rayon de soleil, le lieu invite aujourd'hui au farniente. Les petits kiosques offrent un abri le temps d'une glace ou d'une boisson; les jeunes Parisiens font glisser leurs voiliers sur le bassin octogonal.

LE CHÂTEAU DISPARU. Édifié par **Philibert Delorme**, le palais de la Reine Mère s'élevait entre les pavillons de Flore et de Marsan. Sous Louis XIV, on y installa la **salle des Machines**, qui pouvait mettre en scène les envols des acteurs lors des spectacles destinés au roi. De l'orientation de cette salle, située entre les jardins des Tuileries et la Cour, naîtra l'expression «côté cour, côté jardin». Dès 1792, c'est ici que se tiennent les séances les plus houleuses de la Révolution. Incendiées pendant la Commune, les Tuileries furent rasées sous la **IIIe République**.

DU JARDIN ITALIEN AU JARDIN À LA FRANÇAISE. Catherine de Médicis avait fait établir, à l'origine, une promenade à l'italienne que **Le Nôtre** transforma par la suite en **jardin à la française**: il creusa deux bassins, éleva deux terrasses et ménagea une magistrale **perspective**** vers l'ouest, dans laquelle s'établiraient, bien plus tard, les Champs-Élysées *(p. 131)* et plus récemment, la Grande Arche de la Défense.

➤ VISITE DES JARDINS. La rénovation actuelle du Grand Louvre a redonné une seconde jeunesse aux Tuileries. Le **Grand Carré** offre un nouveau canevas de broderies végétales et les statues ont été mises

*Le bassin octogonal des Tuileries.*

en valeur. La **terrasse du Bord-de-l'Eau**, qui ménage une belle **vue**\*\* de la rive g. et du musée d'Orsay, est reliée à ce dernier par une passerelle. Autour du **bassin octogonal**\* s'ordonne une magistrale composition de terrasses, rampes et parterres agrémentés de **statues**\* en marbre, dues à **Coustou** et **Van Clève**. Du côté de la **place de la Concorde** (p. 131), les deux **Chevaux ailés**\* de Marly ferment le jardin avec panache (les originaux sont exposés au Louvre, p. 209).

➤ ♥ **LE MUSÉE DE L'ORANGERIE**\*\* (pl. de la Concorde **M**° Concorde; bus: 24, 28, 42, 49, 72, 73, 94, Balabus; ouv. t.l.j. de 9 h 45 à 17 h 15; f. le mar. et les 1er janv., 1er mai et 25 déc. ☎ 01.42.97.48.16; accès payant; **fermé pour rénovation jusqu'en 2003**). Construit sous le Second Empire, ce pavillon présente 150 chefs-d'œuvre couvrant la période s'étendant de l'impressionnisme jusqu'aux années 1930. Le **rez-de-chaussée** est essentiellement consacré aux Nymphéas\*\*\* de **Monet**, qui font suite aux Meules et aux Cathédrales de Rouen conservées au musée d'Orsay (p. 227).

Le **1er étage** comprend 14 toiles de **Cézanne**, dont d'admirables natures mortes, Fruits, serviette et boîte à lait\*\*\* ainsi que 24 œuvres de **Renoir**, parmi lesquelles les Fillettes au piano\*\*\*. Pour la peinture du XXe s., il faut signaler **Soutine** à l'expressionnisme virulent; **Derain** (Arlequin et Pierrot\*\*, le Modèle blond\*); **Van Dongen** et **Matisse** (Odalisques\*\*). Vous verrez aussi de très beaux échantillons d'art naïf avec **le Douanier Rousseau**, La Noce\*\*, **Carriole du père Junier**\*\* et quelques merveilleux tableaux de Picasso, L'Étreinte\*\* et Les Baigneuses\*\* (voir aussi p. 81).

## Les jeux de paume

Paris, au XVIe s., comptait environ 250 jeux de paume. Les princes et les plus grands seigneurs pratiquaient ce « noble » jeu, ancêtre du tennis ou du squash. Les joueurs, au nombre de deux, se renvoyaient une balle à l'aide de la paume de la main ou d'un gantelet et, plus tard, d'une raquette. Une vaste salle rectangulaire, soutenue par des piliers en bois qui formaient des galeries où s'installaient les spectateurs, était allouée à ce divertissement. Le jeu perdit de sa vogue au cours du XVIIe s.

On peut encore pratiquer le jeu de paume, à la Société sportive du jeu de Paume et de Squash, 74 ter, rue Lauriston dans le XVIe arrdt ☎ 01.47.27.46.86.

➤ **LA GALERIE DU JEU DE PAUME**\*\* (pl. de la Concorde ☎ 01.47.03.12.50), édifiée par Napoléon III, accueille des expositions d'**art contemporain**.

# Vers la place Vendôme

La **rue St-Honoré** se signale par ses hôtels particuliers du XVIIIe s. et ses boutiques de luxe où déjà sous l'Ancien Régime la cour avait ses fournisseurs. Elle est presque aussi chic que le Fbg-St-Honoré qui la prolonge dans le VIIIe arrondissement. Datant du XVIIe s., l'**église de l'Assomption** (263 bis, rue St-Honoré) est la paroisse des

Polonais de Paris. Son dôme abrite de nombreuses œuvres d'art (Van Loo, Vien).

## La place Vendôme**

➤ *1er **arrdt** M°* Pyramides ou Tuileries; **bus**: 24, 42, 52, 72, 84, 94.

**IV-A1** C'est sans doute l'un des plus parfaits ensembles d'architecture laissés par le Grand Siècle. Elle abrite les grands joailliers (Boucheron, Cartier, Van Cleef) et le mythique palace *Ritz*.

**Du courtisan à la colonne.** La place Vendôme est une place royale comme celle des Victoires (*voir encadré p. 85*). Désireux de flatter le roi, **Louvois** cherche un cadre pour mettre en scène la statue équestre de Louis XIV et fait appel aux talents de **J. Hardouin Mansart**. La place est inaugurée en 1699 devant un décor de toiles peintes. Les hôtels s'élèvent plus tard, de 1702 à 1720. La Révolution se charge de mettre à bas l'effigie royale. Après bien des vicissitudes, la IIIe **République**

*La place Vendôme*

élève l'actuelle colonne, inspirée de la colonne Trajane de Rome.

➤ **DE FASTUEUX HÔTELS.** Ici résidaient la noblesse, les fermiers généraux (dont les revenus étaient tels qu'ils exerçaient le rôle de mécènes) et les gens de robe de l'Ancien Régime, ceux-ci ont laissé place aux grandes joailleries et bâtiments administratifs actuels. Ainsi, la chancellerie royale, aujourd'hui ministère de la Justice, n'a pas quitté les **nos 11 et 13** depuis deux siècles et demi. Le *Ritz* occupe quant à lui le **n° 15** (*p. 246*). Au **n° 19**, le **Crédit foncier** entretient soigneusement les hôtels d'Évreux, Desvieux et Castagné. On pourrait penser qu'à l'époque ces aristocrates jouissaient chacun d'un hôtel particulier. En réalité, beaucoup de ces demeures étaient morcelées: une adresse prestigieuse dissimulait parfois un étroit logement sous les toits ou dans les communs !

Ce luxe insolent se prolonge **rue de la Paix** et aboutit **place de l'Opéra** (*p. 114*).

La **rue de Castiglione** abrite des restaurants huppés et des magasins chic. Puis la **rue St-Honoré** longe les vestiges de l'ancien **couvent des Feuillants** (*nos 229 à 235*) où s'établit, en 1791, le club révolutionnaire dirigé par **La Fayette**, **Sieyès** et **Talleyrand**. Dans l'ancienne église (certains éléments du chevet sont encore visibles dans la cour du n° 229), **David** peignit son tableau *Le Serment du Jeu de paume*.

## La place du Marché-St-Honoré

➤ *1er **arrdt** M°* Pyramides ou Tuileries; **bus**: 24, 42, 52, 72, 84, 94.

**IV-A1** Elle a été créée en 1807 à l'emplacement du couvent des Jacobins. À la Révolution se tenait

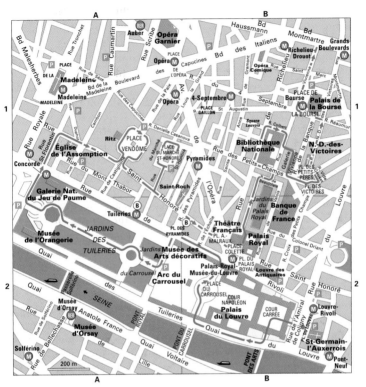

IV - LE QUARTIER DU LOUVRE ET DU PALAIS-ROYAL

ici le fameux club des Jacobins animé par **Robespierre**. En hommage à Baltard, **Ricardo Bofill** *(voir aussi p. 165)* a conçu une halle vitrée « fluide et transparente », dans la lignée des passages couverts parisiens.

## L'église St-Roch**

➤ *1er arrdt ; 296, rue St-Honoré* **M°** *Pyramides ou Tuileries ;* **bus :** *21, 27, 68, 72, 95.*

**IV-AB1-2** Il s'agit d'un des meilleurs exemples d'art religieux classique qui vaut aussi pour ses peintures et ses sculptures funéraires rescapées de la Révolution.

**DE LEMERCIER À BONAPARTE.** L'église, construite selon les plans de **Lemercier** (Sorbonne et Val-

de-Grâce ; *pp. 156-158)*, fut remaniée par **J. Hardouin Mansart**, qui, en ajoutant une série de chapelles s'emboîtant l'une dans l'autre, fit passer la longueur de l'édifice de 80 à 125 m ! La façade fut achevée par **Robert de Cotte** en 1735. Le **5 octobre 1795**, les troupes de **Bonaparte** fusillèrent des insurgés royalistes devant les murs de l'église, qui en portent encore les traces.

➤ **L'ÉDIFICE**. À l'**extérieur**, la belle **façade*** de style jésuite superpose le classique et le corinthien. L'**intérieur** présente un plan exceptionnel : à la nef et au chœur, classiques, s'ajoutent deux **chapelles rondes**** dédiées à la Vierge et la Communion, qui s'emboîtent l'une dans l'autre. Corneille, Le Nôtre et Diderot y sont inhumés. Le décor de l'église a été réalisé par les grands sculpteurs et peintres des XVIIᵉ et XVIIIᵉ s. y ont été associés. Vous verrez ainsi le **buste** de **Le Nôtre**\* par **Coysevox**; la **statue du cardinal Dubois**\* par **Coustou**; des fresques de **Chassériau** près des fonts; *Le Miracle des Ardents*\* peint par Doyen; *Le Christ au jardin des Oliviers*\*\* sculpté par Falconet; *Godefroy de Bouillon*\* par **Vignon**.

# Le Palais-Royal**

➤ *1ᵉʳ arrdt; pl. du Palais-Royal* **M°** *Palais-Royal-Musée-du-Louvre;* ***bus****: 21, 27, 39, 48, 69, 72, 81, Balabus.*

**IV-B2** L'ensemble communément appelé Palais-Royal ne se limite pas audit palais, il comprend aussi le siège du Conseil d'État et celui du ministère de la Culture, les galeries entourant les jardins, ainsi que la Comédie-Française.

### FOYER D'IDÉES, LIEU DE PLAISIRS

En 1624, **Richelieu** veut s'établir près de Louis XIII, qui réside au Louvre. Il charge **Lemercier** de lui construire un palais spacieux mais simple, le **Palais-Cardinal**. À la mort de ce dernier, le Palais-Royal accueille Anne d'Autriche et son fils, Louis XIV. Le palais passe ensuite entre les mains de la maison d'Orléans. Au XVIIIᵉ s., le lieu devient un des grands foyers des Lumières: ses cafés se prêtent aux débats d'idées, ses tripots font recette et les libertins fréquentent assidûment ses galeries peuplées de femmes de petite vertu car, comme l'atteste innocemment la comptine, «toutes les jeunes filles y sont à marier»! Vers 1770, le

futur **Philippe Égalité**, cherchant à résoudre ses problèmes financiers, décide de mettre en valeur le palais en tirant parti de la vogue de ses jardins. Il a l'idée de faire construire des **immeubles locatifs** sur trois côtés du parc et d'agrémenter le tout d'un théâtre. Il confie la tâche à **Victor Louis**, l'architecte du théâtre de Bordeaux. Le succès est immédiat.

À la veille de la Révolution, les cafés *(voir aussi p. 174)* et les clubs sont légion au Palais-Royal. Son rôle politique est considérable: la police n'y ayant pas accès, elle ne peut exercer ni surveillance ni censure. C'est d'ici que, au soir du 13 juillet 1789, **Camille Desmoulins** harangue la foule et appelle à la révolte. Par la suite, les galeries continuent à prospérer avec leurs attractions (magie, ombres chinoises) et leurs tripots. La fermeture des maisons de jeux en 1838 sonne le glas du Palais-Royal, bientôt détrôné par les Grands Boulevards *(p. 112)*. C'est justement pour son charme paisible que **Cocteau** ou **Colette** y habiteront plus tard.

➤ **LA COMÉDIE-FRANÇAISE**. La **place André-Malraux**, qui donne sur l'**avenue de l'Opéra**, est bordée par le **Théâtre-Français** *(2, rue de Richelieu; réservation* ☎ *01.44.58.15.15)*, construit de 1786 à 1790 par **Victor Louis**. Il abrite les pensionnaires de la Comédie-Française. À l'**intérieur** *(accessible lors des représentations)*, vous pouvez voir le très expressif *Voltaire assis*\* de **Houdon**, ainsi que le fauteuil de **Molière**.

Dépassant la boutique *À la Civette (157, rue St-Honoré* ☎ *01.42.96. 04.99)*, réputée pour ses cigares et tabacs (Casanova l'évoquait déjà dans ses *Mémoires*), vous arrivez

## La Comédie-Française

En 1680, Louis XIV réunit en une seule troupe les comédiens de l'hôtel de Bourgogne, qui jouaient rue Mauconseil, et ceux de Molière, installés rue Mazarine. La Comédie-Française est née. Les cabales des bien-pensants et de la Sorbonne obligent plusieurs fois la jeune compagnie à déménager, du théâtre Guénégaud à la rue de l'Ancienne-Comédie, puis à l'Odéon. Sous la Révolution, les acteurs s'installent dans la salle actuelle, connue jusque-là sous le nom de « Théâtre des Variétés amusantes ». En 1812, Napoléon Ier donne à la Comédie-Française son statut d'association de comédiens, unissant des sociétaires, des pensionnaires et des élèves, sous la direction d'un administrateur nommé par le gouvernement.

Aujourd'hui, le « Français » possède un répertoire principalement composé de pièces classiques : comédies de Molière, tragédies de Corneille et Racine. Il s'ouvre aussi aux auteurs étrangers (Shakespeare, Pirandello) ou modernes (Genet, Sartre, Ionesco, Beckett). Qualité et classicisme de bon ton sont les maîtres mots de cette institution.
*Pour les coordonnées, voir p. 290.*

sur la grande **place du Palais-Royal**. En face, les anciens magasins du Louvre ont fait place au **Louvre des antiquaires** (p. 282), temple de l'objet rare (250 boutiques sur trois niveaux).

➤ LA COUR D'HONNEUR DU PALAIS-ROYAL. On y accède par un passage entre le palais et le Théâtre-Français. Un magnifique portique à double colonnade appelé **galerie d'Orléans*** la sépare du jardin. Les **colonnes** de **Buren** et les sphères en acier de **Bury** décorant les fontaines offrent un intéressant exemple de sculpture contemporaine intégrée à la cité.

➤ LES GALERIES ET LES JARDINS. La façade du palais et ses deux groupes de **figures allégoriques** sont admirables. Les **galeries** et les ♥ **jardins** vous livrent un lieu hors du temps. Les minuscules ♥ **échoppes** de soldats de plomb ou de boîtes à musique plusieurs fois centenaires, le calme du parc font oublier qu'on est au cœur de Paris. La **galerie de Beaujolais**, située au bout des jardins, abrite le *Grand Véfour (17, rue de Beaujolais ☎ 01.42.96.56.27)*, l'un des grands restaurants de la capitale où Voltaire, déjà, venait souper ; le décor est d'origine *(p. 252)*.

### La Bibliothèque nationale*

➤ IIe **arrdt** ; 58, rue de Richelieu **M°** Pyramides; **bus**: 21, 27, 39, 48.

**IV-B1** Cette vénérable institution occupe la totalité de ce qui fut le palais Mazarin, c'est-à-dire le quadrilatère formé par les **rues des Petits-Champs**, **de Richelieu**, **Colbert** et **Vivienne**. Ses locaux abritent les collections des départements spécialisés et notamment le cabinet des Médailles. Quant aux millions de manuscrits d'une richesse inouïe, une partie a été transférée à la **Bibliothèque de France François-Mitterrand** dans le XIIIe arrdt.

#### DU PALAIS MAZARIN À LA « BN »

Au Moyen Âge, les archives du royaume sont conservées au Louvre. Sous Louis XII, puis François Ier,

# Les passages couverts

*La plupart des passages reprennent la forme de ces petites ruelles qui innervaient les quartiers du vieux Paris et dont subsistent encore quelques exemples rue de Charonne ou dans les faubourgs St-Antoine et St-Denis. Cet univers fantomatique de cuivres et de bois sombres, d'échoppes d'un autre âge et de vieilles pendules n'a rien perdu de la poésie étrange qui fascina Céline ou les surréalistes.*

## Des lieux mondains où il fait bon flâner

Dès la fin du XVIIIe s., des spéculateurs lancent « ces galeries couvertes que l'on nomme de façon troublante des passages, comme si, dans ces couloirs dérobés au jour, il n'était permis à personne de s'arrêter plus d'un instant » (Aragon). Les Parisiens aiment s'y promener tout en contemplant les élégantes boutiques à l'abri des chevaux, des voitures, de la pluie et de la boue – il est vrai que les trottoirs n'existaient pas encore ! Rapidement, les passages deviennent des pôles d'attraction mondains : les cercles littéraires, les clubs politiques, les cafés, les tripots mais aussi la prostitution y prospèrent. La première galerie voit le jour en 1786 au Palais-Royal. Pendant plus de 40 ans, c'est l'un des endroits les plus courus du Tout-Paris.

**La galerie Vivienne**
(1826) s'est convertie au luxe créatif (vêtements chic, parfums, décoration…) qui règne sur la proche place des Victoires.
Haut lieu de la prostitution, les passages étaient fréquentés par les cocottes, qui « s'y pavanaient en jouant de la prunelle » (Aragon).

**Le passage Jouffroy**
(1845). Ici, les commerces restent fidèles à leur diversité d'origine : boutiques de tapis, librairies pour fouineurs, bazars et aussi le musée Grévin (p. 117).
Jadis, son estaminet lyrique était très prisé.

## Des galeries marchandes, ancêtres des grands magasins

Les passages parisiens connaissent leur heure de gloire au XIXᵉ s., époque à laquelle on en dénombre près de 150. Dessinés grâce aux nouvelles techniques du verre et de la fonte, ils sont agrémentés de glaces et de vitrines alléchantes dans lesquelles se reflètent les premiers becs de gaz. Luxe suprême : ils sont aussi pourvus de salons de décrottage et des premiers cabinets d'aisance publics. Les commerces florissants proposent aux chalands les articles dernier cri, fabriqués en série par les industries nouvelles. La vogue des passages s'interrompt en 1860, lorsque s'achèvent les grands travaux d'Haussmann et que s'ouvrent, en grande pompe, leurs concurrents directs : les grands magasins *(p. 26)*. Une trentaine de galeries a survécu jusqu'à aujourd'hui.

**En-haut, le passage de la Madeleine** (1845).

**Ci-contre, le passage des Princes** (1860), le dernier construit à Paris, a conservé ses verrières et ses arceaux métalliques. Les parnassiens y siégeaient dans une des boutiques.

**Ci-dessous, la galerie Véro-Dodat** (1826) a été créée par deux charcutiers, MM. Véro et Dodat. Ses devantures en bois et ses huisseries en cuivre la font passer pour la plus belle de Paris, ce qui ne l'empêche pas d'être souvent déserte.

une bibliothèque, enrichie de manuscrits grecs et orientaux, est constituée à Fontainebleau grâce à **Guillaume Budé**. Avec la découverte de l'imprimerie, chaque livre édité doit désormais être conservé. Au XVII^e s., les manuscrits de Catherine de Médicis sont incorporés à la Bibliothèque, installée au couvent des Cordeliers. C'est sous le règne de Louis XIV que la destinée de la Bibliothèque nationale est fixée. **Colbert** décide de regrouper les manuscrits dans les hôtels Tubeuf et Chevry, ayant appartenu à Mazarin, agrandis par **Mansart**. Plus tard, l'hôtel de Nevers est ajouté à l'ensemble. Au XIX^e s., l'architecte **Labrouste** lui donne son aspect actuel.

➤ **LES GALERIES MANSART*** ET **MAZARINE**** *(ouv. t.l.j. sf le lun. et les j.f. de 10h à 19h; accès payant lors des expositions).* À l'époque de Mansart, elles font figure de nouveauté mais deviennent rapidement un élément constitutif de l'hôtel parisien comme salle d'exposition et de réception *(p. 82).* La **galerie Mazarine**** est

---

**Où faire une pause ?**

Au salon de thé *Angelina* **IV-A2**, 226, rue de Rivoli, pour déguster un onctueux chocolat.

Dans les jardins des Tuileries **IV-A2**, où vous pourrez prendre un verre sous les frondaisons.

Au salon de thé *A Priori-thé* **IV-B1**, 35, galerie Vivienne, pour savourer une pâtisserie sous la verrière de la galerie Vivienne.

---

décorée de très beaux plafonds à caissons ornés de **scènes mythologiques** dues à **Romanelli**.

➤ **LE CABINET DES MÉDAILLES ET DES ANTIQUES*** *(58, rue de Richelieu; ouv. t.l.j. de 13h à 17h, le dim. et les j.f. de 12h à 18h* ☎ *01.47.03.83.40; accès payant).* Il abrite un bel ensemble de monnaies, bijoux et pièces d'orfèvrerie couvrant la période s'étendant de l'Antiquité à nos jours. Parmi les pièces remarquables, citons : le **trésor de Berthouville**** (argenterie gallo-romaine) ; le **camée de la Sainte-Chapelle**** (règne de Tibère) ; la **coupe de Chosroès**** roi sassanide de Perse (VI^e s. apr. J.-C.) ; des **objets médiévaux**, dont le célèbre **trône de Dagobert***.

En contournant la Bibliothèque, empruntez la rue Colbert, puis la rue **Vivienne**. La brasserie *Le Grand Colbert (au n° 4)* a été joliment restaurée dans l'esprit **1900**. La ♥ **galerie Vivienne*** *(au n° 6)* est l'un des plus beaux passages couverts de la capitale *(p. 108),* elle communique avec la **galerie Colbert**.

À proximité, l'**hôtel de Toulouse** occupe le pâté de maisons entre les **rues de Valois, La Vrillière, des Petits-Champs** et du **Colonel-Driand**. Bâti par **Mansart** en 1640, reconstruit au XIX^e s., cet immense quadrilatère est le siège de la **Banque de France**.

## La place des Victoires**

➤ *1^er* **arrdt M°** *Bourse ou Étienne-Marcel;* **bus:** *20, 29, 39, 48, 67, 74, 85.*

**IV-B1** Cette place offre sans doute le meilleur exemple de mise en scène de statue royale *(voir encadré p. 85).* L'ordonnance et le tracé des rues ont pour souci premier de valoriser les proportions et l'emplacement de l'effigie. La présence de créateurs de mode, tels Kenzo ou Jean-Paul Gaultier, a accentué l'élitisme du lieu.

### UN COURTISAN RUINÉ

En 1681, le **duc de La Feuillade**, courtisan zélé, commande à ses frais au sculpteur **Desjardins** une statue équestre du Roi-Soleil. **Hardouin-Mansart** dresse le plan de la place afin de créer un décor digne d'elle. Si digne, même, que le duc sort ruiné de l'entreprise ! La Révolution envoya à la fonte la statue du roi, l'actuelle a été sculptée par **Bosio** en 1822.

La **rue Vide-Gousset**, au nom peu engageant, donne sur la charmante **place des Petits-Pères**, également colonisée par les boutiques de prêt-à-porter de luxe.

## L'église Notre-Dame-des-Victoires*

➤ IIᵉ *arrdt; pl. des Petits-Pères.*

Elle a été édifiée à la demande de Louis XIII pour célébrer sa victoire sur la cité protestante de La Rochelle. Elle fit l'objet, au XIXᵉ s., d'un important pèlerinage à la Vierge, d'où les quelque **36 000 ex-voto** sur les murs ! Dans le **chœur**, au-dessus des boiseries du XVIIᵉ s., six grandes **toiles de Van Loo** illustrent la vie de st Augustin. La seconde chapelle, à g., abrite le tombeau de **Lully**, sculpté par Collignon.

## La Bourse

➤ IIᵉ *arrdt; pl. de la Bourse* **M°** *Bourse; bus: 20, 29, 39, 48, 67, 74, 85;* **vis. guidée** *t.l.j. ouvrables chaque 1/4 h de 13 h 15 à 16 h* ☎ *01.40.41.62.20; accès payant.*

**IV-B1** Le **palais Brongniart** (du nom de son architecte) a été construit en 1826. Sous des dehors de temple antique, il connaît une activité fiévreuse: la capitale est la 4ᵉ place financière du monde. Derrière les colonnes corinthiennes se trouve la **salle de la Corbeille**, ornée de peintures de **Meynier** et **Pujol**.

# Les Grands Boulevards*

Une métamorphose… De la Madeleine à la République, Paris présente des visages si différents qu'ils semblent inconciliables. Vers l'Opéra, c'est l'image traditionnelle d'une capitale du luxe et des plaisirs de bon aloi; bd des Italiens, l'ambiance se décontracte, les badauds délaissent l'élégance. Passé le carrefour Richelieu-Drouot, salles de jeux et roulottes de voyantes évoquent l'atmosphère d'une fête foraine. Un peu plus loin, Bonne-Nouvelle marque la frontière des quartiers populaires et industrieux, et la foule se métisse. Enfin apparaît la place de la République, posée comme une sentinelle face aux faubourgs ouvriers et frondeurs.

La paternité des Grands Boulevards revient en fait à Louis XIV. Après les victoires de 1670, celui-ci abat les fortifications qui ceinturent la rive droite. Le terre-plein du rempart planté d'arbres devient alors une promenade à la mode. Bientôt, la spéculation immobilière efface le décor champêtre: hôtels particuliers et, au XIXe s., théâtres, cinémas et banques déploient toute une architecture monumentale avec, en coulisse, un réseau de passages où l'on consomme à l'abri ce que promet la parade des boulevards.

## La Madeleine*

➤ VIIIe **arrdt**; pl. de la Madeleine **M°** Madeleine; **bus**: 24, 42, 52, 84, 94.

**V-A1** Dressée sur son grandiose perron, c'est bien une église et non un temple voué à un dieu païen. Autour de la place, commerces de luxe et épiceries fines, comme **Fauchon** (26, pl. de la Madeleine ☎ 01.47.42.60.11) ou

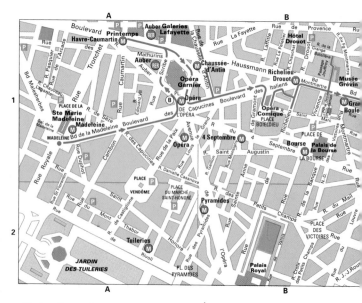

Hédiard *(21, pl. de la Madeleine*
☎ *01.43.12.88.88)*, accentuent son
caractère distingué.

### DES « INVALIDES » AU TEMPLE ANTIQUE

En 1764, **Contant d'Ivry** s'inspire
des Invalides pour son projet,
auquel **Couture** substitue celui
d'un second Panthéon. La Révolution décapite les colonnes inache-
vées. Napoléon Ier souhaite en
faire un temple à la gloire de la
Grande Armée, mais son règne est
trop court, et tout est à nouveau
rasé. **Vignon** conçoit enfin ce
temple grec dans le goût pompeux
de la Restauration.

À l'**extérieur**, Vignon a «sublimé»
l'architecture antique qu'il voulait
imiter en donnant à l'édifice des
dimensions considérables: **52
colonnes** corinthiennes **hautes de
20 m** entourent une nef unique.
Seule la décoration, notamment le
fronton avec son *Jugement dernier*, rappelle la destination chrétienne du monument. L'**intérieur**,
faiblement éclairé par trois coupoles, renferme des **sculptures** du
XIXe s., dont les plus belles sont *Le
Mariage de la Vierge* de **Pradier** et
surtout *Le Baptême du Christ*\*\*
de **Rude**.

Sur la place, le **kiosque théâtre**
*(p. 290)* permet de se procurer des
billets de spectacles à prix réduits;
les **toilettes publiques** méritent le
coup d'œil pour leur **décor Art
nouveau** (plafond en céramiques,
portes ornées de vitraux).

## Vers l'Opéra

➤ IXe **arrdt** **M°** *Madeleine ou
Opéra; bus: 42, 52.*

**V-A1** Des boutiques, des offices
de tourisme ou les bureaux de
compagnies aériennes bordent les
boulevards qui rejoignent l'Opéra.

➤ LE BOULEVARD DE LA MADELEINE.
Au n° 23, le **magasin des Trois
Quartiers**, fondé en 1829, est l'un
des plus anciens «magasins de
mode». Il a été reconstruit dans les

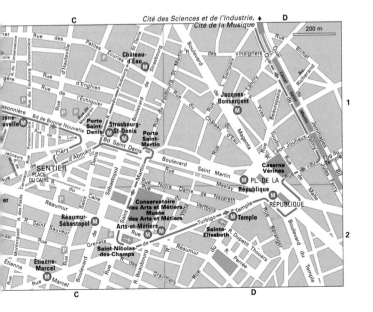

années 1930 dans une architecture fonctionnaliste et abrite à présent des boutiques de prêt-à-porter haut de gamme. Au **n° 15** s'élève la maison où vécut Marie-Alphonsine Plessis, plus connue sous le nom de «**Dame aux camélias**».

➤ **LE BOULEVARD DES CAPUCINES.** Il prolonge le bd de la Madeleine. Au **n° 28**, l'**Olympia**, sauvé des promoteurs immobiliers, apporte une touche populaire, avec ses concerts de rock ou de variétés (*réservation* ☎ 01.47.42.25.49). Au **n° 35** se trouvait l'**atelier du photographe Nadar** où furent exposées les premières toiles de Monet, de Renoir et des «futurs» impressionnistes. Au **n° 27**, attardez-vous devant la **façade** restaurée de ce qui fut la **Samaritaine de Luxe**, construite pendant la Première Guerre mondiale. Son fondateur, **Ernest Cognacq**, créateur avec sa femme, **Louise Jay**, des premiers magasins de la Samaritaine (1870), souhaitait élargir ainsi sa clientèle. Millionnaire, le couple était amateur d'art et acquit un ensemble exceptionnel de tableaux et d'objets d'art du XVIIIe s. français, exposé aujourd'hui à l'hôtel Donon (*p. 81*).

---

## Où faire une pause ?

Au Café de la Paix **V-A1**, 12, bd des Capucines.

Rue du Fbg-St-Denis **V-C1**, pour manger une pâtisserie turque.

Chez Jenny **V-D2**, 39, bd du Temple.

Sur un banc, au bord du canal St-Martin **V-D1**.

---

Juste avant la place de l'Opéra, vous passez devant le **Harry's Bar** (*p. 276*), qui continue d'attirer ses habitués noctambules.

## La place de l'Opéra*

➤ IXe **arrdt M°** *Opéra* **RER** *Auber; bus: 20, 21, 22, 27, 42, 52, 53, 66, 68, 95, Roissybus.*

**V-A1** Bruyante et embouteillée, la place connaît une animation que rien ne semble pouvoir arrêter. **Haussmann** l'a en effet conçue comme un carrefour «du pouvoir, du travail et de l'argent», où se croisent les voies menant aux gares (St-Lazare par la rue Auber, les gares de l'Est et du Nord par la rue Lafayette), à la Bourse et au Louvre. Le **Grand Hôtel** (*2, rue Scribe* ☎ 01.40.07.32.32), le **Café de la Paix** (*p. 277*), les boutiques de luxe et les agences bancaires entourent l'Opéra Garnier, un monument fastueux qui convie aux réjouissances.

## L'Opéra Garnier**

➤ IXe **arrdt**; 8, rue Scribe **M°** *Opéra ou Chaussée-d'Antin* **RER** *Auber; ouv. t.l.j. de 10h à 17h sf si un spectacle est programmé en matinée; visite guidée t.l.j. à 13h* ☎ 01.40.01. 22.63; *réservation aux guichets t.l.j. sf dim. de 11h à 18h30; par* ☎ 08. 36.69.78.68 de 9h à 19h sf dim.

**V-A1** Ce monument spectaculaire au répertoire décoratif époustouflant offre le plus parfait exemple du style Napoléon III. Il propose environ 160 représentations d'opéras et de ballets par saison.

### SYMBOLE D'UNE CLASSE RICHE

Après l'**incendie** de la salle du Palais-Royal en **1781**, l'Opéra de Paris se déplace de théâtre en théâtre, sans que les projets de reconstruction aboutissent. Un

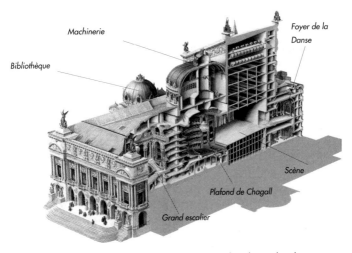

Machinerie

Foyer de la Danse

Bibliothèque

Scène

Plafond de Chagall

Grand escalier

*À ceux qui reprochèrent à l'Opéra Garnier son excès de richesse, l'architecte rétorqua : « Mesdames, vous apparaissez à l'Opéra des diamants au cou, de la soie autour du corps [...], et vous consentiriez à promener votre élégance dans un monument qui ne serait pas en fête pour vous recevoir ? »*

**concours** est enfin lancé en **1860**. **Charles Garnier**, le lauréat, est alors un obscur architecte municipal. Son projet audacieux tranche sur l'architecture en vogue, qui pastiche les styles classiques. La première pierre est posée deux ans plus tard, mais la présence d'une nappe phréatique nécessite la création d'une immense cuve voûtée supportant tout l'édifice. Elle donne naissance à la légende du lac souterrain, immortalisée par Gaston Leroux dans *Le Fantôme de l'Opéra*. L'inauguration a lieu en **1875**.

➤ L'EXTÉRIEUR. Le dôme très évasé et l'importance du 1er étage confèrent au bâtiment une silhouette un peu trapue. Les arcades, élevées sur un large perron, encadrent plusieurs groupes de **statues**, *La Musique, La Poésie, Le Drame lyrique* et surtout *La Danse*\*\*, d'après **Carpeaux** *(à dr.)*. Ce dernier groupe fut considéré à l'époque comme une « insulte à la morale publique » *(l'original est au musée d'Orsay, p. 228).*

➤ L'INTÉRIEUR. Le **grand escalier**\*\* en marbre polychrome est un vrai chef-d'œuvre et un morceau de bravoure ; il fait appel aux courbes et contre-courbes du rococo. L'**avant-foyer**, dont la voûte est décorée de mosaïque, précède le **grand foyer**\*\*, la partie la plus intéressante, avec ses salons, ses cheminées à **cariatides** et ses peintures de style pompier. La **salle**, rouge et or, possède cinq étages de loges. Sous la coupole, l'énorme **lustre** pèse plus de **8 t**. Le **plafond**\* est une œuvre de **Chagall** (1964) inspirée d'opéras et de ballets célèbres. Abritant machineries et décors, les sous-sols comptent aussi 5 étages, soit une **hauteur** totale de **50 m** jusqu'aux combles !

➤ LE MUSÉE ET LA BIBLIOTHÈQUE *(visite couplée avec celle de l'Opéra, mêmes horaires, mêmes conditions, même accès)*. La **salle de lecture** occupe le salon en rotonde destiné au couple impérial. Dépourvue de stucs, de peintures et de dorures, sa décoration offre une vision plus sobre du palais. Le **musée** présente, quant à lui, un panorama historique de l'Académie de musique et de danse depuis le XVIIIe s. Vous y verrez, par exemple, des maquettes de décors, des costumes, des partitions et aussi des œuvres de **Hubert Robert**, **Degas** et **Renoir**.

## Autour de l'Opéra

➤ IXe **arrdt M°** Opéra, Chaussée-d'Antin, Havre-Caumartin **RER** Auber; bus: 20, 21, 22, 27, 42, 52, 53, 66, 68, 95, Roissybus.

**V-AB1** Amateurs d'emplettes ou d'architecture, faites un détour par les grands magasins du **Printemps** (p. 26) et des **Galeries Lafayette** (p. 283), ces institutions parisiennes fondées au siècle dernier méritent une visite au moment des soldes (voir encadré p. 283).

Le **bd des Capucines** se poursuit de l'autre côté de la place de l'Opéra. Au **n° 8**, un drugstore occupe l'emplacement de l'immeuble où mourut **Jacques Offenbach** (1819-1880), dont les opérettes firent vibrer les Grands Boulevards. Au

**n° 2**, le cinéma **Paramount** est situé à l'angle de la **rue de la Chaussée-d'Antin**, très à la mode au XIXe s. et habitée par Mme de Staël et Rossini. La partie comprise entre le bd Haussmann et l'église de **la Trinité** (p. 130) conserve de nombreux immeubles de l'époque Directoire, hélas mutilés par des boutiques.

## Le boulevard des Italiens

➤ IXe **arrdt M°** Richelieu-Drouot; **bus**: 20, 39, 48.

**V-B1** C'est le boulevard par excellence. Il doit son nom au théâtre des Italiens, l'actuel Opéra-Comique. Tout ce que comptait Paris de critiques, de directeurs de salles et surtout d'actrices se concentrait sur cette artère. L'endroit était fréquenté aussi par la jeunesse dorée, qui lançait des **modes** parfois extravagantes. Aux grotesques muscadins du Directoire et à leurs merveilleuses vêtues de gazes transparentes succédèrent les dandys. Plus strict, le second Empire imposa le costume sobre du bourgeois de la Belle Époque.

Le **Crédit Lyonnais**, au **n° 19**, bâti en 1878 sur une charpente de fer, symbolise bien ce quartier axé sur la finance. Le **corps central** s'inspire du pavillon Denon du Louvre; à l'**intérieur**, l'**escalier** imite celui de Chambord!

Vous croisez ensuite la **rue des Italiens**, où se dresse l'ancien siège du journal *Le Monde*, maintenant installé dans un immeuble ultramoderne près de Montparnasse. La **Banque nationale de Paris**, au **n° 20**, a préservé la façade élégante de la *Maison Dorée*, caractéristique du style Louis-Philippe, en son temps restaurant cher à **Balzac** et lieu d'expositions impressionnistes.

---

À ne pas manquer

L'Opéra Garnier\*\*, p. 114.
Le musée national des Techniques\*\*, p. 118.
♥ Le canal St-Martin\*, p. 119.
Les portes St-Denis et St-Martin\*, p. 118.
♥ Le passage Jouffroy et ♥ le passage des Panoramas, p. 117.
♥ Le quartier du Sentier, p. 118.
♥ La rue du Faubourg-St-Denis, p. 118.

➤ L'Opéra-Comique (salle Favart) *(5, rue Favart; réservation ☎ 01.42.86.88.83)*. Construit en 1894 à l'emplacement de l'ancien théâtre des Italiens, il tourne le dos au boulevard, et sa **façade** principale est située **place Boïeldieu**. La salle prend ainsi l'ancienne disposition demandée par les artistes transalpins, qui ne voulaient pas être assimilés aux amuseurs et vulgaires baladins voisins. L'Opéra-Comique se consacre au répertoire français, et sa programmation est passionnante.

**V-BC1** Le **bd des Italiens** s'achève après le ♥ **passage des Princes** *(p. 108)*, qui communique avec la **rue de Richelieu**. Théodore de Banville et ses parnassiens siégeaient dans une de ses boutiques.

## Les Grands Boulevards*

➤ IX$^e$ et X$^e$ arrdts **M°** *Grands-Boulevards, Bonne-Nouvelle ou Strasbourg-St-Denis; bus: 20, 39, 48.*

Ici aussi, le théâtre est roi. Sa grande heure de gloire fut la seconde moitié du XIX$^e$ s., friande de **comédies légères** vaguement polissonnes, dites justement de « boulevard ». Si le quartier ne connaît pas le même engouement qu'autrefois, les passages innombrables qui jalonnent le parcours méritent à eux seuls la promenade.

À la hauteur de la station Richelieu-Drouot, le **Nouveau-Drouot** *(9, rue Drouot; ouv. t.l.j. de 11h à 18h sf dim.; f. du 25 juil. au 15 sept. ☎ 01.42.46.17.11)* abrite la grande salle des ventes d'objets d'art de la capitale. Sans atteindre le niveau de Christie's ou de Sotheby's, les enchères en matière de peinture peuvent y être très élevées. Le quartier fourmille d'antiquaires et de boutiques philatéliques.

➤ Le boulevard Montmartre. Au n° 11 se trouve le ♥ **passage des Panoramas** (1800), où les Parisiens se pressaient pour contempler les toiles peintes présentant des vues panoramiques de différents pays. Au **n° 7** se dresse le **théâtre des Variétés** *(réservation ☎ 01.42.33.09.92)*, temple du vaudeville, coiffé d'un joli fronton. **Offenbach** y remporta ses meilleurs succès. Au **n° 12**, le ♥ **passage Jouffroy** *(p. 108)* date de 1845 ; il est relié au **musée Grévin** *(10, bd Montmartre; ouv. t.l.j. de 10h à 18h. Fermé pour rénovation jusqu'en juin 2001 ☎ 01.47.70.85.05; accès payant)*, dont les figures en cire attirent petits et grands. Le choix des personnages représentés est des plus éclectiques, car ici se côtoient Marat, Marie-Antoinette, Napoléon, Hitchcock, Marilyn Monroe, Jean Gabin, Madonna, Josiane Balasko ou encore Miguel Induráin et Guy Roux !

➤ Le boulevard Poissonnière. Il doit son nom aux marchands de marée qui l'empruntaient pour se rendre aux Halles. Au **n° 1**, le **Grand Rex*** *(☎ 01.42.36.83.93)* est le seul grand cinéma de l'âge d'or du « septième art » ayant survécu à Paris. Sa **façade Art déco** (1932) cache un hall digne des paquebots transatlantiques. La **salle hispano-antique** aux colonnades en stuc est réputée pour sa féerie des eaux et peut accueillir plus de **2 800 spectateurs**. Pendant les fêtes, le Grand Rex retrouve son public enfantin. Le **n° 6** fut successivement le siège de plusieurs journaux: *Le Figaro*, *Le Matin* et *L'Humanité*.

➤ Le boulevard de Bonne-Nouvelle. Il mène à la **porte St-Denis***, un arc de triomphe bâti par **Blondel** en 1672 pour célébrer la campagne éclair de Louis XIV sur le Rhin. Cette porte imposante, située sur le chemin traditionnel du Louvre à St-Denis, était empruntée par les cortèges royaux qui pénétraient triomphalement dans la capitale.

La ♥ **rue du Faubourg-St-Denis**, où réside une **communauté turque**, voisine avec les boutiques pour coiffeurs et les commerces de porcelaine et de cristal de la **rue de Paradis**. Du côté de la **rue St-Denis**, c'est le quartier «chaud» de Paris. Les **rues de Cléry** ou **d'Aboukir** conduisent au ♥ **quartier du Sentier**, domaine du prêt-à-porter et des grossistes de tissus. Au **n° 42**, la nouvelle salle de la **Cinémathèque française** propose projections et débats (☎ 01.56.26. 01.01).

➤ **LE BOULEVARD ST-DENIS**. Il rejoint la **porte St-Martin**\*, édifiée par **Bullet** en 1674 pour magnifier la conquête de la Franche-Comté par Louis XIV.

## Musée des Arts et Métiers\*\*

➤ *IIIᵉ arrdt ; 60, rue Réaumur* **M**° *Arts-et-Métiers ou Réaumur-Sébastopol ;* **bus**: *20, 38, 39, 47 ;* **ouv.** *t.l.j. de 10h à 18h sf lun. et j.f. Nocturne le jeu. jusqu'à 21 h 30* ☎ *01.53.01.82.00; accès payant.*

➤ **LE BÂTIMENT**. Véritable «Louvre des techniques» installé dans le Conservatoire national des arts et métiers (CNAM), le musée occupe l'ancien **prieuré de St-Martin-des-Champs**, dont subsistent le **chevet roman** et la **nef gothique**. Dans la cour d'honneur, le **réfectoire des moines**\*\*, à dr., est une œuvre de proportion parfaite de **Pierre de Montreuil**, architecte de Notre-Dame *(p. 64).*

➤ **LES COLLECTIONS**. Témoin des grandes innovations scientifiques et techniques du XVIᵉ s. à nos jours, les collections sont organisées selon un parcours thématique qui illustre sept grands domaines: instruments scientifiques, matériaux, construction, communication, énergie, mécanique, transports. On verra notamment le **pendule de Foucault**, la **machine à calculer de Pascal**, la première caméra des frères Lumière, l'avion de Blériot, les automates anciens, telle la **Joueuse de tympanon**\*\* ayant appartenu à Marie-Antoinette. Des ateliers et des supports interactifs permettent de visualiser les expériences.

## L'église St-Nicolas-des-Champs\*

➤ *IIIᵉ arrdt ; 154, rue St-Martin* **M**° *Arts-et-Métiers ou Réaumur-Sébastopol ; bus: 20, 38, 47.*

Elle conserve une partie du XVᵉ s. (début de la nef) mais date pour l'essentiel des XVIᵉ et XVIIᵉ s., comme en témoigne le **portail S**\* Renaissance. La **façade** et le **clocher** sont, quant à eux, de style gothique flamboyant. Dans le **chœur** et les chapelles latérales, un ensemble de **peintures** des XVIIᵉ et XVIIIᵉ s. entoure le maître-autel, dont le retable de **Simon Vouet** (XVIIᵉ s.). Les **orgues** du facteur Clicquot (XVIIIᵉ s.) méritent une attention particulière, de même que les **tombeaux** où reposent l'astronome Gassendi, l'humaniste Budé et Mᴵˡᵉ de Scudéry, auteur de la délicieuse *Carte du Tendre.*

En rejoignant la place de la République *(par la rue de Turbigo, puis la rue du Temple)*, remarquez le **chevet de l'église Ste-Élisabeth**, un édifice du XVIIᵉ s. très restauré appartenant à l'ordre des Chevaliers de Malte.

## La place de la République

➤ *xᵉ arrdt* **M°** *République; bus: 20, 54, 56, 65, 75.*

**V-D1-2** Cette gigantesque place rectangulaire est le point de départ des «manifs» qui s'ébranlent vers la place de la Bastille ou la place de la Nation. Les manifestants doivent à **Haussmann** la possibilité de disposer d'un tel espace pour se rassembler. Ironie de l'histoire, la place fut créée pour faire manœuvrer les troupes en cas de soulèvement des faubourgs de l'est parisien ! La **statue de la République** est une œuvre des frères Morice. Les **bas-reliefs** en bronze relatent les grands moments de la Révolution depuis le serment du Jeu de paume.

Du **côté E** se trouvent les anciens **Magasins Réunis**, fondés en 1866 et bâtis par Gabriel Davioud, l'architecte de la fontaine St-Michel et des théâtres du Châtelet. Ils sont à présent occupés par des commerces et l'hôtel *Holiday Inn*. **En face**, la **caserne Vérines** abritait les troupes impériales. La brasserie *Jenny (p. 257)* est la plus belle du quartier avec sa débauche de boiseries.

## Aux environs de la République

➤ *xᵉ arrdt* **M°** *République, Jacques-Bonsergent, Goncourt; bus: 20, 54, 56, 65, 75.*

**V-D1** Par la **rue du Faubourg-du-Temple**, on découvre un visage surprenant de la capitale, celui du

*Le canal St-Martin, la petite Venise parisienne.*

♥ **canal St-Martin**\*, la petite Venise parisienne. Du bassin de la Villette au port de l'Arsenal, celui-ci épargnait aux marins d'eau douce les boucles dangereuses de la Seine. À chaque écluse – il y en a neuf –, des, guinguettes étaient ouvertes aux débardeurs et aux mariniers. Aujourd'hui, les péniches ont laissé la place aux bateaux de plaisance et les petites passerelles aux promeneurs nonchalants *(p. 291)*. Le quartier a toutefois conservé une étonnante saveur d'avant-guerre. On retrouve ici le Paris qui servit de cadre à **Carné** dans *Hôtel du Nord (façade conservée au 102, quai de Jemmapes)* et, plus tard, à **Rivette** dans *Le Pont du Nord (p. 295).*

# Montmartre***, Pigalle et la Nouvelle Athènes*

Montmartre («mont Martyr») tirerait son nom du martyre de St Denis, premier évangéliste de Paris, qui fut décapité sur la butte et aurait marché ensuite jusqu'à sa sépulture ! Au-delà de la légende, rien n'est moins contrasté que Montmartre. Ici, le meilleur côtoie le pire, et les monuments ne sont, pour une fois, pas là pour concilier les extrêmes. Le meilleur, ce sont les environs des Abbesses et de la rue Lepic, restés populaires et villageois. Le pire, c'est la place du Tertre, près du Sacré-Cœur, avec ses portraitistes plus ou moins talentueux. Le quartier conserva longtemps son aspect champêtre, puisqu'il ne fut intégré à Paris qu'en 1860. Après la guerre désastreuse contre la Prusse, les esprits irréductibles y tirèrent les premiers coups de feu de la Commune. Par la suite, la bohème artistique s'installa dans les ateliers et les cabarets alentour pour en faire la patrie de l'art du XXe s.

## Montmartre***

### La place Blanche

➤ XVIIIe **arrdt M°** *Blanche*; **bus:** *30, 54, 95.*

**VI-A2** Son nom évoque la farine des 30 moulins de la butte et le plâtre extrait des carrières de gypse que l'on convoyait vers Paris. Avant d'être remblayé, le sous-sol ressemblait en effet à un gigantesque gruyère.

➤ **LE MOULIN-ROUGE** *(82, bd de Clichy; réservation* ☎ *01.46.06.00.19).* «Ce moulin-là n'a jamais moulu que la monnaie des clients !» C'est en tous les cas le plus célèbre cabaret montmartrois. **Toulouse-Lautrec** venait y peindre la troupe de **french cancan**, ballet symbole du «gai Paris» : la tradition est restée pour le plaisir des touristes.

## Les pentes de la butte Montmartre*

➤ XVIIIe **arrdt M°** *Blanche, Lamarck-Caulaincourt;* **bus:** *30, 54, 80, 95, Montmartrobus.*

➤ ♥ **LA RUE LEPIC**\*. Elle évoque le Montmartre du début du siècle. Ce raidillon a un parfum de village, avec ses vieux bistrots et son ♥ **marché** populaire. Au **n° 12**, le café *Lux Bar* possède un beau décor Belle Époque ; derrière le comptoir, une **mosaïque** figure Sacha Guitry à l'entrée du Moulin-Rouge. Au niveau de la **rue des Abbesses** se dispute chaque **14 mai** la traditionnelle **course** de Montmartre, réservée aux vieilles voitures. Au **n° 54**, **Van Gogh** partageait un petit appartement avec son frère Théo. Plus haut, à g., des escaliers escarpés donnent accès à des **villas privées**.

➤ **LE MOULIN DE LA GALETTE** *(83-85, rue Lepic).* C'est l'un des derniers survivants de la minoterie montmartroise, il abrite le **Blute-Fin** (1622) et le **Radet** (1717). Aujourd'hui, les ailes du moulin coiffent l'entrée d'un restaurant. Dès 1840, les Parisiens venaient ici prendre un bol d'air et une part de galette. À la fin du XIXe s., le moulin

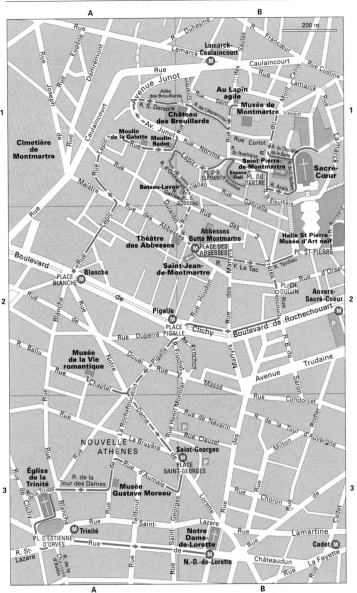

VI - Montmartre, Pigalle et la Nouvelle Athènes

devient l'un des bals-musettes les plus gais de Paris *(p. 122)*, toutes les cousettes du quartier s'y donnent rendez-vous. En 1876, **Renoir** exécute sur place l'immense toile qui porte son nom.

➤ ♥ **L'AVENUE JUNOT** *(par la rue Girardon).* Elle est bordée d'ate-

**liers d'artistes** et de maisons bourgeoises, dont certaines Art déco. Le **n° 13** était la maison de **Francisque Poulbot**, créateur du célèbre gamin de Montmartre. Au **n° 15**, la **maison**\* du poète dadaïste **Tristan Tzara** fut réalisée par l'architecte autrichien **Adolf Loos** (1926) :

# La nuit parisienne...

ythique et fascinante pour les touristes du monde entier, « Paris by night » est la ville de tous les plaisirs. Ses revues frivoles et son clinquant tapageur exercent un charme un rien convenu mais qui opère toujours. Loin des paillettes, la nuit parisienne se vit aussi dans les bals populaires remis au goût du jour.

### French cancan et caf'conc'

Jusqu'à la Révolution, les divertissements nocturnes restent l'apanage de la noblesse, qui fréquente l'opéra, les bals et les spectacles. Au XIXᵉ s., si les Grands Boulevards et les Champs-Élysées sont les lieux chic de l'époque, on aime aussi s'encanailler sur la butte Montmartre. Au-delà des barrières de la ville non soumises aux taxes qui touchent notamment le vin, les cabarets et les guinguettes (de « guinguet », un vin aigrelet) attirent noceurs et petites gens qui viennent y boire à peu de frais.

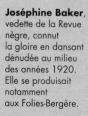

Sous le Second Empire et la IIIᵉ République, le **café-concert**, ou « beuglant », dont les spectacles s'apparentent à des numéros de foire, connaît un succès considérable : on en recense près d'un millier ! Au **Chat noir**, **Aristide Bruant** chante la vie des malfrats et apostrophe rudement les clients. Les bourgeois payaient cher le plaisir « d'se faire assaisonner et traiter pis qu'des chiens ». Immortalisée par Toulouse-Lautrec, **la Goulue** fait salle comble au **Moulin-Rouge** où son *Quadrille naturaliste* affole ces messieurs. La recette est simple : *chahut*, *cancan*, jupons et racolage !

**Jane Avril** (1868-1943), fille d'un noble émigré italien et d'une mère demi-mondaine, immortalisée par Lautrec. Elle connut ses premiers succès dans le Quadrille du Moulin-Rouge. Son pas latéral, qui découvrait ses jambes gainées de noir, est l'une de ses figures les plus connues.

**Joséphine Baker**, vedette de la Revue nègre, connut la gloire en dansant dénudée au milieu des années 1920. Elle se produisait notamment aux Folies-Bergère.

### Des revues nègres aux jazz-bands

Après la Première Guerre mondiale, les soldats africains, qui se sont couverts de gloire, font découvrir leur culture au monde entier : on s'entiche des **revues nègres**, puis du jazz, amené des États-Unis par l'armée américaine.

Dans l'immédiat après-guerre, c'est l'heure de gloire des caves de St-Germain-des-Prés. On veut oublier les privations de la guerre ; vie sociale et frivolités se déchaînent dans un moment de fraternité utopique. Le *jazz-band* de Boris Vian fait swinguer Juliette Gréco, Raymond Queneau et Léo Malet. Au **Club Saint-Germain** comme à **La Rose rouge**, partout on retrouve la même ambiance « existentialiste » évoquée par Sartre.

### Trucs en plumes et bals « popu »

Indémodables, les revues du **Lido**, du **Paradis latin**

**Les caves de St-Germain** à la grande époque, vue par Doisneau dans l'immédiat après-guerre.

**Le Lido** et ses Bluebell Girls font accourir les spectateurs du monde entier.

**Le *Pigall's*** (musée Carnavalet) peint par Pierre Sicard, haut lieu des noctambules aisés durant les Années folles.

ou du **Crazy Horse** perpétuent la tradition du *French music-hall* lancé par les danses frénétiques du Moulin-Rouge. Bd Rochechouart, d'anciens caf'conc' comme **La Cigale** et l'**Élysée-Montmartre** ont su renouveler le genre et attirer une nouvelle clientèle. Dans le même temps, l'Est de la capitale constitue un autre pôle de la nuit parisienne, que ce soit à Ménilmontant ou à Bastille. Dans ces anciens quartiers ouvriers, les entrepôts désaffectés se reconvertissent en boîtes *underground* ; des airs de rock ou de salsa font tanguer les péniches-guinguettes du XIII<sup>e</sup> arrondissement sans parler du **Balajo**, rue de Lappe, un bal musette qui depuis 1936, n'a pas pris une seule ride. *Pour les adresses, voir p. 287.*

notez la banalité délibérée des matériaux et le petit clin d'œil au surréalisme (la loge en hauteur percée de plusieurs fenêtres). Dans l'**allée des Brouillards** *(par la rue Simon-Dereure)*, le **château des Brouillards** est l'une des deux seules **folies** du XVIIIe s. encore debout.

➤ ♥ **Le cabaret du Lapin agile** *(22, rue des Saules ☎ 01.46.06.85.87; par la rue de l'Abreuvoir)*. Il doit son nom à l'enseigne peinte par A. Gill représentant un lapin sortant d'une casserole. **Aristide Bruant**, son propriétaire, y insultait à plaisir les bourgeois ravis. Plus tard, le cabaret fut fréquenté par **Apollinaire**, **Max Jacob** et **Picasso**, qui paya un de ses repas avec un de ses *Arlequins* ! Les gens du monde y côtoyaient les mauvais garçons, ainsi que le raconte **Mac Orlan** *(Le Quai des brumes)*. Le décor a peu changé, les tableaux s'entassent toujours sur les murs. À côté se trouvent les carrés de **vignes** où se déroule la **fête des Vendanges** *(1er sam. d'oct.)*.

➤ ♥ **La rue St-Vincent**. Chantée par Mouloudji, elle abrite la plus ancienne demeure de la butte, qui accueille le **musée de Montmartre** *(entrée: 12, rue Cortot; ouv. t.l.j. de 11 h à 18 h sf lun. ☎ 01.46.06.61.11; accès payant)*. Vous y découvrirez l'histoire de la butte, ses cabarets et sa bohème artistique. On y a reconstitué le *Café de l'Abreuvoir*, que fréquentait Utrillo.

➤ **La rue du Mont-Cenis**. Doit-elle son nom de col alpin à la raideur de ses pentes ? Elle grimpe hardiment au sommet de la butte, à 130 m d'altitude. Face au petit cimetière de l'église St-Pierre, elle croise la **rue St-Rustique**, grand-rue du village depuis le XVIIe s.: à l'angle de la rue des Saules et de la rue St-Rustique, le restaurant *À la Bonne Franquette* inspira à **Van Gogh** sa *Guinguette*.

## Le Sacré-Cœur*

➤ *XVIIIe **arrdt***; *pl. du Parvis-du-Sacré-Cœur* **M°** *Abbesses ; **bus** : Montmartrobus; funiculaire.*

**VI-B1** Immuable repère au sommet de la butte, cette «église-chantilly»

## Les vins de Paris

«C'est du bon vin de Montmartre, Qui en boit pinte en pisse quarte», *dixit* un vieux dicton populaire. Dès le XVIIe s., les vignerons-laboureurs constituaient le gros de la population montmartroise. Plus étonnant encore, à l'époque reculée de la guerre de Cent Ans, le vin produit en Île-de-France était le seul qui fût français, puisque le bordeaux d'Aquitaine, lui, était anglais – un comble ! Sous l'Empire, les ceps de Vaugirard et d'Argenteuil fournissaient aussi leur «guinguet». La production totale s'élevait à deux millions d'hectolitres. Mais l'urbanisation galopante eut raison du vin parisien. Aujourd'hui, c'est à Suresnes, sur le mont Valérien, que la vigne est la plus présente : chaque année, plus de 5 000 bouteilles sortent de ses caves. À Paris même, la piquette de Montmartre fait plutôt partie du folklore, de même que les 12 ceps du square de St-Germain-des Prés, purement décoratifs. En revanche, les 700 pieds de pinot noir du clos des Morillons, au parc G.-Brassens, donnent aux enfants l'occasion d'assister aux vendanges.

## Suzanne et Maurice

Utrillo

Fille d'une blanchisseuse établie à Montmartre, Suzanne Valadon (1865-1938) est d'abord acrobate avant de devenir le modèle de Puvis de Chavannes, de Toulouse-Lautrec et de Degas, qui l'encourage à peindre. Elle crée alors des nus vigoureux et des natures mortes à la matière épaisse. Véritable enfant de la butte, Maurice Utrillo (1883-1955), son fils, s'adonne lui aussi à la peinture. Rapidement, il connaît le succès, notamment avec ses vues de Montmartre pleines de poésie. Le couple formé par Suzanne Valadon et Maurice Utrillo a contribué à éterniser l'image du Montmartre des peintres.

romano-byzantine à la blancheur rayonnante est un des emblèmes de la capitale.

### UN VŒU EXPIATOIRE

Au lendemain de la guerre de 1870, on décida d'expier les crimes de la Commune par la construction de cette basilique. Il fallut les oboles de dix millions de fidèles et l'endurance de quarante années de travaux pour mener à bien son édification !

L'**intérieur** est décoré d'une **mosaïque** immense due à Merson. Le **campanile** renferme une cloche de **19 t**, offerte par des paroisses savoyardes, que 28 chevaux s'épuisè-rent à hisser jusque-là ! Au sommet du **dôme** (*ouv. t.l.j. de 9h à 18h, l'été de 9 h à 19 h ; accès payant*), on embrasse du regard un merveilleux **panorama**\*\*\*.

➤ **La rue du Chevalier-de-La Barre.** Des fibres optiques et des verres colorés bleus ont été instal-lés entre les pavés ; la nuit venue, le *Chemin de lumière* de Patrick Rimoux et Henri Alekan s'illu-mine pour donner l'illusion d'un ciel étoilé.

### St-Pierre-de-Montmartre\*

➤ *XVIII<sup>e</sup>* **arrdt** *; 2, rue du Mont-Cenis* **M°** *Abbesses ;* **bus** *: Montmar-trobus.*

**VI-B1** Dernier vestige de l'abbaye royale de Montmartre, l'édifice est l'un des plus vieux sanctuaires de Paris (1147). Il fut érigé à l'empla-cement d'un **temple gallo-romain** dont deux **colonnes** ornent encore l'entrée. À l'**intérieur**, sa **voûte d'ogives**\* marque l'un des pre-miers balbutiements du gothique (*p. 72*). Dans les bas-côtés se trou-vent des **pierres tombales** des abbesses : celle de la fondatrice, **Adélaïde de Savoie**, est à g. Les fouilles du **cimetière** du Calvaire (*ouv. seulement pour la Toussaint*) ont mis au jour des **sarcophages mérovingiens**.

### La place du Tertre

➤ *XVIII<sup>e</sup>* **arrdt M°** *Abbesses ;* **bus** *: Montmartrobus ; funiculaire.*

**VI-B1** L'ancienne place publique du village est l'un des endroits les plus visités de la capitale. Pour éviter les forêts de chevalets et les sollicitations des caricaturistes, visitez-la hors saison ou en début de matinée. On découvre alors ce qui fait son charme : des maisons rustiques et une situation excep-tionnelle entre ville et nuages. Le **syndicat d'initiative du vieux Montmartre** se trouve au n° 21 (☎ *01.42.62.21.21*).

Tout près, l'**Espace Montmartre-Dali** (*9-11, rue Poulbot ; ouv. t.l.j. de 10 h à 18 h* ☎ *01.42.64.40.10 ; accès payant*) expose d'intéres-santes **lithographies** et **sculptures** de l'artiste catalan.

### Vers la place des Abbesses

➤ *XVIII<sup>e</sup>* **arrdt M°** *Abbesses ;* **bus** *: Montmartrobus.*

➤ **La place J.-B. Clément.** Elle porte le nom du maire de la com-mune de Montmartre en 1871, par ailleurs auteur de la célèbre chanson *Le Temps des cerises*.

➤ **La rue d'Orchampt.** Certaines de ses maisons ont atterri là par le plus incongru des hasards, comme, au n° 5, ce **pavillon suédois** de l'Exposition universelle de 1889 ! Les trois ateliers vitrés du n° 1 sont identiques à ceux qu'habitait la bohème montmartroise au début du siècle.

---

## À ne pas manquer

Le Sacré-Cœur\* et son pano-rama\*\*\*, *p. 124.*

♥ Les Abbesses\*, *p. 127.*

♥ Le musée Gustave-Moreau\*, *p. 129.*

♥ La rue Lepic\*, *p. 120.*

♥ La Nouvelle Athènes\*, *p. 128.*

St-Pierre-de-Montmartre\*, *p. 126.*

Le Bateau-Lavoir\*, *p. 127.*

♥ L'avenue Junot, *p. 121.*

➤ **LA PLACE ÉMILE-GOUDEAU ET LE BATEAU-LAVOIR\***. Son cadre champêtre ferait presque oublier qu'elle fut le théâtre de la plus importante **révolution picturale** du XXᵉ s. Au **n° 13**, dans des baraquements sans confort connus sous le nom de Bateau-Lavoir, **Picasso** peignit, en 1907, le tableau qui fonda le cubisme: *Les Demoiselles d'Avignon (p. 81)*. Par nécessité, toute une colonie d'artistes, **Van Dongen, Modigliani, Juan Gris** et bien d'autres, s'installa ici, vivant dans le dénuement le plus complet. Ni eau ni gaz mais des punaises à tous les étages ! Par la suite, les peintres rallièrent Montparnasse *(p. 182)*. Ravagé par un incendie, le Bateau-Lavoir a été reconstruit à l'identique. Ses **jardins** *(entrée par la rue Garreau)* abritent une cité d'artistes.

*L'église St-Jean-de-Montmartre, en béton. Ses arcs entrecroisés rappellent l'architecture musulmane.*

### ♥ Le quartier des Abbesses\*

➤ *XVIIIᵉ* **arrdt M°** *Abbesses;* **bus:** *Montmartrobus.*

**VI-B2** Pour redescendre des hauteurs montmartroises, vous prendrez soit le funiculaire, soit la **rue Ravignan**, qui rejoint la **rue des Abbesses**. Celle-ci conserve un cachet parisien avec ses cafés très fréquentés. Sur la place subsiste l'une des deux dernières (avec celle de Porte-Dauphine) **entrées de métro** à marquise Art nouveau, dues à **Hector Guimard**.

➤ **LE THÉÂTRE DES ABBESSES** *(31, rue des Abbesses;* **réservation** ☎ *01.42.74.22.77).* Ce nouveau théâtre est l'œuvre de l'architecte belge **Charles Vandenhove**, qui a fait appel, pour la décoration, à des artistes tels que **Robert Barry, Olivier Debré** et **Daniel Buren**.

➤ **L'ÉGLISE ST-JEAN-DE-MONTMARTRE** *(19, rue des Abbesses).*

Cette œuvre néogothique signée d'élève de Labrouste et de Viollet-le-Duc, **Anatole de Baudot**, est le premier édifice religieux construit en béton (1894-1904).

**Rue Yvonne-Le Tac**, la **chapelle des Auxiliatrices** (1887) s'élève là où St Denis fut décapité. **Ignace de Loyola** et St François Xavier y fondèrent la société de Jésus, qui devint, en 1540, l'ordre des Jésuites.

➤ **LA HALLE ST-PIERRE**. Cet édifice en fer et en verre (1868) abrite le **musée d'art naïf Max-Fourny** *(ouv. t.l.j. de 10h à 18h ☎ 01.42.58. 72.89; accès payant)*, consacré à l'art contemporain (peinture, aquarelle, peinture sur verre et sculptures). La présentation en alternance des collections permet de découvrir des peintres peu connus. Des expositions temporaires sur l'art populaire y sont aussi organisées.

➤ ♥ **LA PLACE CHARLES-DULLIN.**
Charmante comme un décor de
scène, cette agréable place ombragée accueille parfois des chanteurs, qui viennent y exercer leur
voix, car l'endroit passe pour avoir
une acoustique parfaite.
C'est au petit **théâtre de l'Atelier**
*(1, pl. Charles-Dullin; réservation*
☎ *01.46.06.49.24)* que l'acteur
Charles Dullin renouvela l'art de
la mise en scène dans les années
1920; il forma **Jean Vilar** et **Jean-
Louis Barrault.**

# Pigalle

**L**uisant sous les néons des *peep-
shows* et embouteillé de cars, le
quartier est toujours aussi fréquenté même s'il n'a pas bonne
réputation, et pour cause : acteurs
pornos, travestis et prostituées y
font prospérer le marché du corps
d'occasion, tandis que les *dealers*
opèrent à l'abri des regards. Hauts
lieux de la nuit parisienne, La
Cigale et l'Élysée-Montmartre perpétuent le souvenir des caf'conc'
d'antan *(p. 122).*

## Le boulevard
## de Rochechouart

➤ *XVIII^e **arrdt** **M°** Anvers;* **bus:** *30,
54.*

**VI-B2** Populaire et cosmopolite, il
est encombré d'étalages de vêtements bon marché et de salons de
thé orientaux. Au **n° 72** s'élève
l'**Élysée-Montmartre** (☎ *01.44.92.
45.45),* où la Goulue exerça aussi
ses talents. Si la salle programme
aujourd'hui groupes de rock ou de
*world music,* chaque quinzaine, un
bal y est organisé. Au **n° 84,** le
cabaret du **Chat noir,** immortalisé
par **Toulouse-Lautrec** et fréquenté
par les poètes chansonniers, a
désormais disparu. Autre vestige

de la Belle Époque, **La Cigale,** au
**n° 120,** connut ses heures de gloire
avec Mistinguett et Maurice Che-
valier; elle a retrouvé depuis une
seconde jeunesse grâce à ses
concerts branchés *(p. 228).*

## La place Pigalle

➤ *XVIII^e **arrdt** **M°** Pigalle;* **bus:** *30,
54, 67, Montmartrobus.*

**VI-AB2** Elle doit son nom au
sculpteur Pigalle, dont on peut voir
des œuvres au Louvre *(p. 209).* Ici,
on est pourtant loin de la noblesse
des arts : les tenanciers des sex-
shops et les prostituées accostent
les badauds. Toutefois, c'est sur
cette place que, au siècle dernier, se
tenait chaque lundi un **marché aux
modèles** afin d'inspirer les nombreux artistes du quartier. Manet y
trouva ainsi son *Olympia (p. 228).*

# ♥ La Nouvelle
# Athènes*

➤ *IX^e **arrdt** **M°** Pigalle, St-Georges
ou Trinité,* **bus:** *67, 74.*

**VI-A3** Ce quartier bourgeois au
charme provincial se situe entre
Pigalle et la Trinité, autour de la
place St-Georges. Vers 1820, la
fièvre de bâtir gagne les lieux :
pour le lancement du programme
immobilier, les promoteurs ont
l'idée de se référer à la patrie des
arts afin de toucher tous ceux que
sensibilise la lutte d'indépendance
de la Grèce. L'opération réussit
au-delà de toute espérance : les
élites nouvelles du capitalisme, les
gens de lettres et de théâtre
(George Sand, Nodier) ou des
artistes romantiques comme Géricault et Berlioz s'installent en
masse dans ces nouveaux hôtels
particuliers de style néoclassique.

*Escalier de l'atelier du peintre Gustave Moreau*

## ♥ Le musée de la Vie romantique

➤ IX<sup>e</sup> *arrdt ; 16, rue Chaptal* **M°** *Pigalle, Blanche ou St-Georges; bus: 68, 74; ouv. t.l.j. sf lun. et j.f. de 10h à 17h40* ☎ *01.48.74.95.38; accès payant.* **Salon de thé en été dans le jardin.**

**VI-A2** Au fond d'une allée romantique, il occupe une charmante demeure restée intacte depuis la Restauration. Le peintre **Ary Scheffer** y reçut, à partir de 1830, des personnalités des arts et des lettres : **Lamartine, Liszt, Delacroix, Tourgueniev, Renan**... Le musée évoque la vie intellectuelle et littéraire du milieu du XIX<sup>e</sup> s., et plus particulièrement la mémoire de **George Sand** – qui habita dans le quartier vers 1842 – à travers des portraits, des tableaux, des meubles et divers objets. L'**atelier** du peintre Ary Scheffer se visite également.

## La place St-Georges*

Elle est bordée de beaux hôtels. Admirez notamment, au **n° 28**, la demeure néo-Renaissance de la **Païva** (1840), demi-mondaine également propriétaire d'un hôtel sur les **Champs-Élysées** *(p. 137).*

## ♥ Le musée Gustave-Moreau*

➤ IX<sup>e</sup> *arrdt; 14, rue de La Rochefoucauld* **M°** *Trinité; bus: 68, 74, 81; ouv. t.l.j. de 10h à 12h45 et de 14h à 17h15 sf mar.* ☎ *01.48.74. 38.50; accès payant.*

**VI-A3** La maison où ce peintre méconnu vécut et exerça son art a conservé son atmosphère fin de siècle. Le magnifique **escalier à spirale**\* mène à l'**atelier** où sont exposés des chefs-d'œuvre comme *L'Apparition*\*\* et le fascinant *Jupiter et Sémélé*\*\*. Dans ses toiles transparaît l'univers biblique et mythologique de l'artiste, dont l'imagination fantastique préfigure le surréalisme. Il n'est d'ailleurs pas étonnant que **Matisse**, **Marquet** et **Rouault** aient été ses élèves.

La **rue de la Tour-des-Dames**, bordée de petits hôtels du début du XIXe s., est l'une des plus caractéristiques du quartier.

## L'église de la Trinité

➤ IXe **arrdt**; *3, rue de la Trinité* **M°** *Trinité*; **bus**: *26, 32, 43, 49, 68, 81.*

**VI-A3** C'est un pur chef-d'œuvre de style second Empire. Son architecture s'inspire de la Renaissance française tout en présentant des formes originales. Sa particularité se trouve aussi dans sa conception, puisque la voûte est constituée d'une **charpente en fer** dissimulée par des briques. **Olivier**

**Messiaen** y a été organiste pendant quarante ans.

La **rue de la Chaussée-d'Antin** mène aux **grands magasins** *(p. 26)* du bd Haussmann, à moins que vous ne préfériez visiter l'église N.-D.-de-Lorette, rue de Châteaudun.

## L'église N.-D.-de-Lorette*

**VI-B3** Cette basilique à la romaine, due à Lebas, accueillait une foule plus mondaine que dévote. Ironie de la langue, l'église a donné son nom aux lorettes, jeunes pécheresses installées dans le quartier pour s'adonner à des pratiques peu catholiques. L'**intérieur** est richement décoré, on le comparait à l'époque à « un vrai salon de banquier » !

# Les Champs-Élysées***

L'avenue «la plus belle du monde» est surtout un gigantesque pôle de loisirs et d'affaires. Deux cent soixante mille personnes s'y croisent chaque jour, soit l'équivalent d'une ville comme Nancy ! L'avenue prend naissance sous les frondaisons avoisinant la place de la Concorde, pour aboutir à l'Arc de Triomphe, où elle éclate en une gerbe de 12 avenues. Vitrine du luxe et des affaires, les Champs-Élysées ont perdu un peu de leur prestige depuis que le commerce de masse, les *fast-foods* ou les cinémas ont pris le pas sur les palaces et les demeures fastueuses que la haute bourgeoisie se faisait bâtir au début du XXe s. Toutefois, les lieux ont gardé leur valeur emblématique : ils symbolisent toujours l'identité nationale et restent associés aux grandes cérémonies collectives.

## La place de la Concorde***

➤ *VIII[e]* **arrdt M°** *Concorde; **bus**: 24, 42, 72, 73, 84, 94, Balabus.*

**VII-D2** C'est tôt le matin, quand elle est encore désertée par les automobilistes, qu'il faut admirer la plus belle place de Paris, si typique de l'esprit des Lumières. Du centre, on est ébloui par les perspectives des axes Louvre-Champs-Élysées et pont de la Concorde-rue Royale (réunissant

*Entrée des Champs-Élysées (vers 1830), F. Duval.*

VII - Les Champs-Élysées

les colonnades presque jumelles de l'Assemblée nationale et de la Madeleine).

### UNE CONCEPTION NOUVELLE

Elle se distingue des autres places royales *(voir encadré p. 85)* par son étendue exceptionnelle – plus de **8 ha** ! – et, surtout, par l'importance accordée à l'environnement. À ce titre, elle affirme un esprit novateur, car **Jacques Ange Gabriel** a conçu pour la première fois une place ouverte qui s'intègre à la nature, seul le N est donc pourvu de bâtiments.

Le **21 janvier 1793**, on y dresse la guillotine pour l'exécution de **Louis XVI**; 1 500 autres suivront en deux ans ! Le Directoire fait démonter le sinistre échafaud et, en signe d'apaisement, donne à la place son nom actuel; plus tard, **Louis-Philippe** orne ce lieu d'un monument neutre: l'obélisque de Louqsor.

➤ **L'OBÉLISQUE**\*. Haut de **23 m**, ce monolithe de granit rose datant du XIIIe s. av. J.-C. provient du temple égyptien de Louqsor. **Méhémet Ali** l'offrit en 1830 à la France.

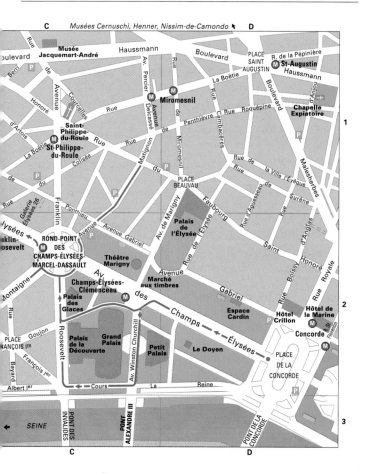

C — Musées Cernuschi, Henner, Nissim-de-Camondo

> **LES FONTAINES ET LES STATUES**\*\*. Chargé de la décoration de la place, **Hittorff** fait installer deux grandes **fontaines** (1840) qui imitent celles de la **place St-Pierre** à Rome. Elles sont accompagnées par huit **statues** de femmes personnalisant les grandes villes de France qui coiffent les pavillons bâtis par Gabriel. Les plus remarquables sont Rouen et Brest, par **Cortot**, ainsi que Lille et Strasbourg, par **Pradier**. Des **colonnes rostrales lampadaires** complètent l'ensemble aux entrées de la place.

> **LES PALAIS**\*\*. Gabriel n'a construit qu'autour de la rue Royale, mais ce sont des édifices de grand style, à colonnades corinthiennes et à frontons sculptés. À dr., les façades de l'**hôtel de la Marine**\*\* (siège du ministère de la Marine) et, à g., de l'**hôtel d'Aumont**\*\* (reconverti en palace, l'**hôtel** *Crillon, p. 246*) rappellent la colonnade du Louvre *(p. 99)*. Achevés en 1770, ceux-ci forment l'un des meilleurs exemples du style Louis XV. Ils sont encadrés par l'ambassade (à g.) et le consulat (à dr.) des **États-Unis**,

installés dans le magnifique **hôtel de La Vrillière**\* *(2, rue St-Florentin)*, édifié en 1767 par **Chalgrin**, sur des plans de Gabriel.

## L'avenue des Champs-Élysées\*\*\*

➤ VIII^e **arrdt** **M°** *Concorde, Champs-Élysées – Clemenceau, Franklin-D.-Roosevelt, George-V, Charles-de-Gaulle – Étoile* **RER** *Charles-de-Gaulle – Étoile ;* **bus** : *28, 30, 31, 32, 42, 49, 52, 73, 80, 83, 92, Balabus.*

**VII-BCD** Pour les Parisiens, «aller aux Champs» signifie exactement le contraire d'aller à la campagne, puisqu'il s'agit de flâner sur une avenue qui est tout sauf champêtre ! Du rond-point à l'Étoile, celle-ci n'a cessé d'être remaniée depuis un siècle : boutiques, sièges sociaux, cafés et snacks se sont disputé chaque mètre carré – le plus cher de Paris – jusqu'à détruire la quasi-totalité des hôtels anciens.

### LIEUX DE PLAISIRS ET VOCATION RÉPUBLICAINE

La promenade du «Grand-Cours» (1667), dessinée par **Le Nôtre**, qui, dans une intuition visionnaire, prolonge le jardin des Tuileries, constitue une première ébauche de l'axe majeur E-O de la capitale. Aux XVIII^e et XIX^e s., les jardins, dotés de guinguettes et d'attractions, attirent les promeneurs, le jour ; la nuit, les lieux, réputés dangereux, sont le repaire des voleurs et des femmes de petite vertu. En 1814 et 1815, le bivouac des Cosaques, puis celui des Anglais, dévaste les bosquets. Vers 1830, **Hittorff** rénove les Champs pour le plaisir d'une société élégante et plante le décor scintillant des bals et des cafés-concerts qui vont faire vibrer la jet-set jusqu'à la Première Guerre mondiale. Aujourd'hui, les récents aménagements ont rendu à l'avenue son aspect de mail que parsème un **mobilier high-tech**, dû à **Wilmotte** *(voir encadré p. 135).*

La vocation républicaine des Champs-Élysées se découvre en **1885**, lors des funérailles nationales de **Victor Hugo**. En 1918, les soldats y célèbrent la victoire. En 1944, les Parisiens y acclament le général **de Gaulle**. Nombreux sont les chefs d'État qui, par la suite, auront ainsi le privilège insigne de remonter les Champs que ce soit pour le défilé du bicentenaire de la Révolution, le défilé du 14 juillet, l'arrivée du Tour de France ou la victoire de la Coupe du monde de football.

### VERS LE ROND-POINT DES CHAMPS-ÉLYSÉES\*

**VII-D2** L'avenue est bordée d'allées de marronniers où les **jardins à l'anglaise**, dans le goût du second Empire, cachent de luxueux pavillons sous les ombrages. L'**Espace Cardin** *(1, av. Gabriel* ☎ *01.42.66.17.30)*, dont le bâtiment néoclassique (1931) constitue un intéressant témoignage des possibilités du ciment et de la pierre reconstituée, accueille des expositions et des spectacles. Sur la dr., le **pavillon Gabriel**, dû à Hittorff, fut le célèbre Alcazar d'été, haut lieu de la nuit parisienne. Il occupe l'emplacement d'une ancienne laiterie réputée (les pâturages de Chaillot donnaient alors un lait excellent !). Plus haut, le **pavillon de l'Élysée** offre, quant à lui, l'opulence d'un décor 1900 conçu pour l'Exposition universelle. Le **théâtre Marigny** *(av. de Marigny ; réservation* ☎ *01.42.56.04.41)* est

# Le mobilier urbain

Le mobilier, comme les édicules du métropolitain de Guimard ou les candélabres du pont Alexandre-III, contribue à l'identité de la ville ; des designers tel Philippe Starck à la Villette ou Jean-Michel Wilmotte sur les Champs-Élysées s'attachent aujourd'hui à inventer un mobilier qui associe esthétique et utilitaire.

## Paris, Ville lumière

La notion d'éclairage public est assez récente. Au XVIe s., les rues sont éclairées grâce aux habitants, tenus de placer une lanterne à leur fenêtre. Il faut en fait attendre l'apparition des becs de gaz sous Haussmann pour que Paris se voie décerner le titre de Ville lumière. Dans le même temps, des trottoirs sont aménagés, et, avec eux, toute une gamme de kiosques, d'urinoirs, de porte-affiches sort de terre.

## Fontaines Wallace et colonnes Morris

Autre préoccupation du XIXe s. : l'hygiène publique, au nom de laquelle les points d'eau se multiplient. Militant antialcoolique et amoureux de Paris, sir Richard Wallace offre à la ville 66 fontaines où des cariatides supportent un élégant dôme surmonté de dauphins. Au rang des curiosités, il faut signaler la fontaine à eau chaude, dont la dernière, fonctionnant au gaz, explosa place St-André-des-Arts ! Quant à la colonne Morris, inventée par un afficheur de théâtre en 1867, elle a essaimé, puisqu'on en dénombre aujourd'hui près de 800.

l'œuvre de **Charles Garnier** (p. 114). À l'angle des **avenues Gabriel** et **Marigny**, qui bordent les jardins du palais de l'Élysée, se tient le ♥ **marché aux timbres** (jeu., dim. et j.f.).

De l'autre côté des Champs-Élysées, le **restaurant** *Ledoyen* (1, av. Dutuit ☎ 01.47.42.23.23) porte la griffe de **Hittorff** : ornements polychromes, colonnes et cariatides ; structure légère en fonte.

## LES PALAIS DE L'EXPOSITION UNIVERSELLE ET LE PONT ALEXANDRE-III**

➤ VIIIe **arrdt M°** *Franklin-D.-Roosevelt ou Champs-Élysées - Clemenceau ;* **bus :** *28, 42, 49, 72, 73, 83, 93, Balabus.*

**VII-C2** Ils ont été construits pour l'Exposition de 1900 et illustrent le style Beaux-Arts de la IIIe République, caractérisé par une emphase rhétorique à l'unisson des valeurs bourgeoises, avec toutefois des signes de modernité, comme l'association de l'acier et de la pierre ou l'utilisation de verrières.

➤ **LE PETIT PALAIS**\*\* *(1, av. Winston-Churchill; ouv. t.l.j. de 10h à 17h40 sf lun. et j.f.* ☎ *01.42.65. 12.73; accès payant).* Son porche monumental couronné d'un dôme abrite le **musée municipal des Beaux-Arts.** Il possède un **fonds d'art ancien** allant de l'Antiquité au XVIIIᵉ s., ainsi qu'un important ensemble de peintures du XIXᵉ s. Pour les **antiquités** égyptiennes, grecques et romaines, on retiendra les **céramiques** et les **sculptures** en bronze et en marbre. La **Renaissance** est illustrée par des **émaux limousins**\*, des **céramiques** de l'école de Bernard Palissy, des **poteries**\* rares de St-Porchaire et de belles pièces d'**horlogerie** française et allemande. L'**Italie** se distingue en particulier avec ses **majoliques**\* et ses verres de Venise. Le XVIIᵉ s. est représenté par la peinture flamande, hollandaise (**Rembrandt** et **Rubens**) et française (**Poussin** et **le Lorrain**). Des **meubles**, des **porcelaines**\*\* de Sèvres et de Meissen, des toiles de **Boucher** et de **Fragonard** donnent un aperçu du XVIIIᵉ s.

Parmi les différents courants de la **peinture du** XIXᵉ s., on verra notamment des tableaux **historiques** (Ingres), **romantiques** (Delacroix) et **réalistes** (Courbet). La seconde moitié du XIXᵉ s. est illustrée par un grand nombre d'**impressionnistes**\*\* : Cézanne, Corot, Pissarro, Sisley, Monet, Renoir, Manet, Gauguin... Le fonds de **sculpture** est également riche, avec des œuvres de **Rodin**, **Carpeaux**...

➤ **LE PONT ALEXANDRE-III**\*\*. Ce pont porte le nom du père du tsar de Russie qui en posa la première pierre en 1896. Il fut conçu par les ingénieurs **Resal** et **Alby** ; sa construction relève de la **prouesse technique**, car pour ne pas gêner la circulation fluviale, il présente une **arche unique**, en fonte *(voir aussi encadré p. 190).* Sa riche décoration et ses **candélabres** sont devenus aux yeux du monde un emblème de Paris, et ses **chevaux ailés** des 4 piliers d'angle signalent de loin une des grandes entrées monumentales des Champs-Élysées.

➤ **LE PALAIS DE LA DÉCOUVERTE**\*\* *(av. Franklin-D.-Roosevelt; ouv. t.l.j. de 9h30 à 18h, dim. et j.f. de 10h à 19h, f. lun.* ☎ *01.40.74.80.00; accès payant).* Créé en 1937, il occupe l'arrière du Grand Palais. Les **sciences** (chimie, physique, astronomie, médecine...) se mettent ici à la portée de tous par le biais d'expériences. Le **planétarium**\*\*, l'électrostatique et la salle de biologie humaine constituent ses principales attractions.

➤ **LE GRAND PALAIS**\*\* *(3, av. du Général-Eisenhower; ouv. t.l.j. de 10h à 18h sf mar.* ☎ *01.44.13.17.17; accès payant).* Il sert de cadre aux grandes rétrospectives artistiques (La Tour, Moreau, etc.) et à des manifestations d'envergure comme la Biennale de Paris... Sa **façade** présente une colonnade ionique et des murs ornés de **frises** en céramique polychrome. Sa magnifique **verrière**\*\* métallique *(voir encadré p. 190)* aux volutes Art nouveau exalte l'esthétique industrielle. Admirez les **quadriges**\*\* aux angles de la façade.

### LE ROND-POINT DES CHAMPS-ÉLYSÉES

**VII-C2** Dessiné par **Le Nôtre**, le rond-point est la seule partie de l'avenue qui ait conservé des bâtiments anciens. Construit par

Lancés dans le vide, les deux quadriges du Grand Palais, en cuivre martelé, ont été sculptés par G. Recipon.

Davioud, le **théâtre du Rond-Point** (2 bis, avenue Franklin-D.-Roosevelt; *réservation* ☎ 01.44.95. 98.10), était jadis un panorama; il fut transformé par la suite en **palais de Glace**. Au n° **15**, de somptueuses **grilles en fer forgé** signalent l'**hôtel Le Hon\*** (1844), naguère siège du magazine *Jours de France*, tout à fait caractéristique des demeures qui bordaient l'avenue à l'époque. Autre témoignage du passé, l'**hôtel de la Païva\*** (1866), au n° **25**, possède un décor aussi foisonnant qu'éclectique. Les meilleurs peintres et sculpteurs y travaillèrent. L'hôtel appartenait à Thérèse Lachman, surnommée la **Païva**, qui fut la reine de la vie parisienne du second Empire avant d'être expulsée en 1874 pour espionnage avec l'Allemagne! Il abrite aujourd'hui un club très sélect, le *Traveller's*.

➤ L'AVENUE MONTAIGNE\*. C'est un fief du luxe et de la haute couture avec l'hôtel *Plaza-Athénée* et les grandes maisons de couture ou d'accessoires comme **Louis Vuit-**ton (54, av. Montaigne). Au n° **15**, le **Théâtre des Champs-Élysées** (*réservation* ☎ 01.49.52.50.50), réalisé par **Perret**, programme d'excellents spectacles d'art lyrique. Les **bas-reliefs** de la façade (1913) sont l'œuvre de **Bourdelle**. À l'**intérieur**, le décor de la coupole est signé **Denis** et le foyer, **Vuillard**.

➤ L'AVENUE MATIGNON. Elle traverse le monde opulent des **galeries d'art**, avant de rejoindre le fbg St-Honoré. En allant vers la Madeleine, l'art pictural cède peu à peu le terrain à la haute couture et aux produits de luxe (**Christian Lacroix, Chanel, Lanvin, Hermès**…).

♥ **Musée Jacquemart-André\*\***

➤ VIII^e **arrdt**; 158, bd Haussmann **M°** *Miromesnil ou St-Philippe-du-Roule*; **bus**: 22, 43, 52, 83, 93; **ouv.** t.l.j. de 10 h à 18 h même j.f. ☎ 01.42.89.04.91; accès payant; **salon de thé** dans l'ancienne salle à manger. **Audioguide** gratuit fourni à l'entrée.

## À ne pas manquer

La place de la Concorde***, p. 131.

Le Petit Palais**, p. 136.

Le palais de la Découverte**, p. 136.

Le pont Alexandre-III**, p. 136.

♥ Le musée Jacquemart-André**, p. 137.

L'Arc de Triomphe**, p. 139.

Le Grand Palais**, p. 136.

L'avenue Montaigne*, p. 137.

**VII-C1** *(par l'av. Franklin-D.-Roosevelt à dr., puis la rue de Courcelles à g.)* Un petit **détour** s'impose pour visiter ce musée, installé dans un superbe hôtel particulier du second Empire. L'atmosphère raffinée de l'époque a été admirablement restituée à travers les salons d'apparat, les appartements privés et le spectaculaire **jardin d'hiver**\*\*, doté d'un escalier monumental et orné d'une **fresque**\*\* de Tiepolo. Une même passion pour l'art unissait Édouard André et son épouse, Nélie Jacquemart, qui parcoururent l'Europe pour se constituer une fabuleuse collection.

➤ L'ÉCOLE FRANÇAISE DU XVIIIᵉ S.\*\* *(rez-de-chaussée)*. Les plus beaux fleurons sont dus à Boucher, *Le Sommeil de Vénus* et *La Toilette de Vénus*\*\* ; à Fragonard, *Les Débuts du modèle*\*\* et le *Portrait de vieillard*\*\*, étonnamment réaliste ; à Chardin, *Les Attributs des Arts*\*. On s'arrêtera aussi devant le portrait plein de douceur de *La Comtesse Skavronskaïa*\*\* par Vigée-Lebrun. Parmi les **sculp-** tures\* figurent des œuvres de **Houdon**, de **Lemoyne** et de **Coysevox**.

➤ L'ÉCOLE FLAMANDE DU XVIIᵉ S.\*\* *(rez-de-chaussée)*. Elle est représentée par des tableaux de Van Dyck, Ruysdael, Hals et surtout Rembrandt avec *Les Disciples d'Emmaüs*\*\*\*, où le clair-obscur donne une grande intensité dramatique à la scène.

➤ LE MUSÉE ITALIEN\*\*\* *(1ᵉʳ étage)*. Il réunit des chefs-d'œuvre de la Renaissance italienne. Parmi les **sculptures** et objets d'art, il faut voir les **statues émaillées**\* de Della Robbia, le **bas-relief**\*\* de *Saint Sébastien* dû à Donatello et de magnifiques **stalles** marquetées\*\* d'église. La **peinture** est représentée par l'**école florentine** avec un *Saint Georges tuant le dragon*\*\* et plusieurs Vierges à l'Enfant, dont une de Botticelli. L'**école vénitienne** se distingue avec des tableaux de Bellini, de Carpaccio et son *Ambassade d'Hippolyte*\*\* ou encore de Mantegna, dont le Christ *Ecce homo*\*\* est une œuvre tout à fait originale pour l'époque.

### VERS L'ÉTOILE

➤ LE CÔTÉ PAIR. Entre le rond-point et la place Charles-de-Gaulle, l'animation bat son plein :

## Où faire une pause ?

Dans les jardins à l'anglaise des Champs-Élysées, **VII-D3**.

À une des innombrables terrasses de café bordant les Champs-Élysées, **VII-AB1**.

Dans le salon de thé Second Empire du musée Jacquemart-André, **VII-C1**.

*Dans cette fresque de l'hôtel Jacquemart-André, Tiepolo mêle la mise en scène théâtrale, les effets de perspective et les détails naturalistes.*

terrasses de café, galeries commerciales dont le cadre est parfois luxueux (**galeries du Rond-Point, galeries du Claridge**), parfois pittoresque (**galerie Art déco du Lido**\*). En 1928, un établissement en sous-sol, doté d'une piscine, fit fureur : le Lido, ou « la plage à Paris » disait-on ! Au **n° 70**, la boutique **Guerlain** a été construite par l'architecte du *Ritz (p. 246)*, **Méwès**. M. Guerlain connut le succès grâce à une eau de toilette créée spécialement pour l'impératrice Eugénie. Les cours de l'Europe entière ne tardèrent pas à s'enticher de ses parfums capiteux. Autre temps, autres mœurs, c'est un style de commerce bien différent qui triomphe au n° **56-60**, fief du **Virgin Megastore**.

➤ **LE CÔTÉ IMPAIR.** Il est dévolu aux sièges de banques et de compagnies aériennes ainsi qu'aux halls d'exposition d'automobiles. Ces dernières ont pris la suite des nombreux selliers, carrossiers et marchands de chevaux implantés dans le quartier au temps où l'avenue était la voie qu'empruntaient les coupés des mondaines trottant vers Longchamp ou Boulogne.

Au **n° 99**, le prestigieux *Fouquet's (p. 277)* n'était en 1900 qu'un vulgaire bistrot de cochers ! Aménagé plus tard en établissement de luxe, il devint rapidement une halte obligatoire sur le trajet jusqu'aux champs de courses. Guynemer, Raimu, Gabin, Nixon firent partie des clients célèbres.

## L'Arc de triomphe** et la place de l'Étoile

➤ VIIIe *arrdt*; *pl. du Général-de-Gaulle* **M°** *et* **RER** *Charles-de-Gaulle – Étoile;* **bus**: *22, 30, 31, 43, 52, 73, 92, Balabus.*

**VII-D2** Plus qu'un monument, l'Arc de triomphe est un symbole patriotique, depuis qu'y repose le **Soldat inconnu** (1921). Avec 50 m de haut et 45 m de large, il était jusqu'à l'érection de la Grande Arche de la Défense *(p. 165)*, son pendant moderne, le plus grand arc jamais construit.

### À LA GLOIRE DE LA GRANDE ARMÉE

La place de l'Étoile est dessinée à la fin du XVIIIe s., lorsque l'on aplanit la butte qui prolonge les futurs Champs-Élysées. **Napoléon**, soucieux d'afficher ce qui légitime son trône – ses victoires –, le fait orner d'un solennel arc de triomphe romain réalisé par **Jean Chalgrin**. La construction, débutée après Austerlitz, en 1806, ne s'achève qu'en 1836 – soit juste à temps pour auréoler le cortège qui transfère les cendres de Napoléon aux Invalides en 1840. **Haussmann** donne son aspect définitif à la place: il ouvre 7 nouvelles avenues et fait élever les immeubles autour de l'Étoile. Pour préserver la noblesse du lieu, il interdit l'implantation de commerces et exige que les 12 hôtels particuliers créés par Hittorff aient leur jardin sur la place. En 1921, l'inhumation du soldat inconnu consacre l'Arc de triomphe comme lieu de la mémoire patriotique.

➤ **LES SCULPTURES**\* *(accès au terre-plein central par le passage souterrain partant des Champs-Élysées, côté dr., et de l'av. de la Grande-Armée, à g.).* Le plus beau groupe regarde l'**avenue des Champs-Élysées**. Il s'agit du *Départ des volontaires* de 1792, plus connu sous le nom de *La Marseillaise*\*\*. Le mouvement et l'expression de cet ensemble font regretter que **Rude** n'ait pas réalisé la totalité du programme, qui apparaît académique en comparaison. La **frise**\* sous le fronton est également remarquable. Rude et 5 autres sculpteurs ont fait défiler une armée de

*Rude fut l'un des grands sculpteurs romantiques de son temps, comme l'illustre ce détail du* Départ des volontaires *sur l'*Arc de Triomphe.

géants représentant les héros de la République. Pour sculpter ces personnages de plus de 2 m, les artistes étaient payés… au mètre !

➤ **LA VOÛTE.** Vous pourrez assister *(t.l.j. à 18 h 30)* à la cérémonie qui ranime la flamme du souvenir. Les faces internes de l'arc portent les noms des généraux de l'Empire.

➤ **LA TERRASSE**\* *(ouv. t.l.j., sf j.f., de 10 h à 16 h 30; accès payant).* Elle ménage un admirable **panorama**\* où les 12 avenues convergent vers la place, selon un plan parfait. Un petit **musée** présente un film et des documents sur la construction du bâtiment et son histoire.

Depuis la place, on peut pousser jusqu'à l'**avenue Foch** et visiter le petit **musée d'Ennery**, ou descendre l'**avenue Kléber** *(bus 22, 30)* et gagner le **Trocadéro** *(p. 141)*.

## Musée d'Ennery

➤ *XVI$^e$ **arrdt**; 59, av. Foch*
**M°** *Porte-Dauphine; **bus**: 52, 82,*
*PC; **ouv**. jeu. et dim. de 14 h à 18 h;*
*f. en août ☎ 01.45.53.57.96; accès*
*gratuit.*

**Hors plan par VII-A1** Ce musée,
créé en 1875 au moment de la
vague orientaliste, rassemble
7 000 objets d'art, essentiellement
japonais, conservés dans un cadre
original Napoléon III. On verra
notamment des **céramiques de
Kyoto** des XVIII$^e$ et XIX$^e$ s., des
objets d'art *namban* – un style né
du contact entre Japonais et Portugais entre 1543 et 1630 –, une
collection de 300 **netsuke** (bou-
tons ouvragés) et des poupées de
porcelaine de la Compagnie des
Indes.

## Musée Dapper

➤ *XVI$^e$ **arrdt**; 25, rue Paul-Valéry*
**M°** *Victor-Hugo, Kléber ou Bois-*
*sière; **bus**: 22, 30, 82; **ouv**. t.l.j. et*
*j.f. de 11 h à 19 h pendant les expo-*
*sitions ☎ 01.45.00.01.50; accès gra-*
*tuit le dernier mer. du mois.*

**Hors plan par VII-A1** Ce musée
n'abrite pas de collection permanente, mais organise des expositions temporaires sur les **arts traditionnels** de l'**Afrique noire
subsaharienne** et de ses diasporas
(statuaire, textile, photographies,
arts plastiques etc.).

# Le Trocadéro⋆
# et les beaux quartiers⋆

Trocadéro,
Passy, Auteuil...
Ces noms incar-
nent un Paris
bourgeois et
encore villageois,
à mille lieues du centre agité.
Écoles de jeunes filles, enfants en
bleu marine, boutiques de bon
goût, le XVI$^e$ est un arrondissement
à part. Ici, les murs offrent un
véritable catalogue architectural à
ciel ouvert, où brillent les noms de
Guimard, Mallet-Stevens ou Le
Corbusier, sans compter les
musées alentour, peu fréquentés
et pourtant passionnants.

## Le Trocadéro⋆

Ici se rejoignent les avenues
venant de l'Étoile, de Passy ou du
bois de Boulogne. Seuls la place et
les jardins attirent du monde.
Derrière son haut mur s'étend le
petit cimetière de Passy, où reposent Debussy, Manet, Giraudoux
et Talleyrand.

### La place du Trocadéro⋆

➤ *XVI$^e$ **arrdt** **M°** Trocadéro; **bus**:*
*22, 30, 32, 63, 72, 82.*

**VIII-C1** Bordée d'immeubles cossus et de cafés rutilants, la place du

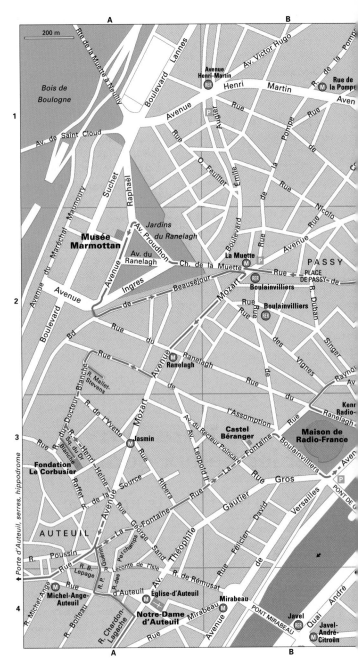

**200 m**

Bois de
Boulogne

Rte de la Muette à Neuilly

Av. de Saint Cloud

Boulevard   Lannes

Avenue

Avenue
Henri-Martin

Henri        Martin

Av. Victor Hugo

R. de la Pompe

**Rue de
la Pompe**

Aven

Rue

Jardin

Rue

O. Feuillet

Emile

Rue

Pompe

la

de

Nicolo

Rue

Rue

Suchet

Raphaël

Musée
Marmottan

Jardins
du Ranelagh

Av. Proudhon

Av. du
Ranelagh

Avenue

Ingres

Beauséjour

de

La Muette

Ch. de la Muette

Rue

PASSY

PLACE
DE PASSY

de

Boulainvilliers

Boulainvilliers

Avenue

Boulevard

Mozart

Rue

Rue

des

Duban

Singer

Vignes

Rayhou

Av

Bd

Rue

Rue

du

Avenue   Maréchal   Maumoury

Avenue

Boulevard

Rue

Blanche

R. Mallet-
Stevens

R. de l'Yvette

Mozart

Avenue

Ranelagh

**Ranelagh**

Rue

de

Rue

l'Assomption

du

Kenr
Radio-
Ranelagh

du Docteur

Sq. du Dr

Henri-Heine

Blanche

R. de la   Source

Jasmin

Rue

Av. du Recteur Poincaré

Av. Léopold II

Castel
Béranger

Rue

Fontaine

Boulainvilliers

**Maison de
Radio-France**

Fondation
Le Corbusier

Raffet

Rue

Avenue

Ribera

La

Rue

Gros

Gautier

David

Versailles

Avenue

PONT DE G

Porte d'Auteuil, serres, hippodrome

**AUTEUIL**

R.   Poussin

Rue

R. B.
Lepage

R. P. Guérin

R. des

R. des Perchamps

Lagache

Leconte de l'Isle

la

George

Sand

Théophile

Fontaine

R. de Rémusat

de

Félicien

de

Rue

Michel-Ange-
Auteuil

R. Michel-Ange

Rue

R. Boileau

R. Chardon

d'Auteuil

Av.

Église-d'Auteuil

**Notre-Dame
d'Auteuil**

Mirabeau

Mirabeau

Avenue

PONT MIRABEAU

Quai

André

Javel

Javel-
André-
Citroën

VIII - LE TROCADÉRO ET LES BEAUX QUARTIERS

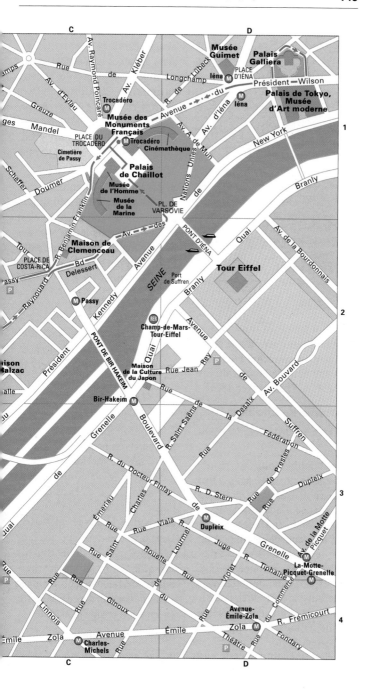

## À ne pas manquer

Trocadéro est ornée d'une statue équestre du **maréchal Foch**. Elle tient son nom de la **prise du fort espagnol** de Trocadero en 1823.

### Le palais de Chaillot*

➤ XVI^e **arrdt M°** Trocadéro; **bus**: 22, 30, 32, 63, 72, 82.

**VIII-C1** Édifié pour l'Exposition universelle de 1937 par **Azéma**, **Boileau** et **Carlu**, le palais est typique de l'académisme des années 1930. Il se compose de **deux ailes courbes** entourant une vaste terrasse. L'idée des architectes était de couronner la butte d'un espace vide, qui ferait écho en négatif à la tour Eiffel. Entre les musées, les films de la Cinémathèque française et les spectacles du prestigieux Théâtre de Chaillot, une journée passe aussi vite qu'une heure.

➤ **La terrasse**\**. Depuis le parvis sillonné de patineurs et d'acrobates en skate-board, vous aurez un joli **point de vue**\* sur Paris et la **tour Eiffel**. L'été, on aperçoit

en contrebas, les foules qui envahissent pelouses et fontaines les jours de canicule. Sous le parvis se trouve la grande salle du **Théâtre national de Chaillot** (1, pl. du Trocadéro et du 11-Novembre; **réservation** ☎ 01.53.65.30.00), qui garde le souvenir de **Jean Vilar**. Il est à présent dirigé par **Jérôme Savary**.

➤ **Les jardins**\*. Ils encadrent un long bassin décoré de **sculptures**\* en pierre et en bronze doré, ainsi que de puissants jets d'eau. Les nuits d'été, tout s'illumine pour offrir l'un des plus beaux **spectacles nocturnes**\* de Paris.

### Musée de l'Homme*

➤ XVI^e **arrdt**; 17, pl. du Trocadéro et du 11-Novembre, palais de Chaillot (aile O) **M°** Trocadéro; **bus**: 22, 30, 63, 72, 82; **ouv**. t.l.j. de 9 h 45 à 17 h 15 sf mar. et j.f. ☎ 01.44.05.72.72 ou 01.44.05.72.00; accès payant; groupes sur RV ☎ 01.40.79.36.00.

Ses collections présentent l'humain sous l'angle de la biologie et de la génétique, la paléontologie et l'ethnologie. La « **Vénus de Lespugue**\*\* » est le clou de la section préhistoire et même du musée. Dans la galerie d'Afrique noire, ne manquez pas la collection de **masques**\* du Gabon, les **bas-reliefs**\* du Dahomey ou encore la **statue de Gu**\*, un dieu de la Guerre, en fer, d'une criante modernité.

### Musée de la Marine**

➤ XVI^e **arrdt**; 17, pl. du Trocadéro et du 11-Novembre, palais de Chaillot (aile O) **M°** Trocadéro; **bus**: 22, 30, 32, 63, 72, 82; **ouv**. t.l.j. de 10 h à 18 h; f. mar. et 1^er mai ☎ 01.53.65.69.69, fax 01.53.65.69.65; accès payant.

*Sculptures du jardin du Trocadéro.*

Il partage avec celui de St-Péters-bourg le privilège d'être l'un des plus anciens musées maritimes du monde. L'histoire de la «Royale», la marine militaire française, y est retracée, depuis la première fré-gate cuirassée jusqu'aux porte-avions nucléaires, de même que celle de la marine marchande à travers différents thèmes : les phares, les chantiers navals, les grands voyages d'exploration, l'art des cordages, la pêche. Vous ver-rez ici des **instruments de naviga-tion**, des **maquettes** de navires, des éléments d'**épaves**, mais aussi des **tableaux**\*, notamment de superbes vues de ports signées **Joseph Vernet**.

### MUSÉE DES MONUMENTS FRANÇAIS\*\*

➤ XVIᵉ **arrdt**; *1, pl. du Trocadéro et du 11-Novembre, palais de Chaillot (aile E)* **M°** *Trocadéro;* **bus:** *22, 30, 32, 63, 72, 82; réservation des visites* ☎ *01.44.05.39.05 et 01.44.05.39.10.* ***Attention: le musée est fermé pour rénovation jusqu'en 2003.***

Fondé sur une idée de Viollet-le-Duc, qui restaura Notre-Dame

*(p. 65)*, il présente l'évolution de l'art monumental en France depuis l'époque médiévale jusqu'au milieu du XXᵉ s. Moulages de sculptures, répliques de fresques ou de monu-ments grandeur nature constituent un ensemble tout à fait saisissant. Parmi les **sculptures**, il faut signa-ler les **portails romans** de Moissac ou de Vézelay, la **statuaire gothique** des grandes cathédrales (Notre-Dame, Chartres, Amiens) et des **chefs-d'œuvre** signés Goujon, Pilon, Houdon, Rude, Carpeaux… Les plus belles **fresques romanes** de l'Hexagone (dont celles de St-Savin, en Poitou-Charentes) y sont aussi rassemblées.

La **Cinémathèque française** se trouve aussi dans l'aile E du palais. On peut y accéder par les jardins *(7, av. Albert-de-Mun; f. lun.* ☎ *01.56.26.01.01; accès payant).*

### Les musées autour du Trocadéro\*\*

➤ XVIᵉ **arrdt M°** *Iéna, Alma-Mar-ceau;* **bus:** *32, 63, 72, 82.*

**VIII-D1** Le quartier possède de remarquables musées alentour: le

Équipage dans une batterie de cuirassé, *Le Blant, 1890. Musée de la Marine.*

musée Guimet\*\*\* *(p. 234)*, consacré aux arts asiatiques et son Panthéon bouddhique *(pl. et av. d'Iéna)* ; le **musée de la Mode et du Costume\*** *(palais Galliera; 10, av. Pierre-I*[er]*-de-Serbie; ouv. pendant les expositions uniquement t.l.j. sf lun. de 10 h à 17 h 40 ☎ 01.47.20.85.23; accès payant)*, consacré à la mode, et le **musée municipal d'Art moderne\*\***, qui occupe le palais de Tokyo *(11, av. du Président-Wilson; p. 236)*, bâti pour l'Exposition universelle de 1937.

# Les beaux quartiers\*

**M**éconnus à tort, Passy et Auteuil ont gardé un peu de l'ambiance provinciale d'un roman de Balzac. Ce furent longtemps les lieux de prédilection de l'Ancien Régime : l'aristocratie venait prendre les eaux à Passy et s'amuser à Auteuil. Ils ont été rattachés à Paris en 1860 lorsque Haussmann créa les 20 arrondissements.

## ♥ Passy\*

➤ XVIe ***arrdt*** **M°** *La Muette, Ranelagh* **RER** *Boulainvilliers;* **bus***: 22, 32, 52.*

**VIII-ABC2** Au n° 8 de la **rue Benjamin-Franklin**, la **maison de Clemenceau** a été transformée en musée *(visite t.l.j. de 14 h à 17 h, f. lun., mer., ven. et août ☎ 01.45. 20.53.41; accès payant)*. L'**immeuble\*** du **n° 25 *bis*** a été construit en 1903 par **Auguste Perret**, auteur du Théâtre des Champs-Élysées *(p. 137)*. Grand précurseur de l'architecture contemporaine, il imagina cet édifice, révolutionnaire en son temps : squelette en béton revêtu d'un carrelage lisse et cage d'escalier éclairée par des pavés de verre.

La **rue de Passy**, ancienne grand-rue du village, est toujours aussi commerçante ; dans ses cours et ses impasses, le temps semble s'être arrêté. Au-delà de la place de Passy, **chaussée de la Muette**, les gourmands ne résisteront pas aux pâtisseries *Yamazaki* (6, chaussée de la Muette ☎ 01.40.50.19.19).

Les **jardins du Ranelagh** abritaient un bal public qui faisait fureur à l'époque de Marie-Antoinette. En 1783, **Pilâtre de Rozier** y fit sa première ascension en ballon. Aujourd'hui, ils sont fréquentés par les enfants du quartier (manèges, promenades à dos d'âne). Au **n° 7** du ♥ **bd de Beauséjour**, la villa du même nom abrite des **isbas** russes construites pour l'Exposition universelle de 1867. Cinquante ans plus tôt, Mme Récamier possédait là sa maison de campagne.

## Musée Marmottan**

➤ *XVIe arrdt; 2, rue Louis-Boilly* **M°** *La Muette;* **bus:** *32, 63, PC; ouv. t.l.j. de 10 h à 17 h 30 sf lun.* ☎ *01.42.24.07.02; accès payant.*

**VIII-A2** Son ensemble exceptionnel de tableaux impressionnistes mérite le déplacement et complète les musées d'Orsay *(p. 227)* et de l'Orangerie *(p. 103)*. De **Monet**, vous verrez, entre autres, une *Cathédrale de Rouen***, *Le Parlement****, une série de *Nymphéas*** ainsi que le tableau fondateur du mouvement: *Impression, soleil levant****. Les collections comptent aussi des toiles de Pissarro et de **Renoir**, dont le *Portrait de Claude Monet lisant***. Le musée possède, par ailleurs, une belle collection d'**enluminures médiévales***, des **primitifs flamands** et du mobilier Empire.

## Vers Auteuil*

➤ *XVIe arrdt* **M°** *La Muette et Ranelagh* **RER** *Boulainvilliers;* **bus:** *22, 52.*

**VIII-A2-3** L'avenue Mozart conduit à l'ancien village d'Auteuil. Faites un petit détour *(à dr., par la rue de l'Assomption, puis par la rue du Docteur-Blanche)* pour admirer la ♥ **rue Mallet-Stevens***. Ses six **pavillons cubistes** (1927) constituent l'essentiel de l'œuvre de **Robert Mallet-Stevens** (1886-1945), qui laissa aussi des meubles, aujourd'hui très prisés. Au **square du Docteur-Blanche** s'élèvent les **villas*** **Laroche** et **Jeanneret** (1924), de **Le Corbusier**, grand rival de Mallet-Stevens. Elles déclinent quelques principes clés du célèbre architecte: le **toit-terrasse** et la **fenêtre** en longueur, les **pilotis**. Ces villas abritent la **Fondation Le Corbusier*** *(bibliothèque; expositions temporaires* ☎ *01.42.88.41.53)*. Par la **rue Henri-Heine** (immeuble de **Guimard** au **n° 18**), vous retrouvez l'**avenue Mozart**, où le maître de l'Art nouveau a réalisé deux œuvres, aux **nos 120** et **122**.

## ♥ Auteuil*

➤ *XVIe* **arrdt M°** *Michel-Ange - Auteuil, Porte-d'Auteuil, Église-d'Auteuil;* **bus:** *22, 52, 62.*

**VIII-A3-4** Si vous êtes d'humeur champêtre, visitez les alentours de la **porte d'Auteuil** et la **station de métro de Guimard**, le **champ de courses** et les vieilles ♥ **serres*** *(visite t.l.j. de 10 h à 17 h* ☎ *01.40. 71.74.00; accès payant)*, bel exemple d'architecture métallique où l'on verra une incroyable profusion de palmiers et de ficus.

On peut aussi s'immerger dans l'atmosphère huppée des écoles privées, des chocolatiers et des boutiques chic *(par la rue Pierre-Guérin, puis à g. par la rue d'Auteuil)* ou déambuler autour de l'**église d'Auteuil**, un pastiche romano-byzantin. La **rue Boileau**, notamment, est l'une des plus pittoresques du coin. Au **n° 42** de la **rue Chardon-Lagache**, arrêtez-vous devant l'**hôtel Jassédé***, signé par un **Guimard** encore timide.

# Les immeubles parisiens

*L*e paysage urbain masque une grande diversité architecturale. Excessive ou clairvoyante, chaque époque a donné naissance à une forme d'urbanisme, autant de créations originales qui s'offrent aujourd'hui au passant, pour peu qu'il lève les yeux.

Dès le XVIIIe s., les maisons de rapport se standardisent : ces constructions étroites de 4 à 5 étages abritent des logements d'une à deux pièces. Les trottoirs, pour leur part, commencent à être mis en place à fin du XVIIIe s. Entre 1801 et 1851, la population double, pour atteindre le million d'habitants, il est urgent de bâtir. Dès 1840, sous le préfet **Rambuteau** (1833-1848), les immeubles sont regroupés en îlots, ils adoptent le pan coupé aux angles des rues et superposent jusqu'à six niveaux sous des combles à la Mansart.

Entre 1853 et 1870, **Haussmann** s'attelle à la réorganisation de la capitale, qu'il métamorphose véritablement. Plus de 100 000 immeubles sortent alors de terre ! Ces derniers se caractérisent par une porte cochère qui se développe au rez-de-chaussée et à l'entresol ; un étage noble, des balcons aux 2e et 5e étages et un toit mansardé en zinc. Les façades, en pierre de taille, sont élargies. La décoration, d'une extrême sobriété, se résume le plus souvent aux modénatures des corniches et aux balcons en fonte. Ce type d'habitation perdure jusqu'à la fin du siècle.

## Standing et confort

Le plan des immeubles haussmanniens reprend celui des demeures aristocratiques : les pièces nobles donnent sur la rue ; les services sur cour. L'organisation intérieure reflète le souci du rang social : les pièces de réception (vestibule, salon, boudoir, fumoir, salle à manger) sont

**La maison de rapport**, véritable pyramide sociale. Avec l'apparition des ascenseurs, la hiérarchie s'inverse : le dernier étage, plus lumineux, est désormais occupé par la bourgeoisie.

**La rue haussmannienne** : sens de la perspective, rectitude et uniformité (bas gauche). Les immeubles bourgeois gagnent leurs lettres de noblesse et sont tenus de présenter les mêmes lignes de façades.

Ci-dessus :
**immeuble de
la monarchie de Juillet**.
Un décor sobre, inspiré
de motifs Renaissance
(guirlandes de fleurs).

**Éclectisme
et exubérance**
sous la IIIᵉ République
(bas centre). Cariatides,
ou lanternons ajoutent une
note de fantaisie aux
façades.

**Immeuble Art nouveau**
de Lavirotte (1901),
avenue Rapp. Ici, les motifs
animaliers et floraux se
mêlent aux formes
féminines (bas centre).

**Les années 1920** :
le répertoire décoratif
s'assagit, influencé
par l'Art déco, mais l'usage
de la polychromie demeure
(bas droite).

séparées de la cuisine et de l'office, réservés aux domestiques, de même que les espaces de circulation (escalier principal, escalier de service). Par ailleurs, le confort se généralise : gaz à tous les étages, poêles, cuisinières et salles de bains font leur apparition (jusque-là, on ne prenait des bains que sur prescription médicale, et l'eau était portée à domicile !). Vers 1880, les ascenseurs modifient le paysage sociologique : la bourgeoisie abandonne au petit peuple les bas étages sombres et bruyants pour profiter du soleil dans les étages supérieurs.

## Austérité et exubérance

Le tournant du siècle voit s'affronter deux tendances, l'une austère suit la lignée d'Haussmann et proscrit l'ornement trop ostentatoire, l'autre vise à briser la monotonie des façades en jouant sur la superposition d'étages décalés. Bow-windows à vitraux, dômes d'angles, pastiches néogothique ou Renaissance, décor Art nouveau, popularisé par **Guimard** et **Lavirotte**, égaient les murs… Dans les années 1920, la brique fait son apparition, notamment le long des anciennes fortifications, où sont construites des habitations bon marché ; de même, **Le Corbusier** et **Sauvage**, avec ses immeubles à gradins, conçoivent des logements sociaux d'avant-garde.

## Vers un urbanisme à visage humain

Entre 1950 et 1970, le paysage urbain est marqué par des ruptures brutales : l'alignement des façades n'est plus respecté ; barres et tours défigurent la capitale comme au front de Seine (XVᵉ arrdt) ou avenue d'Italie (XIIIᵉ arrdt). Devant ces excès, depuis les années 1980, les architectes s'efforcent de réconcilier urbanisme et environnement avec des immeubles bas, placés en bordure de rue.

# En suivant le « PC »

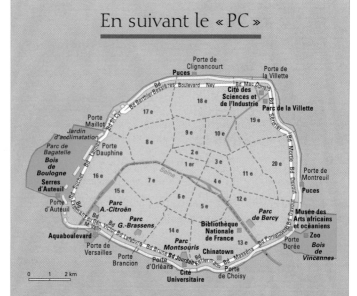

Une façon simple de visiter Paris consiste à prendre le bus. Le «PC» , par exemple, permet de découvrir la «petite ceinture», qui suit le tracé de l'ancienne enceinte défensive due à Thiers.

## Rive gauche

On peut commencer l'excursion place Balard, à proximité de laquelle se trouve le parc André-Citroën** *(quai Citroën)*, où les jardins se marient au verre et au marbre. Porte de Versailles, les enfants pourront goûter aux joies aquatiques à l'Aquaboulevard *(p. 284)*. Plus au sud, porte Brancion, le parc G.-Brassens* est agrémenté de vignes; une foire aux livres s'y tient chaque week-end. Entre la porte d'Orléans et la porte de Gentilly, la Cité universitaire mérite une halte : Le Corbusier y réalisa les pavillons de la Suisse (1932) et du Brésil (1959). Non loin, le parc Montsouris* *(p. 44)* a été conçu comme un jardin à l'anglaise, au XIXe s. Vous voulez du dépaysement ? Descendez porte de Choisy, le Chinatown parisien. En franchissant la Seine, vous apercevrez la Bibliothèque de France* *(p. 163)*, un des pôles de développement de l'est en mutation.

## Rive droite

Le parc de Bercy** a été aménagé dans les anciens entrepôts à vin. Porte Dorée, rendez-vous au musée des Arts africains** dont l'aquarium et les collections d'art nègre sont remarquables. Pour compléter le parcours, on peut même pousser jusqu'au zoo du bois de Vincennes*, une valeur sûre, très appréciée des bambins. À signaler aux chineurs: les puces de Montreuil et, plus au N, celles de Clignancourt. En chemin, halte obligatoire à la Cité des sciences*** *(p. 237)* de la Villette, un musée passionnant entouré d'un parc** ludique *(p. 237)*. À l'O, les portes Maillot ou Dauphine conduisent au bois de Boulogne* (Jardin d'Acclimatation* ; parc de Bagatelle** ; *p. 44)*. Peu fréquentées, les ♥ serres* d'Auteuil offrent un très bel exemple d'architecture métallique.
*Le PC circule t.l.j. de 6 h à minuit.*

## Vers le Trocadéro

➤ *XVIᵉ arrdt* **Mᵒ** *Michel-Ange - Auteuil;* **bus***: 22, 32, 52, 70, 72.*

**VIII-AB3-C2** C'est un festival de « style Nouille », avec de nombreuses réalisations de Guimard. Ne manquez pas non plus le studio avant-gardiste d'Henri Sauvage, typique des années 1930.

➤ ♥ LA RUE LA FONTAINE*. Au nᵒ 14, le **castel Béranger*** (1898) est une sorte de HLM avant la lettre, dont l'exubérance lui valut le surnom de « dérangé ». Toutes les caractéristiques de l'**Art nouveau** sont là : motifs végétaux pleins de fantaisie, bow-windows, fers forgés, jeux de volumes – rendus plus évidents encore par la diversité des matériaux. Au **nᵒ 60**, en revanche, l'**hôtel Mezzara*** offre une élégance presque Louis XV. Au **nᵒ 65**, admirez le « **studio building*** » (1926) d'**Henri Sauvage** en céramique polychrome, influencé par le cubisme.

➤ LA MAISON DE RADIO-FRANCE *(116, av. du Président-Kennedy;*

*réservation* ☎ *01.42.30.22.22).* Cette immense bâtisse ronde (1963 ; Henri Bernard) aux trois couronnes concentriques est la forteresse des radios nationales. Des **concerts** gratuits d'excellente qualité y sont donnés.

À défaut de pouvoir la visiter, jetez un œil au **pont de Bir-Hakeim***, ancien viaduc construit au début du siècle et admirable témoignage d'architecture métallique *(voir aussi encadré p. 190).*

➤ ♥ LA MAISON DE BALZAC* *(47, rue Raynouart; ouv. t.l.j. de 10h à 17h40 sf lun.* ☎ *01.42.24.56.38; accès payant).* C'est ici que **Balzac** vint se réfugier pour rédiger ses derniers romans à l'abri des créanciers. On y retrouve un peu l'ambiance du vieux Passy. À l'**intérieur**, bibliothèque et souvenirs de l'auteur de *La Comédie humaine.* Au **nᵒ 43**, un adorable **escalier** enfoui sous la verdure dégringole la colline.

À côté, la ♥ **rue Berton** a gardé un aspect champêtre avec ses becs de gaz et ses murs recouverts de lierre.

# LA RIVE GAUCHE

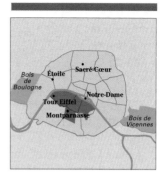

## Le Quartier latin**

Si la langue latine, qui donne son nom au Ve arrondissement, est la seule que l'on n'entende plus aujourd'hui, le Quartier latin demeure attaché à la vie intellectuelle : lycées prestigieux, grandes écoles, universités s'y trouvent rassemblés autour de leur doyenne, la Sorbonne. Certes, ses principaux foyers – le boul' Mich', la rue de la Huchette et la rue Mouffetard – alignent désormais boutiques de prêt-à-porter, restaurants grecs et pâtisseries orientales, et les cinémas d'art et d'essai résistent tant bien que mal à l'assaut des grandes salles ; pourtant, le Quartier latin a conservé son animation perpétuelle. De jour comme de nuit, étudiants et moins jeunes envahissent ses cafés innombrables. Plus paisible autour des arènes de Lutèce, du Jardin des Plantes ou du Panthéon, le quartier offre aux visiteurs nombre de balades poétiques.

### La place St-Michel

➤ *Ve arrdt* **M°** *St-Michel* **RER** *St-Michel - Notre-Dame; bus : 21, 27, 38, 85, 96, Balabus.*

**IX-A1** En 1860, **Davioud** y éleva une fontaine ornée d'un *Saint*

*Michel terrassant le dragon.* Si rien n'évoque plus ici les turbulences de Mai 1968, la place continue à servir de point de ralliement pour les jeunes et les manifestants.

Non loin, danseurs, mimes et chanteurs de rue animent les terrasses de café de la ♥ **place St-André-des-Arts**. La **rue St-André-des-Arts**, encombrée de petits restaurants et de carteries, permet de rejoindre le quartier de l'**Odéon** *(p. 168)*. **Rue Hautefeuille**, admirez la **tourelle** (XVIᵉ s.) de l'ancien hôtel des abbés de Fécamp *(au nº 5)*.

Longez le **quai St-Michel** et ses bouquinistes *(voir encadré p. 166)*.

## ♥ L'église St-Julien-le-Pauvre*

➤ *Vᵉ arrdt*; 1, rue St-Julien-le-Pauvre **M°** *St-Michel* **RER** *St-Michel - Notre-Dame*; *bus: 21, 24, 27, 38, 47, Balabus.*

## À ne pas manquer

**IX-B1** C'est l'une des plus charmantes églises de la capitale en raison de son cadre pittoresque et de la très belle vue qu'elle procure de Notre-Dame *(p. 64)*. Le sanctuaire que fréquentaient les pèlerins de Compostelle a été construit de 1165 à 1220. Malgré une **façade** du XVIIᵉ s. et une solidité toute romane (contreforts), l'édifice est caractéristique du premier art gothique *(p. 72)*. À l'intérieur, admirez les **chapiteaux**\* sculptés de feuilles d'acanthe et de harpies *(bas-côté N)*. L'**iconostase** qui barre le chœur indique que l'église est de rite orthodoxe.

Dans le **square Viviani** se trouve le **plus vieil arbre** de Paris – un **robinier** (faux acacia) planté en **1601** ! Des **pierres sculptées** et un **sarcophage** jonchent les allées.

## Le quartier de St-Séverin**

➤ *Vᵉ arrdt* **M°** *St-Michel, Cluny-La Sorbonne* **RER** *St-Michel - Notre-Dame*; *bus: 21, 24, 27, 38, 47, 63, 85, 86, 87, 96, Balabus.*

**IX-A1** Rue de la Huchette, rue de la Harpe, rue St-Séverin : vous voici au cœur d'un des plus vieux quartiers de Paris, ses ruelles piétonnières, où s'entassent les tavernes grecques, ont gardé pour la plupart leur nom médiéval. En levant les yeux, vous apercevrez, çà et là, balcons ouvragés et quelques beaux hôtels du XVIIIᵉ s. Rue St-Séverin, la **maison la plus étroite** de Paris est toujours aussi pimpante *(au nº 12)*.

### L'ÉGLISE ST-SÉVERIN**

➤ *Vᵉ arrdt*; 1, rue des Prêtres-St-Séverin **M°** *St-Michel, Cluny-La Sorbonne* **RER** *St-Michel - Notre-Dame*; *bus: 21, 24, 27, 38, 47, 63, 85, 86, 87, 96, Balabus. Pour les concerts, réservation dans les billetteries* FNAC.

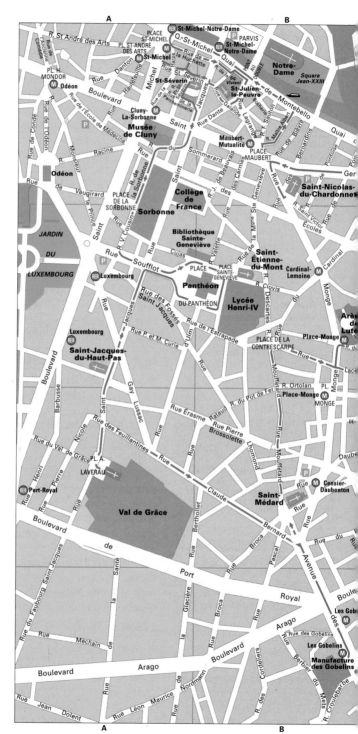

IX - LE QUARTIER LATIN

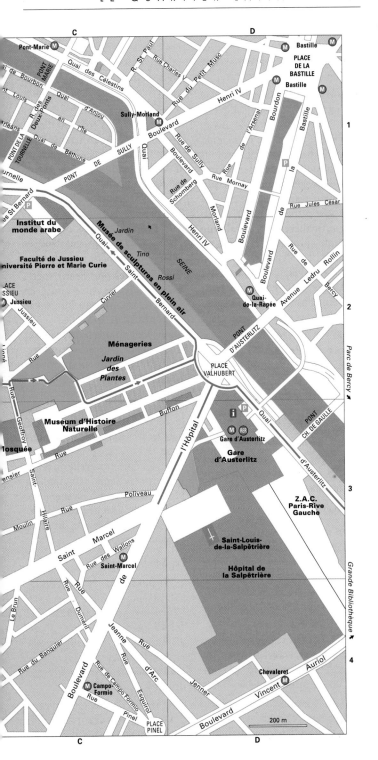

Commencé au début du XIIIe s. mais achevé vers 1530, l'édifice vaut surtout pour son architecture gothique flamboyant.

Le **portail**\*, qui provient de l'église St-Pierre-aux-Bœufs, ainsi que la **tour**\* datent du XIIIe s.; le niveau supérieur, du XVIe s., montre un style plus flamboyant. Sur les toits des **chapelles latérales**, nombreuses **gargouilles**\*. À l'**intérieur**, le **double déambulatoire**\*\* est la plus belle partie de l'église. Admirez particulièrement la **colonne centrale** spiralée et la **voûte en palmier**, qui évoquent quelque forêt fantastique. Les **vitraux**\* des chapelles de l'abside, de **Jean Bazaine**, illustrent les Sept Sacrements. Notez aussi le **buffet d'orgue** de style Louis XV.

La **rue des Prêtres-St-Séverin** longe un jardin où se trouvent les **galeries des charniers** (ne se visitent pas) qui entouraient le cimetière au Moyen Âge: c'est le seul vestige de ce genre à Paris.

Empruntez la **rue de la Parcheminerie**, qui regroupait écrivains publics, copistes et marchands de parchemin, au XIIe s.

## L'hôtel de Cluny\*\*

➤ VIe **arrdt**; 6, pl. Paul-Painlevé **M°** St-Michel, Odéon, Maubert-Mutualité ou Cluny-La Sorbonne **RER** St-Michel - Notre-Dame; **bus** : 21, 24, 27, 38, 63, 85, 86, 87, 96 ☎ 01.53.73.78.00. Accès libre: cour d'honneur.

**IX-A1** Les ruines des thermes gallo-romains, l'hôtel du XVe s., les collections du musée (p. 225) en font un site incontournable.

➤ LES THERMES\*\*. Les ruines actuelles ne représentent que le tiers du vaste établissement de bains gallo-romain élevé au IIIe s. par la puissante corporation des nautes et brûlé par les Barbares un siècle plus tard. On distingue encore trois salles: le frigidarium (p. 225), qui a conservé ses voûtes, le tepidarium et le caldarium.

➤ L'HÔTEL\*\*\*. Vers 1330, l'abbé de Cluny fait construire un magnifique hôtel, auquel **Jacques d'Amboise** donne son visage actuel, à la fin du XVe s. Cinquante ans après la **Révolution**, la demeure est sauvée de la ruine par un passionné du Moyen Âge, **Alexandre Du Sommerard**, qui y installe ses collections en 1833.

C'est l'un des plus beaux spécimens d'architecture civile de l'époque. Les éléments médiévaux – créneaux et tourelles – ont perdu leur vocation défensive et n'ont qu'une fonction **décorative**. La hauteur et le nombre des fenêtres, la finesse de l'ornementation annoncent les demeures de plaisance de la Renaissance. Passé le joli **portail** à fresque végétale, vous entrez dans la **cour d'honneur** aux arcades finement ciselées. À dr., belle **margelle** du puits. Le **corps de logis** principal est pourvu d'une **tour d'escalier** à vis, de **fenêtres à meneaux** et d'une balustrade flamboyante ornée de **gargouilles** grimaçantes.

## La Sorbonne\*

➤ V[e] **arrdt**; 47, rue des Écoles **M°** Odéon, Maubert-Mutualité, Cluny-La Sorbonne **RER** St-Michel - Notre-Dame; **bus**: 21, 27, 38, 63, 85, 86, 87; accès libre: cour et galeries; accès payant: grand amphithéâtre et chapelle, sur demande au ☎ 01.40.46.20.15.

C'est la plus illustre et la doyenne des universités françaises. Du XVIIe s., seule subsiste la chapelle due à **Lemercier**.

**DU COLLÈGE DES PAUVRES À MAI 1968.** En 1253, **Robert de Sorbon**, confesseur de Saint Louis, fonde un collège destiné aux étudiants en théologie démunis. La Sorbonne devient vite l'un des premiers centres intellectuels de la chrétienté. État dans l'État, elle jouit d'une indépendance certaine pendant la guerre de Cent Ans. Au XVIe s., elle paye son excessive sévérité envers les protestants et amorce un déclin qui s'accentuera au cours du XVIIIe s., époque où elle s'oppose à la philosophie des Lumières. Son enceinte fut violée pour la première fois en 1968, lorsque les forces de l'ordre vinrent y interpeller les étudiants contestataires.

➤ **L'INTÉRIEUR.** Les salles et les couloirs sont ornés d'**allégories** volontiers pompeuses. Dans le grand **amphithéâtre** de 2 700 places, **Puvis de Chavannes** a réalisé une **fresque**\*.

➤ **LA CHAPELLE**\* *(ouv. pour les expositions et les concerts)*. Elle a été construite au début du XVIIe s. dans le style jésuite par **Lemercier**, qui inaugure un type de façade souvent reproduit par la suite : élévation à deux étages surmontés d'un **dôme**. Elle abrite le **tombeau de Richelieu**\*, sculpté par **Girardon** (1694).

## Le Panthéon\*\*

➤ *Ve arrdt ; pl. du Panthéon* **M°** *Cardinal-Lemoine* **RER** *Luxembourg ;* **bus** *: 21, 27, 38, 84, 85, 89 ; ouv. t.l.j. de 9 h 30 à 18 h 30 du 1er avr. au 30 sept. ; le reste de l'année de 10 h à 17 h 30* ☎ *01.40. 51.75.81 ; accès payant.*

**IX-AB2** Dernière demeure des hommes illustres, ce monument d'un néoclassicisme solennel est un symbole fort de la République.

**POUR LES « HOMMES DE LA LIBERTÉ FRANÇAISE ».** En 1744, **Louis XV**, à l'article de la mort, fait le vœu d'offrir une église à l'abbaye Ste-Geneviève. Guéri, le souverain confie la construction à **Soufflot**, qui dessine une énorme coupole couronnant un plan en croix grecque. En 1778, l'élévation du dôme provoque des fissures dans les murs. La cabale qui en résulte fait, paraît-il, mourir l'architecte de chagrin en 1780. Dès 1791, la **Constituante** destine l'église à « recevoir les cendres des grands hommes de l'époque de la liberté française » et lui donne le nom de Panthéon. Rendu au culte par la **Restauration**, l'endroit retrouve définitivement sa vocation républicaine lors des funérailles nationales de **Victor Hugo** (1885).

➤ **L'EXTÉRIEUR.** Son **portique** de 22 colonnes corinthiennes est inspiré du Panthéon de Rome. Le **bas-relief** du fronton a été sculpté par **David d'Angers**.

*Sur le fronton du Panthéon, la Patrie, entre la Liberté et l'Histoire, distribue les couronnes aux grands hommes.*

➤ **L'INTÉRIEUR.** Les artistes de la IIIᵉ République comme **Laurens** et surtout **Puvis de Chavannes**, qui a peint la grande nef, y ont exercé leurs talents. Le **dôme**, qui culmine à 83 m, est composé de trois **coupoles**. Depuis les galeries, vous aurez une magnifique **vue** de Paris. Dans la **crypte** reposent de nombreuses personnalités, parmi lesquelles Voltaire, Rousseau, Zola, Jean Moulin, Pierre et Marie Curie, André Malraux...

## La bibliothèque universitaire Ste-Geneviève

➤ *Vᵉ arrdt; 1, pl. du Panthéon* **M°** *Cardinal Lemoine, Maubert-Mutualité;* **bus** *: 84, 38, 27* ☎ *01.44. 41.97.98.*

Située sur le côté N de la place, c'est la seule bibliothèque monastique à avoir traversé indemne la Révolution. L'architecte **Labrouste** innova ici en utilisant pour la première fois une splendide **charpente métallique*** (1850). *Voir aussi encadré p. 190.*

## ♥ L'église St-Étienne-du-Mont**

➤ *Vᵉ arrdt; 1, pl. Ste-Geneviève* **M°** *Cardinal-Lemoine* **RER** *Luxembourg;* **bus** *: 21, 27, 38, 84, 85, 89.*

**IX-B2** C'est l'une des plus belles églises de la capitale. Elle renferme l'unique jubé qui subsiste à Paris. Commencée en 1492, l'église n'a été achevée qu'en 1626. Elle remplaçait l'abbaye Ste-Geneviève, dont il reste aujourd'hui les bâtiments conventuels occupés par le **lycée Henri-IV**, tout proche.

➤ **L'EXTÉRIEUR.** La **façade**, d'une fantaisie toute baroque, apporte une note de gaieté à la place. Le portail est composé de trois **frontons** superposés, chacun de forme et de décoration différentes.

➤ **L'INTÉRIEUR.** Le **jubé*** Renaissance a été édifié par **Philibert Delorme**. Regardez aussi la **chaire** en bois sculpté due à **Germain Pilon** et les superbes **vitraux*** des XVIᵉ et XVIIᵉ s., en particulier ceux de la **galerie des Charniers.** Parmi les hôtes célèbres, **Racine**, **Pascal** et **Marat** ont été inhumés ici. Très vénérée en son temps, la **châsse de Ste Geneviève**, patronne de Paris qui garda son sang-froid devant Attila *(p. 37)*, se trouve dans une chapelle à dr. du chœur.

La **rue St-Jacques** sur la g. *(par la rue Soufflot)* mène en 10 mn au Val-de-Grâce.

## ♥ Le Val-de-Grâce**

➤ *Vᵉ arrdt; 1, pl. A.-Laveran* **RER** *Port-Royal;* **bus** *: 21, 27, 89, 91; vis. de 10h à 12h et de 14h à 17h; accès libre.*

**IX-A3** Cet ensemble monastique du XVIIᵉ s. dû à **Mansart** et **Lemercier** est peu connu, sans doute à cause de sa fonction d'hôpital militaire. Il a pourtant grande allure; l'église, d'un baroque romain et triomphal, est à voir absolument.

**POUR LA NAISSANCE DE LOUIS XIV.** Désespérant de donner un héritier à Louis XIII, la reine **Anne d'Autriche** promet d'édifier une nouvelle église au couvent des bénédictines du Val-Profond s'il lui naît un fils. Après 21 années d'attente, le futur Louis XIV voit le jour en 1638. Le jeune monarque, âgé de sept ans, posera lui-même la première pierre.

➤ **L'EXTÉRIEUR.** Il rappelle les grands édifices romains de l'âge baroque: une façade à deux étages de style jésuite et, surtout, un **dôme*** élégant inspiré de St-Pierre-de-Rome. Quant aux **bâtiments monastiques***, sobres mais de grande classe, ils s'ordonnent autour d'un **cloître** aux arcades cintrées et s'ouvrent sur les **jardins** par une façade majestueuse qui annonce les couvents «mondains» du XVIII<sup>e</sup> s.

➤ L'INTÉRIEUR. La superbe **décoration**\*\* emprunte au style jésuite tant pour les chapelles que pour le **baldaquin à six colonnes torses**\*, qui rappelle celui du Bernin. La coupole a été peinte par **Mignard**, une vaste **fresque**\* qui rassemble plus de 200 figures. Vous lui préférerez peut-être *L'Ascension*\* et *La Pentecôte*\*, deux compositions puissantes de **Philippe de Champaigne** situées dans l'oratoire de la reine.

## La Manufacture des Gobelins

➤ *V<sup>e</sup>* **arrdt**; *42, av. des Gobelins* **M°** *Les Gobelins; **bus**: 27, 47, 83, 91; vis. guidées à 14h et 14h45 les mar., mer. et jeu. sf j.f.* ☎ *01.44.61. 21.69; accès payant.*

**IX-B4** La Manufacture royale des meubles et tapisseries de la Couronne est née en 1667, lorsque **Colbert** incorpore divers ateliers de la capitale à ceux de **Jean Gobelin**, établi ici depuis 1440. La **visite** permet de se familiariser avec la haute lice (métier vertical) des Gobelins, la basse lice (métier horizontal) de Beauvais, ou encore le point de Savonnerie.

## La rue Mouffetard\*\*

➤ *V<sup>e</sup>* **arrdt M°** *Place-Monge, Censier-Daubenton; **bus**: 27, 47.*

**IX-B2-3** En bas de la rue, les vieilles maisons entourent le ♥ **marché** et la petite église St-Médard; en haut, les restaurants grecs et les librairies : voici la Mouff', autrement dit la rue Mouffetard. Malgré l'embourgeoisement du quartier depuis les années 1970, la rue – une des plus anciennes de la capitale – a conservé son aspect villageois, vous y verrez de belles **demeures** *(aux n<sup>os</sup> 114-112, 106-102, 94-82)*, des **enseignes** pittoresques *(aux n<sup>os</sup> 122, 62 et 14)* et de jolies courettes campagnardes.

➤ L'ÉGLISE ST-MÉDARD\* *(141, rue Mouffetard)*. Bâtie entre le XV<sup>e</sup> s. et le XVII<sup>e</sup> s. dans le style gothique flamboyant, elle servit de refuge

*La Manufacture des Gobelins fut dirigée par les meilleurs artistes du Grand Siècle : Le Brun puis Mignard. Ici, Louis XIV visite les ateliers.*

aux jansénistes persécutés; certains y sont inhumés. À l'**intérieur**, admirez le **buffet d'orgue** de **Germain Pilon**, un triptyque du XVIᵉ s. *(1ʳᵉ chapelle du bas-côté)* et un tableau de **Zurbarán** *(2ᵉ chapelle du chœur)*.

Au coin de la **rue du Pot-de-Fer**, une **fontaine** fut installée par Marie de Médicis *(au nº 60)*, ses bossages à l'italienne rappellent la fontaine Médicis du Luxembourg *(p. 176)*.

➤ **PLACE DE LA CONTRESCARPE**\*. C'était un lieu célèbre au Moyen Âge. Les étudiants de la montagne Ste-Geneviève y venaient chahuter. **Rabelais**, **Ronsard** et **Du Bellay** fréquentaient le *Cabaret de la Pomme de Pin*, au **nº 1**.

## Vers les arènes et la mosquée

➤ *Vᵉ arrdt* **Mº** *Place-Monge;* **bus:** *47, 67.*

**IX-BC2** Si la rive gauche se fait ici plus discrète, elle accueille dans ses immeubles tranquilles une grande partie de l'intelligentsia parisienne (intellectuels, politiciens…).

➤ **LES ARÈNES DE LUTÈCE**\*. Très restaurées, elles ont été redécouvertes lors du percement de la rue Monge par **Haussmann**. Édifiées à la fin du Iᵉʳ s. apr. J.-C., elles servaient aussi bien au théâtre qu'aux jeux du cirque. C'est aujourd'hui un agréable jardin public.

➤ **LA ♥ MOSQUÉE DE PARIS**\* *(2, pl. du Puits-de-l'Ermite;* **hammam:** *femmes, lun., mer., jeu., sam. 10h-21h; ven. 14h-21h; hommes, mar. 14h-21h; dim. 10h-21h;* **salon de thé-restaurant:** *entrée 39, rue Geoffroy-St-Hilaire; ouv. t.l.j.* ☎ *01.43. 31.18.14).* Bâtie dans le style hispano-mauresque, elle est somptueusement décorée: superbe

## Où faire une pause ?

Dans le salon de thé ou au hammam de la mosquée de Paris, **IX-BC2**.

Au Jardin des Plantes, **IX-C2-3**.

À la terrasse de l'Institut du monde arabe, **IX-C1-2**.

patio à la végétation luxuriante, mosaïque des versets du Coran, boiseries en cèdre et en eucalyptus. À l'**intérieur**, sympathique ♥ **salon de thé** où l'on peut déguster cornes de gazelle et thé à la menthe.

## ♥ Le Jardin des Plantes\*

➤ *Vᵉ arrdt; entrées: 57, rue Cuvier; 36, rue Geoffroy-St-Hilaire; 2, rue Buffon ou pl. Valhubert* **Mº** *Jussieu, Place-Monge ou Gare-d'Austerlitz* **RER** *Gare-d'Austerlitz;* **bus:** *24, 57, 61, 63, 65, 67, 89, 91; ouv. du jardin t.l.j. de 7h30 (été) ou 8h (hiver) au coucher du soleil* ☎ *01.40.79.30.00.*

**IX-C2-3** Ses pavillons, ses serres et ses galeries sont longtemps restés aussi délabrés que certains diplodocus des salles de paléontologie. On a fini par s'en émouvoir, et le plus ancien jardin de Paris est redevenu le vert paradis des sciences naturelles; son Muséum a lui aussi fait peau neuve, pour le plaisir de tous.

**LE « JARDIN ROYAL DES PLANTES MÉDICINALES ».** Créé en 1626 par **Héroard** et **Guy de La Brosse**, médecins de Louis XIII, le jardin est ouvert au public en 1640. Mais c'est, sous Louis XV et Louis XVI, grâce à **Buffon**, père de l'histoire naturelle, que les départements d'étude se développent, pour devenir un musée en 1793. Au Siècle des lumières, l'endroit est à la mode: tous les esprits curieux de la cour viennent y «herboriser avec enthousiasme».

## LE MUSÉUM
### NATIONAL D'HISTOIRE NATURELLE**

➤ **LA GALERIE D'ANATOMIE COMPA-RÉE ET DE PALÉONTOLOGIE*** *(2, rue Buffon ou pl. Valhubert; ouv. t.l.j. sf mar. et j.f. de 10h à 17h; jusqu'à 18h sam. et dim.; accès payant).* Le **rez-de-chaussée** abrite un ensemble unique de squelettes assemblés, notamment de grands **vertébrés*** (éléphants, rhinocéros, girafes, dauphins, baleines). Aux 1er et 2e **étages** se trouvent les **fossiles**. Voir aussi le squelette d'un **mammouth de Sibérie***, le moulage de **diplodocus*** et la vertèbre géante de **dinosaure**…

➤ **LA GALERIE DE MINÉRALOGIE*** *(18, rue Buffon; mêmes horaires).* Le **trésor**\*\*\* (magnifique collection de pierres précieuses, pépites d'or et objets en pierres fines) et les **cristaux géants**\*\*\* constituent ses deux principales curiosités.

➤ **LA GALERIE DE PALÉOBOTANIQUE** *(18, rue Buffon; mêmes horaires).* Les principales étapes de l'évolution du règne végétal sont évoquées grâce à des **plantes fossiles**.

➤ **LE GALERIE D'ENTOMOLOGIE** *(45, rue Buffon; ouv. t.l.j. sf mar. et j.f. de 14h à 17h; sam. et dim. de 10h à 18h).* Sont exposés de très beaux **insectes** originaires de l'Ancien et du Nouveau Monde.

➤ ♥ **LA GRANDE GALERIE DE L'ÉVO-LUTION**\*\* *(36, rue Geoffroy-St-Hilaire; ouv. t.l.j. sf mar. et j.f. de 10h à 18h; jusqu'à 22h le jeu.* ☎ *01.40.79.39.39; accès payant).* Elle a été réaménagée par Cheme-tov et Huidobro, architectes du

ministère des Finances, avec l'aide du scénographe **René Allio**. Sur 6 000 m$^2$, elle présente l'évolution de la vie selon trois thèmes: la **diversité du vivant** aujourd'hui; l'**évolution du vivant**; l'**homme, facteur d'évolution**. Vous y verrez, entre autres, un impressionnant squelette de **baleine**, la fameuse **caravane africaine**\*\*, où sont réunis girafes, zèbres et antilopes, et la magnifique salle des **espèces menacées**\*\* ou disparues (loup de Tasmanie, tortue des Seychelles). Des **bornes interactives**, où l'enfant joue tout en apprenant, jalonnent le parcours.

### LES JARDINS* ET LES MÉNAGERIES

Le parc comporte trois parties. La **partie sud**, longue perspective ouverte sur les quais de la Seine, accueille le jardin botanique, formé de parterres rectangulaires. La **partie nord**, dessinée en jardin anglais, abrite les ménageries. Vers le **nord-ouest**, s'élèvent les grandes serres et la colline boisée où se trouve le labyrinthe.

➤ **LE JARDIN BOTANIQUE*** *(ouv. de 9h à 11h30 et de 13h30 à 17h; accès gratuit).* Il comprend près de 10 000 espèces de plantes rares réparties entre différents parterres, dont les plus remarquables sont le **parc écologique** (reconstitution d'associations sols-végétaux), l'**école de botanique** (collections systématiques végétales) ou ceux consacrés aux **plantes ornementales**.

➤ **LE JARDIN ALPIN*** *(ouv. d'avr. à sept.; accès gratuit).* Il présente des plantes dans leur contexte naturel en jouant sur l'orientation et la nature des sols. S'y côtoient des espèces originaires aussi bien de l'**Himalaya**, du **Maroc** que des **Alpes** ou du **Caucase**.

# La faune à Paris

La vie animale à Paris n'est pas née d'hier comme en témoignent le rhinocéros fossile retrouvé à St-Germain-des-Prés (VIe arrdt) ou le mammouth du square Montholon (IXe arrdt) ! Pour le plaisir des ornithologues, le faucon crécerelle niche à Notre-Dame; la chouette hulule au Père-Lachaise; les mouettes rieuses rappellent aux bateliers que la mer n'est pas si loin. Dans les jardins et sur les toits, mésanges, geais, moineaux et pigeons ont élu domicile. À la belle saison, vous apercevrez sans mal martinets et hirondelles. Dans le parc Georges-Brassens et au Luxembourg, les abeilles produisent chaque année plus de 1 t de miel ! Sous terre, les chauves-souris affectionnent les tunnels; les grillons bercent de leur chant les stations de métro, et les rats grouillent dans le dédale des égouts (2000 km au total !). Leur population serait d'ailleurs estimée à 6 millions, soit trois fois plus que les humains de la capitale ! Les rongeurs ne sont pas les seuls hôtes nuisibles de la ville : les motos-crottes ramassent quotidiennement 20 t de déjections canines !

**OÙ VOIR LES ANIMAUX ?** À la ménagerie du Jardin des Plantes et au microzoo (p. 162) ; au zoo de Vincennes (p. 285) ; à l'aquarium du musée des Arts africains (p. 234) et à celui de la Cité des sciences (p. 238) ; à la ménagerie du Jardin d'Acclimatation (p. 285) ; à la Ferme de Paris (p. 45).

➤ **LES SERRES**\*\* (ouv. t.l.j. de 13 h à 17 h sf mar. et 1er mai; accès payant). Elles sont constituées d'un vaste **jardin d'hiver**, qui abrite des **plantes tropicales**, et de deux serres carrées accueillant, l'une, des espèces **mexicaines**, l'autre, des végétaux **australiens**.

➤ **LE LABYRINTHE**\*. À proximité, du côté de la rue G.-St-Hilaire, se trouve le charmant **labyrinthe**\*, un des endroits les plus agréables du Jardin des Plantes. Un cèdre du Liban y a été planté en 1734 ! Au sommet de la butte, la gloriette de Buffon est le plus vieux témoignage d'architecture métallique de la capitale (voir aussi encadré p. 190).

➤ **LES MÉNAGERIES** (3, quai St-Bernard ou 47, rue Cuvier; ouv. t.l.j. de 9 h à 17 h en hiver, 18 h en été ☎ 01.40.79.37.94; accès payant). Fondé en 1794, ce fut l'unique parc animalier de Paris avant la création du zoo de Vincennes en 1931. Lors du siège de 1870-1871, les Parisiens varièrent leurs menus grâce aux animaux de la ménagerie – le rat constituant jusque-là le plat principal. Si les conditions de captivité des animaux laissent à désirer, la tortue géante, malgré ses 250 ans, se porte comme un charme… Voir aussi le **microzoo** (ouv. de 10 h à 12 h et de 14 h à 17 h 15 l'été; de 13 h 30 à 16 h 45 en hiver), qui présente des animaux microscopiques.

Par l'allée centrale, rejoignez la **place Valhubert**. Sur la g., le **quai St-Bernard** longe la Seine et la faculté de Jussieu et vous mène à l'**Institut du monde arabe** (p. 163). Sur les berges, le **jardin Tino-Rossi** (quai St-Bernard ; accès libre) abrite un **musée de Sculpture en plein air**, œuvres d'artistes contemporains : **Ipoustéguy**, **Zadkine**, **César**…

## L'hôpital de la Salpêtrière*

➤ *XIIIᵉ* **arrdt**; *47, bd de l'Hôpital* **M°** *St-Marcel, Gare-d'Austerlitz* **RER** *Gare-d'Austerlitz;* **bus:** *57, 61, 65, 89, 91; chapelle ouv. t.l.j. de 8h30 à 18h30; accès libre.*

**IX-D3** Cette ancienne poudrière, sous Louis XIII, fut transformée par Louis XIV en hôpital pour pauvres, lequel était surtout chargé d'enfermer les vagabonds et les femmes de mauvaise vie. Incapables de traiter sans grandeur les édifices les plus utilitaires, **Louis Le Vau**, puis **Libéral Bruant** ont construit de sobres bâtiments dominés par une **chapelle*** (1677) à dôme dont les nefs disposées en étoile permettaient de séparer les diverses catégories de pensionnaires. Plus tard, l'hôpital fut affecté aux malades mentaux: **Freud** y suivit les cours du professeur **Charcot**.

## La Bibliothèque nationale de France*

➤ *XIIIᵉ* **arrdt**; *quai François-Mauriac; entrée O: rue R.-Aron, entrée E: rue É.-Durkheim* **M°** *Quai-de-la-Gare, Bibliothèque;* **bus:** *62, 89; ouv. t.l.j. sf lun. et j.f. de 10h à 19h, dim. de 12h à 18h* ☎ *01.53.79.59.59; accès payant.*

**Hors plan par IX-D4** Les amateurs d'architecture contemporaine pousseront jusqu'à l'emblème du nouveau quartier Paris-Seine Rive gauche, la Grande Bibliothèque *(p. 52)*. Celle-ci complète la Bibliothèque nationale du Palais-Royal, trop à l'étroit dans ses murs. Créé par **Dominique Perrault** en 1987, ce bâtiment minimaliste se compose d'un socle évidé en bois d'ipé supportant quatre tours en verre qui évoquent des livres ouverts. Elles encadrent une esplanade de la taille de la Concorde. C'est autour d'un joli **jardin intérieur*** planté de pins que se situent les salles de lecture, les deux tiers des magasins de livres et les équipements (auditorium, librairie…).

## L'Institut du monde arabe**

➤ *Vᵉ* **arrdt**; *1, rue des Fossés-St-Bernard* **M°** *Jussieu, Cardinal Lemoine, Sully Morland;* **bus:** *24, 63, 86, 87, 89; ouv. t.l.j. de 10h à 18h sf lun.* ☎ *01.40.51.38.38; accès payant.*

**IX-C1-2** Conçu par **Jean Nouvel**, cet édifice à l'architecture étonnante (1987) a pour objet de «développer la connaissance du monde arabe». Son musée et ses expositions attirent les foules.

➤ **LE BÂTIMENT.** L'architecte a privilégié ici le dialogue des matières (verre, acier, marbre): la façade N, où se reflète l'île St-Louis, se veut une transition entre les immeubles anciens et l'université de Jussieu; la façade S est une version moderne du traditionnel **moucharabieh**. Ses panneaux filtrent automatiquement la lumière grâce à une multitude d'**iris** (p. 164). À l'O, la tour des livres rappelle le minaret. L'**intérieur**, tout en transparence, abrite centres de documentation et musée. En **terrasse**, belle **vue*** de Paris.

➤ **LE MUSÉE.** Il propose un panorama synthétique de l'**art arabo-islamique** depuis le VIIᵉ s. jusqu'à nos jours: mosaïques, enluminures, bijoux, bois sculpté, mais aussi instruments de mesure (astrolabes).

Vous pouvez regagner la place St-Michel *(p. 152)* par les quais, où sont installés les **bouquinistes**. Héritiers des colporteurs pourchassés par le pouvoir, qui les soupçon-

# L'architecture contemporaine

« *La ville est comme un ensemble de strates et d'objets de plus en plus différents qui s'intègrent, s'agrègent, dans un mélange de liberté et de règles plus que dans un rêve d'homogénéité* », affirme à juste titre Christian de Portzamparc. Car à l'image des différentes personnalités qui la conçoivent, l'architecture d'aujourd'hui réunit des créations étonnamment variées et contrastées.

**La place de la Catalogne,** due à R. Bofill, se veut une interprétation contemporaine du néoclassicisme.

## L'Institut du monde arabe

➤ *V$^e$ arrdt* ; *1, rue des Fossés-St-Bernard* **M°** *Jussieu, Cardinal Lemoine, Sully Morland* ; **bus** : *24, 63, 86, 87, 89* ; **ouv.** *t.l.j. de 10 h à 18 h sf lun.* ☎ *01.40.51.38.38* ; *accès payant.*

**IX-C1-2** Construit en 1987 par **Jean Nouvel**, le bâtiment est habillé de **verre**, d'**acier** et de **marbre**. Sa façade Nord, qui prolonge le bd St-Germain côté Seine, est l'un des tout premiers exemples de **façade courbe** en verre boulonné. Synthèse des apports des pays arabes et de l'Occident moderne, la façade Sud se présente comme un immense **moucharabieh** en métal filtrant automatiquement la lumière grâce à un système élaboré de **cellules photoélectriques**.

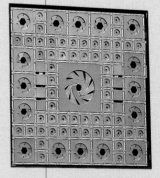

**L'Institut du monde arabe.**
Son moucharabieh de métal est une prouesse technologique. Chaque panneau comprend 21 iris en plus de l'iris central.

## La future Cinémathèque française (ex-American Center)

➤ *XII$^e$ arrdt* ; *rue Pommard* **M°** *Bercy* ; **bus** : *24, 87.*

**Hors plan par II-D3** Par ses imbrications géométriques, l'édifice de **Frank O. Gehry** (1994) illustre le bouillonnement d'activités de ce qui devait être un centre culturel pour les Américains, et qui accueillera en 2003 la **Cinémathèque française**, la bibliothèque du film, ainsi que les archives et le musée du Cinéma.

**La future Cinémathèque française**, construite par Frank O. Gehry, à Bercy.

## Place de la Catalogne

➤ XIVᵉ **arrdt**; pl. de la Catalogne **M°** Gaîté, Pernety; **bus**: 91.

**XII-A3** Dessinée en 1985, cette place où alternent les colonnes marque une tendance de l'architecte catalan **Ricardo Bofill**, qui détourne ici des éléments architecturaux classiques français pour créer la **monumentalité** qui lui est chère. L'originalité de la construction tient à l'emploi d'éléments en **béton préfabriqué** aussi bien pour la structure que pour le décor des façades.

**Le Conservatoire de musique**, habité par le mouvement, cache derrière ses plots incurvés des façades intérieures changeantes aux formes sculpturales.

## La Cité de la musique

➤ XIXᵉ **arrdt**; 221, av. Jean-Jaurès **M°** Porte-de-Pantin; **bus**: 75, 151, PC.

**Hors plan par VI-B1**
L'immense bâtiment conçu en 1995 par **Christian de Portzamparc** semble habité par le **mouvement**, à l'instar de la musique. Ici rien de symétrique, de linéaire ou de répétitif. Les volumes sont fragmentés en ruptures successives.

## La Grande Arche

➤ **La Défense**; 1, parvis de la Défense **M°** Grande-Arche-de-la-Défense **RER** La Défense; **tramway**: La-Grande-Arche-de-la-Défense (T2); **bus**: 73, Balabus.

**La Grande Arche** achève majestueusement la perspective historique de Paris que forment les arcs de triomphe de l'Étoile et du Carrousel. Elle sert d'emblème au quartier de la Défense.

**Hors plan par VII-A1** Conçue en 1989 par le Danois **Otto von Spreckelsen**, la Grande Arche est un cube évidé en **marbre** blanc aux dimensions colossales. Aussi large que les Champs-Élysées, son cadre serait assez haut pour loger Notre-Dame et sa flèche ! Sa forme géométrique très pure, ses façades lisses et réfléchissantes s'opposent au système complexe qui ordonne l'intérieur. Du sommet s'ouvre une **perspective**\*\*\* inoubliable sur la capitale (accès payant par ascenseurs, t.l.j. 10h-19h ☎ 01.49. 07.27.27).

# Que trouve-t-on chez les bouquinistes ?

➤ **RIVE GAUCHE**. Ils sont généralement meilleurs que ceux de la rive droite. Quai de la Tournelle : livres brochés édités entre 1900 et 1950 ; science-fiction, romans policiers ; revues et ouvrages pour cinéphiles. Quai de Montebello : la mer ; l'histoire ; gravures anciennes, cartes du monde entier ; cartes postales, livres scolaires anciens, textes littéraires ; livres brochés de l'entre-deux-guerres, gravures ; petits manuscrits du XVIe s. Quai St-Michel : livres insolites et livres sur les métiers ; estampes colorées, gravures anciennes. Quai des Grands-Augustins : disques vinyle ; cartes géographiques anciennes (XVIe et XIXe s.) ; livres de « La Pléiade », bandes dessinées ; œuvres de Daumier ; vieux journaux ; cartes postales anciennes ; livres de poche ; livres traitant de politique, d'histoire, de littérature romantique.

➤ **RIVE DROITE**. Quai de la Mégisserie : photos anciennes ; timbres ; romans d'avant-guerre ; livres de poche ; gravures de chasse ; philosophie, sociologie ; livres anglais ; bandes dessinées françaises ; *comics* américains. Quai de Gesvres : histoire, art ; cinéma, bandes dessinées. Quai de l'Hôtel-de-Ville : romans policiers ; science-fiction ; guides ; vues aériennes.

nait de diffuser des ouvrages mis à l'Index, ces « marchands d'esprit » existent depuis plus de trois siècles.

Vous pouvez aussi emprunter le **bd St-Germain**, qui rejoint la **place Maubert**. En chemin, vous rencontrerez la **rue des Bernardins**, où subsistent de vieilles maisons (*nos* 6, 8,12,16), puis la **rue de Bièvre**, qui date de 1250. **François Mitterrand** y demeurait. Jusqu'à ce qu'elle fût recouverte, en 1912, la Bièvre serpentait entre les Gobelins et la montagne Ste-

Geneviève, alimentant les ateliers de teinture et les tanneries avant de rejoindre la Seine près du pont d'Austerlitz.

## La place Maubert

➤ *Ve arrdt* **M°** *Maubert-Mutualité;* ***bus:*** *47, 63, 86, 87.*

**IX-B1** Ici se tenaient les supplices de la roue et du bûcher au Moyen Âge. Au XIXe s., une bourse aux mégots permettait aux clochards de gagner quelques pièces avec le tabac récolté sur les trottoirs.

Depuis, la place s'est embourgeoisée. Elle accueille un **marché** réputé *(mar., jeu. et sam.).*

### L'église St-Nicolas-du-Chardonnet*

➤ V^e **arrdt**; *23, rue des Bernardins* **M°** *Maubert-Mutualité*; **bus**: *47, 63, 86, 87.*

**IX-B1** Elle cache derrière une façade moderne un édifice de la fin du XVII^e s. La **porte latérale*** *(côté rue des Bernardins)* est admirablement sculptée. L'**intérieur** de style jésuite renferme le **monument funéraire*** de **Le Brun** et de sa femme, exécuté par **Coysevox**, ainsi qu'un *Saint Jean-l'Évangéliste*** peint par Le Brun. La messe est célébrée ici en latin selon le rite de Pie V.

Regagnez la Seine par les ruelles au parfum médiéval : la **rue Frédéric-Sauton** est reliée par des souterrains à la ♥ **rue Maître-Albert**; au **n° 7** de celle-ci, bel hôtel du XVII^e s. Depuis le **quai de Montebello**, revenez **place St-Michel** en longeant les bouquinistes *(voir encadré ci-contre).*

# St-Germain-des-Prés**

St-Germain-des-Prés suffit à distinguer Paris de toute autre ville. Ce quartier d'éditeurs et d'intellectuels caractérisait, dès le XVIIIe s., l'esprit français. Même si les fortes têtes existentialistes et les zazous des caves à jazz ont tiré le rideau depuis 40 ans, les flamboyantes années 1950 semblent avoir à jamais marqué ces lieux. Goût pour l'écrit et les films en v. o., discussions sans fin au café, ce sont toujours les mêmes curiosités insatiables. Tard dans la nuit, les lumières s'éteignent à regret, et les noctambules rentrent chez eux après un dernier verre au *Flore*, aux *Deux Magots* ou dans une boîte de jazz.

## Le quartier de l'Odéon

➤ *VIe arrdt* **M°** *Odéon, Mabillon ;* **bus** *: 58, 63, 70, 86, 87, 96.*

**X-B2** Le **carrefour de l'Odéon**, bruissant de cafés, de cinémas et de librairies, est l'un des endroits les plus vivants de Paris. Les étudiants y insufflent en permanence leur fraîcheur intellectuelle. Mais le lieu ne fut pas toujours si candide.

➤ **LA COUR DU COMMERCE-ST-ANDRÉ**\* *(accès au 130, bd St-Germain).* Elle fut un haut lieu du Paris révolutionnaire : **Marat** y faisait imprimer *L'Ami du peuple*, tandis que le **Dr Guillotin** expérimentait sa tragique invention sur d'innocents moutons. Un passage s'ouvre dans la cour et débouche dans la **rue de l'Ancienne-Comédie**.

➤ **LA COUR DE ROHAN**\*\* *(accès bd St-Germain).* Elle se compose de trois charmantes courettes : vous y verrez un pas-de-mule (trépied servant à monter à cheval), un vieux **puits** à margelle et un bel **hôtel** Renaissance.

➤ **LE CAFÉ PROCOPE** *(13, rue de l'Ancienne-Comédie ;* ☎ *01.40. 46.79.00).* C'est le plus ancien de Paris : le Sicilien **Francesco Procopio** l'ouvrit en 1684, date à laquelle il introduit le café, breuvage venu d'Orient inconnu des Français *(p. 174).*

La **rue de Buci** est animée par un ♥ **marché** le matin.

## L'hôtel de la Monnaie**

➤ *VIe arrdt ;* 11, quai de Conti **M°** *Pont-Neuf ;* **bus** *: 24, 27, 58, 70, Balabus ; ouv. t.l.j. de 13 h à 18 h sf lun. et j.f., jusqu'à 21 h le mer.* ☎ *01.40.46.55.35 ; accès payant.*

**X-B1** Cet admirable édifice du XVIIIe s. a été construit par **J. D. Antoine**, architecte inconnu à l'époque, mais qui gagna le concours. Par ses lignes simples,

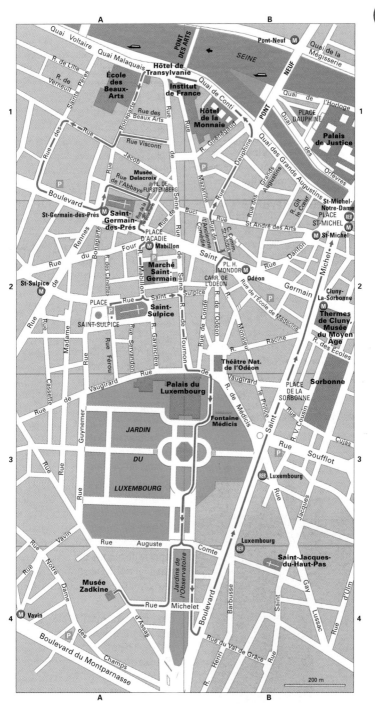

X - St-Germain-des-Prés

ses discrets ornements et ses belles proportions, il constitue la première manifestation du **style Louis XVI**. Un **musée** très actif *(ouv. du lun. au ven. de 9 h à 17 h 45, le sam. de 10 h à 13 h et de 14 h à 17 h 30 ; f. dim.)* y est installé. Outre les monnaies exposées de façon chronologique, vous pourrez visiter des **ateliers** *(mer. et ven. à 14 h 15)* où sont encore fabriquées des **médailles**.

## L'Institut de France**

➤ VI^e **arrdt** ; *23, quai de Conti* **M°** *Pont-Neuf ;* **bus** *: 24, 27, 58, 70, Balabus ;* **vis**. *en groupe sam. et dim., le matin et l'après-midi, sur demande adressée au service des visites de l'Institut* ☎ *01.44.41.44.41.*

**X-AB1** Dans l'axe de la cour Carrée du Louvre, en face, le palais forme un majestueux ensemble que couronne le dôme ciselé de l'Institut, édifié par **Louis Le Vau**.

*Le pont des Arts, premier pont en fonte rebâti en acier.*

### LE COLLÈGE DES QUATRE-NATIONS

Financé grâce à un legs de **Mazarin**, le collège était à l'origine destiné à accueillir 60 écoliers des quatre provinces annexées à la France par le traité des Pyrénées, d'où son nom. En 1805, **Napoléon** transfère ici l'Institut de France. Cet Institut réunit cinq académies : la plus célèbre est l'**Académie française**, créée en 1635 par **Richelieu**.

➤ **L'EXTÉRIEUR**. La **façade**** aux courbes italianisantes contraste avec le **dôme****, qui domine un avant-corps encadré de deux ailes en demi-cercle dans le goût antique. Chaque jeudi, les académiciens se réunissent pour élaborer le dictionnaire.

➤ **LA BIBLIOTHÈQUE MAZARINE*** *(ouv. t.l.j. de 10 h à 18 h sf sam. et dim. ; f. du 1^er au 15 août)*. Ce temple de la pensée a longtemps rivalisé avec la Bibliothèque nationale étant donné la richesse du fonds (plus d'un demi-million de volumes). La bibliothèque a conservé une bonne part de sa **décoration** du XVII^e s. : boiseries et objets d'art proviennent des collections du cardinal.

Le **pont des Arts***, qui fait face à l'Institut, fut en 1802 le premier pont en fonte. Reliant le Louvre, il formait à l'époque un véritable jardin suspendu. Il a été modifié depuis : des arches qui gênaient les mariniers ont été supprimées, et son armature est désormais en acier.

Plus loin, le **quai Malaquais*** s'élargit au débouché de l'étroite **rue de Seine***, connue pour ses **galeries d'art** et ses librairies pour bibliophiles. Au **n° 9** s'élève une belle **demeure** (XVII^e s.) qui abrita au XVIII^e s. une maison de jeu fort courue, l'**hôtel de Transylvanie** *(9, quai Malaquais)*.

## L'école des Beaux-Arts

➤ VIᵉ **arrdt** ; 17, quai Malaquais ; accès : 14, rue Bonaparte **M°** St-Germain-des-Prés ; **bus** : 24, 27, Balabus ; **vis**. en groupe le lun. apr.-m. sf vacances scolaires, sur demande ☎ 01.47.03.52.15.

**X-A1** Du couvent fondé par Marguerite de Valois, il ne reste rien, si ce n'est la **chapelle des Louanges**, coiffée du plus ancien dôme de Paris, et la **chapelle des Petits-Augustins**. La **bibliothèque** a belle allure avec son plafond à caissons et sa riche décoration.

## Vers St-Germain-des-Prés

➤ VIᵉ **arrdt M°** St-Germain-des-Prés ; **bus** : 39, 48, 95.

**X-A1** Autour de l'école des Beaux-Arts, les boutiques d'estampes et de gravures anciennes et les hôtels du XVIIᵉ s. ajoutent au charme du quartier.

➤ **LA RUE VISCONTI**\*. Cette dernière fut percée à la fin du XVIᵉ s., époque où elle servit de refuge aux protestants lors de la St-Barthélemy. Elle n'a guère changé depuis et possède de ravissantes demeures aux portails sculptés.

➤ **LA RUE JACOB**. Elle est bordée de nombreux hôtels du XVIIIᵉ s. qui abritent des courettes charmantes aux belles ferronneries.

➤ **LA RUE DES SAINTS-PÈRES**\*. Vous voici en plein Paris des galeries d'art et des antiquaires qui font partie du fameux Carré Rive Gauche (p. 24). Les collectionneurs exploreront avec profit toutes les rues en face, côté VIIᵉ arrdt (de la rue de Verneuil au quai Voltaire).

## ♥ L'église St-Germain-des-Prés\*

➤ VIᵉ **arrdt** ; pl. St-Germain-des-Prés **M°** St-Germain-des-Prés ou Mabillon ; **bus** : 39, 48, 63, 70, 86, 87, 95, 96.

**X-A1-2** Elle ressemble à une église de village derrière son clocher-porche du XIIᵉ s., unique témoignage de l'art roman parisien et dernier vestige de l'une des plus célèbres abbayes bénédictines de France.

### UNE PUISSANTE ABBAYE

En 543, **Childebert**, fils de Clovis, élève un monastère et une basilique sur les conseils de **saint Germain**, évêque de Paris. L'édifice doit servir de reliquaire à un fragment de la Vraie Croix. Dévastée par les Normands, elle est reconstruite vers l'an mille dans le style roman. Au fil des siècles, l'abbaye bénédictine ne cesse de rayonner et de prospérer, gérant un vaste domaine qui couvre les VIᵉ et VIIᵉ arrdts actuels. Cet important foyer d'érudition jouissait aussi d'une autonomie complète (four, prison, hôpital), que ce soit sur le plan économique ou juridique. La **Révolution** sonna le glas de celle que l'on nommait la « ville St-Germain ».

➤ **L'ÉDIFICE**. Du bâtiment originel subsistent la **tour massive**\*, le **porche**\* et le **chœur**\*. Ses contreforts ont été renforcés par des arcs-boutants plus spectaculaires. L'**intérieur** étonne par sa petitesse. Le **déambulatoire** du chœur, où repose **Descartes**, permet d'imaginer ce qu'était l'abbatiale au XIIᵉ s., admirez notamment la forêt de **chapiteaux sculptés**\*\* de monstres, d'oiseaux et autres animaux. Les fûts en marbre du **triforium** sont des vestiges de la basilique de Childebert (VIᵉ s.). Parmi les principales œuvres d'art, notez une **Vierge à l'Enfant** (XVᵉ s.), qui proviendrait de Notre-Dame, des sculptures de **Girardon** et **Coustou**, ainsi que des **peintures murales**\* d'**Hippolyte Flandrin** (*p. 213*) dans la nef et le chœur.

## Autour de St-Germain-des-Prés

➤ **VI^e arrdt M°** *St-Germain-des-Prés ou Mabillon ;* **bus** : *39, 48, 63, 70, 86, 87, 95, 96.*

**X-A1** Dans le square qui longe la **rue de l'Abbaye**, les **vestiges** du cloître et de la chapelle de la Vierge, édifiée par **Pierre de Montreuil** (*p. 72*), entourent une **sculpture** de **Picasso** : *Le Monument à Guillaume Apollinaire.*

À g., la **rue de Fürstenberg** conduit à la charmante petite ♥ **place de Fürstenberg**\*, une des plus jolies de Paris. Elle est bordée de beaux immeubles bourgeois. Alentour, on s'amuse à retrouver tous les grands noms de la décoration.

*La ravissante place de Fürstenberg, plantée de paulownias.*

➤ ♥ **LE MUSÉE DELACROIX**\* (*6, pl. de Fürstenberg ; ouv. t.l.j. de 9 h 30 à 17 h sf mar., 1^er janv., 1^er mai et 25 déc.* ☎ *01.44.41.86.50 ; accès payant*). Il est installé dans l'**atelier** que le peintre occupa à partir de 1857 jusqu'à sa mort en 1863. « Mon logement est décidément charmant… La vue de mon jardin et l'aspect riant de mon atelier me causent toujours un sentiment de plaisir », confie l'artiste. Outre ses objets personnels et des documents attestant les liens qu'il entretenait avec Baudelaire, Gautier ou Sand, vous y verrez des **ébauches**, des aquarelles et des **tableaux** intéressants.

## Vers St-Sulpice

➤ **VI^e arrdt M°** *Mabillon.*

**X-A2** La pittoresque **rue de la Petite-Boucherie** vous ramène au bd St-Germain, que vous traversez. Peuplées de restaurants, les **rues du Four** et **Mabillon** sont autant de témoignages de l'abbaye disparue. La première rappelle qu'ici se tenait le four banal ; la seconde tire son nom d'un de ses moines érudits, auteur d'un traité scientifique. Quant au **marché couvert** St-Germain (*3 ter, rue Mabillon ; t.l.j. 8 h-13 h et 16 h-19 h 30 ; dim. 8 h-13 h*), sauvé de la démolition, il occupe l'emplacement de la fameuse foire St-Germain, créée en 1482 et qui joua un rôle primordial dans la vie économique du quartier jusqu'au XIX^e s.

## L'église St-Sulpice\*\*

➤ **VI^e arrdt** ; pl. St-Sulpice **M°** St-Sulpice, Mabillon ; **bus** : 58, 63, 70, 84, 87, 89, 96.

**X-A2** L'église, à l'origine simple paroisse rurale pour les paysans de l'abbaye St-Germain, est l'un des rares exemples d'architecture religieuse du XVIII^e s. à Paris.

➤ **L'EXTÉRIEUR.** Commencé en 1646, l'édifice actuel voit se succéder six architectes en près d'un siècle et demi ! C'est au Florentin **Servandoni** que l'on doit cette **façade** à l'italienne, ample et théâtrale, élevée en 1732. Elle s'ornait, à cette époque, d'un fronton, détruit par la foudre.

➤ **L'INTÉRIEUR.** Il impressionne par ses dimensions. Les deux **bénitiers** reposent sur des rochers en marbre, sculptés par **Pigalle**. La 1re **chapelle du bas-côté droit**\*\* est célèbre pour ses trois **peintures**\*\* de **Delacroix**, qui appartiennent à la dernière période de l'artiste. La hardiesse des compositions et la force des coloris justifient leur réputation. Admirez en particulier la *Lutte de Jacob avec l'ange*\*\*, où Baudelaire voyait une allégorie du terrible combat du peintre avec la vie. La **chapelle de la Vierge**\*, dans l'axe du déambulatoire, a été décorée par **Pigalle**, **Lemoyne** et **Van Loo**. Voir aussi le **buffet d'orgue** (1781), dessiné par **Chalgrin**.

*Tour de l'église St-Sulpice, d'inspiration baroque.*

## Où faire une pause ?

Dans un café célèbre du bd St-Germain, **X-A1** : *Lipp* (au n° 151), *Café de Flore* (au n° 170) ou *Aux Deux Magots* (au n° 172).

Dans les jardins du Luxembourg, **X-AB3**.

## Vers le Luxembourg

➤ VIe **arrdt M°** *Odéon, Mabillon* ; **bus** : 58, 63, 70, 84, 86, 87, 89.

**X-AB2** Dans la **rue St-Sulpice**, étroite et commerçante, les boutiques d'objets pieux, l'« art sulpicien », ont été peu à peu remplacées par des magasins de décoration ou de prêt-à-porter. Suivez-la jusqu'à la **rue de Tournon**, qui réunit quelques grands couturiers et des galeristes.

## L'Odéon-Théâtre de l'Europe

➤ VIe **arrdt** ; 1, pl. de l'Odéon **M°** *Odéon* ; **bus** : 58, 84, 89 ; *réservation* ☎ 01.44.41.36.36.

D'allure sévère dans sa châsse d'arcades et de colonnes doriques, ce bâtiment néoclassique fut conçu par **Peyre** et **Wailly**. À l'**intérieur**, le **plafond** fut peint par **André Masson**. Le théâtre s'est spécialisé dans les spectacles en langues étrangères.

## ♥ Le palais et le jardin du Luxembourg\*\*

➤ VIe **arrdt** ; entre la rue Guynemer et le bd St-Michel **RER** Luxembourg ; **bus** : 21, 27, 38, 58, 82, 84, 85, 89 ; **jardins** : **ouv.** de 7 h 30 à 21 h 30 (été) ou de 8 h 15 à 17 h (hiver) ; **vis.** **guidée du Sénat**, en groupe les lun.,

# Les cafés parisiens

*Que serait Paris sans ses cafés et ses terrasses où il fait bon lézarder aux beaux jours ? Que de mondes réinventés un verre à la main, d'idées débattues sur le zinc, de déclarations d'amour murmurées…*

**Le Procope**, le plus ancien établissement de Paris, lance la mode des cafés en 1684.

### Une institution littéraire et mondaine

À l'origine, le café était distribué par des marchands ambulants levantins. En 1684, le Sicilien **Procopio** ouvre le premier établissement parisien. Le succès est foudroyant. Entre deux spectacles à la Comédie-Française, située alors rive gauche, rue de l'Ancienne-Comédie, on vient goûter ce nouveau breuvage apporté d'Orient. « Le café est très en usage à Paris », écrit Montesquieu dans les *Lettres persanes* (1721), « dans quelques-unes de ces maisons, on dit des nouvelles ; dans d'autres, on joue aux échecs. [...] Il y en a une où l'on apprête le café de telle manière qu'il donne de l'esprit à ceux qui en prennent. »

### Politique, révolutionnaire ou philosophique

Bien vite, le *Procope* devient le rendez-vous du Tout-Paris intellectuel : **d'Alembert** et **Diderot** y auraient même lancé l'*Encyclopédie*. En 1789, les révolutionnaires

**Simone de Beauvoir** avait pour habitude d'écrire deux heures par jour aux *Deux Magots*.

**Le café-charbon**
se développa au XIXe s.,
lorsque les Auvergnats
vinrent chercher fortune
à Paris. Ces derniers
sont encore nombreux
dans la profession.
Ici, un ancien café-charbon
à Belleville.

de tous bords, Camille Desmoulins en tête, hantent les cafés du Palais-Royal, dont certains sont le siège de clubs politiques. Près de 800 cafés sont alors recensés. Au XIXe s., l'élargissement des rues et la percée des Grands Boulevards permettent aux cafés de conquérir les trottoirs. Les beaux esprits se retrouvent *Chez Tortoni*, bd des Italiens, tandis que les ouvriers trinquent dans les estaminets des faubourgs dépeints par Zola. Au début du XXe s., Trotski et Lénine refont le monde à *La Rotonde*. Après la Seconde Guerre mondiale, Jean-Paul Sartre disserte au *Café de Flore* Aujourd'hui, les cafés d'intellectuels connaissent un nouvel engouement : le **café-philo**, où l'on débat de questions existentielles dans le cadre convivial du « troquet ».

### Cafés d'artistes

Comme l'illustre Degas avec *L'Absinthe* ou Manet avec *La Serveuse de bocks (tous les deux à Orsay, p. 229)*, les impressionnistes aiment à se retrouver dans les cafés de Montmartre et de la Nouvelle Athènes. Montparnasse devient par la suite la terre d'élection de l'école de Paris. Chagall, Foujita, Van Dongen, leurs modèles et les marchands de tableaux se donnent rendez-vous à *La Rotonde* et au *Dôme*. À court d'argent, Modigliani et Picasso paient parfois leurs dettes en nature ! Les cafés inspirent aussi les poètes. Verlaine, Rimbaud ou Mallarmé ouvrent la voie aux *Deux Magots* et au *Flore* ; les surréalistes, André Breton en tête, leur emboîtent le pas. Quant aux romanciers américains, Capote, Fitzgerald et Hemingway, ils sont des habitués de *La Coupole* et de la *Closerie des Lilas*. Ici au moins, l'alcool n'est pas prohibé !

### Garçon !

Dans certains établissements, jusqu'à la fin des années 1930, le garçon de café achetait son tablier comme on achète une place ou une charge… Il sait devancer les attentes et joue même parfois le rôle de confident. Chaque année, au mois de juin, se tient la Course des garçons de cafés, une compétition en tenue, verre et plateau à la main.

**Le garçon de café**.
Nœud papillon,
gilet à poches
et tablier blanc tombant
sur les chaussures,
le serveur parcourt
souvent de 10 à 20 km
par jour, et ce 12 h durant.

ven. et sam., sur demande adressée un trimestre à l'avance au ☎ 01.42.34.20.60.

**X-AB3** Romantique à souhait, le « Luco des étudiants » (diminutif issu de son nom latin *Lucotius*), allie une composition classique à des bosquets à l'anglaise. Son guignol, ses balançoires ainsi que le manège dessiné par Garnier feront la joie des enfants.

**LE PALAIS DE MARIE DE MÉDICIS.** Pour se rappeler son enfance florentine, après l'assassinat d'Henri IV, Marie de Médicis commande à **Salomon de Brosse** un édifice à l'image du palais Pitti. **Rubens** le décore de 24 tableaux, exposés aujourd'hui au Louvre *(p. 220)*. Après la nationalisation des biens des chartreux, qui s'y étaient installés sous la **Révolution**, le parc est agrandi, tandis que le palais fait office de prison. C'est ici que se déroule le **coup d'État de Bonaparte**, le 18 Brumaire. Pendant la Seconde Guerre mondiale, il abrite le **quartier général allemand**. Depuis 1958, le palais est le siège du Sénat.

➤ **LE PALAIS.** Il n'est pas possible de visiter les anciens **appartements** de Marie de Médicis ni la **bibliothèque**\*\*, décorée par Delacroix. Mais la belle orangerie, qui accueille le **musée du Luxembourg** *(19, rue de Vaugirard ; ouv. t.l.j. de 11 h à 18 h, jusqu'à 20 h jeu., sf lun.* ☎ *01.42.34.25.95 ; accès payant)*, propose souvent des expositions.

➤ **LE ♥ JARDIN DU LUXEMBOURG**\*\*. Créé par **Boyceau de La Bareaudière** en 1617, il était très apprécié des poètes et des romantiques au XIXe s. À dr. du palais, la **fontaine**

de Médicis\* (1624) doit son allure italienne à Salomon de Brosse, mais les sculptures sont l'œuvre d'**Ottin** (XIXe s.). Le parc est ponctué des **statues des reines de France** *(sur les terrasses)* et de **monuments** dédiés aux artistes célèbres. Voir notamment celui consacré à Delacroix, dû à **Dalou**\* *(près du Sénat)*. Autour du **bassin octogonal**, les petits Parisiens font voguer leurs voiliers. La promenade vous mènera jusqu'aux **jardins de l'Observatoire**, dessinés par **Chalgrin** sous l'Empire. Près de la rue d'Assas, les **ruches** font l'objet de cours d'apiculture *(rens. 01.45.42.29.08)*. Un petit détour s'impose ensuite pour visiter le musée Zadkine.

## Le ♥ musée Zadkine\*\*

➤ VIe *arrdt ; 100 bis, rue d'Assas* **M°** *N.-D.-des-Champs ou Vavin* **RER** *Port-Royal ; bus : 38, 58, 82, 83, 91 ; ouv. t.l.j. de 10 h à 17 h 30 ; f. lun. et j.f.* ☎ *01.43.26.91.90 ; accès payant.*

**X-A4** De 1928 à sa mort (1967), Zadkine vécut dans ce ravissant atelier *(p. 186)*. Celui-ci abrite quelque 300 œuvres, dont une centaine est présentée en permanence. On peut ainsi suivre le parcours de l'artiste : primitivisme *(Torse d'éphèbe)*, cubisme *(Femme à l'éventail*\*\**)* de ses premières sculptures ; expressionnisme et même l'abstraction dans ses dernières. Parmi les œuvres exposées, vous verrez aussi la maquette du *Monument à la ville détruite*\* (1947), symbolisant la détresse humaine, ou le grand *Prométhée*\* (1955), en orme.

# Le faubourg St-Germain**

Cénacle de la haute bourgeoisie, de l'aristocratie et des grands serviteurs de l'État, le quartier des ministères et de l'Assemblée nationale maintient hors du temps ses rues, ses jardins secrets et ses hôtels particuliers. Au XVIIIᵉ s., les grands du royaume délaissent le Marais pour ce quartier qui se lotit à vive allure, d'où son unité remarquable.

## Le Palais-Bourbon*

➤ VIIᵉ *arrdt* ; 126, rue de l'Université ; *accès : 33, quai d'Orsay* **M°** *Assemblée-Nationale* ; *bus : 24, 63, 73, 83, 84, 94, Balabus* ; *vis. les sam. à 10 h, 14 h et 15 h mais se renseigner au préalable* ☎ *01.40.63. 77.77* ; *séance : pour y assister, se présenter au 33, quai d'Orsay (seules les dix premières personnes sont admises).*

**XI-A1** L'Assemblée nationale occupe l'hôtel construit en 1722 pour la duchesse de Bourbon, fille de Louis XIV et de Mᵐᵉ de Montespan. Son président, quant à lui, réside dans l'hôtel de Lassay voisin.

➤ **L'EXTÉRIEUR.** Côté Seine, la façade à l'antique, édifiée par **Poyet** sous le Premier Empire, fait pendant à celle de la Madeleine (*p. 112*), qui ferme la rue Royale. Le **fronton** du portique a été sculpté par **Cortot** ; aux murs des ailes, les **bas-reliefs** sont dus à **Rude** et **Pradier**. Place du Palais-Bourbon, la **façade**, très XVIIIᵉ s., possède un charme infiniment plus grand.

➤ **L'INTÉRIEUR.** Il est décoré de nombreuses **fresques** et statues, parmi lesquelles on retiendra la composition de **Vernet** au **plafond de la salle des Pas-Perdus*** et, dans la **bibliothèque****, l'*Histoire de la civilisation*, une œuvre majeure de **Delacroix**.

## Vers le musée Rodin

➤ VIIᵉ *arrdt* **M°** *Varenne* ; *bus : 69.*
**XI-A1-2** Dans la **rue St-Dominique**, des hôtels du XVIIIᵉ s., en particulier aux nᵒˢ **14** et **16**, occupés par le ministère de la Défense, valent le coup d'œil. Le square Samuel-Rousseau borde l'**église Ste-Clotilde**, édifice néogothique d'esprit victorien.

La **rue Martignac** conduit à la **rue de Grenelle****, dont vous longez

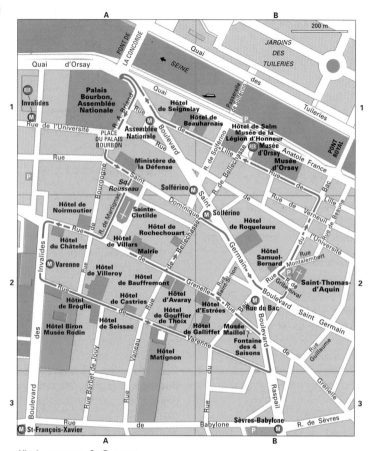

XI - Le faubourg St-Germain

un petit tronçon (voir aussi p. 180). Aux **nᵒˢ 138-140**, l'**hôtel de Noir-moutier** (1722), dernière résidence du maréchal Foch, héberge aujourd'hui le préfet de l'Île-de-France. Au **nᵒ 127** se trouve le somptueux **hôtel du Châtelet** (1770), siège du ministère du Travail. L'avant-corps est orné de quatre gigantesques **colonnes grecques**.

## L'hôtel Biron**
## et le ♥ musée Rodin**

➤ VIIᵉ **arrdt** ; hôtel Biron, 77, rue de Varenne **Mᵒ** Varenne ; **bus** : 69 ; ouv. t.l.j. sf lun. de 9 h 30 à 16 h 45 d'oct. à mars, de 9 h 30 à 17 h 45 d'avr. à sept. ; **ouv. du parc** jusqu'à 17 h en hiver et 18 h 45 en été ☎ 01.44.18.61.10 ; accès payant.

**XI-A2** À l'angle de la rue de Varenne et des Invalides, l'**hôtel Biron**, édifié par **Gabriel** et **Aubert** en 1732, offre un cadre de choix aux sculptures de Rodin.

➤ **L'hôtel** ** **et le ♥ jardin**. Cet élégant édifice, dont les pièces sont ornées de boiseries, n'attire pas seulement les amateurs de Rodin. Son ♥ **jardin**, remodelé – le plus vaste du faubourg avec celui de Matignon –, plaît aussi aux promeneurs, qui viennent rêver à l'ombre de ses treilles fleuries. Dans la **cour d'honneur**\* sont placés les principaux chefs-d'œuvre : *Le Penseur*\*\*, *Les Bourgeois de Calais*\*\*, la *Porte de l'Enfer*\*\*\* et *Balzac*\*\*.

➤ **LE MUSÉE.** Ici sont regroupées les sculptures les plus significatives de Rodin : *L'Âge d'airain*\*\*, *La Main de Dieu*\*\*\*, *Le Baiser*\*\*, *La Cathédrale*\*. Dans cet univers de bronze et de marbre blanc, les **tableaux** de Van Gogh, les *Moissonneurs*\*\*, et de Monet, *Paysage de Belle-Île*\*\*, issus de la collection personnelle de Rodin, tranchent sur la dramatique tension intérieure des œuvres du sculpteur ou de son élève et compagne : **Camille Claudel** – admirez en particulier *L'Âge mûr*\*\*\*. Le musée d'Orsay (*p. 227*) abrite également quelques-unes de leurs sculptures.

## La rue de Varenne\*\*

➤ VII$^e$ **arrdt M°** *Varenne* ; **bus** : 63, 68, 69, 83, 84, 94.

**XI-AB2** Cette ancienne garenne est bordée d'un remarquable ensemble d'hôtels du XVIII$^e$ s. Au **n° 78**, derrière une façade banale, se cache l'**hôtel de Villeroy** (1725), décoré par Leroux. Il abrite le ministère de l'Agriculture. Au **n° 72**, le **grand hôtel de Castries**, construit en 1700, présente un large **portail** à entablement. Au **n° 73**, l'**hôtel de Broglie**\*, construit par Boffrand (1735), accueillit le Q.G. américain en France pendant la Première Guerre mondiale. Au **n° 69**, vous apercevez les deux magnifiques **cours**\* de l'**hôtel de Seissac**, annexe de l'hôtel Matignon.

➤ **L'HÔTEL MATIGNON**\*\* (*57, rue de Varenne*). C'est sans doute le plus

Le Baiser, *de Rodin (1886), illustre la passion de Francesca et Paolo de Rimini.*

intéressant du faubourg. Il présente une belle **porte cochère** d'ordre ionique. Commencé en 1721 par **Courtonne**, embelli par la comtesse de Matignon, il fut acquis par **Talleyrand**, qui y donna des fêtes somptueuses. Depuis 1958, « Matignon » sert de résidence au Premier ministre. Outre la **décoration** typique du style rocaille, il renferme des panneaux peints par **Fragonard** ainsi que le plus **vaste parc** privé de Paris.

D'autres demeures remarquables jalonnent la promenade comme l'**hôtel de Gouffier de Thoix**\*, au **n° 56**, qui possède un élégant portail surmonté d'une coquille sculptée, ou l'**hôtel de Galliffet**\*, au **n° 50**, bâti par Legrand (1796). Côté jardin, six colonnes supportent un balcon où figurent des copies des nymphes des Innocents (Goujon).

*Rue du Bac, la porte à consoles de l'hôtel de Jacques-Samuel Bernard, fils du banquier de Louis XV, est surmontée d'un mascaron où l'on peut encore lire les initiales du propriétaire.*

## Le musée Maillol* et la fondation Dina-Vierny

➤ *VII^e **arrdt** ; 59-61, rue de Grenelle ; ouv. t.l.j. de 11 h à 18 h ; f. mar. et j.f.* ☎ *01.42.22.59.58 ; accès payant.* **Cafétéria** *libre d'accès.*

**XI-B2** Il occupe l'**hôtel Bouchardon**, célèbre pour sa ♥ **fontaine des Quatre-Saisons***, ornée de grandes figures allégoriques de la Ville de Paris, entre la Seine et la Marne ainsi que de charmants **bas-reliefs** des saisons. Ce monument d'inspiration typiquement néoclassique est dû à **Edme Bouchardon** (1745).

➤ **Le musée***. L'ancienne résidence d'**Alfred de Musset** abrite les principales œuvres de **Maillol** (terres cuites, plâtres, peintures, gravures, sanguines), que **Dina Vierny**, modèle préféré du sculpteur catalan, a rassemblées 30 ans durant. Vous y verrez une **collection*** étonnamment riche de **tableaux** de Gauguin, Bonnard, du Douanier Rousseau, de Dufy, Matisse, Poliakoff, Duchamp, Kandinsky et de l'avant-garde russe (Yankilevski, Rabine), que Dina Vierny avait découverte. Le **cabinet des Dessins** n'est pas moins intéressant avec des œuvres d'Ingres, Foujita, Valadon, Picasso… Vous retrouverez certaines statues de Maillol aux jardins du Carrousel *(p. 101).*

## La rue de Grenelle**

À la sortie du musée, l'architecture du XVIII^e s. vous livre encore quelques-unes de ses meilleures créations : au **n° 79**, l'**hôtel d'Estrées*** (1713), bâti par **Robert de Cotte**, siège de l'ambassade de Russie ; au **n° 85**, l'**hôtel d'Avaray***, résidence de l'ambassadeur des Pays-Bas, dû à **Leroux** (1718) ; l'**hôtel de Bauffremont***, au **n° 87**, œuvre de **Boscry** (1732) ; l'**hôtel de Rochechouart**, au **n° 110**, affecté au ministère de l'Éducation nationale ; l'**hôtel de Villars**, au **n° 118**, où est installée la **mairie**.

Dans cet univers de pilastres et de fenêtres ovales enguirlandées, le **n° 134** est bien le seul à détonner : et pour cause, construit par **Jules Lavirotte** en 1905, il constitue un parfait exemple d'**Art nouveau** !

## Vers le musée d'Orsay

➤ *VII^e **arrdt** **M°** Rue-du-Bac ou Solférino ;* **bus** *: 63, 68, 69, 83, 84, 94.* **Concerts** *gratuits le dim. à 17 h 45.*

**XI-B1-2** Rejoindre le **bd St-Germain**. Au **n° 246**, le ministère des Transports occupe l'**hôtel de Roquelaure**, bâti par **Leroux** en 1732. Plus loin, la **rue de Luynes**, à g., mène à l'**église St-Thomas-d'Aquin**, de style jésuite. À l'intérieur, **tableaux**\* des XVIIe et XVIIIe s. (Salvator Rosa, le Guerchin, Lemoyne). Les amateurs d'**orgues** apprécieront l'acoustique lors des concerts.

La rue de Gribeauval permet de rejoindre la **rue du Bac**\*. Au **n° 46** se situe l'**hôtel de Jacques-Samuel Bernard**\*, fils du banquier du règne de Louis XV.

### La gare d'Orsay**

➤ *VIIe **arrdt** ; 1, rue de Bellechasse* **M°** *Assemblée-Nationale ou Solférino* **RER** *Musée-d'Orsay ; bus : 24, 63, 68, 69, 73, 83, 84, 94, Balabus.*

**XI-B1** Elle s'élève à l'emplacement du palais d'Orsay, incendié sous la Commune, et fut construite en deux ans pour l'Exposition universelle de 1900. Laloux réalisa ici une prouesse technique. Si le voisinage avec le Louvre et les Tuileries imposait une façade académique, l'**ossature métallique** dissimulée derrière ce corset de pierre pèse plus lourd que la tour Eiffel, et la **nef** est plus grande que celle de Notre-Dame ! Pourtant, la gare ne put accueillir longtemps les locomotives de la ligne Paris-Orléans. Ses quais étant trop courts pour les nouveaux trains

électriques, elle fut fermée en 1939. En 1977, l'idée se fait jour d'y abriter un musée du XIXe s. Les architectes **Colboc**, **Bardon** et **Philippon** préservent l'édifice classé mais remodèlent l'espace intérieur. Il en résulte ce musée exemplaire de clarté, au propre comme au figuré *(description des collections p. 227).*

### Le musée de la Légion d'honneur

➤ *VIIe **arrdt** ; 2, rue de Bellechasse ; ouv. t.l.j. de 14 h à 17 h sf lun.* ☎ *01.40.62.84.25 ; accès payant.*

**XI-B1** Il occupe l'élégant **hôtel de Salm**\*\* (1787), qui possède une admirable cour à colonnades *(côté rue de Lille).* À l'**intérieur** sont présentés **uniformes** et **décorations**, du Moyen Âge à nos jours, ainsi que les objets ayant appartenu à Napoléon.

Reprenez la **rue de Lille**, où se trouve l'**hôtel de Beauharnais**\*\*, au **n° 78** (résidence de l'ambassadeur d'Allemagne), un des plus beaux du faubourg, notamment pour sa décoration intérieure. Le curieux **portique néoégyptien** de la façade côté cour est tout à fait caractéristique du style mis à la mode par l'expédition d'Égypte. Au **n° 80**, l'**hôtel de Seignelay** (ministère du Commerce et de l'Artisanat). Le salon du 1er étage sur jardin est un bijou de style rocaille. Ces deux hôtels ont été élevés par **Boffrand**.

# Montparnasse*
## et le XIVᵉ arrondissement

Le nom évoque à juste titre le séjour d'Apollon et des Muses ; même si le Montparnasse bohème, berceau artistique de l'école de Paris, a désormais disparu, bon nombre d'ateliers d'artistes demeurent, et un marché de l'art contemporain se tient chaque dimanche sur le parvis. Depuis les années 1970, Montparnasse se tourne résolument vers l'avenir, comme l'illustrent sa tour et son centre commercial ou la flambant neuve place de Catalogne. Les boulevards du Montparnasse et Raspail n'ont, quant à eux, rien perdu de leur animation : les cafés, les brasseries, les cinémas attirent bon nombre de noctambules, tandis que les innombrables crêperies rappellent que les Bretons, chassés par l'exode rural, y ont élu domicile. Vers Pernety, les épiceries fines et les ateliers de design traduisent un certain embourgeoisement. À deux pas de l'agitation de la rue d'Alésia, cette partie du XIVᵉ arrondissement a conservé de ravissantes villas, noyées dans la verdure.

## La rue de Rennes

➤ VIᵉ *arrdt* **M°** *St-Germain-des-Prés, St-Sulpice, Rennes, St-Placide ou Montparnasse-Bienvenüe ; **bus** : 39, 48, 63, 68, 70, 83, 86, 87, 89, 94, 95, 96.*

**XII-B1-2** Ses trottoirs bordés de boutiques de décoration ou de vêtements se noircissent de monde aux approches du gigantesque building que tout Paris voit depuis ses toits.

En chemin, vous pouvez faire un détour en prenant à dr. le **bd Raspail**, où se tient un ♥ **marché** *(les mar. et ven.)* qui, le dimanche matin, ne porte que sur les produits biologiques.

Vers **Sèvres-Babylone**, le **Bon Marché** *(p. 26)* concentre aux alentours une foule de boutiques de vêtements et d'accessoires luxueux (**rue de Sèvres**, **rue des Sts-Pères**, **rue du Cherche-Midi**, notamment).

### Le musée Hébert*

➤ VIᵉ *arrdt* ; 85, rue du Cherche-Midi **M°** *St-Placide, Vaneau ; **bus** : 28, 39, 48, 70, 82, 84, 89, 92, 94, 95, 96 ; ouv. t.l.j. de 12 h 30 à 18 h, les sam., dim. et j.f. de 14 h à 18 h ; f. mar.* ☎ *01.42.22.23.82 ; accès payant.*

**XII-A2** Il occupe un bel hôtel du XVIIIᵉ s. et abrite les œuvres d'Ernest Hébert (1817-1908), peintre officiel du Second Empire, tombé amoureux des paysages italiens, dont il a su rendre la luminosité. L'artiste exécuta aussi des portraits mondains et d'admirables séries d'enfants, avant de se rapprocher du symbolisme à la fin de sa vie.

## Autour de la gare Montparnasse

➤ XVᵉ *arrdt* **M°** *Montparnasse-Bienvenüe ; **bus** : 28, 48, 58, 91, 92, 94, 95, 96.*

Deux mondes se côtoient ici. D'un côté, autour du boulevard, le « vieux Montparnasse », au riche passé artistique, domaine de la vie

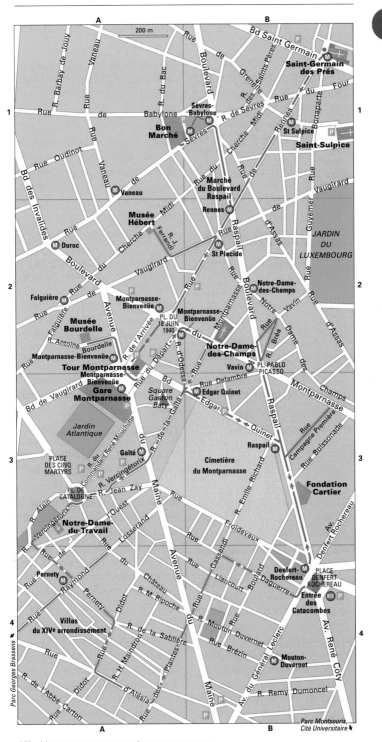

XII - MONTPARNASSE ET LE XIVᵉ ARRONDISSEMENT

## Où faire une pause ?

Au 56ᵉ étage de la tour Montparnasse **XII-A2**.

Dans une brasserie célèbre du bd du Montparnasse **XII-B2** : *Le Select* (au n° 99), *Le Dôme* (au n° 108), *La Rotonde* (au n° 105), *La Coupole* (au n° 102).

Dans le jardin Atlantique, **XII-A3**.

Au parc Montsouris **hors plan par XII-B4**.

Au cimetière du Montparnasse **XII-B3**.

nocturne ; de l'autre, derrière la tour « Maine-Montparnasse », l'univers des galeries marchandes et des grands ensembles.

### La tour Montparnasse*

➤ *XVᵉ* **arrdt** ; *rue de l'Arrivée* **M°** *Montparnasse-Bienvenüe* ; **bus** : *48, 91, 94, 95, 96* ; **ouv.** *t.l.j. de 9 h 30 à 23 h 30 d'avr. à sept. ; t.l.j. de 9 h 30 à 22 h en sem. et jusqu'à 22 h 30 le w.-e., d'oct. à mars* ☎ *01.45.38.52.56* ; **accès payant.** *Restaurant* Le Ciel de Paris ☎ *01.40.64.77.64.*

**XII-A2** Haute de 200 m, elle symbolise la mutation du quartier dans les années 1970. Avec ses 52 étages de bureaux où travaillent plus de 7 000 personnes, cette tour en dit assez sur la mégalomanie qui sévissait en matière d'architecture à cette époque. Le **56ᵉ étage** est agrémenté d'une **terrasse panoramique**, d'un **bar** et d'un **restaurant**, *Le Ciel de Paris*, qui permettent d'admirer dans les meilleures conditions le **point de vue**** sur Paris.

### Musée Antoine-Bourdelle**

➤ *XVᵉ* **arrdt** ; *18, rue Antoine-Bourdelle* **M°** *Montparnasse-Bienvenüe (sortie pl. Bienvenüe) ou Falguière* ; **bus** : *48, 91, 94, 95, 96* ; **ouv.** *t.l.j. de 10 h à 17 h 40 sf lun* ☎ *01.49.54.73.73.*

**XII-A2** Il est installé dans l'atelier (p. 186) où le sculpteur vécut de 1885 à sa mort en 1929. **Christian de Portzamparc** y a ajouté une nouvelle aile. Les principales œuvres du grand disciple de Rodin sont rassemblées ici. On peut y découvrir près de 500 sculptures : plâtres originaux, bronzes, marbres, dont : *Héraclès archer***, *La Danse***, qu'inspirèrent Isadora Duncan et Nijinski au sculpteur, la série des **Beethoven** (*Grand Masque tragique***, *Beethoven aux raisins***...*), la *Tête d'Apollon***, le *Buste de Rodin*, le *Centaure mourant**** ou le *Grand Guerrier de Montauban****.

### La gare Montparnasse

➤ *XVᵉ* **arrdt** **M°** *Montparnasse-Bienvenüe ou Edgar-Quinet* ; **bus** : *28, 48, 58, 91, 92, 94, 95, 96.*

**XII-A3** Un parvis en granit rose la sépare de la tour. Rénovée pour accueillir le TGV Atlantique, elle dissimule sous un cadre fonctionnel des liens très forts avec la Bretagne comme l'attestent les noms des rues voisines. D'ailleurs, le chouchen continue de couler à flots dans les crêperies du quartier.

➤ **LE JARDIN ATLANTIQUE*** (*accès* : *pl. des Cinq-Martyrs-du-Lycée-Buffon, gare Montparnasse*). Au-dessus des quais de la gare, ce jardin sur dalle de 3,5 ha se déploie autour d'une pelouse centrale. Il est planté d'espèces originaires de part et d'autre de l'Atlantique, et sa décoration évoque l'univers maritime (grands mâts, passerelles, pontons…).

## Autour du boulevard du Montparnasse

➤ XIVe **arrdt M°** *Montparnasse-Bienvenüe, Gaîté, Vavin, Raspail ou Edgar-Quinet ;* **bus** *: 28, 58, 68, 82, 91.*

**XII-AB2-3** En souvenir de la bohème parnassienne, suivez le bd du Montparnasse, très animé le soir. Les grandes brasseries sont près de **Vavin** : *Le Select (au n° 99), Le Dôme (au n° 108), La Rotonde (au n° 105),* ainsi que *La Coupole (au n° 102).* Dans les années 1910, **Modigliani** et **Soutine** ont ici pour voisins **Léger** et **Zadkine**. Aux terrasses des cafés, ils côtoient les réfugiés d'Europe centrale, dont les nommés **Lénine** et **Trotski**. Viendront ensuite **Max Jacob, Cocteau, Breton** et **Cendrars** ou encore des peintres reconnus, comme **Matisse** et **Picasso**. Décidément cosmopolite, Montparnasse s'attire les faveurs des romanciers américains après la Première Guerre mondiale : Hemingway, Fitzgerald, Miller.

## La rue de la Gaîté

➤ XIVe **arrdt M°** *Gaîté ou Edgar-Quinet ;* **bus** *: 28, 58.*

**XII-A3** Elle exhibe des sex-shops et des théâtres populaires ou renommés comme la **Gaîté-Montparnasse** *(au n° 26 ☎01.43.22.16.18)* ou le **théâtre Montparnasse** *(au n° 31 ☎01.43.22.77.74),* décoré dans le goût de la Belle Époque. À deux pas, ravissant ♥ **square G.-Baty.**

## Le boulevard Raspail

➤ XIVe **arrdt M°** *Vavin ou Raspail.*

**XII-AB2-3** Élégante et bourgeoise, l'artère a été percée à partir

---

### Le marché de la création

Face à la tour Montparnasse, chaque semaine, l'art descend dans la rue et déploie une vraie galerie à ciel ouvert. 400 peintres et plasticiens y présentent leurs œuvres (aquarelle, sculptures, peintures abstraites ou figuratives). Les prix varient entre 10 F et 4 000 F. *Ouv. dim. de 10 h à 19 h.*

---

de 1866 et offre d'intéressants spécimens d'architecture. Vers N.-D.-des-Champs, la **rue Vavin** abrite, au n° 26, un **immeuble à gradins**** et revêtement de céramique blanche dû à **Sauvage** (1912). Plus au S, le bd Raspail longe le **cimetière du Montparnasse**** *(accès principal 3, bd Edgar-Quinet ☎ 01.44.10.86.50),* où reposent Baudelaire, Desnos, Saint-Saëns, Soutine, Sartre et Gainsbourg *(p. 210).*

Au niveau de la **station Raspail**, la **rue Campagne-Première** abrite des **ateliers d'artistes** *(au n° 31)* qu'occupaient Miró, Giacometti, Kandinsky entre les deux guerres ; la **façade** en grès a été décorée par Bigot. Plus loin, la ♥ **Fondation Cartier*** *(261, bd Raspail ; ouv. t.l.j. sf lun. de 12 h à 20 h, nocturne le jeu. jusqu'à 22 h ☎ 01.42.18.56.50 ; accès payant)* est un très bel édifice transparent signé **Jean Nouvel**, auteur de l'Institut du monde arabe *(p. 163).* À l'**intérieur**, le cèdre du Liban a été planté par Chateaubriand en 1823 ! Des expositions temporaires sont consacrées à l'**art contemporain**.

# Les ateliers d'artistes

« *Viens voir mon atelier d'Assas et tu comprendras combien la vie d'un homme peut être changée à cause d'un pigeonnier, à cause d'un arbre »*, confie le sculpteur Zadkine dans une lettre à un proche. On ne saurait lui donner tort : ces enclaves oubliées du monde offrent un charme bucolique où plane de surcroît le souvenir de l'artiste qui y a vécu.

Tout au long de son histoire, Paris s'est révélé un creuset pour les artistes des quatre coins de l'Europe. Les Espagnols Picasso et Miró, l'Italien Modigliani, les Russes Chagall et Soutine, l'Allemand Max Ernst, le Hollandais Van Dongen… sont venus y chercher l'émulation et l'inspiration, parfois même la protection, nécessaires à l'épanouissement de leurs talents.

Ci-dessus : la cité des Fusains (XVIIIe arrdt). Magritte, Arp et Miró y travaillèrent.

### Le Louvre : un atelier « royal »

À partir de 1608, les artistes s'installent au Louvre avec femmes et enfants. Le palais devient un gigantesque atelier. Le rez-de-chaussée est laissé aux sculpteurs comme Girardon, Coustou, Pigalle. Pour décupler les logements, on n'hésite pas à cloisonner l'espace. Sur le toit de la Colonnade, l'un d'entre eux installe même son potager ! Plus tard, Boucher, Chardin, David y emménageront eux aussi. Expulsés en 1806, les artistes se replient un temps dans les dépendances de quelques couvents.

### Montmartre et Montparnasse : la vie de bohème

Vers la seconde moitié du XIXe s., les loyers bon marché attirent nombre d'entre eux dans les faubourgs, notamment à Montmartre et dans les XIVe et XVe arrondissements. Les Expositions universelles fournissent les matériaux de construction : 1878, la cité Fleurie, bd Arago (XIVe arrdt), est créée à partir du pavillon de l'Alimentation mais aussi des ruines du château des Tuileries. En 1889, c'est le tour de la **cité des Fusains** (XVIIIe arrdt), où logeront Derain, Bonnard et Renoir. En 1900, **la Ruche** (XVe arrdt) naît des vestiges de l'ancien pavillon des Vins grâce au sculpteur Boucher ; Fernand Léger et Chagall comptent parmi ses pen-

**L'atelier d'Ary Scheffer**, peintre romantique (XVIIIe arrdt).

**Ci-dessus : l'atelier
de Zadkine** (Ve arrdt),
où le sculpteur vécut
jusqu'à sa mort, en 1967.

sionnaires. Autre lieu phare de la création artistique, **le Bateau-Lavoir** – un taudis en fait, sans eau ni chauffage, que Picasso lui-même surnommait « ma boîte à ordures » ! C'est ici que le maître du cubisme peint *Les Demoiselles d'Avignon* en 1907. Une foule d'artistes (Max Jacob, Modigliani) y séjourneront. Le quartier de Montparnasse connaît aussi son heure de gloire comme en témoignent encore les **ateliers de Bourdelle**, Zadkine et **Brancusi** (transporté depuis à Beaubourg) ou encore certaines cités d'artistes, rue **Campagne-Première** par exemple, ou **villa Seurat**.

### Du squat aux Frigos

Aujourd'hui, la plupart des ateliers ont été démolis par les promoteurs immobiliers même si désormais cette forme d'habitat est très recherchée par la bourgeoisie . Seize mille artistes vivent pourtant dans la « capitale des arts ». À la recherche d'espaces vacants, ils investissent les squats de **Belleville** ou d'ailleurs et les entrepôts désaffectés comme celui des **Frigos**, quai de la Gare, où, depuis 1985, 150 artistes (scénographes, , metteurs en scène, comédiens, peintres, plasticiens) se sont installés.

### Où visiter les ateliers d'artistes ?

Le musée Bourdelle *(p. 184)* ; l'atelier de Brancusi *(p. 223)* ; le musée Delacroix *(p. 172)* ; le musée Hébert *(p. 182)* ; le musée Henner *(p. 241)* ; le musée G.-Moreau *(p. 129)* ; le musée Rodin *(p. 178)* ; le musée de la Vie romantique, atelier du peintre Scheffer *(p. 129)* ; le musée Zadkine *(p. 176)*. Et aussi, les journées « Portes ouvertes », organisées chaque année, dans les ateliers de chaque arrondissement *(rens. auprès des mairies)*.

**Ci-dessous :
un squat à Belleville.**

# Plaisance et le XIVᵉ arrondissement

L e « nouveau Montparnasse » commence rue Vercingétorix. Ce quartier rompt avec le parvis battu par les vents, la gare ultramoderne et les grands ensembles des années 1960-1970. Ici, les années 1980 fêtent leurs retrouvailles avec le classicisme et les immeubles traditionnels. En revanche, entre la rue R.-Losserand et la place Denfert-Rochereau, rien ne semble avoir changé, hormis un embourgeoisement sensible. D'incroyables ruelles ont été loties de petits pavillons de rêve tandis que les stocks de la rue d'Alésia incitent à faire du shopping.

## La place de la Catalogne*

➤ XIVᵉ **arrdt M°** *Gaîté, Pernety* ; **bus** : *91.*

**XII-A3** C'est l'un des rares exemples de place moderne. Dessinée en 1985 par **Ricardo Bofill**

*Insolite, l'église Notre-Dame-du-Travail est un bel édifice à charpente métallique, destiné à l'origine aux ouvriers.*

*(p. 165)*, elle se veut une interprétation contemporaine du néoclasicisme. Les immeubles-amphithéâtres, dont les colonnes et les pilastres sont en béton préfabriqué, accueillent 500 logements ! Au centre de la place, *Le Creuset du Temps*, dû à **Shamaï Haber**, forme un vaste disque minéral incliné où l'eau glisse. La **place des Colonnes**, qui fait partie de l'ensemble de Bofill ainsi que la **place de l'Amphithéâtre** aux colonnes en verre, valent aussi le coup d'œil.

## L'église Notre-Dame-du-Travail*

➤ XIVᵉ **arrdt** ; 59, rue Vercingétorix **M°** *Pernety.*

**XII-A3** Ce bel édifice à charpente métallique bâti par **Astruc** en 1902 est dédié aux ouvriers. L'**abbé Soulange-Bodin**, à l'origine de sa construction, souhaitait en faire un « sanctuaire universel » qui réconcilierait le monde du capital et du travail ! À l'**intérieur**, décor d'ensemble de style Art nouveau.

## Vers Denfert-Rochereau

➤ XIVᵉ **arrdt M°** *Pernety, Alésia ou Denfert-Rochereau* **RER** *Denfert-Rochereau* ; **bus** : *28, 38, 58, 62, 68.*

**XII-AB4** La **rue R.-Losserand** est le cœur du XIVᵉ qui séduit tant les Parisiens aisés. La rue Pernety mène à la **rue Didot** qui ouvre sur d'anciennes voies champêtres. Ici s'élèvent, en effet, les ♥ **villas Duthy, Jamot** et **Deshayes**, des pavillons à jardinets, en plein Paris !

## La place Denfert-Rochereau

➤ XIVe *arrdt* **M°** *et* **RER** *Denfert-Rochereau ;* **bus** *: 38, 68, Orlybus.*

**XII-B4** Elle est gardée par le célèbre *Lion de Belfort* en bronze de Bartholdi, et par 2 pavillons de **Ledoux**, vestiges de l'ancienne barrière des Fermiers généraux.

➤ **LES CATACOMBES**\* *(1, pl. Denfert-Rochereau ; ouv. du mar. au ven. de 14 h à 16 h, sam. et dim. de 9 h à 11 h et de 14 h à 16 h, f. lun. et fêtes ☎ 01.43.22.47.63 ; accès payant).* Près de six millions de personnes, peut-être, reposent dans cet univers de tibias et de crânes.

# La tour Eiffel\*\*\*
# et les Invalides\*\*\*

Une résille d'acier à l'assaut des nuages… Un dôme tout d'or vêtu… De nobles façades… Le Paris du VIIe arrdt aux esplanades aérées offre une mise en scène théâtrale qui valorise les monuments. Louis XIV y glorifia son armée ; le XIXe s. positiviste, les techniques. Il en résulte une étonnante cohabitation. Malgré l'austérité presque militaire du paysage, on appréciera ici l'un des quartiers les plus verts de Paris.

## La tour Eiffel\*\*\*
## et son quartier

➤ VIIe *arrdt ;* **M°** *Bir-Hakeim* **RER** *Champ-de-Mars ;* **bus** *: 42, 69, 82, 87 ; ouv. t.l.j. de 9 h 30 à 23 h ; de 9 h à minuit de mi-juin à fin août ; comptez jusqu'à 2 h d'attente en haute saison ☎ 01.44.11.23.23 ; accès payant.*

**XIII-A1** Chantée ou décriée par les poètes et les artistes *(voir encadré p. 190)*, ce symbole de l'industrie triomphante est aussi l'emblème de Paris. Elle attire chaque année plus de 5, 5 millions de visiteurs.

### DU CONCOURS POUR L'EXPOSITION AUX TÉLÉCOMMUNICATIONS

En mai 1886 est lancé le concours d'une tour en fer. Le projet retenu est celui de Kœchlin et Nouguier – autrement dit des bureaux d'étude de **Gustave Eiffel**, déjà célèbre pour ses constructions métalliques (viaducs…). La tour est édifiée de janvier 1887 à mai 1889. Cette rapidité est due à la précision des plans, à la légèreté de la structure et au principe même de la construction, sorte de Meccano avant la lettre ! Le succès de curiosité est à l'échelle de la tour : immense. Jusqu'à l'érection de l'Empire State Building en 1931, elle détenait d'ailleurs le record du plus haut monument du monde. La tour était pourtant vouée à la

# Le siècle du fer

Portées longues, structures légères, le fer a des ressources qui séduisent les architectes du XIX<sup>e</sup> s. Après les ponts d'Iéna et d'Austerlitz, nés sous le Premier Empire, la Restauration dresse les serres du Jardin des Plantes; Napoléon III, les Halles de Baltard et la gare de l'Est. Il faut pourtant attendre la fin du siècle pour que soit absolument maîtrisé l'emploi de l'acier (très coûteux) et de la fonte (fragile). Ce nouvel acquis s'illustre dans la construction de la tour Eiffel – ainsi que dans des bâtiments utilitaires : grands magasins (p. 26), serres d'Auteuil, édicules du métropolitain (1900), où Guimard polit rapidement son style.

*Le chantier de la tour Eiffel dura deux ans et quelques mois. 200 000 m² de fer et 2,5 millions de rivets furent nécessaires à sa construction ; plus de 50 ingénieurs et 150 ouvriers furent mobilisés.*

## « L'odieuse colonne de tôle boulonnée »

On s'amuse aujourd'hui du combat acharné que livrèrent à la tour Eiffel certains artistes en 1887 : « Nous, écrivains, peintres, sculpteurs, amateurs passionnés de la beauté jusqu'ici intacte de Paris, venons protester de toutes nos forces, au nom du goût français menacé, contre l'érection de l'inutile et monstrueuse Tour Eiffel [...]. La ville va-t-elle donc s'associer plus longtemps aux mercantiles imaginations d'un constructeur de machines pour s'enlaidir irréparablement et se déshonorer ? Car la tour Eiffel, dont la commerciale Amérique elle-même ne voudrait pas, c'est, n'en doutez pas le déshonneur de Paris ». Cette lettre ouverte était signée, entre autres, par Dumas et Garnier. Dès 1900 pourtant, la tour Eiffel entre dans le panthéon des monuments parisiens ; elle est chantée par Apollinaire, peinte par Delaunay, Pissarro ou Buffet.

destruction en 1909 avant qu'elle ne soit assignée aux télécommunications. Elle servira ainsi d'antenne de radio, participera à la défense nationale durant la guerre, fera office d'observatoire météorologique, et enfin émettra pour les chaînes de télévision française.

➤ **La montée au sommet de la tour**\*\*\*. C'est le moment le plus religieux de toute visite à Paris. Il faut, bien sûr, choisir un jour où le ciel est dégagé. L'idéal est d'arriver peu de temps avant le coucher du soleil. L'ascenseur – il date de 1889 – permet d'accéder au **3<sup>e</sup> ét.**, où la **vue** porte au-delà de l'Île-de-France ! Il vous sera plus facile de repérer les différents monuments et quartiers de Paris depuis la 2e plate-forme (accessible aussi par un escalier de 1 100 marches !), où se trouve aussi le *Jules Verne* (☎ 01.45.55.61.44), un **restaurant** excellent mais cher *(p. 262)*. Au 1er **étage**, spectacle audiovisuel sur l'histoire de la tour Eiffel.

## Sur les quais

➤ LA MAISON DE LA CULTURE DU JAPON* *(101* bis, *quai Branly* M° *Bir-Hakeim* RER *Champ-de-Mars ;* **bus** : *42, 82 ;* **ouv.** *t.l.j. sf dim., lun. et j.f., de 12 h à 19 h, jusqu'à 20 h le jeu.* ☎ *01.44.37.95.00 ;* **accès payant**).

**Hors plan par XIII-A1** Le centre invite à se familiariser avec la culture japonaise à travers des expositions et des projections cinématographiques *(le jeu.)*. Vous pouvez même assister à la **cérémonie du thé** *(le mer. à 15 h et 16 h)*. On admirera la légèreté presque aérienne du bâtiment (1997), dont la structure rappelle les panneaux japonais traditionnels.

## À ne pas manquer

♥ Le dôme des Invalides***, *p. 195*.
La tour Eiffel***, *p. 189*.
Les Invalides***, *p. 194*.
L'École militaire**, *p. 191*.
Le Champ-de-Mars*, *p. 191*.
L'Unesco*, *p. 193*.
Le musée de l'Armée*, *p. 194*.
Le musée des Plans-Reliefs*, *p. 194*.

➤ LE MUSÉE DES ÉGOUTS *(face au 93, quai d'Orsay* M° *Alma-Marceau* RER *Pont-de-l'Alma ;* **bus** : *42, 63, 80, 92 ;* **ouv.** *t.l.j. sf jeu. et ven., de 11 h à 17 h de mai à sept., de 11 h à 16 h d'oct. à avr.* ☎ *01.53.68.27.81 ;* **accès payant**). Le système des égouts actuels a été mis au point par **Belgrand**, sous le Second Empire. Un monde étonnant à découvrir en suivant les galeries souterraines – 2 100 km au total ! – aux noms de rues familiers.

## Le Champ-de-Mars*

➤ VIIe **arrdt** M° *École-Militaire* RER *Champ-de-Mars ;* **bus** : *28, 42, 49, 69, 80, 82, 87, 92*.

**XIII-AB1-2** Il déploie ses jardins au pied de la tour Eiffel. Dessinés à l'origine par **Gabriel** en 1765, ceux-ci devaient servir de terrain de manœuvres aux élèves de l'École militaire ! Au XIXe s., ils accueillent les Expositions universelles – dont celles de 1889, qui voit l'érection de la fameuse tour. L'aménagement actuel – partie jardin anglais et partie jardin français – date de 1908.

# Le quartier des Invalides**

E ntre le Champ-de-Mars, l'École militaire et le faubourg St-Germain, l'hôtel des Invalides revendique la condition militaire, ses honneurs et ses servitudes. À présent, le quartier a troqué ses ardeurs belliqueuses pour une impassibilité olympienne. Même les arbres et les immeubles cossus semblent ici au garde-à-vous.

## L'École militaire**

➤ VIIe **arrdt** ; 1, pl. Joffre M° *École-Militaire ;* **bus** : *28, 49, 80, 82, 87, 92 ;* **vis.** *sur demande écrite*.

**XIII-B2** À l'autre bout du Champ-de-Mars, l'École militaire de Gabriel résume l'idéal antique tel qu'on le concevait au XVIIIe s.

#### Napoléon, un élève prometteur

Selon les souhaits de Mme de Pompadour, Louis XV fonde en 1751 un collège pour les gentils-hommes pauvres désireux d'entrer aux armées. Il en confie la construction à **Jacques Ange Gabriel** (l'architecte de la place de la Concorde, *p. 131*). L'ensemble, terminé en 1772, n'en fait pas moins l'admiration de tous.

L'École compta parmi ses illustres élèves Napoléon Bonaparte, qui en sortit avec la mention : « ira loin, si les circonstances le favorisent » !

➤ **L'ÉDIFICE.** Avec son pavillon central à colonnes corinthiennes, son dôme quadrangulaire et ses longues ailes, la **façade N**\*\* clôt avec magnificence la perspective du Champ-de-Mars. Remarquez la *Victoire* de l'entablement : elle a les traits de Louis XV, et c'est l'une des rares effigies royales à avoir survécu à la Révolution. Faites le tour du monument par la dr. En chemin, un petit détour par

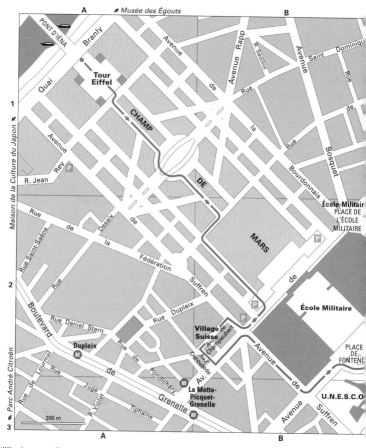

XIII - LA TOUR EIFFEL ET LES INVALIDES

l'**avenue de Suffren** *(au n° 78)* vous conduit au **Village suisse** *(ouv. t.l.j. sf mar. et mer.)*, qui abrite antiquaires et brocanteurs. Sur la **place de Fontenoy**, la **façade S**\*\* déploie des lignes rigoureuses qui rappellent un peu l'hôtel de la Monnaie *(p. 168)*.

## L'Unesco\*

➤ VII<sup>e</sup> **arrdt** ; *7, pl. de Fontenoy* **M°** *Cambronne ou Ségur ;* **bus** *: 49.*

**XIII-B3** Conçu par les architectes **Nervi**, **Breuer** et **Zehrfuss**, les quatre bâtiments du siège de l'Organisation des Nations Unies pour l'éducation, la science et la culture font partie des réussites de la fin des années 1950. Étonnant : le béton y est traité comme un matériau noble. Le bâtiment principal, qui a la forme d'un Y sur pilotis, tout comme le deuxième, aux voiles en béton cannelé et toit en accordéon, se réclament de la modernité. La **décoration** intérieure est dans le même esprit : sculptures d'**Henri Moore**\* ; mobile géant de **Calder**\* ; fresque de **Picasso**, céramiques de **Miró**, tapisseries de **Lurçat** et de **Le Corbusier**…

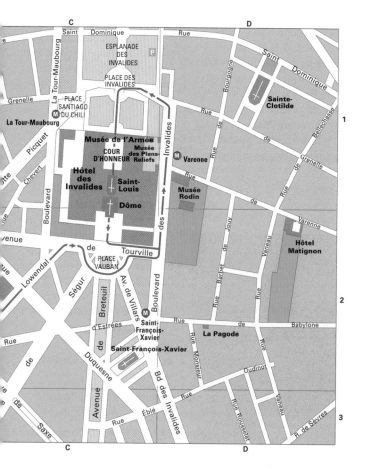

## Les Invalides***

➤ VII<sup>e</sup> *arrdt* ; *129, rue de Grenelle*
**M°** *Invalides, La Tour-Maubourg
ou Varenne* **RER** *Invalides ; accès
payant (billet jumelé avec les
musées).*

**XIII-C1-2** Grande pensée du règne
de Louis XIV selon les dires du roi
lui-même, les Invalides constituent l'un des plus grands chefs-
d'œuvre du classicisme français.

### UN HÔTEL POUR LES SOLDATS

Jusqu'au règne de Louis XIV, les
soldats invalides ou trop âgés
étaient réduits à la mendicité ou
confiés aux institutions religieuses. En 1670, le Roi-Soleil remédie
à cette injustice en confiant à
**Libéral Bruant** la réalisation d'un
hôtel dans la plaine de Grenelle.
Celui-ci conçoit un ensemble
inspiré de l'Escurial qui tient à la
fois de la caserne et du couvent.
**Jules Hardouin-Mansart** *(p. 41)*,
élève du précédent, poursuit les
travaux et construit l'église à
dôme qui, à partir de 1840, renfer-
mera la dépouille de Napoléon.

### Où faire une pause ?

Dans un bar de la tour Eiffel
**XIII-A1**.

À la Maison de la Culture du
Japon **XIII-A1**.

À la Guinguette Maxim's, port
de Suffren **VIII-D2**.

Sur la pelouse du Champs-de-
Mars **XIII-AB1-2**.

En bateau-mouche **XIII-A1**,
sur les quais au pied de la
tour Eiffel.

### L'ESPLANADE**

Elle a été aménagée de 1704 à 1720
par **Robert de Cotte**. Un large fossé
précède le jardin de l'hôtel qui
braque ses bouches à feu sur les
promeneurs. Superbe perspective
sur les quais.

### L'HÔTEL **

La **façade***, caractéristique du
Grand Siècle est plutôt austère.
Entre les deux pavillons, le décor
se réduit aux lucarnes et, surtout,
au **portail*** : *La Prudence* et *La
Justice* de **Coustou** encadrent la
**statue équestre** de Louis XIV. La
**cour d'honneur*** a été dessinée
par **Libéral Bruant**. Pour l'anecdote, observez bien les lucarnes,
à dr. du pavillon central *(cinquième lucarne)*, un œil-de-bœuf
s'ouvre entre les pattes d'un loup,
armes parlantes du ministre à
l'origine de l'hôtel : Louvois (loup
voit) !

### LE MUSÉE DE L'ARMÉE*

➤ *Ouv. t.l.j. de 10 h à 17 h d'oct. à
mars, jusqu'à 18 h d'avr. à sept.*
☎ *01.44.42.37.72.*

**XIII-C1** Situé de part et d'autre de
la cour d'honneur des Invalides,
il n'a pas d'équivalent au monde,
aux dires des spécialistes. Dans le
**bâtiment de l'Occident**, admirez
l'**épée de François I<sup>er</sup>***; l'**armure
« sable et argent » d'Henri II*** ;
l'**ensemble à la chimère***.

Dans le **bâtiment de l'Orient**, voir
le **plan-relief de l'hôtel des Invalides*** et le **portrait de Napoléon*** ,
signé **Ingres**.

### LE MUSÉE DES PLANS-RELIEFS*

➤ *Ouv. t.l.j. de 10 h à 12 h 30 et de
14 h à 17 h d'oct. à mars, jusqu'à
18 h d'avr. à sept.* ☎ *01.45.51.95.05.*
**En cours de réaménagement.**

Outils stratégiques, les plans-reliefs ont été élaborés entre l'époque de Louis XIV et celle de Napoléon III. Cette collection compte une centaine de maquettes de villes fortifiées au 1/600 : cités frontalières, situées sur le littoral ou ayant fait l'objet d'expéditions militaires. Les 28 maquettes exposées actuellement sont consacrées aux places de guerre françaises de la Manche, de l'Atlantique, des Pyrénées et de la Méditerranée. Remarquez notamment celles du **Mont-St-Michel**, de la **citadelle de Belle-Île** ou du **château d'If**.

### L'ÉGLISE ST-LOUIS-DES-INVALIDES***

➤ *Ouv. t.l.j. de 10 h à 17 h d'oct. à mars, jusqu'à 18 h d'avr. à sept.* ☎ *01.44.42.37.72.*

**XIII-C1** Louis XIV souhaitait une église à l'image de son règne. **Jules Hardouin-Mansart** mit plus de 20 ans à la construire, de 1679 à 1708. Si l'influence baroque est encore sensible sur la **façade**, qui s'apparente au style jésuite, le ♥ **dôme**\*\*\* passe pour le sommet absolu du style classique français. Les caveaux abritent les dépouilles des **maréchaux** (de Bessières à Leclerc) et de **Rouget de isle**. Remarquez aussi l'**orgue** du XVIIe s.

### ♥ LE DÔME DES INVALIDES***

Pureté des lignes, flèche culminant à 103 m, coupole scintillant d'or, c'est le plus beau dôme jamais construit en France. **Coysevox** et **Coustou** ont orné la façade. À l'**intérieur**, notez le pavement, les **peintures** des **pendentifs** et de la **coupole**, sont dues à Charles de

*Le dôme des Invalides récemment redoré, couronnement royal de l'édifice de Bruant.*

**La Fosse**. Les *Apôtres* (au-dessus des fenêtres) ont été réalisés par Jouvenet.

Le **tombeau de l'empereur**\* se trouve dans la crypte. Habile metteur en scène, **Visconti** a conçu un énorme sarcophage en porphyre rouge qui contient six cercueils emboîtés (comme ceux des pharaons). Tout au fond de la crypte repose l'Aiglon, mort à Vienne en 1832. Les statues de **Pradier** symbolisent les victoires de Napoléon.

Les **chapelles latérales** renferment les tombeaux des chefs militaires ou des proches compagnons de l'Empereur – ainsi que celui de **Turenne**, dessiné par **Le Brun**.

# LES MUSÉES

Cité des Sciences
Cité de la Musique
Bois de Boulogne
Guimet
Le Louvre
Art moderne
G. Pompidou
Carnavalet
Orsay
Cluny
Histoire naturelle
Bois de Vicennes

# Musée du Louvre***

Six millions de visiteurs viennent chaque année admirer les œuvres du plus vaste musée du monde. Une semaine ne suffirait pas pour le visiter dans sa totalité. Alors, soyez modeste et résistez aux tentations boulimiques, vous n'en savourerez que mieux les trésors exposés.

### DE FRANÇOIS Ier
### À FRANÇOIS MITTERRAND

**François Ier** est peut-être le père du musée du Louvre puisqu'il rassemble dans son palais 12 tableaux de maîtres italiens, dont *La Joconde* de Léonard de Vinci, des Titien, des Raphaël, ainsi que des moulages d'œuvres antiques.

Pendant le règne de **Louis XIV**, le nombre de tableaux passe de 200 à près de 1 500, en partie grâce à **Colbert**, qui profite de la détresse financière de fins collectionneurs pour enrichir le fonds royal. Presque toutes les œuvres majeures du musée actuel sont d'ores et déjà acquises, à l'exception des peintures flamandes et hollandaises, alors méconnues, que fera venir **Louis XVI**. C'est en 1793 qu'est créé le premier musée, qui s'enrichira constamment : d'abord avec les œuvres rapportées de Versailles, puis au moment de l'**Empire** (Napoléon ne revenant jamais les mains vides de campagne), et enfin par des achats ou des legs de collections privées. Rapidement, le musée va se trouver trop à l'étroit. Vers 1970, le Louvre expose moins de 1/10 de ce qu'il possède ! Problème résolu par le président **Mitterrand**, qui décide, en 1981, le transfert du ministère des Finances pour redéployer les collections. Le **Louvre médiéval** est mis au jour, de nouvelles salles sont créées… Le Grand Louvre devrait achever sa métamorphose en 2002.

# Les collections***

Le musée est divisé en **3 ailes** : Sully (**S** : autour de la cour Carrée), Denon (**D** : côté Seine) et Richelieu (**R** : côté rue de Rivoli). Chacune est accessible directement depuis le hall Napoléon, sous la pyramide. Sur **4 niveaux** (entresol, rez-de-chaussée, 1er, 2e étage), 30 000 œuvres sont réparties en **7 départements** signalés par une couleur différente. Les collections couvrent, d'une part, le **monde antique** (antiquités orientales, arts d'Islam ; antiquités égyptiennes ; antiquités grecques, étrusques et romaines) et, d'autre part, l'**art occidental** du Moyen Âge à la première partie du XIXe s.

## Histoire du Louvre et le Louvre médiéval***

➤ *Sully, entresol.*

L'**évolution du palais**, depuis l'ancienne forteresse jusqu'à la pyramide de Pei, est présentée dans deux salles.

Les **fossés** de Philippe Auguste, dégagés sur une hauteur de 6 m,

étaient à l'origine remplis d'eau. Ils ont été comblés au XVIe s. et seulement redécouverts au XIXe s. Plus récemment, les **soubassements des tours**, des **fragments de mur**, et surtout le socle imposant du **donjon** (près de 18 m de diamètre !) ont été mis au jour.

## Antiquités orientales et arts d'Islam***

➤ *Mésopotamie, Assyrie, Iran antique : Richelieu, rez-de-chaussée. Pays du Levant, Perse, Phénicie, Chypre, Arabie et Palmyre : Sully, rez-de-chaussée. Arts d'Islam : Richelieu, entresol.*

Ce département présente les civilisations du **Proche-Orient ancien**, qui occupèrent successivement les pays du Levant, la Mésopotamie et l'Iran à partir du VIIIe s. av. J.-C. Sont associés à cette section les arts des **pays islamisés**, du VIIe au XIXe s., provenant du pourtour méditerranéen, d'Iran, d'Inde et d'Asie centrale.

### MÉSOPOTAMIE ET ASSYRIE

La section s'organise autour de la **cour Khorsabad**** *(salle 4)*. Une habile mise en scène donne une autorité nouvelle aux deux magnifiques **taureaux androcéphales**** qui ornaient, à l'origine, le palais de Sargon II *(VIIIe s. av. J.-C. ; salle 4)*. Toutes les autres créatures mythologiques et les **frises**** *(salle 4)*, par exemple l'étonnante peinture murale de la **Chèvre bleue**, ont été placées dans le même rapport de hauteur qu'à l'époque assyrienne, afin d'en apprécier l'échelle colossale.

La **stèle des Vautours*** *(v. 2450 av. J.-C. ; salle 1a)* doit son nom aux vautours qui déchirent les cadavres des ennemis du roi de Lagash, l'une des cités sumé-

# Le Louvre mode d'emploi

➤ **ACCÈS.** 1er arrdt ; pyramide, cour Napoléon **M°** Louvre et Palais-Royal-Musée-du-Louvre ; bus : 21, 24, 27, 39, 48, 68, 69, 72, 76, 81, 95 ☎ 01.40.20.51.51 et 01.40.20.53.17 ou Minitel 3615 LOUVRE. Entrée principale : pyramide, cour Napoléon. Autres entrées : passage Richelieu (pour personnes munies de billets ou de cartes d'abonnement) ; galerie du Carrousel *(99, rue de Rivoli)* ; les jardins du Carrousel ; la porte des Lions (accès aux Arts d'Afrique, d'Asie, d'Océanie et des Amériques).

➤ **HORAIRES.** Ouv. t.l.j. de 9 h à 18 h ; nocturnes jusqu'à 21 h 30 le lun. (circuit partiel) et le mer. (circuit en totalité). F. les mar. et j.f.

➤ **BILLETS.** Entrée payante mais demi-tarif pour tous après 15 h ainsi que le dim. ; gratuit le 1er dim. de chaque mois. Pour éviter les files d'attente : achetez votre billet à l'avance, par Minitel 3615 LOUVRE ou ☎ 0.803.808.803 ou dans les magasins Fnac.

➤ **VISITES.** Comptez au minimum une demi-journée. Pour une première visite, profitez des nocturnes les lun. et mer. et procurez-vous la brochure gratuite des circuits courts. Audioguide payant. Visites-conférences : voir l'accueil. Groupes : réservation auprès du guide du Louvre ☎ 01.40.20.51.77. Mobilité réduite : fauteuils roulants à disposition.

➤ **AUTRES SERVICES.** Restaurants et cafétérias : sous la pyramide et dans la galerie du Carrousel. Auditorium : conférences, films, concerts ; renseignements ☎ 01.40.20.51.86 ; réservations ☎ 01.40.20.84.00.

Durant les travaux du Grand Louvre, certaines salles peuvent fermer. Un plan réactualisé et une fiche hebdomadaire d'information sont mis à la disposition des visiteurs.

---

riennes les plus prospères. C'est la première illustration connue d'un **fait historique**.

La **statuette** en albâtre d'**Ebih-il**\*\* *(v. 2400 av. J.-C. ; salle 1b)* est celle d'un ministre des Finances de Mari, dans le moyen Euphrate. Elle est empreinte de l'optimisme souriant caractéristique de cette période.

L'admirable stèle de grès rose, dite **stèle de Narâm-Sîn**\*\*\* *(v. 2230 av. J.-C. ; salle 2)*, figure le roi d'Akkad en train de gravir une montagne tout en piétinant les cadavres de ses ennemis. Les **statues de Goudéa**\*\*\* *(v. 2150 av. J.-C.)* représentent un roi de Lagash, souverain et grand bâtisseur ; elles comptent parmi les chefs-d'œuvre absolus de la sculpture mondiale.

Le **code de Hammurabi**\*\*\* *(XVIIIe s. av. J.-C. ; salle 3)* est un bloc de basalte noir (2,25 m de hauteur) où se trouvent Hammurabi, vainqueur de Sumer et fondateur de la puissance babylonienne, et le dieu solaire Shamash. 280 **sentences** royales y sont gravées.

### IRAN ANTIQUE

Les poteries iraniennes sont représentées par les **Vases de Suse**\*\*\* *(v. 4000 av. J.-C. ; salle 8)*, qui offrent un décor d'une extrême stylisation. Le **palais de Darius Ier** présente un art impérial où les traditions indigènes de Suse et du plateau iranien ont fusionné avec des apports provenant d'Assyrie, Babylonie, Syrie, Égypte… Les **bas-reliefs** en brique émaillée des **archers perses**\*\*\* *(522-486 av.*

J.-C.; *salle 10)* nous montrent des soldats en robe d'apparat, selon un style influencé par l'art grec de l'époque. À la place d'honneur trône le monumental **chapiteau de l'Apadana**\*\* *(salle 12b).*

### PAYS DU LEVANT

Sur la **stèle de Baal au foudre**\*\*\* *(XIVe-XIIIe s. av. J.-C.; salle B)*, le jeune dieu brandit une lance dont l'extrémité se change en rameau, symbole du rôle bienfaisant de la pluie. La **coupe de la chasse**\*\* *(XIVe-XIIIe s. av. J.-C.; salle B)* évoque les plaisirs royaux du temps, à savoir la chasse à la gazelle ou au taureau sauvage. L'**Idole aux yeux**\* *(v. 3300 av. J.-C.; salle C)* est une étonnante statuette au schématisme extrême.

### ARTS D'ISLAM

Le **suaire de St Josse**\*\* *(v. 950; salle 4)* est un textile de soie orné d'éléphants, de chameaux et d'une très belle **inscription** coufique. Il fut rapporté sans doute lors de la première croisade. Le **vase Barberini**\*\* *(XIIIe s.; salle 8)* se distingue par la finesse d'exécution des scènes de chasse dans les médaillons polylobés. Le **baptistère de Saint Louis**\*\*\* *(XIIIe-XIVe s.; salle 8)*, quant à lui, est un grand bassin en laiton orné de scènes d'une taille inhabituelle.

À ne pas manquer

**Antiquités orientales et arts d'Islam**\*\*\*
Cour Khorsabad\*\*\*, *p. 197.*
Code de Hammurabi\*\*\*, *p. 198.*
Baptistère de Saint Louis\*\*\*, *p. 199.*

*La frise émaillée des archers de Darius, revêtus de la robe de Cour, célèbre la gloire des armées perses.*

Au blanc et au bleu traditionnels s'ajoutent, au cours du XVIe s., de nouvelles teintes, comme le rouge d'Iznik. Le **Plat au paon**\* *(salle 12)*, de style saz, illustre parfaitement cette nouvelle technique; son originalité réside dans la présence même de l'oiseau.

## Antiquités égyptiennes\*\*\*

➤ *Égypte pharaonique, entrée du département: salles 1-2; Égypte pharaonique, circuit thématique: salles 3 à 19, Sully, rez-de-chaussée; Égypte pharaonique circuit chronologique: salles 20 à 30, Sully, 1er étage; Égypte romaine et copte: salles A, B et C, entresol Denon.*

L'art de l'Égypte ancienne est illustré à travers un double circuit: un parcours **thématique** soulignant certains aspects de civilisation et un parcours **chronologique**, des origines à Cléopâtre. Trois salles, consacrées à l'Égypte copte et romaine, complètent la présentation.

**Salle 1**: le **Grand Sphinx**\*\*\*. Sa plus ancienne inscription remonte au Moyen Empire *(traces du nom* d'Amenemhat II, 1898-1866 av. J.-C.). Un des plus beaux par sa qualité plastique comme par l'exécution de ses détails finement gravés dans le granite rose poli. De part et d'autre, deux **bas-reliefs** mettent en scène **Ramsès II** *(1279-1213 av. J.-C.)* en adoration devant le plus grand de tous les sphinx, celui qui siège devant les pyramides de Giza.

**Salle 2** : la **statue de Nakhthorheb**. À l'entrée du département, elle représente un grand personnage de la XXVIe dynastie.

#### ÉGYPTE PHARAONIQUE, CIRCUIT THÉMATIQUE

**LA VIE QUOTIDIENNE** *(salles 3-10)*

**Salle 3** : **le Nil**. Le fleuve nourricier est évoqué dans une longue vitrine où se mêlent des **maquettes de bateaux** et des **figurines d'animaux**, construites à différentes époques.

**Salle 4** : **les travaux des champs**. Le *mastaba* **d'Akhethétep**\*\*\* offre, dans ses bas-reliefs, un panorama de la **vie d'un grand seigneur** dans son domaine rural, dont le point d'aboutissement est le repas du maître, agrémenté de musique et de danse.

**Salle 5** : **élevage, pêche et repas des Égyptiens**. Cette salle illustre les **techniques** de l'élevage. Une moitié est consacrée à l'alimentation ; sur les murs d'un tombeau de l'Ancien Empire est inscrit le **menu** idéal **du mort**.

**Salle 6** : **écriture et scribes**. Des **fragments** détaillent les principes de l'écriture, à travers son évolution. Une vitrine est consacrée aux **poids et mesures** ; une autre aux dieux, patrons des **scribes** : Thot, Séchat, Imhotep.

## À ne pas manquer

**Antiquités égyptiennes**
Le *mastaba* d'Akhethétep\*\*\*, p. 200.
Scribe accroupi\*\*\*, p. 203.
Le Grand Sphinx\*\*\*, p. 199.
Le châle de Sabine\*\*\*, p. 205.

**Salle 7** : **matériaux, techniques et artisans**. Les arts et métiers sont évoqués à partir des **matières premières** : bois, pierre, céramique, métal. Une sélection de belles **réalisations** se trouve dans la première partie de la salle ; à l'arrière, de grandes vitrines exposent les **techniques** mises en œuvre pour chacun de ces matériaux.

**Salle 8** : la **maison et le mobilier**. L'exceptionnel climat qui règne dans les cimetières de la Haute-Égypte, conjugué à la coutume de meubler les tombes avec les objets domestiques ayant appartenu au mort ont laissé intact le **décor quotidien** que nous voyons aujourd'hui : chaises, paniers, balais, nattes pour le sol ou les murs.

**Salle 9** : la **parure et les soins du corps**. La **bijouterie** égyptienne est célèbre par son jeu de motifs, souvent protecteurs et religieux, et de couleurs où chatoient les associations de pierres fines, de faïence et de métal, comme en témoignent les rares **colliers aux poissons**\*\*\* et **de Pinedjem**\*\*\*, la **bague de Horemheb**, ou les **bagues** en faïence ou en bronze, plus communes. En face, la collection d'**objets de toilette**\*\* est un point fort du département.

Salle 10 : la **musique et les jeux**. Ici les principaux instruments de musique sont mis en scène : harpe, lyre, tambourin, sistre, castagnettes. Deux vitrines sont consacrées aux jeux populaires.

**LA RELIGION** (*salles 11-12 bis*)

Salle 11 : le **parvis du temple**. Un grand **sphinx** de granite rose marque l'entrée du **temple** égyptien. Les fouilles du **Sérapéum** ont mis au jour un ensemble de **six sphinx** en calcaire, qui évoque les « *dromos* » (allées processionnelles). Quatre grands **babouins** ornaient autrefois la base de l'obélisque, à l'entrée du temple de Louqsor.

Salle 12 : le **Temple**. Les plus grandes sculptures et des fragments d'architecture sont agencés pour évoquer un temple égyptien. La première cour est bordée de **colosses** royaux (**tête d'Aménophis III***, **Séthi II****, **Ramsès II****). Dans la seconde cour, le **mur des Annales de Touthmôsis III*** illustre les fêtes et les hauts faits des pharaons. Au cœur du temple, autour du « **naos** », ou chapelle

## Les mots de l'Égypte

**ATOUM**. Aspect du dieu solaire d'Héliopolis.

**BASTET**. Déesse chatte vénérée à Bubastis dans le Delta.

**DROMOS**. Allée bordée de sphinx qui prolongeait l'axe principal du temple.

**DYNASTIE**. Succession de souverains qui n'appartiennent pas nécessairement à la même famille.

**HIÉROGLYPHES**. Système d'écriture égyptien apparu à la fin du IVe millénaire avant notre ère et combinant signes idéographiques, signes phonétiques et déterminatifs.

**IMHOTEP**. Architecte et ministre du roi Djéser.

**MASTABA**. Désigne les superstructures massives des tombeaux privés de l'Ancien Empire, regroupés autour des pyramides royales.

**MONTOU**. Antique dieu guerrier de la Thébaïde, peu à peu évincé par Amon.

**NÉMÈS**. Coiffe royale faite d'une étoffe côtelée et plissée qui enveloppait la tête.

**OBÉLISQUE**. Symbole solaire dressé devant les temples égyptiens.

**OSIRIS**. Dieu des Morts.

**RÊ**. Le soleil par excellence.

**SPHINX**. Lion à tête humaine symbolisant la force triomphante du pharaon.

**THOT**. Dieu lunaire à forme d'ibis, patron des scribes.

monolithe qui abrite la statue du dieu, se répartissent les chapelles de dieux « invités » (dieux d'Éléphantine, dieu de Montou avec le **trésor d'orfèvrerie de Tôd**\*\*).

**Salle 12 bis** : les **chapelles**. La salle présente le remarquable **plafond du Zodiaque** de la chapelle du **temple de Dendéra**\* *(50 av. J.-C.)*, où l'état du ciel (planètes et constellations) est détaillé. Sur les murs de la « **Chambre des ancêtres** » sont inscrits les noms de tous les rois qui ont régné avant Touthmôsis III.

### LA MORT *(salles 13-17)*

**Salle 13** : le **tombeau royal**. Les rois morts étaient considérés comme des « Osiris » car, pour les Égyptiens, ce dieu avait régné sur terre avant de devenir le souverain des morts. Le magnifique **sarcophage de Ramsès II**\*\* en granite rose constitue une bonne évocation des hypogées de la Vallée des Rois.

**Salle 14** : les **sarcophages**. Le visiteur est accueilli par une haie de **sarcophages** placés dans l'ordre chronologique, florilège de la collection.

**Salle 15** : la **momie et l'embaumement**. La salle abrite notamment une **momie d'époque ptolémaïque**, aux bandelettes soigneusement peintes ; à côté, une vitrine illustre les rites de l'embaumement et de l'enterrement.

**Salle 16** : les **tombes**. Quatre vitrines renferment le matériel de caveaux, et retracent l'évolution des coutumes funéraires sur plus de 3 000 ans, à travers quatre époques : Ancien Empire, **tombe d'Isis à Edfou** ; Moyen Empire, **tombe de Nakhti à Assiout** ; Nouvel Empire, **tombe de Gournet Mourraï** et troisième période intermédiaire, **matériel de notables de Karnak**.

**Salle 17** : le **livre des morts**. Le **Livre des morts de Hornedjitef**\*\*, dans lequel sont inscrites des formules magiques récitées par les fidèles, occupe une salle entière, déployé sur plus de 25 m.

### LES DIEUX *(salles 18-19)*

**Salle 18** : les **dieux et la magie**. Les dieux d'Égypte sont présentés dans deux vitrines, comme un petit dictionnaire imagé ; seules les **illustrations** sont de véritables **figurines** antiques. On constate la diversité des personnalités divines et de leurs attributs.

**Salle 19** : les **animaux et les dieux**. Des animaux sacrés, des **momies** d'animaux et le **Sérapéum de Saqqarah** y sont présentés. Une vitrine de **sculptures** montre une sorte de **défilé d'animaux** incarnant les dieux égyptiens : l'oie d'Amon, le taureau de Montou, le chat de Bastet. Sur des stèles figurent des **basreliefs** comme celui du **crocodile de Sobek**. Au fond de la salle, admirez le **taureau Apis**\*\*.

### ÉGYPTE PHARAONIQUE, CIRCUIT CHRONOLOGIQUE

#### L'ÉPOQUE DE NAGADA ET L'ÉPOQUE THINITE, 4000-2700 av. J.-C. *(salles 20-21)*

**Salle 20** : l'**époque de Nagada** *(4000-3100 av. J.-C.)*. Le **poignard du Gebel el-Arak**\*\*\*, chef-d'œuvre de la fin de la préhistoire, est au centre de la salle ; il marque les débuts de l'art du bas-relief et constitue un exemple de l'industrie du silex taillé.

**Salle 21** : l'**époque thinite** *(3100-2700 av. J.-C.)*. La **stèle du Roi-Serpent**\*\* résume les deux grands phénomènes de cette époque : l'unification de l'Égypte sous une seule couronne et la naissance de l'écriture ; le nom du roi est écrit avec l'hiéroglyphe du serpent.

**L'Ancien et le Moyen Empire,** *2700-1710 av. J.-C. (salles 22-23)*

**Salle 22** : l'**Ancien Empire** *(2700-2200 av. J.-C.)*. Une vitrine regroupe les vestiges de la **statuaire** recueillie auprès de la pyramide du roi Didoufri ; on admirera la très belle **tête coiffée du « némès »**\*\*, une coiffe strictement royale. Parmi les statues de particuliers, la plus fameuse est sans nul doute le **Scribe accroupi**\*\*\*, en fait assis en tailleur, le rouleau de papyrus déroulé. Son expression extrêmement réaliste, ainsi que des restes de couleurs lui donnent l'air d'être prêt à écrire ; il s'agissait sans doute d'un grand personnage de l'État.

**Salle 23** : le **Moyen Empire** *(2033-1710 av. J.-C.)*. Pour les Égyptiens, le Moyen Empire est l'époque « classique », le temps du grand roi Sésostris. Au centre trône l'élégante **Porteuse d'offrande**\*\*\*, dont la silhouette longiligne est équilibrée par le mouvement d'offrande du vase à libation. L'**hippopotame** en faïence bleue déposé dans la tombe témoigne de la chasse de cet animal au début du Moyen Empire. Noter aussi deux autres grandes **statues** de bois : le **chancelier Nakhti**\*\* et le gouverneur de province Hapydjefaï. Dans la seconde moitié de la salle sont accrochés les **portraits du roi Sésostris III**\*\* et de son fils **Amenemhat III**. Un **linteau** trouvé à **Médamoud** montre le souverain rendant le culte au dieu Montou.

**Le Nouvel Empire,** *1550-1069 av. J.-C. (salles 24-28)*

**Salle 24** : **de la reconquête à Aménophis III** *(1550-1353 av. J.-C.)*. Les **portraits** des grands souverains illustrent cette époque glorieuse : les Touthmôsis et les Aménophis sont exposés du côté des fenêtres, tandis qu'en parallèle, vers le centre de la pièce, on

## Chronologie de l'Égypte ancienne

| | |
|---|---|
| **4000-3100 av. J.-C.** | Fin de la préhistoire : Nagada I, Nagada II. |
| **3100-2700 av. J.-C.** | Époque thinite : Ière-IIe dynastie. |
| **2700-2200 av. J.-C.** | Ancien Empire : IIIe-VIe dynastie. |
| **2200-2033 av. J.-C.** | Première période intermédiaire : VIIe-Xe dynastie. |
| **2033-1710 av. J.-C.** | Moyen Empire : XIe-XIIe dynastie. |
| **1710-1550 av. J.-C.** | Deuxième période intermédiaire : XIIIe-XVIIe dynastie. |
| **1550-1069 av. J.-C.** | Nouvel Empire : XVIIIe-XXe dynastie. |
| **1069-664 av. J.-C.** | Troisième période intermédiaire et époque saïte : XXIe dynastie (dynastie tanite), XXIIe-XXIVe dynastie (époque libyenne), XXVe dynastie (dynastie éthiopienne). |
| **664-404 av. J.-C.** | Basse Époque : XXVIe dynastie (dynastie saïte), XXVIIe dynastie (domination perse), XXVIIIe-XXXe dynastie (dernières dynasties indigènes). |
| **404-30 av. J.-C.** | Époque grecque : dynastie lagide. |
| **Ier-IVe s. apr. J.-C.** | Époque romaine. |
| **IVe-VIIe s. apr. J.-C.** | Époque copte ou byzantine. |
| **Milieu VIIe s. apr. J.-C.** | Conquête arabe. |

découvre les objets appartenant à des particuliers de cette époque, comme une très belle **coupe en or**\*\*\*, offerte par Touthmôsis III au général Djéhouty, ou la très belle **Cuiller à la nageuse**\*.

**Salle 25 : au temps d'Akhénaton et de Néfertiti** *(1353-1337 av. J.-C.).* Le très célèbre roi Aménophis IV n'a en fait régné qu'une quinzaine d'années, et son souvenir était exécré des Égyptiens. Mais des vestiges remarquables ont été laissés, comme le **colosse** dressé contre le mur du fond. Les vitrines contiennent les plus beaux fleurons du Louvre : le **corps en quartzite rouge**\*\*, sans doute la reine Néfertiti ; la **Tête de princesse**\*\*\* à l'expression juvénile et hautaine à la fois ; la **Statuette du couple royal**\*\* se tenant par la main.

**Salle 26 : le règne de Toutânkhamon** *(1337-1295 av. J.-C.).* Dans la première partie de la salle, la **tête Salt**\*\*\* désigne sans doute un personnage ayant vécu sous Amarna ou juste après, de même que la très fine **tête en verre**\*\* de deux bleus différents. **Toutânkhamon**, éphémère héritier de la période précédente, est notamment évoqué avec la **statue du dieu Amon**. Son règne, marqué par la restauration des anciens principes de l'art et de la religion, est encore illustré avec des **bas-reliefs** comme ceux du **général Imeneminet**.

**Salles 27-28 : au temps des Ramsès** *(1295-1069 av. J.-C.).* Le magnifique fragment de relief peint de **Séthi Ier et la déesse Hathor**\*\* constitue l'apogée de l'art de l'époque des princes et des pharaons, première partie du Nouvel Empire. La **stèle des Colliers** reprend une scène prisée à Amarna : la distribution de récompenses depuis la fenêtre du palais royal. Une vitrine est consacrée à la personnalité du fils de Séthi Ier, **Ramsès II**, dont le long règne fut le théâtre d'innombrables constructions, telles que le temple d'Abou-Simbel.

L'art de l'époque « ramesside », époque des princes et des courtisans, connaît des hauts et des bas : les fines statuettes de bois côtoient les statues de pierre plus grossières. La très gracieuse **statuette** en pierre d'**Amon et de son épouse** ainsi que la petite **stèle de la déesse Qadech** méritent attention. Une vitrine murale est consacrée au **Sérapéum de Memphis**.

### DES ROIS-PRÊTRES À LA PREMIÈRE DOMINATION PERSE, *1069-404 av. J.-C. (salle 29)*

Cette vaste période couvre plus précisément la troisième période intermédiaire, l'époque saïte et la première domination perse. Parmi les bronzes exposés, la **statue de Karomama**\*\*, divinité adoratrice d'Amon, décorée d'incrustations d'or et d'argent est remarquable. Le bijou en or, la **triade Osiriaque**\*\*\* au nom du roi Osorkon, ainsi que la **Statuette de femme nue**\*\* en ivoire sont aussi des chefs-d'œuvre. La **stèle de Tapéret**\*\*, en bois peint, biface, met en scène la dame adorant deux aspects du dieu solaire, Atoum et Rê-Horakhty. Dans une grande vitrine sont exposés les plus beaux exemplaires de la statuaire de la XXVIe dynastie, comme la **statuette de Iâhmèssaneith**\*.

### DES DERNIERS PHARAONS À CLÉOPÂTRE, *404-30 av. J.-C. (salle 30)*

Des derniers pharaons indigènes que sont Nectanébo, Alexandre le Grand et les Ptolémées subsistent le **torse de Nectanébo I**er et une **statue de faucon** protégeant le roi, en calcaire. Sous les rois ptolémaïques, après la conquête de l'Égypte par Alexandre, l'art s'imprègne parfois de traits hellénistiques, comme le **drapé mouillé** sur le corps de la **déesse Isis**. Les coutumes funéraires locales se perpétuent avec force, comme en témoigne le **cercueil de Tachéret-paânkh** en cartonnage doré, dont le décor surabondant rappelle les reliefs muraux des grands temples reconstruits à cette époque.

#### ÉGYPTE ROMAINE ET COPTE

### ÉPOQUE ROMAINE (salle A)

L'archéologie de l'Égypte romaine, ainsi que celle de l'Égypte chrétienne (art copte), est transposée au sein d'un ensemble traitant de l'Antiquité tardive en Méditerranée orientale. Une salle est consacrée au matériel funéraire en Égypte à l'époque romaine (Ier-IVe s. apr. J.-C.). À côté des **portraits du Fayoum**, remarquons un **linceul peint**, sur lequel est figuré le défunt entre les dieux Anubis et Osiris, et le **cercueil de Chelidona**.

### ÉGYPTE COPTE (salle B)

L'art copte désigne la production artistique des chrétiens d'Égypte: il est d'abord lié au développement des monastères et du monachisme. Il commence dès les premiers siècles apr. J.-C., s'épanouit aux Ve et VIe s. et, à partir de l'occupation arabe, il s'enrichit au contact de l'art musulman naissant. Nombreux sont les exemples de ces trois périodes; parmi les œuvres principales, voir en particulier le **châle de Sabine***, le **portrait du Christ et de l'abbé Ména***  ou encore un **encensoir en bronze***.

### SALLE DE BAOUIT (salle C)

L'église du monastère de Baouit a donné son nom à cette salle. Ce couvent, fondé au IVe s. et abandonné au XIIe s., a été fouillé au début de notre siècle, et l'on a mis au jour peintures, sculptures et fragments d'architecture. Une des **églises** du monastère a été ici **reconstituée** dans son décor sculpté de bois et de calcaire. D'autres éléments découverts sur ce site ont été disposés sur les murs de la salle. Des **peintures** provenant **des Kellia**, autre site monastique, complètent cet ensemble. Une vitrine est consacrée aux **stèles funéraires**, une autre aux **textiles** d'influence orientale (sassanide) retrouvés en Égypte. Enfin, on verra aussi des **vêtements coptes**, des tentures et des **instruments de tissages** retrouvés dans des tombes, qui illustrent la variété des techniques employées.

## Antiquités grecques, étrusques et romaines***

▶ *Grèce archaïque: Denon, entresol; antiquités grecques: Sully et Denon, rez-de-chaussée, Sully, 1er étage; antiquités étrusques et romaines: Denon, rez-de-chaussée; bronzes et objets précieux, céramiques et terres cuites: Sully, 1er étage; verres antiques: Denon, 1er étage.*

Ce département regroupe des œuvres appartenant à trois civilisations antiques: la **Grèce**, l'**Étrurie** et **Rome**. Au **rez-de-chaussée**, un parcours chronologique, autour des **marbres**, rassemble des œuvres du IIIe millénaire av. J.-C. au VIe s. apr. J.-C. Au **1er étage**, la collection est présentée par **techniques** et **matériaux**: bronzes et bijoux, argenterie, verrerie, figurines et vases de terre cuite.

### GRÈCE ORIENTALISANTE ET ARCHAÏQUE

La **Dame d'Auxerre**\*\*\* *(v. 630 av. J.-C.; salle 1)* est le premier exemple de statue féminine debout. Le drapé esquisse timidement un geste du bras, le visage reste encore dans l'axe du corps. La statue d'**Héra de Samos**\*\*\* *(v. 570 av. J.-C.; salle 1)* est l'une des plus anciennes « kôrés » (effigie féminine offerte à la déesse, ici Héra) connues. Sa forme évoque encore celle d'une colonne, mais un soin tout particulier a été apporté au rendu du costume d'apparat. La **tête de cavalier dit « cavalier Rampin »**\*\*\* *(v. 550 av. J.-C.; salle 1)* offre un visage éclairé d'un sourire joyeux, tandis que son inclinaison marque une rupture décisive avec la frontalité de l'art archaïque. Le **torse de Milet**\*\* *(v. 480 av. J.-C.; salle 3)* évoque la recherche du mouvement et de la vérité anatomique qui a fait qualifier le style de cette époque d'« art sévère ».

### GRÈCE CLASSIQUE

*(Denon, rez-de-chaussée)* La **plaque des Ergastines**\*\*\* *(v. 440 av. J.-C.; salle 7)* est considérée comme l'apogée de l'art classique grec. Il s'agit de la frise dorique est du Parthénon, l'une des pièces les plus importantes du Louvre. Exécutée par Phidias et ses élèves, elle montre une procession de jeunes femmes venant offrir un voile à la déesse Athéna. L'**Aphrodite de Cnide**\*\* *(v. 360 av. J.-C.; salle 17)* est l'une des répliques romaines de l'œuvre de Praxitèle, le plus grand sculpteur de l'âge classique, avec Phidias. C'est l'un des premiers nus érotisés qu'ait produit le monde grec.

### GRÈCE HELLÉNISTIQUE

*(Denon, rez-de-chaussée)* Avec ses longues lignes obliques et sa tension expressive, le **Gladiateur Borghèse**\*\*, complètement restauré *(Ier s. av. J.-C.; salle 13)*, résume tout l'art hellénistique *(IIIe-Ier s. av. J.-C.)* : il semble vouloir brandir son bouclier disparu.

*(Sully, rez-de-chaussée)* La **Vénus de Milo**\*\*\* *(v. 100 av. J.-C.; salle 12)*, trouvée dans l'île du même nom, est un chef-d'œuvre universel et l'une des plus belles représentations de la beauté féminine.

Dans l'escalier qui mène au 1er étage se trouve la célébrissime **Victoire de Samothrace**\*\*\* *(v. 190 av. J.-C.)*. Il faut l'imaginer dans l'île de Samothrace, sur une terrasse face à la mer comme à la proue d'un navire, la main droite levée pour annoncer la victoire sur la flotte des Rhodiens !

### LA GALERIE CAMPANA\*\*

*(Sully, 1er étage)* Elle réunit une importante collection de **céramiques grecques**. Une salle thématique explique les **motifs** des vases (le banquet, le sport, la vie quotidienne…), tandis que cinq autres **salles chronologiques** retracent l'évolution des styles: le style **géométrique** *(Xe-VIIIe s.)* ; le style d'**Euphronios**, dont les sil-

## Chronologie de la Grèce antique

**3200-1050 av. J.-C**. Âge du bronze : vers 3200, essor de la civilisation cycladique ; vers 2000, essor de la civilisation crétoise ; vers 1400, déclin de la Crète au profit de Mycènes.

**Fin du IIe millénaire**. Invasions doriennes.

**1050-720 av. J.-C**. Époque géométrique.

**720-620 av. J.-C**. Époque orientalisante.

**620-480 av. J.-C**. Époque archaïque.

**480-450 av. J.-C**. Transition entre archaïsme et classicisme : style sévère.

**Milieu Ve-début IVe s**. Premier classicisme. Apogée d'Athènes. Périclès. Phidias et le Parthénon.

**IVe s. av. J.-C**. Second classicisme. Soumission de la Grèce par Philippe de Macédoine. Alexandre *(336-323 av. J.-C.)* porte l'hellénisme aux confins du monde oriental. Praxitèle, Scopas, Lysippe.

**IIIe s.-Ier s. av. J.-C**. Époque hellénistique. La Grèce est une province de l'immense monde hellénique.

houettes couleur d'argile se détachent sur un fond noir *(VIe s.)* ; enfin, la céramique classique à **figures rouges** *(Ve s.)*.

### LA SALLE DES BRONZES**

Elle regroupe l'**art grec archaïque** (anses à tête de Gorgone) et celui de l'**époque hellénistique**, qui se caractérise par des traits humains non idéalisés (tête de l'athlète de **Bénévent***, figures de nains et de personnages difformes).

Sont également exposés des **miroirs étrusques** illustrant les légendes des dieux.

### ANTIQUITÉS ÉTRUSQUES

Le **sarcophage des Époux**\*** *(fin du VIe s.; salle 18)* est une remarquable évocation de banquet divin, non seulement pour son modelé, mais aussi pour la qualité des liens plastiques. Dans la vitrine des bijoux, le petit **pendentif à l'effigie d'Acheloos*** *(déb. du Ve s. av. J.-C.; salle 19)* est un riche travail d'orfèvre.

### ANTIQUITÉS ROMAINES

Le **Cortège funéraire**\*\* *(Ier s. av. J.-C.; salle 23)* est une fresque énigmatique et fascinante. Les **Portraits d'Hadrien**\*\* *(v. 175; salle 23)* et de **Livie**\*\*\**(v. 30 av. J.-C.; salle 24)* constituent les plus beaux exemples d'un genre dans lequel les Romains excellaient. Le travail de la chevelure est particulièrement admirable. La fresque de **Calliope**\*\* *(62-79; salle 30)* montre la muse de la Poésie réservée et d'une élégance toute pompéienne. Remarquez la statuette en bronze d'une **vieille femme accroupie**\*\* *(IIe s.; salle 32)*, étonnante d'expressivité. La **Coupe aux squelettes**\*\*\* *(Ier s. apr. J.-C.; salle 33)* est l'une des pièces majeures du trésor de vaisselle en argent trouvé à Boscoreale. Pour mieux jouir de l'instant présent, les Romains avaient coutume de montrer des squelettes lors des banquets… Ici, les figures macabres se nomment Sophocle, Euripide ou Épicure, et elles se moquent de la vanité de l'homme et de la vie.

## Objets d'art

➤ *Moyen Âge et Renaissance :*
*Richelieu, 1ᵉʳ étage ; XVIIᵉ, XVIIIᵉ et*
*XIXᵉ s. : Sully, 1ᵉʳ étage ; Premier*
*Empire et appartements Napo-*
*léon III : Richelieu, 1ᵉʳ étage ; Res-*
*tauration et monarchie de Juillet :*
*Richelieu, 1ᵉʳ étage ; galerie d'Apol-*
*lon fermée pour restauration*
*jusqu'en 2004.*

Le département réunit des pièces
de toutes les époques, du Moyen
Âge au XIXᵉ s.

### ART BYZANTIN, ROMAN ET GOTHIQUE

L'**ivoire Barberini**\*\* *(VIᵉ s. ; salle 1)*,
très bel exemple de l'art byzantin au
temps de Justinien, figure le
triomphe de l'empereur sur son
cheval, associé au Christ en gloire.
Le **triptyque Harbaville**\*\* *(Xᵉ s. ;*
*salle 1)*, quant à lui, illustre à merveille le second âge d'or de l'art
byzantin, marqué par un retour
aux formes antiques. Voir aussi
l'**Aigle de Suger**\*\* *(XIIᵉ s. ; salle 2)*,
un vase antique en porphyre, trans-
formé en vase liturgique qui appartenait au trésor de la basilique de
St-Denis, ainsi que le **sceptre de**
**Charles V**\*\* *(XIVᵉ s. ; salle 4)*, où
Charlemagne est représenté.

### RENAISSANCE

Remarquez les **armes d'Henri III**
*(salle 3)*, roi à l'origine de cet
ensemble offert à l'ordre religieux
du St-Esprit. Les **bas-reliefs de**
**Riccio**\*\*\* *(1516-1521 ; salle 12)*
sont l'un des sommets de la **sculp-**
**ture italienne** de l'époque. Le
sculpteur padouan a mis en scène
le voyage de l'âme du mort aux
enfers, d'après *L'Énéide* de Virgile.
Douze **tapisseries** tissées à
Bruxelles évoquent les **Chasses de**
**Maximilien**\*\*\* *(v. 1530 ; salle 19)*.
Ces cartons de **Bernard Van Orley**
illustrent les mois de l'année.

Le **Gnome à l'escargot**\*\* *(XVIᵉ s. ;*
*salle 25)* est une étrange statuette
en bronze, typique du maniérisme
italien. Le **trésor**\*\* et la **chapelle**
**de l'Ordre du St-Esprit**\*\* *(1584-*
*1585 ; salle 28)* constituent de
magnifiques exemples de l'orfèvrerie française au XVIᵉ s.

### XVIIᵉ-XVIIIᵉ SIÈCLE

La **Tenture de Scipion**\*\*\* *(1688 ;*
*salle 20)* fait partie des tapisseries
bruxelloises que Louvois faisait
recopier par la manufacture des
Gobelins. Les huit pièces figurent le
conflit qui opposa Scipion à Han-
nibal. Les **meubles**\*\*, réalisés par
**André-Charles Boulle** *(1642-1732 ;*
*salle 79)*, offrent aussi de parfaits
témoignages du luxe du Grand
Siècle ; ceux de **Cressent**\*\* *(1685-*
*1768)* sont caractéristiques du style
rocaille (Louis XV), où triomphent
la courbe, l'asymétrie et la fantaisie.

### LES JOYAUX DE LA COURONNE

➤ *Galerie d'Apollon fermée*
*jusqu'en 2004. Présentation provi-*
*soire : Sully, 1ᵉʳ étage, salle 64.*

Parmi les **joyaux de la Cou-**
**ronne**\*\*, le plus impressionnant
est le **Régent**\*\*\* (136 carats !), un
diamant acheté en 1717 qui orna
successivement la couronne de
Louis XV, de Louis XVI, puis de
Charles X, ainsi que le diadème de
l'impératrice Eugénie.

## Sculptures\*\*

➤ *Sculptures françaises, Moyen*
*Âge et Renaissance : Richelieu, rez-*
*de-chaussée ; XVIIᵉ-XIXᵉ s. : Riche-*
*lieu, entresol et rez-de-chaussée.*
*Sculptures italiennes et espa-*
*gnoles, XIᵉ-XVᵉ s. : Denon, entresol.*
*Sculptures italiennes, XVIᵉ-XIXᵉ s. :*
*Denon, rez-de-chaussée. Sculptures*
*nordiques, XIIᵉ-XVIᵉ s. : Denon,*
*entresol ; XVIIᵉ-XIXᵉ s. : Denon, rez-*
*de-chaussée.*

Le département réunit des œuvres françaises mais aussi italiennes, espagnoles et d'Europe du Nord, depuis le haut Moyen Âge jusqu'au milieu du XIXe s.

## SCULPTURES FRANÇAISES

### ÉPOQUES ROMANE ET GOTHIQUE

Le **Christ Courajod**\*\*, Descente de Croix *(XIIe s.; salle 2)*, est une statue en bois typique – par ses traits rudes et l'allongement du visage – de l'art **roman bourguignon**. La **Vierge dite « de la Celle »**\*\* *(XIVe s.; salle 6)* est probablement la plus belle Vierge sortie des ateliers d'Île-de-France à l'âge **gothique**. Elle est significative de la dévotion mariale qui imprègne la fin du Moyen Âge. Le **tombeau de Philippe Pot**\*\* *(XVe s.; salle 10)*, sénéchal de Charles le Téméraire, porté par huit pleurants encapuchonnés, est l'un des chefs-d'œuvre de l'art rugueux et expressif qui domine alors en Bourgogne.

### RENAISSANCE

*Nymphe et génie*\*\*\* *(v. 1547-1549; salle 14)* de Jean Goujon, bas-relief de la fontaine des Innocents, révèle un style pur où les lignes courbes cernent les corps. La *Diane chasseresse*\*\* *(v. 1550; salle 15b)* illustre à merveille toute la grâce de l'art de la cour de Fontainebleau. Diane de Poitiers, favorite d'Henri II, enlace un cerf et s'offre au regard avec une froide sensualité. Les *Trois Grâces*\*\*\* *(v. 1560-1566; salle 15a)*, créées par **Germain Pilon**, apparaissent moins maniéristes que l'œuvre précédente.

### XVIIe -XVIIIe SIÈCLE

La **cour Marly**\*\*\* est à présent un superbe espace sous verrière, qui évoque la splendeur du château de

## À ne pas manquer

**Objets d'art**
Tapisseries des chasses de Maximilien\*\*\*, p. 208.

**Sculptures**\*\*
*Chevaux de Marly*\*\*\* de Guillaume Ier Coustou, p. 209.
*Milon de Crotone*\*\*\* de Pierre Puget, p. 209.
Les *Esclaves*\*\*\* de Michel-Ange, p. 212.
*Psyché ranimée par le baiser de l'Amour*\*\*\* de Canova, p. 212.

Marly, détruit peu après la Révolution. Elle est dédiée aux deux plus grandes célébrités de la sculpture française, **Antoine Coysevox**, dont vous verrez entre autres *La Seine*\*\*, *La Marne*\*\* et *La Renommée*\*\*, et **Guillaume Ier Coustou**, auteur des *Chevaux de Marly*\*\*\*.

La **cour Puget**\*\*\* est l'autre *must* de ce département. Elle abrite les trois grands marbres de Pierre Puget, sculpteur baroque provençal, dont le *Milon de Crotone*\*\*\* *(1683; terrasse médiane)*.

La *Baigneuse*\*\* *(1757; salle 22)* mêle raffinement, élégance et retenue: les trois constantes de l'art de **Falconet. Bouchardon**, dans l'*Amour taillant son arc dans la massue d'Hercule*\*\* *(1750; salle 23)*, refuse le baroque et puise son inspiration dans l'Antiquité. Avec *Mercure rattachant ses talonnières*\*\* *(1744; salle 24)*, **Pigalle**, grand sculpteur sous Louis XV, également auteur du célèbre *Voltaire nu*, imprime un mouvement tournoyant subtil dans ce morceau de jeunesse. Avec

# Des musées de sculptures...

*Loin de l'agitation de la ville, les cimetières parisiens abritent des chefs-d'œuvre de sculptures noyés dans la verdure. D'Héloïse et Abelard, en passant par Delacroix ou Gainsbourg, ces jardins de la mémoire invitent à des pèlerinages aux ombres célèbres ou obscures que les siècles ont laissées derrière eux. Çà et là, une stèle, une statue – pour la plupart des œuvres uniques, d'artistes connus ou inconnus – attirent le regard. Qu'il s'agisse d'un général ou d'un anonyme, ici reposent côte à côte grands personnages et communs des mortels.*

Comme toute cité romaine, Lutèce enterre ses morts hors les murs ; plus tard, le christianisme place les défunts au plus près des églises, c'est-à-dire dans la ville. Si les riches ont droit à une tombe individuelle, les pauvres s'entassent dans des fosses communes, souvent à ciel ouvert. Véritables foyers infectieux, les cimetières ne tardent pas à causer des épidémies. Il faut pourtant attendre 1786 pour que les six millions de Parisiens décédés soient transférés dans des carrières de la périphérie, les catacombes ! Sous l'Empire, trois grands cimetières sont créés: Montmartre, le Père-Lachaise et Montparnasse.

## Du mausolée à la simple stèle

Sépultures monumentales, les mausolées en vogue au XIXᵉ s. sont en général des hommages publics rendus à des hommes d'État, des artistes, ou des officiers. Leur inspiration emprunte surtout aux modèles antiques (pyramides, obélisques, pseudo-sarcophages), de même que le décor (urnes, couronnes de lauriers). Plus moderne est le vocabulaire romantique qui représente des femmes éplorées ou des allégories de la mort.

Au début du XXᵉ s., le monument funéraire est délaissé pour la simple pierre tombale tandis que les matériaux traditionnels – marbre blanc et lave de Volvic – sont remplacés par des granits polis, roses, gris ou bleus, meilleur marché.

**L'ornementation** emprunte souvent aux modèles antiques (sarcophages, colonnes, amphores); le romantisme se manifeste, quant à lui, à travers les femmes éplorées, des génies de la mort, des anges ou des cœurs percés.

**La pierre tombale** se généralise dès le début du XXᵉ s. pour des raisons économiques. Les chapelles, petites constructions avec autel et prie-Dieu, sont alors abandonnées.

## Cimetière du Père-Lachaise, ou de l'Est

➤ *XXe arrdt*; *entrée: bd de Ménilmontant* **M°** *Père-Lachaise*; **bus**: *61, 69*; **ouv.** *du lun. au ven. 8h-18h, sam. 8h30-18h, t.l.j. et j.f. 9h-18h du 16 mars au 5 nov.; fermeture à 17h30 le reste de l'année. Plan fourni à l'entrée.*

**Hors plan par II-D2**

Célèbre entre tous, ce cimetière paysager (1804) de 44 ha est aussi le plus grand parc *intra-muros* de la capitale. **À voir notamment:** le *Monument aux morts*, au bout de l'avenue principale, œuvre de Bartholomé (1899); le mur des Fédérés, au N-E du cimetière, où les Versaillais fusillèrent les insurgés de la Commune; les mausolées d'Héloïse († 1164) et d'Abélard († 1142); les tombes de Balzac († 1850), Chopin († 1849) et Wilde († 1900), ou encore celui de Victor Noir († 1870), sculpté par Dalou. Parmi les **personnalités** inhumées: Delacroix, Géricault, Eluard, Molière, Proust, Mouloudji et Desproges.

**Le Monument aux morts** de Bartholomé (1899) est un chef-d'œuvre de l'art funéraire. Cette composition tourmentée, où la nudité apparaît dans toute sa vérité, fit scandale lors de sa présentation. Se dépouillant de leurs vêtements, les mortels s'apprêtent à passer devant le Jugement dernier.

## Cimetière de Montmartre, ou du Nord

➤ *XVIIIe arrdt*; *entrée: av. Rachel* **M°** *Place-Clichy*; **bus**: *30, 54, 68, 74, 81, 95. Mêmes horaires. Plan fourni à l'entrée.*

**VI-A1** Créé en 1825, il est presque aussi vaste que le cimetière du Père-Lachaise et constitue également un important musée de la Statuaire des XIXe et XXe s. **À voir notamment:** le gisant de Cavaignac († 1845) sculpté par Rude, *Le Soldat mourant* de Franceschi en hommage au volontaire Kamiensky († 1859), les tombes des peintres Delaroche († 1856) et Brauner († 1966). Parmi les **personnalités** inhumées: Berlioz, Degas, Zola, Truffaut et Dalida.

**La tombe du chanteur Jim Morrison**, leader des *Doors* mort en 1971, fait l'objet d'un culte sauvage au Père-Lachaise, de la part de ses fans.

## Cimetière du Montparnasse, ou du Sud

➤ *XIVe arrdt*; *entrée: bd Edgard-Quinet* **M°** *Edgar-Quinet, Raspail*; **bus**: *58, 68. Mêmes horaires. Plan fourni à l'entrée.*

**XII-B3** Créé en 1824; c'est la deuxième nécropole (19 ha) *intra-muros* de Paris. Elle abrite aussi un des derniers moulins à vent de la ville. **À voir notamment:** *Le Baiser* de Brancusi aux lignes épurées; les tombes de Bartholdi († 1904) et de Baudelaire († 1867), *La Douleur* du sculpteur Laurens († 1954) ainsi que la statue de Sainte-Beuve († 1869) enveloppée dans son linceul, due à Josée Chamoy. Parmi les **personnalités** inhumées: Bourdelle, Ionesco, Sartre et Beauvoir ainsi que Gainsbourg.

*Psyché abandonnée*** (1790 ; salle 27),* **Pajou** révèle les goûts d'une époque friande d'émois érotiques. La ***Diane chasseresse*** *(1790 ; salle 28)* de **Houdon** porte le respect des règles de l'Antiquité et de l'anatomie à leur paroxysme.

### XIXᵉ SIÈCLE

Les ***Trois Grâces**** *(1831 ; salle 32)* de **Pradier**, sculpteur officiel de la monarchie de Juillet, affichent un classicisme teinté de sensualité. **Rude**, à l'origine de *La Marseillaise* de l'Arc de Triomphe *(pp. 141 et 227),* cherche ici, avec son ***Jeune Pêcheur napolitain**** *(1831 ; salle 33),* le naturel, voire l'anecdote. Il se montre en cela l'un des grands sculpteurs romantiques de son temps. On pense à Delacroix en voyant le bronze de **Barye**, *Lion et serpent*** *(1882 ; salle 33),* une œuvre pleine de fougue et de férocité.

### SCULPTURES ITALIENNES

#### VIᵉ-XVᵉ SIÈCLE *(galerie Donatello)*

Le groupe en bois polychrome de la ***Descente de Croix**** *(v. 1250 ; salle 1e)* mêle les données romanes comme les plis géométriques et stylisés du pagne du Christ, et le naturalisme gothique, dans la présence corporelle des personnages et l'équilibre des volumes.

Le relief en terre cuite polychrome, intitulé ***Vierge à l'Enfant**** *(v. 1440 ; salle 1e),* illustre les trois constantes de l'art de Donatello : ampleur, expression tragique et illusion de la profondeur.

#### XVIᵉ-XIXᵉ SIÈCLE *(galerie Michel-Ange)*

Les *Esclaves**** *(1515 ; salle 4)* de **Michel-Ange** ont été conçus pour le monument funéraire du pape Jules II. Ils symbolisent à merveille la quête d'absolu et de perfection

L'Esclave mourant de Michel-Ange symboliserait l'âme humaine enchaînée par les pesanteurs du corps ou encore les passions asservies.

de l'artiste, qui les laissa inachevés à dessein (les marques des outils sont encore visibles).

Le tympan en bronze de la ***Nymphe de Fontainebleau**** *(1542 ; palier de l'escalier Mollien).* Érotisme froid, allongement du corps féminin, goût du décoratif, la sculpture de **Cellini** constitue l'une des meilleures expressions du maniérisme italien.

Le groupe de *Psyché ranimée par le baiser de l'Amour**** *(1793 ; salle 4),* de **Canova**, est d'une grâce incomparable. La pyramide de corps enlacés semble s'animer sous l'effet du baiser d'Amour qui fait renaître Psyché. Un thème platonicien vu par le meilleur interprète du néoclassicisme.

### SCULPTURES ESPAGNOLES

Parmi les plus belles pièces de la collection, il faut voir la série de **chapiteaux wisigothiques**, dont l'un (*XIIe s.; salle 3*) est décoré d'hommes armés combattant des lions, le *St François mort* (*XVIIe s.; salle 3*) et le *Christ mort* (*XVIIIe s.; salle 3*) qui frappe par le réalisme de ses plaies, en relief, peintes et vernies.

### SCULPTURES NORDIQUES

La *Vierge à l'Enfant d'Issenheim*\*\*\* (*XVe s.; escalier du Grand Écuyer*), sculpture en tilleul, possède un fascinant jeu de drapé. On pense aux grands retables de Van der Weyden. Admirez aussi le *Retable de la Passion*\*\*\* (*XVIe s.; salle C*), une œuvre anversoise où foisonnent les personnages et les scènes imprégnées d'une profonde humanité. La *Sainte Marie-Madeleine*\*\*\* (*XVIe s.; salle C*) due à **Gregor Erhart** qui se dégage ici de l'art gothique par une ébauche naturaliste pleine de mouvement.

## Peintures\*\*\*

➤ *École française*: *XIVe-XVIIe s.*: *Richelieu, 2e étage*; *XVIIe-XIXe s.*: *Sully, 2e étage*; *XIXe s. (grands formats)*: *Denon, 1er étage*. *Écoles hollandaise, flamande et allemande*: *Richelieu, 2e étage*. *Écoles italienne et espagnole*: *Denon, 1er étage*.

Les collections couvrent l'histoire de la peinture européenne du milieu du XIIIe s. au milieu du XIXe s. Elles sont réparties en **quatre** grands **groupes**: les écoles française (cette dernière est majoritaire en nombre), italienne, espagnole et les écoles de l'Europe du Nord (regroupant l'Allemagne, les Flandres et la Hollande).

### ÉCOLE FRANÇAISE\*\*\*

#### XIVe-XVIe SIÈCLE

*Portrait de Jean le Bon*\*\*\* (*v. 1350; salle 1*). Cette œuvre anonyme est

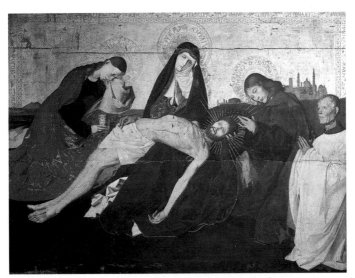

La Pietà de Villeneuve-lès-Avignon d'*Enguerrand Quarton*. Les formes austères qui se découpent dans la lumière sont caractéristiques de l'école provençale.

# À ne pas manquer

**Peintures**\*\*\*
École française\*\*\*
Le *Portrait de Jean le Bon*\*\*\*, p. 213.

La *Pietà de Villeneuve-lès-Avignon*\*\*\* d'Enguerrand Quarton, p. 214.

Les *Quatre Saisons*\*\*\* de Poussin, p. 214.

Le *Pèlerinage à l'île de Cythère*\*\*\* de Watteau, p. 215.

Le *Radeau de la Méduse*\*\*\* de Géricault, p. 216.

La *Mort de Sardanapale*\*\*\* de Delacroix, p. 216.

Le *Bain turc*\*\*\* d'Ingres, p. 216.

le premier exemple en Europe de portrait individuel de profil, c'est aussi un des plus anciens tableaux français.

**Jean Fouquet**: *Portrait de Charles VII*\* (*v. 1445; salle 6*). Le nouveau type de portrait officiel au XVe s., à mi-corps et presque de face.

**Enguerrand Quarton**: *Pietà de Villeneuve-lès-Avignon*\*\*\* (*v. 1455; salle 4*). Un chef-d'œuvre de la peinture française du XVe s. d'une forte intensité dramatique, réalisé par le plus grand représentant de l'école provençale. La distribution des personnages trahit encore l'influence des tympans gothiques.

**Première école de Fontainebleau**: *Diane chasseresse*\* (*v. 1550; salle 10*). Cette beauté glacée est probablement Diane de Poitiers, maîtresse d'Henri II, l'idéal féminin filiforme du XVIe s. maniériste.

**Seconde école de Fontainebleau**: *Gabrielle d'Estrées et une de ses sœurs au bain*\*\*\* (*fin XVIe s.; salle 10*). Un tableau célèbre diversement interprété: certains y voient une allusion à la naissance du fils d'Henri IV et de Gabrielle d'Estrées, d'autres l'évocation de la légèreté des mœurs de l'époque.

### XVIIe SIÈCLE

**Georges de La Tour**: *Le Tricheur à l'as de carreau*\*\*\* (*v. 1635; salle 28*). Un subtil jeu de mains qui illustre un adage de l'époque: «Le jeu, le vin et les dames sont la perte de nos âmes.» *Saint Joseph charpentier*\*\*\* (*v. 1640; salle 28*). Mysticisme, science de l'éclairage, simplification des volumes constituent les grandes caractéristiques de La Tour, qui rappellent le Caravage.

**Le Lorrain**: *Le Débarquement de Cléopâtre à Tarse*\*\*\* (*1642; salle 15*). Une toile admirable de celui qui fut, avec Poussin, le plus grand paysagiste du XVIIe s.

**Le Nain**: *Famille de paysans dans un intérieur*\*\* (*1645; salle 29*). Son grand réalisme lui valut d'être peu apprécié de ses contemporains.

**Philippe de Champaigne**: *Ex-voto*\*\* (*1662; salle 31*). Le peintre de cour de Louis XIII a donné à l'art du portrait son expression la plus intérieure; le tableau marque la rencontre de l'artiste avec le jansénisme, car ici est figuré le moment où l'abbesse de Port-Royal a la révélation de sa guérison prochaine.

**Nicolas Poussin**: *Les Quatre Saisons*\*\*\* (*1664; salle 16*). Aux quatre saisons sont associés les âges de la vie et les quatre grandes époques du monde vues sous l'angle du christianisme. Une méditation sur la vie, qui culmine avec *L'Hiver*, sombre déluge élaboré par l'artiste au seuil de sa mort.

**XVIIIᵉ SIÈCLE**

**Jean-Antoine Watteau** : *Pèlerinage à l'île de Cythère*\*\*\* (1717; salle 36). On y trouve la vision mélancolique d'un bonheur éphémère, offert mais aussitôt refusé. D'aucuns y voient une allusion à la fin prochaine de l'aristocratie.

**Jean-Siméon Chardin** : *Le Bénédicité*\*\*\* (1740; salle 40). Le peintre donne de la vie quotidienne une représentation silencieuse et reposée.

**Jean Honoré Fragonard** : *Le Verrou*\*\* (v. 1778; salle 49). L'instant, la surprise, le libertinage érotique, mais aussi la part d'ombre et comme une menace, tout l'esprit des Lumières qui vacille.

**Jean-Baptiste Greuze** : *Le Fils puni*\* (1778; salle 51). Un exemple de l'art moralisateur de l'artiste très admiré de Diderot et de Rousseau.

**Louis David** : *Le Serment des Horaces*\*\*\* (1784; salle 75). Le tableau fondateur du néoclassi-

## La couleur romantique

*Scène des massacres de Scio.*

« Les peintres qui ne sont pas coloristes font de l'enluminure et non de la peinture. La peinture proprement dite, à moins qu'on ne veuille faire un camaïeu, comporte l'idée de la couleur comme une des bases nécessaires, aussi bien que le clair-obscur et la proportion et la perspective. La proportion s'applique à la sculpture comme à la peinture; la perspective détermine le contour; le clair-obscur donne la saillie par la disposition des ombres et des clairs mis en relation avec le fond; la couleur donne l'apparence de la vie. »
Eugène Delacroix, *Journal*, 23 février 1852.

cisme est un appel prémonitoire au patriotisme. Avec son dessin dur, ses couleurs claquantes, et sa composition en frise, on retrouve l'héritage de Poussin, son maître. Parmi ses chefs-d'œuvre les plus célèbres : *Le Sacre de Napoléon*\*\*\* *(1807; salle 75)*.

**Hubert Robert** : *Vue imaginaire de la Grande Galerie en ruine*\* *(1796; salle 51)*. Celui que l'on surnomme le « peintre des ruines » signe là une composition visionnaire, comme l'écho d'un monde à reconstruire *(voir aussi p. 221)*.

### XIXᵉ SIÈCLE ET GRANDS FORMATS

**Anne-Louis Girodet** : *Atala au tombeau*\*\* *(1808; salle 77)*. Chactas ensevelit Atala, jeune chrétienne qui s'empoisonne pour ne pas succomber à l'amour. Un style préromantique étonnant en ces temps où le néoclassicisme triomphe.

**Théodore Géricault** : *Le Radeau de la Méduse*\*\*\* *(1819; salle 77)*.

---

## À ne pas manquer

**Peintures**\*\*\*
**École italienne**
*La Joconde*\*\*\* de Léonard de Vinci, p. 217.
*La Belle Jardinière*\*\*\* de Raphaël, p. 218.
*Les Noces de Cana*\*\* de Véronèse, p. 218.

**Écoles de l'Europe du Nord**
*Autoportrait au chardon*\*\* de Dürer, p. 219.
*La Vierge du chancelier Rolin*\*\*\* de Van Eyck, p. 219.
*La Dentellière*\*\*\* de Vermeer, p. 220.

---

Le manifeste du romantisme. Noir, macabre et baroque dans sa construction en croix. Voir aussi *La Folle*\*\* *(v. 1820; salle 61)*, où, pour une fois, Géricault délaisse le cheval — son sujet de prédilection — pour s'intéresser à la pathologie mentale. Fascinant !

**Eugène Delacroix** : *La Mort de Sardanapale*\*\*\* *(1827; salle 77)*. Cette scène de suicide collectif est peut-être la plus débridée, la plus violente, la plus intensément romantique de ses nombreux chefs-d'œuvre.

**Jean-Auguste Ingres** : *Le Bain turc*\*\*\* *(1862; salle 60)*. L'un des sommets de l'infatigable talent du peintre épris d'un Orient d'opérette. Ici, les motifs sont répétés pour atteindre une certaine abstraction.

**Camille Corot** : *La Femme en bleu*\*\* *(1874; salle 73)*. Un portrait qui rappelle les œuvres de Whistler ; le peintre y apparaît comme un précurseur de l'impressionniste, particulièrement sensible aux effets changeants de la lumière.

### ÉCOLE ITALIENNE

#### XIIIᵉ-XIVᵉ SIÈCLE

**Cimabue** : *Vierge en majesté entourée de six anges*\*\*\* *(v. 1270; salle 3)*. Pour illustrer ce thème toscan classique, le peintre, qui a beaucoup influencé Giotto, utilise la technique byzantine du fond d'or.

**Giotto** : *Saint François d'Assise recevant les stigmates*\*\*\* *(v. 1310; salle 3)*. Le peintre-berger – qui débuta en dessinant les brebis de son troupeau – rend ici hommage au saint des pauvres, accordant une importance toute nouvelle à la représentation plastique de la nature.

*La Bataille de San Romano de Paolo Uccello. Une composition où l'artiste joue avec les effets de perspective et les couleurs chatoyantes des costumes.*

### XVᵉ SIÈCLE

**Fra Angelico**: *Couronnement de la Vierge*\*\*\* *(v. 1435; salle 3)*. Sa grande composition pyramidale, ses admirables couleurs et ses effets de perspective en font une œuvre marquante dans l'histoire de la peinture.

**Piero della Francesca**: *Portrait de Sigismond Malatesta*\*\* *(v. 1450; salle 3)*. Le *condottiere* est vu de profil, conformément à la tradition gothique, mais une notion de volume tout à fait nouvelle a été ajoutée.

**Paolo Uccello**: *La Bataille de San Romano*\*\*\* *(v. 1456; salle 3)*. La bataille entre les villes de Florence et de Sienne sert de prétexte à d'étonnants jeux de perspectives et à d'éblouissants raccourcis *(voir aussi p. 137)*.

**Andrea Mantegna**: *Le Calvaire*\*\* *(v. 1460; Grande Galerie 5)*. Un paysage dur comme du silex et une précision archéologique poussée à l'extrême.

**Antonello da Messina**: *Le Condottiere*\* *(1475; salle 4)*. À rapprocher du portrait de Piero della Francesca, *Christ à la colonne*, pour mesurer l'originalité d'Antonello, peintre ouvert à l'influence flamande.

**Botticelli**: *Vénus et les Grâces offrant des présents à une jeune fille*\*\*\* *(1483; salle 2)*. La jeune fille, qui représente le monde terrestre, est d'une simplicité étonnante face aux beautés célestes pleines de légèreté. Ici s'exprime l'humanisme raffiné du temps de Laurent de Médicis.

### XVIᵉ SIÈCLE

**Léonard de Vinci**: *La Joconde*\*\*\* *(1506; salle 6)*. Le portrait de Monna Lisa, épouse du seigneur del Giocondo, ne se présente plus... L'artiste a utilisé les ressources de sa technique pour lui donner une dimension de mystère que souligne l'énigme du sourire (*giocónda* désigne aussi la «femme joyeuse» en italien) et la tristesse du regard. Le paysage irréel de l'arrière-plan met l'accent sur la psychologie du personnage. *La Vierge, l'Enfant Jésus et Sainte Anne*\*\*\* *(v. 1510; salle 5)*. Ce tableau constitue l'aboutissement des recherches de Léonard de Vinci. Le thème illustre la généa-

La Diseuse de bonne aventure *de Caravage. Pour camper ses personnages, l'artiste allait chercher ses modèles dans la rue.*

logie du Christ et sa Passion (l'agneau et la Résurrection, figurée par la caverne).

**Raphaël**: *La Belle Jardinière*\*\*\* *(1507; Grande Galerie 5)*. Même si l'on sent encore l'influence de Vinci (structure pyramidale, léger *sfumato*, regards, jeux de mains), il se dégage de la toile la sérénité et la douceur caractéristiques du peintre.

**Titien**: *Concert champêtre*\*\*\* *(v. 1510; salle 6)*. Cette œuvre vibrante de couleurs et de vie séduit par l'accord des personnages et des décors naturels.

**Vittore Carpaccio**: *La Prédication de Saint Étienne à Jérusalem*\* *(v. 1520; salle 6)*. Par la richesse de ses couleurs et son ample construction, le peintre annonce les Vénitiens à venir : Titien et Véronèse.

**Rosso Fiorentino**: *Pietà*\*\* *(v. 1530; Grande Galerie 7)*. Une vision violente du drame de la Passion, interprété par le grand représentant du maniérisme flo-

rentin. À noter le cadrage rapproché qui concentre le drame.

**Véronèse**: *Les Noces de Cana*\*\* *(1563; salle 6)*. Cette grande composition récemment restaurée a été peinte en une année ! Elle réunit 132 personnages, auxquels le peintre a prêté les traits de contemporains comme Soliman le Magnifique, François Ier, Charles Quint, Titien, le Tintoret et lui-même en joueur de viole !

### XVIIe-XVIIIe SIÈCLE

**Le Caravage**: *La Mort de la Vierge*\*\*\* *(1606; salle 7)*. Les ecclésiastiques refusèrent cette œuvre, trouvant par trop indécent ce cadavre aux jambes gonflées. Son style, se démarquant de l'esthétisme érudit de ses contemporains, allait pourtant faire école. *La Diseuse de bonne aventure*\*\* *(v. 1594; salle 7)*. Une scène de rue où, à travers le jeu subtil des regards, on assiste au vol d'un anneau par une bohémienne.

**Francesco Guardi**: *Fêtes véni-tiennes*\*\* *(1763; vestibule de la salle des États 6)*. Deux tableaux dans lesquels le peintre donne de sa ville des vues réalistes et empreintes de beaucoup de poésie.

### ÉCOLE ESPAGNOLE\*\*

**Le Greco**: *Le Christ en croix adoré par deux donateurs*\* *(v. 1585; salle 26)*. Torsion des corps, visage extatique, le peintre mystique d'origine crétoise se reconnaît à ce style tourmenté, qui est ici tempéré par la rigueur de la composition.

**Francisco de Zurbarán**: *L'Exposition du corps de Saint Bonaventure*\* *(1629; salle 26)*. Une composition simple et une atmosphère de ferveur font de ce peintre le grand interprète de la spiritualité monastique du Siècle d'or.

**José de Ribera**: *Le Pied-bot*\* *(1642; salle 26)*. Un disciple espagnol du Caravage qui privilégie la le réalisme parfois cruel.

**Francisco José de Goya**: *La Solana*\*\* *(v. 1790; salle 32)*. Le grand portraitiste révèle ici à merveille ses dons de coloriste mais aussi de psychologue.

### ÉCOLE GERMANIQUE\*\*\*

**Albrecht Dürer**: *Autoportrait au chardon*\*\* *(1493; salle 8)*. On s'interroge toujours sur le sens du chardon que porte l'artiste dans sa main. S'agit-il d'un symbole de fidélité à sa fiancée ou d'une allusion à la Passion comme le laisserait croire l'inscription «Les choses m'arrivent comme il est écrit là-haut»?

**Hans Holbein**: *Portrait d'Érasme*\* *(1528; salle 8)*. L'œuvre, peut-être, la plus achevée du portraitiste de l'aristocratie européenne.

**Lucas Cranach l'Ancien**: *Vénus debout dans un paysage*\* *(1529; salle 8)*. Le portraitiste de Luther donne au corps de la déesse une grande légèreté. Remarquez la ville à l'arrière-plan et surtout le serpent ailé tenant dans sa gueule un anneau, signature du peintre.

**Caspar David Friedrich**: *L'Arbre aux corbeaux*\*\* *(1822; salle 70)*. Une réflexion romantique sur la mort, la vanité des choses terrestres (le chêne dépouillé de ses feuilles), avec tout de même l'espoir de l'éternité (le ciel lumineux).

### ÉCOLES FLAMANDE ET HOLLANDAISE

#### XVe-XVIe SIÈCLE

**Jan Van Eyck**: *La Vierge du chancelier Rolin*\*\*\* *(v. 1435; salle 4)*. Une œuvre fascinante à regarder à la loupe où les détails ont valeur de symboles religieux.

**Roger Van der Weyden**: *Triptyque de la famille Braque*\*\* *(v. 1452; salle 4)*. Un petit autel portatif dont l'arrière-plan est d'une finesse remarquable. On y retrouve l'influence de Fra Angelico.

**Jérôme Bosch**: *La Nef des fous*\*\* *(v. 1500; salle 5)*. Une probable allégorie moralisante d'un monde à la dérive.

**Quentin Metsys**: *Le Prêteur et sa femme*\*\* *(1514; salle 9)*. Le thème de l'usurier avide connaîtra un grand succès, mais ici la balance renvoie au Jugement dernier.

**Pieter Bruegel le Vieux**: *Les Mendiants*\* *(1568; salle 9)*. Un tableau aux multiples interprétations: évocation de la souffrance humaine, allusion à la domination espagnole, satire sociale?

#### XVIIe SIÈCLE

**Pierre-Paul Rubens**: *La Vie de la reine Marie de Médicis*\*\*\* *(1625; salle 18)*. Les 24 tableaux, soit environ 300 m² de peinture, sont une véritable prouesse de la part du peintre. Cette narration épique figure les hauts faits et le destin exceptionnel de Marie de Médicis.

**Frans Hals** : *La Bohémienne*\*\* *(1628; salle 30)*. D'une spontanéité saisissante, ce tableau est l'un des chefs-d'œuvre d'une école du portrait marquée par le sens du réel.

**Rembrandt** : *Les Pèlerins d'Emmaüs*\*\*\* *(1648; salle 31)*. Une œuvre d'une poignante humanité baignant dans cette lumière poudreuse qui est la signature même de l'artiste *(voir aussi p. 137)*. *Le Philosophe en méditation*\*\*\* *(v. 1660; salle 31)*. Un minuscule tableau où se résume tout l'art du grand maître hollandais. L'escalier à vis symbolise les aléas de la pensée.

**De Hooch** : *La Buveuse*\*\* *(1658; salle 38)*. Lumière chaleureuse et sens de la perspective... La scène se veut pourtant moralisatrice : les plaisirs dissolus y sont évoqués (courtisane, entremetteuse et galants) ainsi que la vanité des sens (boire, fumer, etc.).

**Johannes Vermeer** : *La Dentellière*\*\*\* *(v. 1671; salle 38)*. Un cadrage serré met en valeur le geste intemporel. À noter le léger flou du premier plan, « effet photographique » avant la lettre.

### ÉCOLE ANGLAISE (XVIIIᵉ-XIXᵉ SIÈCLE)

**Thomas Gainsborough** : *Conversation dans un parc*\* *(1746; salle 76)*. Le peintre et sa femme dans un paysage agrémenté d'une fabrique. Extraordinaire rendu de tissus et de dentelles.

**John Constable** : *Vue de Salisbury*\* *(1820; salle 76)*. Ce peintre « naturel » reste attaché à la campagne de sa région natale.

**William Turner** : *Paysage avec une rivière et une baie dans le lointain*\*\* *(1845; salle 76)*. La dissolution des formes sous l'effet de la lumière. Entre l'art du Lorrain et l'impressionnisme à naître.

## Département des arts graphiques

➤ *École française : Sully, 2ᵉ étage. École italienne : Denon, 1ᵉʳ étage. Écoles du Nord : Richelieu, 2ᵉ étage. Accès à la salle de consultation des Arts graphiques (aile de Flore) uniquement sur RV. Rens.* ☎ *01.40.20.52.51.*

Le fonds comprend 130 000 dessins et gravures – la plus riche collection au monde, avec celle de l'Albertina de Vienne. Dix salles, dans les circuits de peinture, exposent par roulement des dessins, des pastels ou des fusains.

*Pour la description des plus belles salles du palais du Louvre (salle des Cariatides*\*\**, appartements d'été d'Anne d'Autriche*\*\**, galerie d'Apollon*\*\*\**), voir encadré p. 100.*

Du fait du cadrage serré, Vermeer réussit à concentrer l'attention du spectateur sur le geste de La Dentellière.

# Les Arts premiers au Louvre

➤ *Accès avec le billet du Louvre, par la porte des Lions, pavillon des Sessions.*

En avril 2000 les arts d'Afrique, d'Asie, d'Océanie et des Amériques entrent au Louvre. Près de **120 chefs-d'œuvre**, présentés par aires géographiques, sont réunis au pavillon des Sessions et constituent la première réalisation du **musée des Arts et des Civilisations**, qui ouvrira quai Branly en 2004.

➤ L'AFRIQUE regroupe 46 sculptures et s'ouvre sur la pièce la plus ancienne de la sélection : un **personnage masculin**\*\* **de la période Nagada II** (Égypte, V$^e$-IV$^e$ millénaire av. J.-C.). Sont également présentés une **sculpture Nok**\*\* (Nigeria, VI$^e$ s. av. J.-C.-VI$^e$ s. apr. J.-C.), qui se distingue par le jeu inventif de ses proportions ; le **dieu Gou**\*, divinité du métal et de la guerre d'une étonnante modernité (Bénin, avant 1858) ; une **cuillère anthropomorphe zoulou**\*\* (Afrique du Sud, XIX$^e$-début XX$^e$ s.), qui montre combien fonction et beauté sont liées.

➤ L'ASIE s'illustre par 6 pièces, dont une **figure d'ancêtre**\*\* (île Nias, XIX$^e$ s.), sculpture très élaborée qui servait de réceptacle à l'âme du défunt.

➤ L'OCÉANIE présente 28 œuvres. À voir notamment : un **superbe Uli**\*\* (Nouvelle-Irlande, XVIII$^e$-début XIX$^e$ s.) associé à des rites funéraires, ou encore des **sculptures de l'île de Pâques**\* évoquant des revenants.

➤ LES AMÉRIQUES proposent une sélection de 32 sculptures, dont un **siège Taïno**\*\* (Grandes Antilles, XIII$^e$-XIV$^e$ s.) sur lequel se serait assis Christophe Colomb ; une **céramique de Chupicuaro**\*\*\* (VII$^e$-II$^e$ s. av. J.-C.) aux formes rondes et généreuses, symbole de fertilité et du renouveau des saisons (emblème du musée du quai Branly) ; un **masque à transformation Kwakiutl**\* (Canada, XIX$^e$ s.) ; un **masque Inuit Koniag**\* (Alaska, début XIX$^e$ s.), utilisé pour des rituels chamaniques.

Cartes géographiques, fiches signalétiques et bornes multimédia renseignent sur l'histoire des objets, leur contexte, leur usage, et la société qui les a produits.

# Musée Carnavalet
# de l'Histoire de Paris*

➤ IIIᵉ **arrdt**; 23, rue de Sévigné **Mº** St-Paul ou Chemin-Vert; **bus**: 29, 69, 76, 96; **ouv**. t.l.j. de 10h à 17h40 sf lun. et j.f.; **vis. guidées** ☎ 01.44.59.58.58; accès payant.

**II-C2** Le musée occupe deux splendides hôtels particuliers du Marais: les hôtels Carnavalet et Le Peletier-de-St-Fargeau (p. 84). L'histoire de la capitale est évoquée par des vestiges archéologiques, des tableaux et des reconstitutions de décors (hôtels particuliers du XVIIᵉ s., boutique Art nouveau, etc.).

## Dans l'hôtel Carnavalet

➤ DES ORIGINES AU XVIᵉ SIÈCLE (rez-de-chaussée). La préhistoire et les périodes gallo-romaine et médiévale sont présentées grâce à des **maquettes**\*\* et des **reconstitutions cartographiées**\*\* très intéressantes. Les fameuses **pirogues chasséennes** mises au jour à Bercy seront prochainement exposées. À noter une **trousse de chirurgien-médecin**\*\* gallo-romaine, la **statue-colonne**\*\* de l'ancien portail de Notre-Dame, quelques tableaux religieux où l'on distingue, en toile de fond, les plus anciennes vues de Paris (XVIᵉ s.). Près de l'escalier, notez les **mascarons**\*\* grimaçants du Pont-Neuf.

➤ LES XVIIᵉ ET XVIIIᵉ SIÈCLES (1ᵉʳ étage). Les **salles 21 et 22** sont consacrées à la plus célèbre locataire des lieux, Mᵐᵉ de Sévigné, dont on voit plusieurs **portraits**. Parmi les **décors** remontés, admirez le **grand cabinet**\*\* et la **chambre**\*\* de l'hôtel La Rivière, peints par Le Brun (XVIIᵉ s.), le **salon de Demarteau**\*\*, peint par Boucher et Fragonard au XVIIIᵉ s., le **Café Militaire**\*, décoré par Ledoux (salles 30 et 31). L'escalier de l'**hôtel de Luynes** se distingue particulièrement avec sa **composition murale**\*\* en trompe-l'œil, due à Brunetti (XVIIIᵉ s.).

## Dans l'hôtel Le Peletier-de-St-Fargeau

➤ LA RÉVOLUTION FRANÇAISE (2ᵉ étage). Cette collection très riche et bien présentée compte, notamment, des portraits de **Danton** ou **Marat**, une **maquette**\* de la Bastille taillée dans une pierre de la célèbre forteresse. Voir aussi les **gouaches découpées**\* de Le Sueur, véritable BD pleine d'humour retraçant les années 1789-1809.

➤ LA PREMIÈRE MOITIÉ DU XIXᵉ SIÈCLE (rez-de-chaussée). Ici sont réunies de nombreuses vues de la ville, dont Le Pont St-Michel\*\* de Corot. Voir aussi le célèbre **portrait de Mᵐᵉ Récamier**\* (salle 115) ainsi qu'une **maquette** de l'Hôtel de Ville pendant les journées de 1830.

➤ DU SECOND EMPIRE À NOS JOURS (1ᵉʳ étage). Le Paris de la Belle Époque est recréé avec la chambre de **Marcel Proust**\*. Précieux témoignages de l'**Art nouveau**, le **salon**\*\* du Café de Paris, dessiné par l'architecte **Sauvage**, et la **joaillerie**\*\* Fouquet, réalisée par **Mucha** (1900), méritent une halte, de même que le décor plus tardif de la **salle de bal Wendel**\* (1924), dû au Catalan Sert. Nombreux **tableaux**\* remarquables sur la ville et la vie parisienne, notamment ceux de Jean Béraud, Foujita et Sicard.

# Le Musée national d'Art moderne du Centre Pompidou***

➤ IVᵉ *arrdt; pl. Georges-Pompidou* **M°** *Châtelet, Hôtel-de-Ville ou Rambuteau* **RER** *Châtelet-Les Halles;* **bus:** *21, 29, 38, 47, 58, 69, 70, 72, 74, 75, 76, 81, 85, 96;* **parking** *payant;* **musée national d'Art moderne et expositions temporaires: ouv. t.l.j. sf mar. de 11 h à 21 h; atelier Brancusi: ouv. t.l.j. sf mar. de 13 h à 19 h; accès* **payant** *Rens.* ☎ *01.44.78.12.33, par Minitel 3615* BEAUBOURG.

**II-A1** et **III-B2** Construit par Richard Rogers et Renzo Piano, le centre Georges-Pompidou, ou centre **Beaubourg**, est un lieu pluriculturel voué à la création artistique contemporaine. Sept millions de personnes viennent chaque année admirer ses collections, ce qui en fait le musée le plus visité de France, devant le Louvre et même la tour Eiffel !

## Sur la piazza

➤ **L'ATELIER BRANCUSI**. Il s'agit d'une reconstitution de l'atelier du sculpteur roumain ; plus de 130 de ses œuvres y sont exposées : ébauches, plâtres originaux, sculptures en pierre, en marbre et en bronze où l'on retrouve les formes pures et impersonnelles qui lui sont chères.

## Les collections d'art moderne

Elles présentent un panorama complet de la création au XXᵉ s. : peinture, sculpture, photographie, installations, design, architecture, mais aussi nouveaux médias, films et livres d'artistes. Les œuvres sont montrées en un seul parcours, pluridisciplinaire et chronologique, qui débute au niveau 5 (collections modernes) et se poursuit au niveau 4 (collections contemporaines).

➤ **FAUVISME**. Bonnard : *L'Atelier aux mimosas***. Une œuvre significative du peintre et de son attrait pour la couleur pure. **Matisse** : *Le Rêve***, *La Blouse roumaine*** et *La Fenêtre à Collioure***. Dans chacun de ces trois tableaux, l'artiste simplifie les formes à l'extrême. Il donne à la ligne et à la couleur une expressivité inégalée.

➤ **CUBISME**. Braque : *L'Homme à la guitare***. Un tableau majeur du cubisme. L'objet ou l'individu est figuré tel qu'il est connu et perçu, et non plus tel qu'il est vu. **Duchamp-Villon** : *Le Cheval majeur***. Un bronze qui passe pour l'une des plus intéressantes sculptures du cubisme. **Picasso** : *Portrait de jeune fille****. Contemporain de *L'Homme à la guitare* de Braque, ce portrait participe de la même esthétique : imbrications de plans, palette restreinte afin de ne privilégier aucun élément en particulier. **Léger** : *La Noce**. Comme Cézanne, Léger réduit les motifs à un agencement de formes géométriques simples : le cône, le cylindre et la sphère.

➤ **ABSTRACTION**. Delaunay : *Fenêtres***. L'un des pionniers de l'abstraction en France réalise ici un pur agencement de formes colorées d'un irrésistible effet dynamique. **Kandinsky** : *Avec l'arc noir***. L'« inventeur » de l'abstraction compose des formes colorées, qui traduisent des souve-

# Petit lexique d'art contemporain

➤ **ARTE POVERA**. Ce mouvement des années 1960 récuse les supports conventionnels (la toile, le châssis) et les outils habituels (la palette de couleurs, les pinceaux) de l'artiste. Anselmo, Merz, Penone s'inscrivent dans cette mouvance.

➤ **COBRA**. Mouvement fondé en 1948 et dissous en 1951. Son nom provient de la réunion des premières lettres de Copenhague, Bruxelles et Amsterdam. La peinture est colorée et parfois primitive, les artistes travaillent sur l'association matière-couleur et prônent l'expression directe et intuitive (Appel, Constant, Alechinsky).

➤ **MINIMALISME**. Courant des années 1960 ayant recours aux formes abstraites géométriques, simplifiées à l'extrême. Les peintres revendiquent la non-couleur, le systématisme et la planéité du tableau (Lewitt, André, Stella).

➤ **NOUVEAU RÉALISME**. Apparu dans les années 1960, il se caractérise par un refus de l'idéalisme. Les techniques et les matériaux utilisés sont divers : sculptures-machines de Tinguely, objets accumulés d'Arman, emballages de Christo.

➤ **POP ART**. Mouvement des années 1950 né en Angleterre et célébrant la société de consommation *(popular art)*. Il se propage aux États-Unis dans les années 1960. Les objets ou les images liés aux communications de masse sont détournés de leur signification (Warhol, Segal, Oldenburg).

➤ **SUPPORT-SURFACE**. Courant des années 1970 qui tend vers la déconstruction de la toile et du châssis. Il utilise plusieurs techniques d'application de la couleur et travaille sur le support lui-même (Rouan, Viallat, Valensi).

nirs sans faire référence à la vision. **Klee** : *En rythme*\*. Une retranscription picturale de l'art abstrait par excellence : la musique. **Malevitch** : *La Croix noire*\*. Membre éminent de l'avant-garde russe, il pousse ses recherches jusqu'à la négation de la peinture, d'où la croix, symbole de négation, et la couleur noire, c'est-à-dire la non-couleur. **Mondrian** : *New York City*\*. Une œuvre tardive du peintre abstrait néerlandais, qui s'éloigne du dogmatisme de ses débuts en insufflant une sorte de vibration par la couleur.

➤ **ÉCOLE DE PARIS ET EXPRESSION DU SACRÉ**. **Chagall** : *À la Russie, aux ânes et aux autres*\*\*\*. Toute la poésie de l'artiste, qui retranscrit l'âme éternelle de sa Russie natale. **Rouault** : *La Sainte Face*\*\*. Un expressionnisme pétri de sens du sacré. La foi vécue comme seul refuge dans un monde à la dérive.

➤ **SURRÉALISME**. **De Chirico** : *Portrait visionnaire de Guillaume Apollinaire*\*. Le surréel rejoint le réel : De Chirico peint en 1914 le poète en ombre chinoise, un cercle indiquant l'éclat d'obus qui le blessera à la tempe deux ans plus tard. **Dali** : *Six Images de Lénine sur un piano*\*. Tout le surréalisme selon Dali : une traduction réaliste – académique même – d'un monde irréel et purement fantaisiste. **Ernst** : *Loplop présente* *une jeune fille*\*. L'un des thèmes récurrents de l'univers onirique du grand peintre. Tous ces artistes ont été influencés par les travaux de Freud sur l'inconscient et l'interprétation des rêves, comme on peut le voir par exemple chez Magritte. Ne manquez pas non plus *Bleu II*\* de Miró et les **mobiles** poétiques de Calder.

➤ **LES GRANDS COURANTS DE 1950 À NOS JOURS.** Dans l'immédiat après-guerre, le mouvement **Cobra**, avec Alechinsky et Atlan, attache une grande valeur à la spontanéité. Bacon : *Trois Personnages dans une pièce*\*\*. Dérision, déformation des personnages, violence de la couleur, un résumé de l'inclassable peintre anglais. Admirez aussi les sculptures de **Giacometti**, dont la *Femme debout*\*\*. Le **pop art** est évoqué à travers des œuvres de Warhol et d'Oldenburg ; Tinguely et César s'inscrivent dans le **nouveau réalisme**, qui utilise des objets de récupération. Le groupe **Support-Surface** (Viallat, Rouan), l'**art conceptuel** (Buren), le **minimalisme** (sculptures d'André) sont également présents *(voir aussi encadré ci-contre)*.

# Musée du Moyen Âge et des Thermes de Cluny\*\*\*

➤ *VIe arrdt* ; *6, pl. Paul-Painlevé* **M°** *St-Michel, Odéon, Maubert-Mutualité, Cluny-La Sorbonne* **RER** *St-Michel ; bus : 21, 24, 27, 38, 63, 85, 86, 87, 96 ; ouv. t.l.j. sf mar. de 9 h 15 à 17 h 15* ☎ *01.53.73.78.00 ; accès payant.*

**IX-A1** Au cœur du Quartier latin, ce musée propose un parcours historique depuis l'Antiquité gallo-romaine jusqu'au XVe s., et offre un précieux témoignage de la société médiévale.

➤ **LE BÂTIMENT.** Donnant sur le bd St-Michel et la rue Du Sommerard, les **thermes gallo-romains**\*\* ont été construits vers l'an 200, probablement par la puissante corporation des armateurs, les nautes de Paris. La salle la mieux conservée est le *frigidarium*, ou **salle froide**\*\* *(salle 12)*, qui présente une voûte monumentale, la plus vaste de la France gallo-romaine. La seconde partie du bâtiment, donnant sur la place Paul-Painlevé, est l'**hôtel gothique des abbés de Cluny**\*\*, un pur joyau de l'architecture flamboyante édifié à la fin du XVe s. par Jacques d'Amboise *(p. 156)* dont il faut voir la **chapelle**\*\* au 1er étage *(salle 20)*.

➤ **LES TAPISSERIES.** Elles ont été tissées dans les Pays-Bas au XVe et au début du XVIe s. À travers la fraîcheur des coloris et la grâce des personnages et des animaux se

Le Retour de la chasse, *tapisserie du XVIe s., atelier de Bourgogne, musée de Cluny.*

➤ **LES SCULPTURES ET LES PEINTURES**. Parmi les **sculptures monumentales**, les plus célèbres sont les 21 **têtes**\*\* *(salle 8)* provenant de Notre-Dame de Paris, qui, bien que mutilées, expriment encore une vivacité surprenante. Ne manquez pas non plus les **chapiteaux**\*\* de l'abbatiale de St-Germain-des-Prés *(salle 9)* et les **statues d'apôtres**\*\* de la Sainte-Chapelle *(salle 10)*. La **salle 14** *(au 1er étage)* réunit les plus grands chefs-d'œuvre de la fin du Moyen Âge : une **statue de Marie-Madeleine**\*\*, les **retables flamands**\*\*, la *Pietà de Tarascon*\*\*\* et les *Scènes de la vie de la Vierge*\* (peinture anglaise).

➤ **LES ARTS DÉCORATIFS**. L'enluminure, les tissus, les **broderies**\*\* *(salle 3)*, les **vitraux**, dont certains proviennent de la Sainte-Chapelle *(salle 4)*, et les ivoires *(salle 8)* méritent attention. Le **trésor d'orfèvrerie et d'émaillerie**\*\* présente des pièces exceptionnelles comme de rares **couronnes votives** des rois wisigoths *(salle 16)* ou des **châsses-reliquaires** limousines en émail champlevé *(salle 16)*.

➤ **LA VIE QUOTIDIENNE**. Créée récemment, la **salle 12** expose des **objets usuels** de la fin du Moyen Âge décorant la maison ou la table, ou encore des parures et des jouets. Des vitrines spécifiques sont consacrées aux **voyages** de l'homme médiéval à travers l'Europe et l'Orient, aux échanges commerciaux et aux pèlerinages.

dégagent l'**harmonie** et l'amour de la **nature**. On admirera ainsi l'*Offrande du cœur*\*\*, les six épisodes de *La Vie seigneuriale*\*\*\* *(salle 4)* et les 23 scènes de la *Légende de saint Étienne*\* *(salle 20, 1er étage)*. Les six pièces de *La Dame à la licorne*\*\*\* occupent la **salle 13** *(au 1er étage)*, les **cinq sens** ainsi que le renoncement final aux plaisirs terrestres y sont figurés.

# Musée d'Orsay***

➤ *VII$^e$ arrdt*; *62, rue de Lille*
**M°** *Assemblée-Nationale, Solférino*
**RER** *Musée-d'Orsay*; **bus**: *24, 63,
68, 69, 73, 84*; **ouv**. *t.l.j. sf lun. de
10 h à 18 h, jusqu'à 21 h 45 le jeu., à
9 h le dim.* ☎ *01.40.49.48.48*; **vis**.
**guidées** *du mar. au sam.*; *accès
payant*. **Restaurant** *au niveau
médian*.

## À ne pas manquer

Le musée d'Orsay ne se résume pas à sa formidable collection de peintures, il dresse aussi un panorama fouillé et vivant de toutes les formes de créations entre 1848 et 1914. Chaque année, deux millions de visiteurs viennent admirer, en plus de toiles célèbres signées des plus grands noms (Manet, Monet, Renoir ou Cézanne), des sculptures, des meubles Art nouveau, des photographies, des maquettes, présentés de manière **chronologique**.

La visite commence au **rez-de-chaussée** (années 1848-1870), se poursuit au **niveau supérieur** (impressionnistes, postimpressionnistes, école de Pont-Aven et Nabis) pour finir au **niveau médian** (fin du XIX$^e$ et début du XX$^e$ s.).

## Le parvis

Ici ont été placées des sculptures en bronze exécutées pour les jardins du Trocadéro lors de l'Exposition universelle de 1878: des animaux (par exemple, le *Rhinocéros* de **Jacquemart**) et les *Six Continents*, sculptés par six artistes différents (Moreau, Aimé Millet, Hiolle, Delaplanche, Falguière et Schoenewerk).

## Le rez-de-chaussée (1850-1870)

### Allée centrale

#### Sculptures

S'y côtoient les grands sculpteurs du Second Empire. Du classique **Pradier**, remarquez notamment *Sapho* et des romantiques **Barye** et **Rude** *(voir p. 212)*, le *Lion*\* et *Napoléon s'éveillant à l'immortalité*\*.

**Carpeaux**: *La Danse*\*\*\*. Ce relief provenant de la façade de l'opéra Garnier fit scandale lors de sa présentation, en raison tant de la nudité des danseuses que de la frénésie du mouvement qui semble l'habiter. Remarquez aussi, animées du même type de mouvement, *Les Quatre Parties du Monde*\*\*\*, réalisées pour la fontaine de l'Observatoire, qui tournent autour d'un globe terrestre.

### ARCHITECTURE
La **salle de l'Opéra**, qui se trouve au fond de l'allée centrale, est entièrement consacrée au bâtiment construit par Charles Garnier. Voir en particulier la **maquette**\*\*\* au 1/100 du quartier de l'Opéra en 1900.

### ARTS DÉCORATIFS
**Diehl**: *Grand médaillier*\*\*. Un traitement original d'un thème emprunté à l'époque mérovingienne.

### SALLES DE DROITE (CLASSICISME, ROMANTISME, ACADÉMISME)

**Ingres**: *La Source*\*\* *(salle 1)*. Le grand représentant du néoclassicisme pousse l'art du dessin vers une perfection toujours plus grande, quitte à déformer le corps de son modèle *(voir aussi p. 216)*.

**Delacroix**: *La Chasse aux lions*\*\* *(salle 2)*. Une explosion des couleurs et de la lumière, caractéristique de ce peintre *(voir aussi pp. 215 et 216)*.

**Moreau**: *Orphée*\*\* *(salle 12)*. L'univers onirique du maître de Matisse, grand représentant du courant symboliste en France.

**Degas**: *La Famille Bellelli*\*\* *(salle 13)*. Un tableau des débuts de Degas, où l'artiste se montre encore très influencé par l'enseignement académique qu'il a reçu.

La pose des personnages «pris sur le vif» évoque l'instantanéité d'un cliché photographique, un procédé cher à l'impressionnisme.

### SALLES DE GAUCHE (RÉALISME, ÉCOLE DE BARBIZON, DÉBUTS DE L'IMPRESSIONNISME)

**Daumier**: *La Blanchisseuse*\*\* *(salle 4)*. Comme Courbet, Daumier rompt avec la tradition académique, tant par le choix de ses sujets (la femme au travail) que par sa technique rude et robuste. L'autre grand représentant du courant réaliste. Ses 36 *Bustes des célébrités du Juste Milieu*\*\*\* *(salle 4)*, en terre crue coloriée, ont été créés afin de réaliser les caricatures de grands hommes politiques de la monarchie de Juillet.

**Millet**: *L'Angélus du soir*\*\* *(salle 5)* et *Les Glaneuses*\*\* *(salle 6)*. Ces œuvres, qui sont parmi les plus célèbres du musée, marquent les débuts du réalisme, évoquant le labeur et la pauvreté dans les campagnes.

**Corot**: *Souvenir de Mortefontaine*\* *(salle 6)*. Une jeune fille et un arbre mort, ou la nostalgie du temps qui passe, selon le peintre.

**Courbet**: *L'Atelier du peintre*\*\*\*, *Un enterrement à Ornans*\*\*\* *(salle 7)*, *L'Origine du monde*\*\* *(salle 7)*. L'artiste se révèle ici le champion d'un art authentique, souvent social, qui refuse le beau et les références historiques de ses prédécesseurs.

**Puvis de Chavannes**: *Le Rêve*\*\* *(salle 11)*. Un tableau illustrant le thème chéri des adeptes du symbolisme.

**Manet**: *Olympia*\*\*\*, *Le Balcon*\*\*\* et *Le Fifre*\*\* *(salle 14)*. Ces trois œuvres déclenchèrent d'immenses polémiques au siècle dernier en raison des sujets jugés «vulgaires».

Par ailleurs, le corps féminin ne correspondait pas aux critères esthétiques du temps et la perspective traditionnelle était remise en cause *(voir encadré p. 231).*

**Monet**: *Femmes au jardin*** *(galerie Seine)* et *La Pie**** *(salle 18).* Dans cette tranche de vie, l'impressionnisme est plus qu'en germe. La lumière vibre, les ombres se colorent et les gestes semblent suspendus dans le temps.

## Niveau supérieur (à partir de 1872)

### GALERIE DES HAUTEURS (IMPRESSIONNISME ET POSTIMPRESSIONNISME)

Située au premier étage et éclairée par la lumière du jour, elle abrite la totalité des chefs-d'œuvre conservés jadis au musée du Jeu de paume. Le musée d'Orsay y retrace l'évolution globale de l'**impressionnisme**, montrant ainsi les orientations différentes de chaque membre du groupe et les influences reçues ou refusées. Ce panorama se termine avec **Van Gogh** et une salle consacrée au symboliste **Odilon Redon**.

**Manet**: *Le Déjeuner sur l'herbe**** *(salle 29)* et *La Serveuse de bocks** *(salle 31).* Un magnifique raccourci de l'évolution de Manet. Progressivement, le peintre abandonne les sujets subversifs et opte pour des thèmes tirés du quotidien, multipliant les reflets et les touches colorées, à la manière des impressionnistes.

**Caillebotte**: *Les Raboteurs de parquet*** *(salle 30).* Une œuvre à la mise en page étonnamment moderne, par un homme qui fut surtout reconnu de son vivant comme un très grand collectionneur.

**Degas**: *Danseuses bleues****, *L'Absinthe**** et la série de **pastels**** *(salle 31).* Recherches sur le cadrage et la couleur, thèmes sociaux, intérêt pour la lumière artificielle: Degas se révèle une personnalité originale du courant impressionniste.

**Monet**: *La Gare Saint-Lazare*** *(salle 32)* et *Les Meules*** *(salle 34).* Deux exemples appartenant aux séries que Monet consacra à la gare St-Lazare et aux meules de foin. En

*Les Raboteurs de parquet révèlent le grand talent de Gustave Caillebotte, plus connu comme collectionneur que comme peintre.*

peignant toujours le même motif, le peintre met le sujet au second plan : l'essentiel devient alors la peinture. *Voir aussi p. 103.*

**Pissarro** : *Les Toits rouges*\*\* *(salle 32)*. L'une des plus belles toiles de Pissarro, pur jeu de formes et de couleurs vibrantes.

**Renoir** : *La Balançoire*\*\*\*, *Bal du Moulin de la Galette*\*\*\* *(salle 32)* ; *Le Déjeuner des canotiers*\*\* et *Les Baigneuses*\*\* *(salle 39)*. Un panorama complet de l'art du peintre, qui va de l'impressionnisme le plus pur à un style « à la Rubens ». Une grande constante néanmoins dans ce tour d'horizon, l'amour de la figure humaine et de la femme, qui l'oppose au paysagiste qu'est Monet.

**Sisley** : *L'Inondation à Port-Marly*\*\* *(salle 32)*. Le chef-d'œuvre du mal-aimé de l'impressionnisme, simple événement accidentel, baigné par une lumière d'une qualité exceptionnelle.

**Van Gogh** : *La Chambre de Vincent à Arles*\*\* et *L'Église d'Auvers-sur-Oise*\*\*\* *(salle 35)*. L'univers coloré et torturé du peintre génial qui annonce toute la peinture expressionniste à venir.

**Cézanne** : *La Femme à la cafetière*\*\*\*, *Les Joueurs de cartes*\*\*\* et *Les Baigneurs*\*\* *(salle 36)*. Trois œuvres majeures du précurseur du cubisme, où le corps humain est peint comme un agencement de formes géométriques. Chacun de ces tableaux illustre la volonté de réduire la nature « au cône, au cylindre et à la sphère », d'éliminer l'accidentel pour mieux atteindre à l'universalité.

### GALERIE BELLECHASSE
#### (ÉCOLE DE PONT-AVEN, NABIS)

Faisant suite à la galerie des hauteurs, elle présente les toiles de l'école de **Pont-Aven** (Gauguin), du **néo-impressionnisme** (Seurat et Signac), ainsi que des œuvres de **Toulouse-Lautrec**, de l'inclassable

*Grand adorateur de la lumière, Monet affectionnait les gares. On raconte que le directeur des Chemins de fer retardait l'heure de certains trains et ordonnait des jets de vapeur supplémentaires afin que le peintre puisse restituer au mieux ses impressions fugitives. Ici,* La Gare Saint-Lazare.

# Manet,
## chef de file de l'impressionnisme

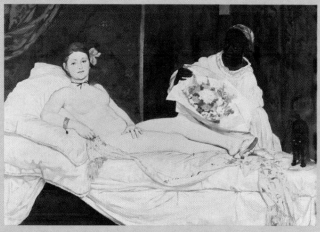

*Olympia.*

Édouard Manet (1832-1883) se rebelle vite contre la peinture académique. *Le Déjeuner sur l'herbe*, présenté en 1863, provoque un scandale. Tout autant que le sujet, la technique à la touche large et apparente et la suppression de perspective choquent. Par la suite,
l'*Olympia*, *Le Fifre* et la modernité du *Balcon* déclenchent l'hostilité. Si
la critique se déchaîne, ceux qui combattent l'académisme voient en
Manet leur chef de file. Après 1870, influencées par les tableaux de
Monet, qui tente de fixer sur la toile les impressions spontanées de la
nature (les variations de lumière, le jeu des reflets dans l'eau), ses
œuvres se rattachent à l'impressionnisme.

**Douanier Rousseau** et du courant
**nabi** *(voir encadré p. 233).*

**Henri Rousseau** : *La Charmeuse
de serpents*\*\*\* *(salle 42).* L'art naïf
et délivré du réel de cet ancien
employé municipal âgé de 60 ans
fit grand bruit au Salon d'automne
de 1905. L'exemple même de la
poésie en peinture.

**Gauguin** : *La Belle Angèle*\*\*
*(salle 43)*, *Le Repas*\*\* et *Femmes
de Tahiti*\*\* *(salle 44).* Impres-
sionné par les estampes japonaises,
l'artiste réduit la perspective à une
succession de plans simples. Parallèlement, il libère la couleur du
carcan de la réalité visuelle et sché-
matise les formes. Pour toutes ces
raisons, son art a souvent été qua-
lifié de « synthétique ».

**Seurat** : *Le Cirque*\*\* *(salle 45).* Son
art est une sorte de traduction
intellectuelle de l'impressionnisme.
Les couleurs, soumises à des règles
précises, s'opposent mutuellement
pour créer des effets optiques.

*Le Cirque, œuvre inachevée de Seurat, est la dernière composition du peintre. Ici sont mises en application ses théories sur la division de la touche pour parvenir à une plus grande luminosité.*

**Toulouse-Lautrec**: *La Goulue*\*\* *(salle 47)*. Le monde de l'habitué des cafés-théâtres affecte un réalisme non exempt de cruauté. On pense à Degas et à Daumier.

**Sérusier**: *Le Talisman*\*\* *(salle 48)*. L'influence de Gauguin est perceptible chez le meilleur représentant de l'école de Pont-Aven.

### PHOTOGRAPHIE

Le musée met l'accent sur la création plastique en photographie, en présentant notamment des portraits de **Nadar**, des paysages de **Regnault**, des natures mortes… ou des œuvres oniriques de **Lewis Carroll**. La collection se termine avec le *Portrait de Marcel Proust sur son lit de mort* par Man Ray.

### Niveau médian (IIIᵉ République)

Ce niveau possède notamment des sculptures de Rodin, des tableaux **symbolistes** ou **nabis** *(voir encadré p. 233)*, ainsi qu'un exceptionnel ensemble d'art décoratif (verres de Gallé ou de l'école de Nancy, section Art nouveau, etc.).

## PEINTURES
### (NATURALISME ET SYMBOLISME)

**Redon**: *Les Yeux clos*\*\*\* *(salle 62)*. Dans cette œuvre, il faut voir une métaphore de la vie intérieure et l'image d'une fuite au-delà des apparences. La peinture de Redon, pur produit de l'imagination de l'artiste, fut encensée par les surréalistes.

**Denis**: *Les Muses*\*\* *(salle 70)*. Le chef-d'œuvre de ce peintre influencé par Gauguin est profondément marqué par le symbolisme.

**Vuillard**: *Au lit*\*\* *(salle 71)*. Membre de l'école des Nabis, ce peintre tente, à l'instar de Gauguin, de concilier la recherche de planéité avec son goût des sujets quotidiens (ici, un homme paressant au lit).

**Bonnard**: les quatre panneaux des *Femmes au jardin*\*\* *(salle 65)* et *En barque*\*\* *(salle 72)*. Comme la plupart des Nabis après 1900, Bonnard adopte une vision proche de la réalité afin de séduire un public plus large. Ses couleurs restent cependant toujours aussi chatoyantes. *L'Enfant au pâté de sable*\* *(salle 70)* montre l'influence de l'art japonais à cette époque.

## SCULPTURES

**Camille Claudel**: *L'Âge mûr*\*\*\* *(terrasse Seine)*. L'une des pièces capitales de celle qui fut la collaboratrice et la muse de Rodin.

**Rodin**: plâtres du *Balzac*\*\*\* et de la *Porte de l'Enfer*\*\*\* *(terrasse Rodin)*. Tous deux sont très représentatifs du caractère tourmenté et pathétique de l'œuvre du sculpteur.

---

# Les Nabis : de la couleur avant toute chose

« Une peinture avant d'être un cheval de bataille, une femme nue ou une anecdote est essentiellement une surface plane recouverte de couleurs en un certain ordre assemblées », telle est la définition qu'en faisait M. Denis, un des membres des peintres « prophètes », ou Nabis. En réaction contre l'impressionnisme, ces artistes – dont les plus connus sont Bonnard et Vuillard – se placent dans la lignée de Gauguin et revendiquent les aplats de couleurs pures. L'art primitif, les estampes japonaises, les motifs décoratifs sont pour eux des sources d'inspiration.

**Maillol**: *La Méditerranée*\* *(terrasse Lille)*. Le peintre des femmes sensuelles et vigoureuses *(voir aussi p. 180)*.

## ARTS DÉCORATIFS ET ARCHITECTURE

**Gallé**: série de **verres**\*\*\* *(salle 63)* au fabuleux répertoire de motifs et de formes.

**Guimard**: **fontes décoratives**\* et **meubles**\*\* *(salle 64)*. Le grand architecte Art nouveau tenta également de renouveler l'art du meuble en adoptant la ligne sinueuse et végétale.

**Charpentier**: la grande **boiserie**\* *(salle 66)*. Sa salle à manger constitue l'un des ensembles Art nouveau les plus complets.

# Musée des Arts africains et océaniens**

➤ *XIIe **arrdt**; 293, av. Daumesnil* **M°** *Porte-Dorée; bus: 46, PC; **ouv**. t.l.j. de 10h à 17h30 en cas d'expositions temporaires et le w.-e., sinon de 10h à 12h et de 13h30 à 17h30; f. mar. et 1er mai* ☎ *01.44. 74.84.80; accès payant.*

**Hors plan par II-D3** Il occupe un bâtiment typique des années 1930, construit pour l'Exposition coloniale. Admirez en particulier les **bas-reliefs** extérieurs, le **hall** et la **grande salle** du rez-de-chaussée. Les collections sont réparties en **deux sections** : l'Océanie et l'Afrique (Maghreb inclus).

➤ **L'Océanie** *(rez-de-chaussée)*. Ici sont rassemblés des **écorces peintes** australiennes, des objets usuels et aussi des **sculptures**, en racine de fougère arborescente, originaires du Vanuatu.

➤ **L'Afrique noire** *(rez-de-chaussée et 1er étage)*. Les têtes en bronze du Bénin – **tête d'Uhumwelao**** –, les **masques tyiwara*** et les **statuettes** magiques du Congo sont les pièces les plus intéressantes. Voir aussi les **masques-pendentifs**** en or et laiton des Baoulé ou encore les **chasse-mouches** ouvragés.

➤ **Le Maghreb** *(2e étage)*. **Pendentifs*** et **colliers*** marocains, **broderies** algériennes, **céramiques***, armes de Touaregs, **marqueteries** et poteries de Tunisie illustrent la richesse de ce patrimoine.

➤ **L'aquarium tropical**** *(sous-sol)*. Ses bassins abritent l'une des plus importantes collections de poissons en Europe, parmi lesquels des **poissons électriques**, des **poissons-perroquets**, des **raies**, des **requins** ou encore le **périophtalme**, un poisson qui vit la plupart du temps hors de l'eau ! La **fosse à crocodiles** intéressera les enfants.

# Musée Guimet des Arts asiatiques***

➤ *XVIe **arrdt**; **entrée principale** : 6, pl. d'Iéna; **annexe** (Panthéon bouddhique) : 19, av. d'Iéna* ☎ *01.56.52.53.00.* **M°** *Iéna; bus: 22, 30, 32, 63; **ouv**. t.l.j. sf mar. de 10h à 18h; accès **payant** (avec audioguide).*

**VII-A2** et **VIII-D1** Après cinq ans de travaux, le musée Guimet, réaménagé par l'architecte Henri Gaudin, expose ses exceptionnelles collections d'art asiatique dans un cadre lumineux et aéré.

➤ **Rez-de-chaussée**. Centré sur la **statuaire**, il est consacré à l'**influence indienne**. On y trouve une collection d'œuvres d'inspiration religieuse (bouddhique et brahma-

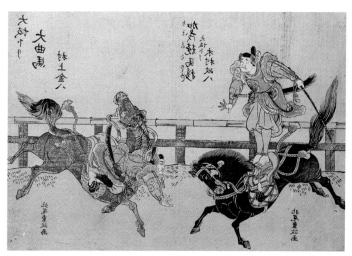

Combat équestre de samouraïs, *XIXᵉ s., musée Guimet.*

nique), des IIᵉ-Iᵉʳ s. avant notre ère jusqu'au XIXᵉ s., qui couvre l'**Inde et l'Asie du Sud-Est** (Cambodge, Viêt-nam, Indonésie…). Somptueuse collection d'**art khmer**\*\*\*.

➤ **1ᵉʳ ÉTAGE**. Il est consacré à la **Chine antique** (céramiques, **bestiaire de bronze**\*\*, jades Zhou), et à la diffusion du **bouddhisme indien** en **Himalaya** (à partir du VIIᵉ s.) et au **Pakistan-Afghanistan** (dès le Iᵉʳ s.). Ne manquez pas les **sculptures du Gandhâra dites gréco-bouddhiques**\*\*\* , et le **trésor de Begram**\*\* (ivoires indiens, verrerie gréco-romaine et laques chinois), découvert en 1937, qui témoigne des relations commerciales entre Orient et Occident entre le Iᵉʳ et le IIIᵉ s. Riches collections **népalaises** et **tibétaines**\*\*\* de sculptures, peintures et objets rituels (XIᵉ-XIXᵉ s.).

➤ **2ᵉ ET 3ᵉ ÉTAGES**. Illustrant le **rayonnement de la civilisation chinoise en Extrême-Orient**, cette présentation met en regard calligraphies et **peintures**\*\*\*, sculptures et arts décoratifs (superbe ensemble de **céramiques**\*\*\* en grès, céladons et porcelaine; orfèvrerie; mobilier) de la **Chine** classique, de la **Corée** et du **Japon**, en soulignant la singularité de leur évolution stylistique.

➤ **4ᵉ ÉTAGE**. La Rotonde aux laques permet d'admirer de grands **paravents chinois**\*\*. Sa galerie vitrée offre une magnifique vue sur Paris.

➤ **LE PANTHÉON BOUDDHIQUE**. Œuvres bouddhiques japonaises et chinoises des XVIIᵉ et XVIIIᵉ s. À l'extérieur, agréable **jardin japonais**\*\*.

# Musée municipal d'Art moderne**

➤ *XVIᵉ* **arrdt**; *palais de Tokyo, 11, av. du Président-Wilson* **Mᵒ** *Iéna ou Alma-Marceau;* **bus:** *32, 42, 63, 72, 80, 92;* **ouv.** *t.l.j. de 10 h à 17 h 30, jusqu'à 18 h 45 le sam. et le dim.; f. le lun. et les j.f.* ☎ *01.53.67.40.00; accès payant.*

**VII-A2-3** et **VIII-D1** Situé dans le **palais de Tokyo**, construit à l'occasion de l'Exposition internationale de 1937, ce musée est consacré aux principaux courants artistiques du XXᵉ s.

➤ **LES PEINTURES MONUMENTALES.** Plusieurs salles abritent de grands panneaux qu'il ne faut surtout pas manquer. Il s'agit de *La Fée électricité*\*\*\*, splendide fresque de Raoul Dufy; des deux triptyques de la *Danse de Paris*\*\*\* de Matisse et des *Rythmes*\*\* de Sonia et Robert Delaunay.

➤ **LES COURANTS D'AVANT-GUERRE.** Le **fauvisme** est brillamment illustré par des œuvres de Vlaminck,

Derain et Dufy. Pour le **cubisme**, Picasso *(Pigeon aux petits pois)* et Braque *(Tête de femme)* figurent en bonne place. Chagall *(Le Rêve*\*), Modigliani *(Femme à l'éventail)*, Foujita *(Nu couché à la toile de Jouy*\*) et Soutine font partie de ces artistes étrangers qui formèrent l'**école de Paris** dans les années 1920. L'entre-deux-guerres voit l'émergence du **dadaïsme** et du **surréalisme** comme en témoignent les toiles de Picabia ou d'Ernst.

➤ **LES COURANTS D'APRÈS-GUERRE.** Les **années 1960-1970** sont représentées par plusieurs mouvements: le **nouveau réalisme** avec César (compression intitulée *Facel Vega*) et Arman; l'**Arte povera** avec Merz et Fabro et le groupe **Support-Surface** avec Jaccard et Viallat. Plus récentes sont les œuvres d'Olivier Mosset, Daniel Buren et Christian Boltanski *(voir encadré p. 224).*

La Fée électricité *de Dufy, une œuvre monumentale de 60 m de long qui ornait le pavillon de la Lumière à l'Exposition universelle de 1937. Ici, l'artiste fait coexister l'Olympe et le monde des savants. À gauche, en robe blanche, l'allégorie de l'électricité apparaît sous la forme d'une fée. En bas, une centaine d'inventeurs et de philosophes sont représentés.*

# La Cité des sciences et de l'industrie***

➤ *XIXᵉ **arrdt**; 30, av. Corentin-Cariou **M°** Porte-de-la-Villette; **bus**: 75, 150, 152, 250A, PC; **parking**: quai de la Charente ou bd MacDonald; **ouv**. t.l.j. sf lun. de 10h à 18h, jusqu'à 19h le dim.* ☎ *01.40.05.80.00; rés.* ☎ *01.40.05.12.12; accès payant.*

**Hors plan par VI-B1** Il s'agit du plus grand établissement de vulgarisation scientifique d'Europe: il accueille 1,6 millions de visiteurs par an. Installé sur le site des anciens abattoirs de la Villette, il a été réalisé par l'architecte **Adrien Fainsilber**.

## Dans le bâtiment

### Explora

Cette exposition permanente présente, sur 30 000 m², les divers domaines de la science et des techniques. Elle s'organise autour de **trois ensembles**: la **société industrielle**, la **communication** et les **sciences**. Chaque îlot thématique est aménagé en atelier ludique, animé et vivant.

➤ **LA GALERIE SUD.** On y décrit la **société industrielle** contemporaine à travers **sept pôles**, dont l'espace (maquette d'Ariane 5), l'aéronautique (Mirage IV), l'environnement (atelier météo) et la serre, qui a été mise en scène de manière originale par l'architecte **Dominique Perrault**.

➤ **LA GALERIE NORD.** Y sont présentés de manière vivante les **outils de communication et d'appréhension** du monde. On pourra s'improviser régisseur de vidéo, tester ses perceptions avec l'odorama, découvrir le spectre de la voix.

➤ **LE BALCON NORD ET LES MEZZANINES.** La **Terre et l'Univers** sont évoqués à travers des sujets tels que les volcans, les étoiles et les galaxies, la biologie ou encore la lumière. Le théâtre de l'Ardèche met ainsi en scène 300 millions d'années d'histoire géologique.

➤ **LE PLANÉTARIUM**\*\*. Il propose un spectacle animé sur des phénomènes d'astrophysique. Un simulateur astronomique projette un ciel de **10 000 étoiles**.

### Les autres expositions

➤ **LA CITÉ DES ENFANTS**\*\* *(visite par séance de 1h30; un enfant par adulte; rés.* ☎ *01.40.05.12.12).* L'espace des **3-5 ans** propose une découverte du monde par l'action, la comparaison ou l'imitation. L'enfant peut jouer avec l'énergie de l'eau, construire une maison, démonter une voiture, entrer dans la peau d'un kangourou! L'espace **5-12 ans** s'articule autour de quatre thèmes: machines et mécanismes, le monde du vivant, le corps humain, les outils de communication. L'enfant pourra observer une vraie fourmilière, visiter l'intérieur d'un corps humain et réaliser un journal télévisé.

➤ **TECHNO CITÉ**\* *(ouv. au public le mer., le sam. apr.-m. et t.l.j. sf lun. pendant les vacances scolaires; rés.* ☎ *01.40.05.12.12).* «Concevoir un logiciel», «Mettre au point un prototype»: voilà deux exemples d'espaces thématiques de cette exposition centrée sur la technolo-

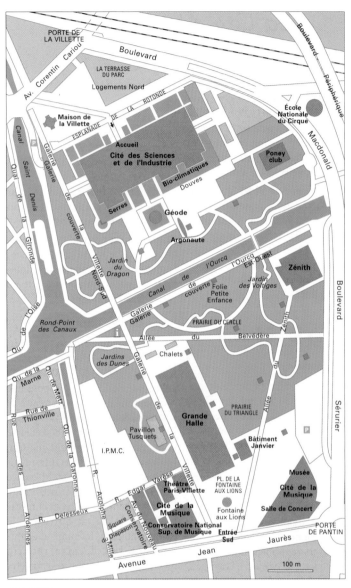

LA VILLETTE

gie. En agissant sur un moteur à quatre temps ou sur une boîte de vitesses, le visiteur s'initie à la mécanique, avant de programmer les mouvements d'un robot.

➤ **LES AQUARIUMS**\* (*accès libre*). Ils abritent la faune et la flore des fonds marins de la Méditerranée.

## À l'extérieur

➤ **L'ARGONAUTE**\* (*visite couplée avec Explora; ouv. de 10h30 à 19h*). Ce sous-marin, construit en 1957, dévoile ses entrailles et permet d'imaginer les dures conditions de vie de l'équipage.

➤ **La Géode**\*\* *(ouv. de 10 h à 21 h; séances toutes les heures; rés. ☎ 01.40.05.12.12).* Cette gigantesque sphère en acier accueille une salle de cinéma d'un autre type. La projection d'une image neuf fois plus grande que celle du 35 mm sur un écran hémisphérique de 1 000 m² fait de chaque séance une expérience unique. La sensation du relief est accrue par une excellente accoustique.

➤ **Le Cinaxe**\*\* *(ouv. t.l.j. de 11 h à 21 h; séances toutes les 30 mn; rés. ☎ 01.40.05.12.12).* Cette petite salle de spectacle mobile simule les mouvements de l'image projetée et reproduit ainsi fidèlement les sensations de la Formule 1 ou d'un voyage spatial. Effets garantis !

**Et aussi…** Les amateurs de rock et de variétés ne manqueront pas les concerts de leurs stars préférées au **Zénith** *(voir p. 288).*

# La Cité de la musique et son musée**

➤ *XIXᵉ* **arrdt**; *221, av. Jean-Jaurès* **M°** *Porte-de-Pantin;* **bus**: *75, 151, PC;* **parking**: *av. Jean-Jaurès;* **ouv.** *t.l.j. sf lun. de 12 h à 18 h, jusqu'à 19 h 30 ven. et sam., à partir de 10 h le dim. ☎ 01.44.84.45.45 ; accès payant.*

**Hors plan par V-D1** Construite par l'architecte **Christian de Portzamparc** à l'entrée sud du parc de la Villette, la Cité de la musique abrite le Conservatoire de Paris, deux salles de concert et le musée de la Musique.

Le **parcours chronologique** est organisé autour des principaux moments de l'histoire de la musique **occidentale**, depuis l'Italie baroque de Monteverdi, en passant par les fastes de Versailles avec Lully, jusqu'aux ruptures instrumentales du XXᵉ s. avec Stravinski. Un casque à infrarouge permet d'écouter les **extraits d'œuvres** au fil de la visite, qui compte au total plus de 900 **instruments** exposés par **familles**:

*Cors omnitoniques.*

**archiluths vénitiens** de la Renaissance; **violons Stradivari**\*, clavecins flamands des Ruckers, pianos-forte de Pleyel, **cuivres**\*\* d'Adolphe Sax, instruments modernes (synthétiseur de Frank Zappa; guitares Fender). Admirez aussi quelques pièces uniques comme la **vièle sârangi**\*\* d'Inde du Nord (XVIIᵉ s.)

# Et aussi...

## Musée des Arts et Traditions populaires*

➤ XVI<sup>e</sup> **arrdt**; 6, av. du Mahatma-Gandhi (bois de Boulogne) **M°** Les Sablons; **bus**: 73, 82, 244, PC, Balabus; **ouv**. t.l.j. sf mar. de 9h30 à 17h15 ☎ 01.44.17.60.00; accès payant.

**Hors plan par VII-A1** Le musée retrace la vie quotidienne des Français de l'an mille au milieu du XX<sup>e</sup> s. grâce à diverses **reconstitutions** comme l'intérieur d'une forge, un bateau de pêche, un atelier de tourneur sur bois. Certains objets d'art populaire étonnent par leur décoration non dénuée de charme: **battoirs à linge** ornés, coffret de courtoisie, **épis de faîtage** décorant le toit des villages, enseigne de maréchal-ferrant, calendrier publicitaire, poupées et marionnettes.

## Musée Cernuschi*

➤ VIII<sup>e</sup> **arrdt**; 7, av. Vélasquez **M°** Villiers ou Monceau; **bus**: 30, 84, 94; **ouv**. t.l.j. sf lun. et j.f. de 10h à 17h40 ☎ 01.45.63.50.75; accès payant.

**Hors plan par VII-D1** Il s'agit d'un remarquable ensemble d'art chinois ancien; le musée complète admirablement le musée Guimet (voir p. 234). Parmi les pièces intéressantes, ne manquez pas le vase en bronze *La Tigresse*** (XII<sup>e</sup> s. av. J.-C.) et le rouleau des *Chevaux et Palefreniers***, bel exemple de peinture Tang du VIII<sup>e</sup> s.

## Musée Nissim-de-Camondo**

➤ VIII<sup>e</sup> **arrdt**; 63, rue de Monceau **M°** Villiers ou Monceau; **bus**: 84, 94; **ouv**. t.l.j. sf lun. et mar. de 10h à 17h ☎ 01.53.89.06.40; accès payant.

**Hors plan par VII-D1** La collection est consacrée aux **arts décoratifs** de la seconde moitié du XVIII<sup>e</sup> s., dont l'atmosphère raffinée est restituée. Parmi le mobilier, il faut voir un petit **bureau à cylindre** d'Œben, les meubles à plaques en porcelaine de Sèvres (1760-1770) ou un ravissant **bonheur-du-jour** de Carlin. La **période néoclassique** est représentée notamment par une «**chiffonnière en auge**» construite par Riesener pour Marie-Antoinette. Voir aussi une paire de **vases** couverts en bois pétrifié ayant appartenu à cette dernière. Certaines pièces sont spectaculaires comme le **service de table*** dit «Buffon» en porcelaine de Sèvres.

## Musée des Arts forains

➤ XII<sup>e</sup> **arrdt**; 53, av. des Terroirs-de-France **M°** Bercy **RER** bd Masséna; **bus**: 24, 87, 62; **ouv**.: sur RV pour les **groupes seulement** ☎ 01.43.40.16.22; accès payant.

**Hors plan par II-D3** Il retrace l'histoire de la fête foraine de 1850 à nos jours dans l'Europe entière. Les 14 **manèges anciens** invitent le visiteur à tourner au son des **orgues de Barbarie**. Admirez les sculptures sur bois d'animaux et les peintures (scènes de genre, paysages, trompe-l'œil). On y verra aussi une étonnante **montagne russe** 1900, des **balançoires**, des **marionnettes**, des stands de **jeux de massacre**. Un spectacle onirique qui ramène en enfance.

## ♥ Musée en herbe

➤ *XVI^e* **arrdt**; *Jardin d'Acclimatation* **M°** *Sablons;* **bus:** *73, Balabus;* **ouv.** *t.l.j. de 10h à 18h; de 14h à 18h le sam.; **ateliers** (à partir de 3 ans) à 14h et 16h les mer. sam. et dim. et t.l.j. lors des vacances scolaires* ☎ *01.40.67.97.66; accès payant.* **Réserver à l'avance.**

**Hors plan par VII-A1** Ce musée original s'adresse aux enfants. Outre les **ateliers** et les expositions temporaires, organisées autour de jeux et de manipulations, une **exposition-voyage**, depuis la préhistoire jusqu'à nos jours, en propose une première approche ludique («Graver les murs de Lascaux», «Vivre une tempête avec Turner») où les œuvres sont mises en scène et présentées à l'échelle des enfants.

## Musée Jean-Jacques-Henner

➤ *XVII^e* **arrdt**; *43, av. de Villiers* **M°** *Malesherbes;* **bus:** *30, 94;* **ouv.** *t.l.j. sf lun. de 10h à 12h et de 14h à 17h* ☎ *01.47.63.42.73; accès payant.*

**Hors plan par VII-D1** Ce peintre alsacien méconnu est une figure originale du XIX^e s. Ses **nymphes** à la carnation dorée ont fait sa célébrité. Certaines **peintures**, en particulier ses **portraits d'enfants**, empreints d'harmonie et de simplicité, sont de qualité.

*Pour retrouver les musées traités dans les chapitres de promenades, consulter l'index, p. 297*

P R A T I Q U E

*La Pâtisserie Gloppe,* au Rond-Point des Champs-Élysées. Tableau de Jean Béraud, 1889, musée Carnavalet.

# CARNET D'ADRESSES

## ■ Adresses utiles

➤ **BILLARD. Clichy Montmartre-Billard Club-Cercle de jeux**, 84, rue de Clichy **hors plan par VI-A3** ; IXᵉ arrdt M° Clichy ☎ 01.48.78.32.85. *Ouv. t.l.j. 10h-6h; cercle de jeux, t.l.j. 16h-6 h.*

➤ **BOWLING. Bowling de Paris**, av. Mahatma-Gandhi **hors plan**; XVIᵉ arrdt M° Les Sablons ☎ 01.53.64. 93.00. *Ouv. t.l.j. 9 h-3h; ven.-sam. jusqu'à 5 h.*

➤ **DRUGSTORES. Matignon**, 1, av. Matignon **VII-C2-3** ; VIIIᵉ arrdt M° Franklin-Roosevelt ☎ 01.43.59.38.70. *Ouv. jusqu'à 2 h.* **Publicis**, 133, av. des Champs-Élysées **VII-B1** ; VIIIᵉ arrdt M° Champs-Élysées – Clemenceau ☎ 01.44.43.79.00. *Ouv. jusqu'à 2 h.*

➤ **FOURRIÈRE** ☎ 01.55.76.20.00.

➤ **HANDICAPÉS. Transports touristiques** *(réservez la veille)*, **AIHROP** ☎ 01.41.29.01.29. **Voyages accompagnés en métro: Les Compagnons du Voyage** ☎ 01.45.83.67.77.

➤ **HÔPITAUX. Hôtel-Dieu**, 1, pl. du Parvis-Notre-Dame **I-B2** ; Iᵉʳ arrdt M° Cité ☎ 01.42.34.82.34. **Hôpital St-Louis**, 1, av. Claude-Vellefaux **hors plan par II-D3** ; Xᵉ arrdt M° Goncourt ☎ 01.42.49.49.49. **Hôpital Pitié-Salpêtrière**, 47, bd de l'Hôpital **IX-D3** ; XIIIᵉ arrdt M° St-Marcel ☎ 01.42.16.00.00. **Hôpital Necker-Enfants malades**, 149, rue de Sèvres **hors plan par XIII-C3** ; XVᵉ arrdt M° Duroc ☎ 01.44.49.40.00.

➤ **MÉTÉO FRANCE.** ☎ 08.36.68.02.75.

➤ **OBJETS TROUVÉS.** *Ouv. de 8 h 30 à 17 h, sf sam. et dim.* ☎ 01.55.76.20.20. RATP ☎ 01.40.30.52.00.

➤ **OPPOSITION CARTES DE CRÉDIT.** Visa ☎ 08.36.69.08.80. Eurocard/Mastercard ☎ 08.00.90.23.90 Diners Club ☎ 01.49.06.17.17. American Express ☎ 01.47.77.72.00.

➤ **PHARMACIES.** 84, av. des Champs-Élysées **VII-B3** ; VIIIᵉ arrdt **M°** George-V ☎ 01.45.62.02.41. *Ouv. 24 h/24.* ; 6, pl. de Clichy ; IXᵉ arrdt **M°** Place-de-Clichy ☎ 01.48.74.65.18. *Ouv. 24 h/24* ; 5, pl. Pigalle **VI-A2** ; IXᵉ arrdt **M°** Pigalle ☎ 01.48.78.38.12. *Ouv. jusqu'à minuit.*

➤ **PISCINES. Halles,** 10, pl. de la Rotonde **III-A2** ; Iᵉʳ arrdt **M°** Les Halles ☎ 01.42.36.98.44. Dans le nouveau forum des Halles et donnant sur une serre. Chic, sportive, moderne (1985), mais souvent bondée. **Pontoise – Quartier latin,** 19, rue de Pontoise **IX-B1** ; Vᵉ arrdt **M°** Maubert-Mutualité ☎ 01.55.42.77.88. *Ouv. jusqu'à minuit* ! La plus belle (1932) et la plus sympathique avec ses cabines en bois. **Butte-aux-Cailles,** 5, pl. Paul-Verlaine **hors plan par IX-B2** ; XIIIᵉ arrdt **M°** Place-d'Italie ☎ 01.45. 89.60.05. Bâtie en 1910, elle se découvre l'été. **Hébert,** 2, rue des Fillettes **hors plan** ; XVIIIᵉ arrdt **M°** Marx-Dormoy ☎ 01.46.07.60.01. Surtout pour son architecture blanche et transparente. Et aussi l'**Aquaboulevard** *(p. 285).*

➤ **POLICE.** ☎ 17.

➤ **POMPIERS.** ☎ 18.

➤ **STATIONS-SERVICE. Esso,** 152, rue La Fayette **hors plan par V-B1** ; Xᵉ arrdt ☎ 01.40.37.32.14. *Ouv. t.l.j., 24 h/24.* BP, 151, rue de la Convention **hors plan par XIII-A3** ; XVᵉ arrdt ☎ 01.45.30.14.32. *Ouv. t.l.j., 24 h/24.* **Total,** parking George-V **VII-B3** ; VIIIᵉ arrdt ☎ 01.47.20.09.22. *Ouv. t.l.j., 24 h/24.* **Autre adresse :** XIIᵉ arrdt, 238, rue de Charenton ☎ 01.46.28.99.54. *Ouv. t.l.j. 5 h 30-23 h 30.* **Shell,** 4, av. Foch **VII-A1** ; XVIᵉ arrdt ☎ 01.45.00. 51.57. *Ouv. t.l.j. jusqu'à 21 h 30.*

## Informations touristiques

❶ **OFFICE DU TOURISME.** 127, av. des Champs-Élysées, VIIIᵉ arrdt **VII-A1 M°** George-V ou Étoile. *Ouv. lun.-sam. 9 h-20 h, dim. et j.f. 11 h-18 h.* ☎ 08.36.68.31.12. www. paris-touristoffice.com.

**Autres antennes** : gare de Lyon, XIIᵉ arrdt **hors plan par IX-D2 M°** Gare-de-Lyon. *Ouv. lun.-sam. 8 h-20 h.* Tour Eiffel, XVᵉ arrdt **XIII-A1 M°** Bir Hakeim. *Ouv. t.l.j. 11 h-18 h 30 de mai à sept.*

➤ **TAXIS. Alpha Taxis** ☎ 01.45.85.85.85. **Taxi 7 000** ☎ 01.42.70.00.42. **G7 Taxi** ☎ 01.47.39.47.39. **Taxis Bleus** ☎ 01.49. 36.10.10.

# ■ Palaces

Si vos moyens ne vous permettent pas de vous offrir une nuit dans l'un des palaces parisiens, vous pouvez toujours profiter de leur luxe feutré le temps d'un brunch ou d'un verre.

**Hôtel Meurice,** 228, rue de Rivoli **IV-A2** ; Iᵉʳ arrdt **M°** Tuileries ☎ 01.44. 58.10.10. Il a été créé par un maître de poste à Calais pour les touristes anglais qui affluaient à Paris après la chute de Napoléon. Aménagée dans le grand salon, la salle à manger ouvre sur des **jardins.** Sa table est l'une des meilleures de Paris.

**Hôtel Ritz,** 15, pl. Vendôme **IV-A1** ; Iᵉʳ arrdt **M°** Tuileries ☎ 01.43.16.30.30. *142 ch., 45 suites.* «Lorsque je rêve du paradis, l'action se passe toujours au Ritz», a dit un jour **Hemingway.** Il est vrai que la beauté des lieux, meublés **Louis XV** ou **Louis XVI,** donne raison à l'écrivain. Les salons ouvrent sur un **jardin** ravissant où l'on déguste une tasse de thé au son de la harpe. Le bar *(ouv. de 18 h 30 à 1 h)* a été restauré dans son décor d'origine :

# Urgences médicales

**SAMU** ☎ 15.
**SOS DENTAIRE**
☎ 01.43.37.51.00.
**SOS URGENCE MÉDECINS**
☎ 01.43.37.77.77.
**CENTRE ANTI-POISON**
☎ 01.40.05.48.48.
**BRÛLURES GRAVES ENFANTS**
☎ 01.44.73.64.07.
**BRÛLURES GRAVES ADULTES**
☎ 01.58.41.41.41.
**CENTRE DE SOINS MST**
☎ 01.40.78.26.00.
**URGENCES MÉDICALES DE PARIS**
☎ 01.53.94.94.94.

fauteuils en cuir vieilli, boiseries ornées des photos des clients célèbres (Colette, Proust, Hemingway...).

**Le Bristol**, 112, rue du Faubourg-St-Honoré **VII-C1** ; VIIIᵉ **arrdt M°** St-Philippe-du-Roule ☎ 01.53.43.43.00. *152 ch., 45 appart.* Tout ici est luxe, calme et volupté. Les chambres ouvrent sur un magnifique **jardin à la française** où est installée la salle à manger d'été. Restaurant de grande classe.

**Hôtel de Crillon**, 10, pl. de la Concorde **VII-D2** ; VIIIᵉ **arrdt M°** Concorde ☎ 01.44.71.15.00. *179 ch., 48 appart.* Un parfum d'aristocratie flotte encore dans ce palais construit par **Jacques-Ange Gabriel** (1760). Le hall de marbre, le salon des Ambassadeurs, le restaurant ou le salon de thé qui bordent le **jardin intérieur** méritent une visite.

**Hôtel George-V**, 31, av. George-V **VII-B2** ; VIIIᵉ **arrdt M°** George-V ☎ 01.49.52.70.00. *294 ch., 38 appart.* Un palace où l'on prend le thé, lové dans les canapés profonds du salon de la Paix sous un splendide **plafond en trompe-l'œil**. Le restaurant au **patio fleuri** est un havre de fraîcheur en été.

**Plaza Athénée**, 25, av. Montaigne **VII-B2** ; VIIIᵉ **arrdt M°** Alma-Marceau ☎ 01.53.67.66.65. *169 ch., 42 appart.* Mata-Hari fréquenta ce palace qui aligne ses marquises fleuries depuis plus de 80 ans le long de l'avenue de la haute couture. La galerie des Gobelins est ornée de somptueuses **tapisseries**. Au moment des collections, il n'est pas rare d'y croiser des *top models*. **Alain Ducasse** y a ouvert un restaurant en septembre 2000 *(voir p. 252)*.

**Raphaël**, 17, av. Kléber **VII-A1** ; XVIᵉ **arrdt M°** Kléber ☎ 01.44. 28.00.28. *89 ch., 4 suites.* Un délicieux palace **1900** d'où se dégage une rare impression de bien-être et d'intimité. À voir : les tableaux de **Turner** dans le hall d'accueil. Le bar anglais est un modèle du genre, et le **jardin-terrasse** au dernier étage offre une **vue** plongeante sur l'Arc de Triomphe.

# ■ Hôtels

*Sauf indication contraire, les établissements cités acceptent les cartes de paiement. Les prix s'entendent pour une chambre double avec W.-C. et s.d.b.* **Réservez impérativement.**

## Iᵉʳ ARRDT (CHÂTELET, TUILERIES)

➤ *Plan IV p. 105 ; plan I p. 66.*

▲▲▲ **Hôtel Britannique**, 20, av. Victoria **I-C1 M°** Châtelet ☎ 01.42.33. 74.59. *40 ch.* Situation exceptionnelle pour cet hôtel de **charme**, à deux pas du Châtelet, dans une avenue ombragée près des pépiniéristes des quais. *À partir de 790 F.*

▲▲ **Hôtel Brighton ♥**, 218, rue de Rivoli **IV-A2 M°** Tuileries ☎ 01.47.03. 61.61. *70 ch.* Face au jardin des Tuileries, un hôtel très XIXᵉ s. Chambres meublées dans un style légèrement vieillot mais avec tout le confort (TV, etc.). Accueil chaleureux. *À partir de 530 F.*

## IIᵉ ARRDT (BOURSE, GRANDS BOULEVARDS)

➤ *Plan IV p. 105 ; plan V p. 112.*

▲▲ **Hôtel Vivienne**, 40, rue Vivienne **IV-B1 M°** Bourse ☎ 01.42.33.13.26.

*44 ch.* Non loin de la **Bourse**, un petit hôtel très agréable et fort bien tenu. *À partir de 300 F.*

▲▲ **Hôtel Bonne Nouvelle**, 17, rue Beauregard **V-C1 M°** Bonne-Nouvelle ou Strasbourg-St-Denis ☎ 01.45.08. 42.42. À proximité des Grands Boulevards, pourtant **calme**. Les chambres mélangent subtilement ancien et moderne. *À partir de 350 F.*

### IIIᵉ ARRDT (GRANDS BOULEVARDS, MARAIS)

➤ *Plan II p. 78; plan V p. 112.*

▲▲ **Hôtel des Chevaliers**, 30, rue de Turenne **II-C2 M°** Chemin-Vert ☎ 01.42.72.73.47. *24 ch.* Dans le quartier du Marais, près de la place des Vosges, immeuble du XVIIᵉ s. Adresse **de charme**. *De 600 F à 800 F.*

▲▲ **Tulip Inn Little Palace** ♥, 4, rue Salomon-de-Caus **V-C2 M°** Réaumur-Sébastopol ☎ 01.42.72.08.15. *57 ch.* Il bénéficie de la verdure du square des Arts et Métiers. Ambiance calme et *cosy*. L'été, demandez de préférence une chambre avec **terrasse** pour y prendre le petit déjeuner. *À partir de 750 F.*

### IVᵉ ARRDT (LES ÎLES, MARAIS)

➤ *Plan I p. 66; plan II p. 78.*

▲▲▲ **Hôtel des Deux-Îles**, 59, rue Marie **I-D2 M°** Pont-Marie ☎ 01.43.26. 13.35. *17 ch.* Situé dans l'île St-Louis, chaleureux et douillet. Chambres petites mais confortables. Au **n° 65** de la même rue, l'**hôtel Lutèce**, ☎ 01.43. 26.23.52, type d'établissement identique. *À partir de 780 F.*

▲▲▲ **Hôtel St-Merri** ♥, 78, rue de la Verrerie **II-A2 M°** Hôtel-de-Ville ☎ 01.42.78.14.15. *12 ch.* Pour les amateurs de **gothique**, cet ancien **presbytère**, intégré à l'église St-Merri, est un must. Chambres meublées dans un style médiéval. La 9, par exemple, est entièrement traversée par les **arcs-boutants** de l'église ! Pas d'ascenseur. *À partir de 900 F.*

▲▲ **Hôtel du Septième Art**, 20, rue St-Paul **II-C3 M°** St-Paul ☎ 01.44.54. 85.00. *23 ch.* Spécial **cinéphiles**: les

*Palace par excellence, le Ritz a été bâti en 1898 par C. Mewès. Il a conservé certaines de ses somptueuses décorations d'origine.*

chambres sont décorées de photos «montages» ou d'affiches de films. *À partir de 460 F.*

### Vᵉ ARRDT (QUARTIER LATIN)

➤ *Plan IX p. 154.*

▲▲▲ **Hôtel Colbert**, 7, rue de l'Hôtel-Colbert **IX-B1 M°** Maubert-Mutualité ☎ 01.56.81.19.00. Tout près de Notre-Dame, de la Seine et du bd St-Michel. L'allure d'un hôtel particulier et des **chambres personnalisées**. *À partir de 1890 F.*

▲▲▲ **Hôtel des Grands Hommes** ♥, 17, pl. du Panthéon **IX-B2 M°** Luxembourg ☎ 01.46.34.19.60. *32 ch.* Face au Panthéon, un petit hôtel où **André Breton** a écrit les *Champs magnétiques*. **Vue** sur le Panthéon et les toits de Paris depuis les étages supérieurs. *À partir de 700 F.*

▲▲ **Hôtel Best Western Jardin de Cluny**, 9, rue du Sommerard **IX-B1 M°** Maubert-Mutualité ☎ 01.43. 54.22.66. *40 ch.* À proximité de la Sorbonne, un ancien hôtel d'étudiants, rénové dans le style **contemporain**, à l'exception de la belle salle voûtée, meublée **Louis XIII**, du petit déjeuner. Chambres agréables. *À partir de 690 F.*

▲▲ **Hôtel Familia**, 11, rue des Écoles **IX-B1** M° Cardinal-Lemoine ☎ 01.43.54.55.27. *30 ch.* Bien situé, en plein Quartier latin. Une dizaine de chambres ont été décorées de **fresques** à la sépia. Balcons **fleuris** de jardinières. Le salon, avec sa bibliothèque ancienne et ses vieux meubles, est chaleureux. *À partir de 370 F.*

▲▲ **Hôtel des Grandes Écoles** ♥, 75, rue du Cardinal-Lemoine **IX-B2** M° Cardinal-Lemoine ou Monge ☎ 01.43.26.79.23. *50 ch.* Une merveille au fond d'une impasse privée et au milieu d'un **jardin**. À deux pas de la Contrescarpe, un hôtel **familial** abordable malgré sa situation exceptionnelle. *À partir de 550 F.*

▲ **Hôtel Esmeralda**, 4, rue St-Julien-le-Pauvre **IX-B1** M° St-Michel ☎ 01.43.54.19.20. *19 ch.* Dans une maison du XVIe s., un hôtel simple mais plein de **charme**. Toutes les chambres sont décorées avec des meubles anciens chinés aux Puces. Certaines d'entre elles ont **vue** sur Notre-Dame. *De 160 F à 490 F.*

### VIe ARRDT (MONTPARNASSE, ST-GERMAIN-DES-PRÉS)

▶ *Plan X p. 169; plan XII p. 183.*

▲▲▲▲ **L'Hôtel**, 13, rue des Beaux-Arts **X-A1** M° St-Germain-des-Prés ☎ 01.44.41.99.00. *27 ch.* Ce petit immeuble **Directoire** bâti sur les caves du Pavillon d'Amour attribué à **Ledoux** n'est pas un hôtel comme les autres. C'est un lieu théâtral avec sa **cour intérieure** surmontée d'une **coupole**. Les chambres sont décorées selon un thème différent: on peut ainsi dormir dans la chambre d'**Oscar Wilde** qui y vécut jusqu'à sa mort, ou dans celle de **Mistinguett** dont le mobilier appartenait à la chanteuse. *À partir de 1700 F.*

▲▲▲ **Hôtel de l'Abbaye**, 10, rue Cassette **X-A2** M° St-Sulpice ☎ 01.45.44.38.11. *42 ch. et 4 suites.* Cet ancien couvent, situé entre cour et jardin, dispose de chambres tranquilles et confortables. Les suites ont des **terrasses** privées donnant sur les toits. Aux beaux jours, petit déjeuner servi dans le **jardin**. *À partir de 1150 F.*

▲▲▲ **Hôtel d'Angleterre** ♥, 44, rue Jacob **X-A1** M° St-Germain-des-Prés ☎ 01.42.60.34.72. *29 ch.* Siège de l'ambassade d'Angleterre au XVIIIe s. Le traité d'Indépendance des États-Unis y fut préparé en 1783... Cet hôtel de charme a connu des hôtes célèbres tels Ernest **Hemingway** ou Anne Morrow **Lindbergh**. La plupart des chambres donnent sur un **patio** fleuri. *À partir de 600 F.*

▲▲▲ **Hôtel Aviatic**, 105, rue de Vaugirard **XII-A2** M° Falguière ☎ 01.53.63.25.50. *43 ch.* Au cœur de Montparnasse, un hôtel parisien typique avec sa porte en chêne surmontée d'une marquise **1900**, son hall à l'élégance discrète et son salon **intime**. Bon confort. *À partir de 790 F.*

▲▲▲ **Hôtel Ferrandi**, 92, rue du Cherche-Midi **XII-A2** M° Vaneau ☎ 01.42.22.97.40. *42 ch.* Hôtel cossu et charmant. Chambres aux lits spacieux (parfois à **baldaquin**), décorées avec goût. Double vitrage. *De 480 à 980 F.*

▲▲▲ **À la Villa des Artistes**, 9, rue de la Grande-Chaumière **XII-B2** M° Vavin ☎ 01.43.26.60.86. *59 ch.* Dans une rue célèbre pour son atelier de sculpture et de peinture, à quelques minutes de *La Coupole* et du *Dôme*, un hôtel rénové dans le **style 1930**. Chambres impeccables et **jardin intérieur**. *À partir de 550 F.*

▲▲ **Grand Hôtel des Balcons**, 3, rue Casimir-Delavigne **X-B2** M° Odéon ☎ 01.46.34.78.50. *56 ch.* Très **bien situé**, près du théâtre de l'Odéon et du jardin du Luxembourg. Chambres confortables; petit déjeuner-buffet. *À partir de 450 F.*

▲▲ **Hôtel des Marronniers** ♥, 21, rue Jacob **X-A1** M° St-Germain-des-Prés ☎ 01.43.25.30.60. *37 ch.* Oasis de calme au cœur du quartier St-Germain, avec un **jardin** ombragé par deux marronniers et une **véranda** où l'on prend le petit déjeuner. Demandez une chambre aux étages supérieurs pour la **vue** sur l'église. *À partir de 845 F.*

▲ **Hôtel des Académies**, 15, rue de la Grande-Chaumière **XII-B2 M°** Vavin ☎ 01.43.26.66.44. Hôtel **familial** au cœur de Montparnasse: un aquarium décore l'escalier, des oiseaux pépient dans le salon… On se croirait dans un film de Truffaut des années 60. *À partir de 330 F.*

▲ **Hôtel de Nesle**, 7, rue de Nesle **X-B1 M°** Odéon ☎ 01.43.54.62.41. *20 ch.* Un des rares hôtels parisiens où survit encore la tradition hippie: pas de réservation, machine à laver à pièces et clientèle plutôt **bohème** et anglo-saxonne. Chaque chambre a son style propre: égyptien, provincial, oriental, etc. Petit **jardin** intérieur. *À partir de 325 F.*

## VIIᵉ ARRDT (FAUBOURG ST-GERMAIN)

➤ *Plan XI p. 178; plan XIII p. 192.*

▲▲▲ **Hôtel Bourgogne et Montana**, 3, rue de Bourgogne **XI-A1 M°** Assemblée-Nationale ☎ 01.45.51.20.22. *28 ch., 6 suites.* Agréablement situé, face au Palais Bourbon. Immeuble classé du XVIIIᵉ s., avec son ascenseur en bois et **sa rotonde** à colonnade. Toutes les chambres sont meublées **Empire**. *De 900 F à 1 070 F.*

▲▲▲ **Hôtel Duc de St-Simon** ♥, 14, rue de Saint-Simon **XI-B2 M°** Rue-du-Bac ☎ 01.44.39.20.20. *29 ch. et 5 suites.* Installé dans un ancien **hôtel particulier**. Décor luxueux avec tableaux et objets anciens. Chambres meublées avec goût donnant sur un **jardin**. *À partir de 1225 F.*

▲▲▲ **Hôtel Lenox-St-Germain** ♥, 9, rue de l'Université **XI-B2 M°** Rue-du-Bac ☎ 01.42.96.10.95. *34 ch.* Les appartements **mansardés** aux balcons fleuris donnant sur les toits ont beaucoup de charme. Le bar, ouvert jusqu'à 1 h du matin, est un lieu de rendez-vous du **monde des lettres**. *À partir de 750 F.*

▲▲ **Hôtel du Champ-de-Mars**, 7, rue du Champ-de-Mars **XIII-B2** **M°** École-Militaire ☎ 01.45.51.52.30. *25 ch.* Dans un secteur **animé**, à proximité de la tour Eiffel et des Invalides, des chambres dans les tons bleus et jaunes. Accueil sympathique. *De 390 F à 420 F.*

▲▲ **Hôtel d'Orsay**, 91, rue de Lille **XI-A1 M°** Assemblée-Nationale ☎ 01.47.05.85.54. *35 ch.* Particulièrement bien situé, entre le musée d'Orsay et le Palais-Bourbon. Petit déjeuner dans une salle meublée en **rotin**. Chambres confortables. *À partir de 600 F.*

## VIIIᵉ ARRDT (ÉTOILE, MADELEINE)

➤ *Plan VII p. 132.*

▲▲ **Elysées Céramic**, 34, av. de Wagram **hors plan par VII-A1 M°** Charles-de-Gaulle-Étoile ☎ 01.42.27.20.30. *57 ch.* Façade **Art nouveau** recouverte de céramique due à l'architecte Lavirotte. Chambres dans le même esprit, avec tout le confort. *À partir de 980 F.*

▲▲ **Hôtel du Ministère**, 31, rue de Surène **VII-D1 M°** La Madeleine ☎ 01.42.66.21.43. *28 ch.* À un jet de pierre de l'Élysée, entre la Madeleine et les Champs-Élysées, dans une rue calme, un hôtel **traditionnel** et **familial**. *À partir de 650 F.*

## IXᵉ ARRDT (ANVERS, GRANDS BOULEVARDS)

➤ *Plan V p. 112; plan VI p. 121.*

▲▲ **Hôtel Chopin** ♥, 10, bd Montmartre **V-B1 M°** Grands-Boulevards ☎ 01.47.70.58.10. *36 ch.* Si vous êtes sensible à la poésie des **passages** parisiens, vous adorerez cet hôtel au charme **désuet**. Canapé Chesterfield et rideaux de dentelle dans le hall; chambres rénovées dans des tons pastel. *À partir de 450 F.*

▲▲ **Hôtel de la Tour d'Auvergne** ♥, 10, rue de la Tour-d'Auvergne **VI-B3 M°** Anvers ou Cadet ☎ 01.48.78.61.60. *24 ch.* Au pied de la butte **Montmartre**, non loin de la rue des Martyrs et de la Nouvelle-Athènes. Petit hôtel tranquille. Préférez les chambres donnant sur la rue. *À partir de 550 F.*

### Xᵉ ARRDT (RÉPUBLIQUE)

▶ *Plan V p. 112.*

▲ **Résidence Magenta**, 35, rue Yves-Toudic **V-D1 M°** Jacques-Bonsergent ☎ 01.42.40.17.72. *32 ch.* Dans un quartier méconnu, à tort, des touristes, à proximité du canal St-Martin. Chambres calmes donnant sur un **jardin intérieur**. Très bon rapport qualité/prix et atmosphère chaleureuse. *À partir de 400 F.*

### XIIᵉ ARRDT (BASTILLE, NATION)

▶ *Plan IX p. 154.*

▲▲▲ **Hôtel Le Pavillon Bastille**, 65, rue de Lyon **IX-D1 M°** Bastille ☎ 01.43.43.65.65. *24 ch.* Juste en face de l'Opéra Bastille, dans l'un des quartiers branchés. Prestations de grande classe mais garde son caractère **intime**. Chambres bleues et jaunes. Petit déjeuner-buffet. *À partir de 840 F.*

▲▲ **Nouvel Hôtel ♥**, 24 av. Bel-Air **hors plan par IX-D2 M°** Nation ☎ 01.43.43.01.81. *28 ch.* Hôtel familial qui sent bon la province, organisé autour d'un vrai **jardin** où se mêlent glycine, fleurs et bambous. La salle à manger **années 30** a gardé son cachet. Petits déjeuners servis dehors l'été. Adresse de charme. *À partir de 375 F.*

### XIIIᵉ ARRDT (CORVISART, GOBELINS)

▶ *Plan IX p. 154.*

▲ **Résidence des Gobelins**, 9, rue des Gobelins **IX-B4 M°** Gobelins ☎ 01.47.07.26.90. *32 ch.* À proximité de Montparnasse et du Quartier latin, dans une rue calme. Charmant **patio** orné d'une treille, devant la salle du petit déjeuner. *De 295 F à 495 F.*

▲ **Hôtel le Vert Galant ♥**, 41-43, rue Croulebarbe **IX-B4 M°** Corvisart ☎ 01.44.08.83.50. *15 ch. ou studios.* Bien situé, dans une rue peu passante. Chambres ou studios avec kitchenette donnant sur un grand **jardin** privatif orné de ceps de vigne. Beaucoup de charme et excellent accueil. *À partir de 500 F.*

### XIVᵉ ARRDT (CITÉ UNIVERSITAIRE, MONTPARNASSE)

▶ *Plan XII p. 183.*

▲▲▲ **Hôtel Raspail-Montparnasse**, 203, bd Raspail **XII-B2 M°** Vavin ou Raspail ☎ 01.43.20.62.86. *36 ch.* et *2 suites.* Petit bijou **art déco**, situé à l'angle du bd Raspail et du bd du Montparnasse. Une superbe **marquise** en ferronnerie noire fait ressortir les pierres blondes de la façade. Chaque chambre est dédiée à un peintre ayant vécu dans le quartier. *À partir de 790 F.*

▲▲ **Hôtel Istria ♥**, 29, rue Campagne-Première **XII-B3 M°** Raspail ☎ 01.43.20.91.82. *26 ch.* On y respire encore les effluves du Montparnasse de la grande époque. Ici séjournèrent **Elsa Triolet**, **Maïakovski** ou **Duchamp**. Chambres agréables dont certaines donnent sur une **cour** fleurie. Les patrons sont d'une rare gentillesse. *À partir de 590 F.*

▲ **Hôtel du Parc Montsouris**, 4, rue du Parc-de-Montsouris **hors plan par XII-B4 M°** Cité-Universitaire ☎ 01.45.89.09.72. *35 ch.* Situé face au parc Montsouris, une adresse de charme, dans une rue bordée de **villas 1930**, dont certaines sont signées Henri **Sauvage** ou **Le Corbusier**. Établissement bien tenu. *À partir de 360 F.*

### XVᵉ ARRDT (ÉMILE-ZOLA, LA MOTTE-PICQUET)

▶ *Plan VIII p. 142.*

▲▲ **Hôtel de l'Avre**, 21, rue de L'Avre **VIII-D4 M°** La Motte-Picquet-Grenelle ☎ 01.45.75.31.03. *26 ch.* Préférez les chambres qui donnent sur le **jardin**, où le petit déjeuner est servi en été. Adresse sympathique. *À partir de 360 F.*

▲ **Hôtel Le Fondary**, 30, rue Fondary **VIII-D4 M°** Émile-Zola ☎ 01.45.75.14.75. Dans une rue calme, près de la rue du Commerce, un coin très vivant de cet arrondissement. Chambres agréables, dont la moitié donnent sur un **patio** intérieur. *À partir de 395 F.*

# Shopping exotique

➤ **AFRIQUE**. Chez les épiciers de la rue Myrha hors plan (**XVIII**ᵉ arrdt **M°** Château-Rouge).

➤ **ANTILLES**. Le **XX**ᵉ arrdt est le Q.G. des Antillais qui viennent faire leur marché aux Spécialités antillaises, 14-16, bd de Belleville **hors plan** (**M°** Ménilmontant). On peut acheter aussi bien des produits de base de la cuisine créole que des plats préparés : *acras* de morue, *colombo* de cabri....

➤ **ASIE**. Dans les immenses supermarchés chinois du bd de Belleville **hors plan** (**XI**ᵉ et **XX**ᵉ arrdts **M°** Belleville) et aux portes de Choisy ou d'Ivry hors plan (**XIII**ᵉ arrdt **M°** Porte-de-Choisy ou d'Ivry). Une adresse incontournable : Tang frères, 48, av. d'Ivry. On y trouve tous les ingrédients de la cuisine asiatique : soja, nuoc-mâm, anguilles du fleuve Jaune, alcools de sorgho, une atmosphère fascinante. Propose aussi restaurant et plats à emporter.

➤ **AUSTRALIE**. Au 72, rue de Sèvres **XII-A2** (**VII**ᵉ arrdt **M°** Duroc), chez Aboriginal's, l'épicerie fine australienne est à l'honneur : vins, noix de macadamia, boomerang...

➤ **EUROPE DE L'EST**. Dans la rue des Rosiers **II-B2** (**IV**ᵉ arrdt **M°** St-Paul), avec l'incontournable Jo Goldenberg, au n° 7 et Sacha Finkelsztajn, au n° 27. On y découvre les spécialités ashkénazes : carpe farcie, foies hachés, hareng gras et cornichons molossols, sans oublier l'exquise *sacher tôrte* et bien d'autres douceurs.

➤ **INDE**. Passage Brady où la boutique Velan **V-D1** (**X**ᵉ arrdt **M°** Strasbourg-St-Denis) restitue l'atmosphère des commerces de Calcutta ou de New Delhi : légumes et fruits exotiques, épices, chutneys et condiments...

➤ **TURQUIE**. Dans le faubourg-St-Denis **V-C1** (**X**ᵉ arrdt **M°** Strasbourg-St-Denis).

## XVIᵉ ARRDT (AUTEUIL, PASSY)

➤ *Plan VIII p. 142.*

▲▲ Le Hameau de Passy, 48, rue de Passy **VIII-B2 M°** La Muette ☎ 01.42.88.47.55. *32 ch.* Une oasis de calme nichée dans une impasse verdoyante. Les chambres, aménagées avec goût, donnent toutes sur un **jardin** privé. *À partir de 550 F.*

▲ Villa d'Auteuil, 28, rue Poussin **VIII-A3 M°** Michel-Ange-Auteuil ☎ 01.42.88.30.37. *17 ch.* Bien situé, au cœur des beaux quartiers, cet établissement qui propose des prix modérés est une **exception**, d'autant que ses chambres sont très bien tenues et que les clients y sont choyés. *À partir de 300 F.*

#### XVIIᵉ ARRDT (BATIGNOLLES, PORTE DE CHAMPERRET)

▲▲▲ **Hôtel de Banville ♥**, 166, bd Berthier **hors plan par VII-A1 M°** Porte-de-Champerret ☎ 01.42.67.70.16. *39 ch.* De la douceur de vivre dans cet hôtel intime des **années 30.** Chambres décorées avec beaucoup de goût. *À partir de 860 F.*

▲▲▲ **Hôtel Regent's Garden**, 6, rue Pierre-Demours **hors plan par VII-A1 M°** Ternes ☎ 01.45.74.07.30. *40 ch.* À deux pas de l'Arc de Triomphe et des Champs-Élysées, un **hôtel particulier** construit par Napoléon III, avec jardin et fontaines. Décor d'origine, moulures et parfois cheminée. **Parking** privé. *À partir de 790 F.*

▲ **Hôtel des Batignolles ♥**, 26-28, rue des Batignolles **hors plan par VII-D1 M°** Rome ☎ 01.43.87.70.40. *39 ch.* Un petit hôtel simple, installé dans une ancienne pension pour jeunes filles, dans un coin sympa et plutôt populaire. **Patio** verdoyant. *À partir de 320 F.*

#### XVIIIᵉ ARRDT (MONTMARTRE, PIGALLE)

▶ *Plan VI p. 121.*

▲▲▲▲ **Terrasse Hôtel**, 12, rue Joseph-de-Maistre **VI-A1 M°** Blanche ☎ 01.46.06.72.85. *108 ch., 19 appart.* Situé sur la butte Montmartre, cet hôtel dispose d'une **terrasse-jardin** offrant un **panorama** spectaculaire sur Paris, le Sacré-Cœur ou la tour Eiffel. On peut y déjeuner ou y dîner dès les beaux jours. Chambres plaisantes avec **vue.** *À partir de 1540 F; suite à 1 860 F.*

▲▲ **Hôtel Prima Lepic**, 29, rue Lepic **VI-A2 M°** Blanche ☎ 01.46.06.44.64. *38 ch.* Dans le Montmartre populaire de la rue Lepic. Décor à la **Peynet** (tables rondes et chaises en métal laqué blanc, peintures en trompe l'œil). Chambres proprettes au papier peint fleuri. Accueil chaleureux. *À partir de 350 F.*

▲ **Ermitage hôtel**, 24, rue Lamarck **VI-B1 M°** Abbesses ☎ 0142.64.79.22. *12 ch.* Un havre de tranquillité proche du Sacré-Cœur et de la place du Tertre. Petit salon avec vieux pétrin, chambres au charme désuet. Sept d'entre elles donnent sur un **jardin** où l'on prend le petit déjeuner en été. *De 460 F à 690 F.*

### ■ Grandes tables

Si les *fast-foods* font aujourd'hui une sévère concurrence aux restaurants, la grande cuisine n'a pas pour autant ses beaux jours derrière elle: Paris réunit encore quelques-uns des plus grands chefs du monde.

♦♦♦♦ **L'Ambroisie**, 9, pl. des Vosges **II-C2** ; **IVᵉ arrdt M°** Chemin-Vert ☎ 01.42.78.51.45. *F. dim. et lun.* Dans l'ancien hôtel de Luynes, sur la place des Vosges. Chaud-froid de rougets; fricassée de homard breton et *pastilla* de thon aux abricots secs... *À la carte: 900 F env.*

♦♦♦♦ **Carré des Feuillants**, 14, rue de Castiglione **IV-A1** ; **Iᵉʳ arrdt M°** Opéra ou Tuileries ☎ 01.42.86.82.82. *F. sam. midi et dim.* Produits du Sud-Ouest et subtiles saveurs... Friture d'anguilles; bouillon de châtaignes au blanc de poule faisane; garbure à l'ancienne. *À la carte: 900 F env.*

♦♦♦♦♦ **Le Grand Véfour**, 17, rue de Beaujolais **IV-B2** ; **Iᵉʳ arrdt M°** Bourse ☎ 01.42.96.56.27. *F. ven. soir, sam. et dim.* Haut lieu gastronomique depuis plus de deux siècles. Dans un cadre Directoire, ravioles de foie gras; parmentier de queue de bœuf à la truffe... *À la carte: 1100 F env.*

♦♦♦♦♦ **Plaza Athénée**, 25, av. Montaigne **VII-B2** ; **VIIIᵉ arrdt M°** Alma-Marceau ☎ 01.53.67.65.00. *Ouv. le soir du lun. au ven.; le midi jeu. et ven.* Le nouveau restaurant d'**Alain Ducasse**, dans un cadre somptueux. Foie gras de canard des Landes en ravioli, jus truffé; homard bleu, sucs liés de truffe et basilic pilés... *À la carte: 1 000 F env.*

♦♦♦♦♦ **La Tour d'Argent**, 15, quai de la Tournelle **IX-B1** ; **Vᵉ arrdt M°** St-Michel ☎ 01.43.54.23.31. *F. lun.* Un restaurant mythique. On y vient surtout pour le panorama de la Seine et de Notre-Dame. Salade de rougets

# De la cuisine de cour aux restaurants

« Les Français ne dépensent pour nulle autre chose aussi volontiers que pour manger et pour faire ce qu'ils appellent bonne chère », écrivait en 1577 l'ambassadeur de Venise, de passage à Paris. C'est dire si la gastronomie est une longue histoire dans notre capitale. Sous les Valois, puis les Bourbons, s'élabore une cuisine de cour qui rayonne sur l'Europe entière. Dès le XVIIe s., des livres de recettes sont diffusés, traduits pour les royaumes voisins. Sous Louis XVI, la Révolution précipite les choses. L'aristocratie ayant été chassée de Paris, les cuisiniers des grandes maisons sont amenés à se reconvertir dans la restauration. Dès lors, la création culinaire devient l'apanage du restaurant. Au XIXe s., la gastronomie parisienne connaît ses heures de gloire ; la bourgeoisie triomphante aime à s'afficher dans les lieux à la mode. Le décor, parfois tape-à-l'œil, y tient une place prépondérante et rappelle par sa richesse les origines nobles de la cuisine de cour.

aux poivrons confits ; canard de Challans. *À la carte: 1 100 F env.*

◆◆◆◆ **Ledoyen**, Carré des Champs-Élysées **VII-C2** ; VIIIe **arrdt M°** Franklin-Roosevelt ☎ 01.47.42.23.23. *F. sam. et dim.* Dans les jardins des Champs-Élysées. On vient ici depuis le Second Empire. Peintures classées Belle Époque. Le chef – une femme originaire du Nord – mitonne langoustines sautées aux pommes de terre truffées et turbot rôti à la bière de garde… *À la carte: 1000 F env.*

◆◆◆◆ **Lucas-Carton**, 9, pl. de la Madeleine **IV-A1** ; VIIIe **arrdt M°** La Madeleine ☎ 01.42.65.22.90. *F. sam. et dim.* Une maison vénérable au décor signé Majorelle. Alain Senderens marie avec audace les saveurs nouvelles. *Pastilla* de lapin au foie gras ; entrée tiède au homard ; canard Apicius rôti au miel… *À la carte: 1 200 F env.*

◆◆◆◆ **Taillevent**, 15, rue Lamennais **VII-B1** ; VIIIe **arrdt M°** George-V ☎ 01.44.95.15.01. *F. sam. et dim.* Dans un hôtel du Second Empire, une carte classique avec une pointe d'innovation : crème d'étrilles au panisse ; fricassée de homard breton et pommes au lard. *À la carte: 1000 F env.*

◆◆◆◆ **Le Vivarois**, 192, av. Victor-Hugo **VIII-B1** ; XVIe **arrdt M°** Rue-de-la-Pompe ☎ 01.45.04.04.31. *F. sam. et dim.* Une adresse raffinée gagnant à être connue. Gâteau de rougets aux aubergines ; coq ivre de pommard. *À la carte: 650 F env.*

## ■ Restaurants

Dans cette sélection, nous avons tenté de donner un aperçu de la diversité des cuisines en faisant coexister grandes tables et bistrots, exotisme et terroir. L'occasion de savourer un onglet de veau poêlé à l'échalote, un poulet *tandoori* ou un *tajine* au citron.

*Le pavillon Ledoyen (1848) porte la griffe de Hittorff : structure légère en fonte, gaieté de l'ornementation polychrome.*

**Iᵉʳ ARRDT**
**(Châtelet, Halles, Louvre)**

▶ *Plan III p. 91; plan IV p. 105; plan V p. 112; plan X p. 169.*

◆◆◆◆ **Chez Pauline**, 5, rue Villedo **IV-B1 M°** Pyramides ☎ 01.42.96.20.70. *Ouv. jusqu'à 22 h 30. F. sam. midi et dim.* À deux pas de la Bibliothèque nationale, une **valeur sûre**. Les boursiers et les journalistes qui le fréquentent ne s'y trompent pas. Salade tiède de tête de veau ; canard de Bresse. *Menu: 230 F ; à la carte : 400 F env.*

◆◆◆◆ **Chez Vong**, 10, rue de la Grande-Truanderie **V-C2 M°** Étienne-Marcel ☎ 01.40.26.09.36. *Ouv. jusqu'à 0 h 30. F. dim.* Les grands classiques de la **cuisine chinoise**. *Menu: 150 F le midi ; à la carte: 400 F env.*

◆◆◆ **Les Cartes Postales**, 7, rue Gomboust **V-A2 M°** Pyramides ☎ 01.42.61.23.40. *Ouv. jusqu'à 22 h 30. F. sam. midi et dim.* Non loin de l'avenue de l'Opéra, la cuisine marie les traditions culinaires de **l'Orient** et les produits du terroir **français**. *Menus: 135 F et 285 F ; à la carte: 350 F.*

◆◆◆ **Pharamond**, 24, rue de la Grande-Truanderie **V-C2 M°** Étienne-Marcel ☎ 01.40.28.03.00. *Ouv. jusqu'à 22 h 30. F. dim. et lun. midi.* Depuis plus de cent ans, on vient ici, en plein cœur des Halles, déguster tripes et **spécialités normandes**. Le lieu est classé (dont le fameux escalier en colimaçon) et la cuisine savoureuse. *Menus: 79 F le midi, 310 F le soir ; à la carte: 350 F env.*

◆◆ **Café Marly**, cour Napoléon, entrée 93, rue de Rivoli **IV-B2 M°** Châtelet ☎ 01.49.26.06.60. *Ouv. 8h-2 h.* À l'intérieur du Grand Louvre, face à la pyramide, un **café branché**, où se conjuguent l'art de voir et celui d'être vu autour d'un verre de sauvignon. L'été, beaux couchers de soleil sur la terrasse. *Petit déjeuner, brasserie et salon de thé. À la carte: 250 F env.*

◆◆ **Chez Denise**, 5, rue des Prouvaires **III-A2 M°** Les Halles ou Louvre ☎ 01.42.36.21.82. *Ouv. lun.-ven., 24 h/24.* Entre la rue de Rivoli et les

*Situé dans le cadre prestigieux de la cour Napoléon du Louvre, le café Marly est un lieu à la mode.*

Halles. On peut venir s'y restaurer, à toute heure du **jour** et de la **nuit**, devant une solide pièce de bœuf et des frites. *À la carte : 250 F.*

◆◆ **Le Grizzli**, 7, rue St-Martin **III-B3 M°** Châtelet ☎ 01.48.87.77.56. *Ouv. jusqu'à 23 h. F. dim.* Entre Beaubourg et la tour St-Jacques, un **bistrot** au décor authentique qui pratique une cuisine généreuse. *Menus: 120 F et 160 F ; à la carte: 200 F.*

◆◆ **Juvenile's**, 47, rue de Richelieu **V-B2 M°** Pyramides ☎ 01.42.97.46.49. *Ouv. jusqu'à 22 h 15. F. dim.* En face de la fontaine Molière, carte simple, où voisinent jambon cru, *tapas* et plats plus élaborés dans un charmant **bar à vin**. Vente à emporter. *Menus: 98 F et 128 F ; à la carte: 150 F.*

◆◆ **Au Pied de Cochon**, 6, rue Coquillière **III-A1 M°** Les Halles ☎ 01.40.13.77.00. *Ouv. t.l.j. 24 h/24.* À la grande époque des Halles, cette institution servait une clientèle de noctambules, de chevillards et de forts des halles. Aujourd'hui, les touristes les ont remplacés. Reste une bonne **brasserie** qui perpétue sans faillir la tradition du pied de cochon et de la soupe à l'oignon. Excellent banc d'huîtres. *À la carte: 250 F env.*

◆◆ **Le Relais chablisien**, 4, rue Bertin-Poirée **III-A2 M°** Châtelet ☎ 01.45.08.53.73. *Ouv. jusqu'à 21 h 30. F. sam. et dim.* Perdu parmi les plantes des pépiniéristes du quai de la Mégisserie, ce **bar à vin** sert, midi et soir, une cuisine qui puise ses racines dans l'Auxerrois natal du patron. Andouillette à la ficelle, coq au vin, arrosés de chablis ou de sancerre. *À la carte: 200 F env.*

♦♦ **Saudade**, 34, rue des Bourdonnais **III-A2 M°** Châtelet ☎ 01.42.36.30.71. *Ouv. jusqu'à 23 h. F. dim.* L'un des meilleurs restaurants **portugais** de Paris : morue, *caldo verde* (soupe au chou vert et au chorizo), petits beignets de crevettes, accompagnés de délicieux *vinho verde*. *Menu: 130 F le midi; à la carte: 230 F env.*

♦♦ **Le Souletin** ♥, 6, rue de la Vrillière **V-B2 M°** Châtelet ☎ 01.42.61.43.78. *Ouv. jusqu'à 22 h 30. F. dim.* À deux pas de la place des Victoires. Pour les *aficionados* du ballon ovale et de la **cuisine basque**. Ici l'*irouleguy* coule à flots pour accompagner les charcuteries basques, les *chipirons* et le gâteau basque. Les soirs de match, ambiance surchauffée garantie. *Menu dégustation: 200 F; à la carte: 200 F env.*

♦♦ **Toupary**, la Samaritaine, 2, quai du Louvre **III-A3 M°** Pont-Neuf ☎ 01.40.41.29.29. *Ouv. jusqu'à 22 h 30. F. dim.* Au 5e étage de la **Samaritaine**. Il offre un **panorama** somptueux sur la Seine, l'île de la Cité et la Conciergerie. Cuisine inventive où se côtoient le carré d'agneau rôti à l'écorce d'orange et le rouget poêlé à la provençale au vert de blettes. *Menus: 95 F et 139 F le midi; 185 F le soir; à la carte: 250 F env.*

♦♦ **Willi's Wine Bar**, 13, rue des Petits-Champs **V-B2 M°** Palais-Royal ☎ 01.42.61.05.09. *Ouv. jusqu'à 23 h. F. dim.* Proche du Palais-Royal et de la place des Victoires. Les Anglais, ce n'est un secret pour personne, ont une passion pour les vins français. Plus particulièrement les côtes du Rhône septentrionales. Cuisine savoureuse. **Vin au verre** *Menus: 145 F le midi, 180 F le soir; à la carte: 220 F env.*

♦♦ **Yvan-sur-Seine**, 26, quai du Louvre **IV-B2 M°** Pont-Neuf ☎ 01.42.36.49.52. *Ouv. jusqu'à 2 h du matin. F. sam. midi et dim. midi.* Près du Louvre, le clinquant de la **mode** et la qualité d'une cuisine originale. Ser-

vice assuré jusqu'à minuit environ, dans un beau décor et une ambiance « gay ». *Menu: 148 F; à la carte: 170 F.*

♦ **Aux Bons Crus**, 7, rue des Petits-Champs **V-B2 M°** Palais-Royal ☎ 01.42.60.06.45. *Ouv. lun.-ven., 8 h-22 h (sam. 17 h). F. dim.* Face à la galerie Vivienne, une bonne adresse pour se sustenter après une promenade dans les jardins du Palais-Royal. Charcuteries, plat du jour ou tartes salées arrosés de petits vins au verre ou à la bouteille. **Décor 1900** authentique. *À la carte: 100 F env.*

♦ **À la Cloche des Halles**, 28, rue Coquillière **III-A1 M°** Les Halles ☎ 01.42.36.93.89. *Ouv. lun.-ven., 8 h-22 h (sam. 17 h). F. dim.* **Bistrot** où le beaujolais mis en bouteilles par le patron, comme tous les vins de la maison, coule à flots. N'hésitez pas à venir un peu tard pour déguster une copieuse assiette de charcuterie. *À la carte: 80 F env.*

♦ **Foujita**, 41, rue St-Roch **IV-A1 M°** Pyramides ☎ 01.42.61.42.93. *Ouv. t.l.j. jusqu'à 22 h 15.* L'un des meilleurs restaurants **japonais** de Paris pour les *sushis* (boulettes de riz mariné sur lesquelles sont posés des fruits de mer crus) et les *sashimis* (poissons et fruits de mer crus) très frais. *Menus: 68 F et 72 F; à la carte: 150 F.*

♦ **Higuma**, 32 bis, rue Ste-Anne **V-B2 M°** Pyramides ☎ 01.47.03.38.59. *Ouv. t.l.j. jusqu'à 22 h.* Un petit restaurant **japonais** très populaire. Ses plats de nouilles sautées et ses soupes généreuses font la joie des clients du quartier. *Menus: 63 F et 70 F; à la carte: 100 F.*

♦ **Au Rendez-Vous des Camionneurs**, 72, quai des Orfèvres **X-B1 M°** Pont-Neuf ☎ 01.43.54. 88.74. *Ouv. jusqu'à 23 h.* Dans l'île de la Cité, non loin du palais de Justice. En fermant les yeux, vous entendrez peut-être le commissaire **Maigret** commander un filet de bœuf à la moelle... *Menus: 78 F et 98 F le midi, 128 F le soir.*

♦ **Le Rubis**, 10, rue du Marché-St-Honoré **V-A2 M°** Tuileries ☎ 01.42.

## La gratinée des halles

Si la soupe à l'oignon nous vient de Lyon, la gratinée, elle, tire son nom des halles centrales qui furent encore le ventre de Paris il n'y a pas si longtemps. Autour d'un bol revigorant de soupe à l'oignon agrémenté d'emmenthal, les forts des Halles avaient coutume de se retrouver entre deux déchargements. Aujourd'hui, ce sont les noctambules à la sortie des discothèques qui viennent se rassasier dans les restaurants autour de St-Eustache (p. 274).

61.03.34. *Ouv. lun.-ven., 7 h-22 h. F. sam. soir et dim.* À deux minutes de la place Vendôme un **bar à vin** où l'on se dispute les tables à midi pour avaler, à la bonne franquette, le petit salé aux lentilles, la blanquette de veau ou la traditionnelle assiette de charcuterie. Excellents vins rouges (brouilly, bourgogne, etc.). Évitez les heures d'affluence. *Plats du jour entre 55 F et 60 F.*

♦ **Taverne Henri IV**, 13, pl. du Pont-Neuf **III-A2 M°** Pont-Neuf ☎ 01.43.54.27.90. *F. sam. et dim.* Face au Pont-Neuf, l'annexe **gourmande** du Barreau et du quai des Orfèvres. Tartines, escargots et tripoux accompagnent d'excellents crus. *Assiette régionale à 70 F.*

### IIᵉ ARRDT (BOURSE, GRANDS BOULEVARDS)

➤ *Plan I p. 66; plan II p. 78; plan V p. 112.*

♦♦♦♦♦ **Drouant**, 18, rue Gaillon **V-B2 M°** Quatre-Septembre ☎ 01.42.65.15.16. *Ouv. t.l.j., jusqu'à 22 h 30.* C'est ici que se réunit chaque automne l'**académie Goncourt** pour décerner son célèbre prix. Deux for-

mules: le **restaurant** où l'on sert une cuisine classique et le **café** plus abordable au superbe plafond signé **Ruhlmann**. *Menu: 230 F vin compris; à la carte: 600 F env.*

♦♦♦ **Chez Georges**, 1, rue du Mail **II-B2 M°** Bourse ☎ 01.42.60.07.11. *Ouv. jusqu'à 22 h.* À côté de la place des Victoires, bistrot **chic** parisien. Tables serrées, bruit ambiant, clientèle brillante (presse, mode, spectacle...) et **cuisine bourgeoise** de bon aloi (terrine, rognons, ris de veau, etc.). Jolie carte des vins, dont certains sont au compteur (vous payez ce que vous avez bu). *À la carte: 300 F.*

♦♦♦ **Isse**, 56, rue Ste-Anne **V-B2 M°** Pyramides ☎ 01.42.96.67.76. *F. sam. et lun. midi, dim.* À deux pas du passage Choiseuil, ce restaurant **japonais** branché accueille régulièrement les personnalités de la **mode**. Décors et prix à la hauteur. *À la carte: 300 F env.*

♦♦ **La Grille Montorgueil**, 50, rue Montorgueil **V-C2 M°** Sentier ☎ 01.42.33.21.21 *Ouv. jusqu'à minuit. F. dim.* Au cœur du quartier Montorgueil, l'un des plus beaux **zincs** de la capitale. Cuisine de **ménage** et belles viandes arrosées de beaujolais. Une des adresses sympathiques du quartier. *À midi sf le week-end formule à 75 F, sinon comptez 60 F en moyenne par plat.*

♦♦ **Rôtisserie Monsigny**, 1, rue Monsigny **V-B1 M°** Quatre-Septembre ☎ 01.42.96.16.61. *Ouv. jusqu'à minuit. F. sam. midi.* À proximité de l'Opéra, Jacques Cagna démocratise son talent dans cette **rôtisserie**. Produits frais et réalisation parfaite. Prix sages. *Menus: 100 F et 160 F; à la carte: 250 F.* **Autre adresse:** VIᵉ arrdt, **Rôtisserie d'En Face**, 2, rue Christine ☎ 01.43.26.40.98.

♦♦ **Le Vaudeville**, 29, rue Vivienne **V-B1 M°** Bourse ☎ 01.40.20.04.62. *Ouv. t.l.j., jusqu'à 2 h.* Le superbe décor **Art déco**, le ballet incessant des serveurs, le brouhaha, tout ici vous donne l'impression de plonger dans l'effervescence parisienne. Cuisine de brasserie soignée. *Menus: 123 F et 169 F; à la carte: 250 F.*

♦ **La Côte**, 77, rue de Richelieu **V-B1 M°** Bourse ☎ 01.42.97.40.68. *Ouv. jusqu'à 15 h. F. sam. et dim.* Un **bistrot** où les employés de la Bourse se pressent à midi. Charcuterie, cuisine de ménage et bons beaujolais. *Menus: 82 F et 130 F; à la carte: 150 F.*

♦ **Le Gavroche**, 19, rue St-Marc **V-B1 M°** Bourse ☎ 01.42.96.89.70. *Ouv. 7h-2 h. F. dim.* Les noctambules parisiens et les amateurs de bons vins se retrouvent dans ce **bistrot** qui perpétue la tradition des Grands Boulevards. Cuisine sympathique (excellentes frites et bon filet au poivre) et vin gouleyant. *Menu: 70 F le midi; à la carte: 150 F.*

♦ **Lina's**, 50, rue Étienne-Marcel **V-C2 M°** Étienne-Marcel ☎ 01.42.21.16.14. *Ouv. 9h-18 h. F. dim.* **Sandwicherie** dans un décor en bois ciré. Produits ultra frais (avocat, poulet, dinde, lard fumé…) préparés devant vous. *25 F le sandwich.* **Autres adresses**: VIe arrdt, 27, rue St-Sulpice; VIIIe arrdt, 105, rue du Faubourg-St-Honoré; 8, rue Marbeuf; IXe arrdt; 30, bd des Italiens; XIIe arrdt, 2, rue Henri-Desgranges.

## IIIe ARRDT
## (MARAIS, GRANDS BOULEVARDS)

▶ *Plan II p. 78; plan III p. 91; plan V p. 112.*

♦♦ **L'Ambassade d'Auvergne**, 22, rue du Grenier-St-Lazare **III-B1 M°** Rambuteau ☎ 01.42.72.31.22. *Ouv. t.l.j. jusqu'à 22 h.* Cuisine **régionale** depuis près de 30 ans. Salade tiède de lentilles du Puy, aligot, pièce de bœuf de Salers. Excellent rapport qualité/prix. *Menu: 170 F; à la carte: 230 F env.*

♦♦ **Au Bascou**, 38, rue Réaumur **V-C2 M°** Arts-et-Métiers ☎ 01.42.72.69.25. *Ouv. jusqu'à minuit. F. sam. midi et dim.* Gastronomie du **Sud-Ouest** (côté basque), dégustez les *pimientos del piquilla* farcis, l'agneau de lait et autres *chipirons* à l'encre… *Menu: 90 F le midi; à la carte: 200 F env.*

♦♦ **Chez Jenny**, 39, bd du Temple **V-D2 M°** Filles-du-Calvaire ☎ 01.42.

74.75.75. *Ouv. t.l.j. jusqu'à 1 h.* **Brasserie alsacienne**; décor de **Spindler** (1930). Le cochon de lait rôti et les huîtres valent le coup. Pour solides appétits. *Menus: 149 F et 179 F; formule « Express » : 65 F ; à la carte: 200 F.*

♦ **Chez Nénesse**, 17, rue de Saintonge **V-D2 M°** St-Sébastien-Froissart ☎ 01.42.78.46.49. *Ouv. jusqu'à 22 h 15.* Au cœur du Marais, un **bistrot** avec son poêle au milieu de la salle et ses tables en Formica. Le chef a appris son métier chez les plus grands. Cuisine subtile à découvrir. *Menus: 80 F et 90 F; à la carte: 180 F et 220 F.*

## IVe ARRDT
## (MARAIS, BASTILLE, LES ÎLES)

▶ *Plan I p. 66; plan II p. 78; plan III p. 91; plan IX p. 154.*

♦♦ **Baracane**, 38, rue des Tournelles **II-C2 M°** Chemin-Vert ☎ 01.42.71.43.33. *Ouv. jusqu'à minuit. F. sam. midi et dim.* Ce restaurant ne désemplit pas et les fidèles de la cuisine du **Quercy** se pressent pour déguster cassoulet maison au confit et salade aux gésiers. Excellent pain maison aux châtaignes. *Menus: 128 F le midi; 215 F le soir; à la carte: 250 F env.*

♦♦ **Bofinger**, 3, rue de la Bastille **II-D3 M°** Bastille ☎ 01.42.72.87.82. *Ouv. jusqu'à 1 h.* L'une des plus anciennes **brasseries** parisiennes, vestige de la **Belle Époque**, aux verrières 1900. On vient surtout ici pour le lieu et l'ambiance. *Menu: 189 F; à la carte: 250 F.*

♦♦ **Le Coude Fou**, 12, rue du Bourg-Tibourg **II-B2 M°** Hôtel-de-Ville ☎ 01.42.77.15.16. *Ouv. jusqu'à minuit. F. dim. midi.* À deux pas du BHV, un **resto-bar à vin**, décoré d'une jolie fresque. Cuisine soignée mais un peu chère. En revanche, la carte des vins offre d'excellents crus pour toutes les bourses. *Env. 200 F.*

♦♦ **L'Enoteca**, 25, rue Charles-V **II-C3 M°** Sully-Morland ☎ 01.42.78.91.44. *Ouv. t.l.j., jusqu'à 23 h 30.* Plus de 350 vins **italiens** référencés que l'on peut déguster au verre dans cette agréable

*Célèbre brasserie créée en 1864, Bofinger possède une superbe verrière 1900 et un décor signé Hansi.*

trattoria. Antipasti, porchetta, gnocchi et délicieuses pâtes. *Menu: 95 F le midi; à la carte: 200 F env.*

♦♦ **Les Fous d'en Face**, 3, rue du Bourg-Tibourg **II-B2 M°** Hôtel-de-ville ☎ 01.48.87.03.75. *Ouv. t.l.j., jusqu'à minuit.* On y vient autant pour la cuisine que pour la sélection de petits et grands **crus.** *Menus: 95 F le midi, 175 F le soir; à la carte: 220 F.*

♦♦ **Au Gourmet de L'Isle**, 42, rue St-Louis-en-l'Île **I-D2 M°** Pont-Marie ☎ 01.43.26.79.27. *Ouv. jusqu'à 22 h. F. lun. et mar.* Solide cuisine et petits vins de pays au menu. Depuis des années, on y sert des plats de **qualité.** L'anti-piège à touristes. *Menus: 130 F le midi, 170 F le soir; à la carte: 180 F env.*

♦♦ **Il Vicolo** 8, rue de Jouy **II-B2 M°** Pont-Marie ☎ 01.42.78.38.86. *Ouv. jusqu'à 22 h 30. F. dim. soir et lun.* À deux pas de l'hôtel de Sens, excellente cuisine **toscane.** L'occasion de manger un vrai *risotto !* Accueil chaleureux. *À la carte: 250 F.*

♦♦ **Jo Goldenberg**, 7, rue des Rosiers **II-B2 M°** St-Paul ☎ 01.48.87.20.16.

*Ouv. jusqu'à minuit.* Au cœur du Marais, ce restaurant-épicerie est le rendez-vous de la communauté juive d'**Europe centrale**. Qualité parfois irrégulière, émotion garantie. *Menu: 70 F min.; à la carte: 180 F.*

♦♦ **Wooloo Mooloo**, 36, bd Henri-IV **hors plan par II-D2 M°** Bastille ☎ 01.42.72.32.11. *F. lun.* Restaurant **australien** qui propose un filet de kangourou grillé au charbon de bois avec jus de betterave et salsifis frits... Ambiance rigolote. *Menus: 150 F (déjeuner) et 180 F; à la carte: 200-250 F.*

♦ **La Taverne du Nil**, 16, rue Le Regrattier **I-C2 M°** Pont-Marie ☎ 01.40.46.09.02. *Ouv. jusqu'à 23 h. F. sam. midi et dim.* Au cœur du Sentier, un sympathique **bistrot libanais.** Accueil chaleureux, addition légère. *Menus: 90 F; 140 F et 187 F.*

♦ **Le Temps des Cerises**, 31, rue de la Cerisaie **IX-D1 M°** Sully-Morland ☎ 01.42.72.08.63. *Déjeuner uniquement. F. sam. et dim.* Proche de la Bastille, un charmant bistrot **baba cool** dans une pittoresque maison du XVIII$^e$ s. *Plat du jour à 68 F.*

♦ **Le Trumilou**, 84, quai de l'Hôtel-de-Ville **II-A2 M°** Hôtel-de-Ville ☎ 01.42.77.63.98. *Ouv. t.l.j., jusqu'à 23 h.* Saucisson de Lyon, ris de veau grand-mère et céleri rémoulade font les beaux jours de ce **bistrot** raisonnable. *Menus: 65 F et 80 F; à la carte: 230 F env.*

♦ **The Studio**, 41, rue du Temple **II-A1 M°** Rambuteau ☎ 0142.74.10.38. *Ouv. t.l.j. jusqu'à minuit, sf lun. midi.* Attention, **branché**... Lorsque vous pénétrez dans ce restaurant, ouvert sur la cour du Café de la Gare, avec cours de danse au 1$^{er}$ étage, le spectacle est autour de vous. Plats **tex-mex**: *chili con carne, tortillas* et *spare ribs. Menu: 100 F; à la carte: 150 F env.*

## V$^e$ ARRDT (QUARTIER LATIN)

➤ *Plan IX p. 154.*

♦♦♦♦ **La Timonerie**, 35, quai de la Tournelle **IX-B1 M°** Maubert-Mutualité ☎ 01.43.25.44.42. *Ouv. jusqu'à*

22 h 30. F. *dim. et lun. midi.* Un événement du Paris gourmand. On y sert une cuisine savante et délicieuse à base de **produits simples**: maquereau, lieu, poitrine de porc. *Menus: 250 F le midi, 350 F le soir; à la carte: 400 F env.*

♦♦ **Au coin des Gourmets**, 5, rue Dante **IX-B1 M°** Cluny-La-Sorbonne ☎ 01.43.26.12.92. *F. mar.* La clientèle ne désemplit pas midi et soir, et c'est à juste titre. Excellente cuisine **cambodgienne** avec un parfum d'authenticité. *Menus: 69 F et 99 F; à la carte: 150 F.*

♦♦ **Balzar** ♥, 49, rue des Écoles **IX-B1 M°** Cluny-La-Sorbonne ☎ 01.43.54.13.67. *Ouv. t.l.j., de 8 h à 0 h 30.* La **brasserie** des **intellectuels** depuis les années 30. Simone de Beauvoir et Jean-Paul Sartre étaient des habitués du lieu. Le **décor**, superbe, est resté inchangé, tout comme la cuisine classique (foie de veau, niçoise, raie au beurre noir, bœuf gros sel, pieds de porc...). *À la carte: 200 F env.*

♦♦ **Botequim**, 1, rue Berthollet **IX-A3 M°** Censier-Daubenton ☎ 01.43.37.98.46. *Le soir seulement, jusqu'à 2 h du matin. F. dim., lun.* Pour goûter aux plats **brésiliens**, la *feijoada*, dans une ambiance sympa de *bossa nova*. Et aussi poisson au lait de coco, beignets de morue et soupe de crabes. *Menu: 90 F; à la carte: 200 F env.*

♦♦ **Les Bouchons de François Clerc**, 12, rue de l'Hôtel-Colbert **IX-B1 M°** Maubert-Mutualité ☎ 01.43.54.13.67. *Ouv. t.l.j., jusqu'à 0 h 30.* Une formule qui déchaîne les passions: le vin à prix coûtant ! On peut déguster ici les plus **grands crus** à des prix défiant toute concurrence. Gevrey-chambertin, margaux, saint-émilion, etc. sont proposés à moins de 200 F, accompagnés d'une honnête cuisine. *Menu: 63 F le midi; à la carte: 120 F.*

♦♦ **Chantairelle**, 17, rue Laplace **IX-B2 M°** Cardinal-Lemoine ☎ 01.46.33.18.59. *Ouv. jusqu'à 22 h 30. F. sam. midi et dim.* Ici l'**Auvergne**, et plus particulièrement le Forez, sont à l'honneur. Délicieuses potées; choux farcis roboratifs et gratins de légumes. *À la carte: 200 F env.*

♦♦ **Chez René** ♥, 14, bd St-Germain **IX-B1 M°** Maubert-Mutualité ☎ 01.43.54.30.23. *Ouv. jusqu'à 23 h. F. sam. midi et dim.* Un authentique **bouchon**, implanté ici depuis des lustres. Contrairement à tant d'autres, ici rien n'est factice, du beaujolais (chenas) récolté dans les vignes familiales, à la cuisine lyonnaise aux solides accents de terroir. Très sympathique adresse. *Menu: 153 F le midi; à la carte: 230 F env.*

♦♦ **Chez Toutoune** ♥, 5, rue de Pontoise **IX-B1 M°** Maubert-Mutualité ☎ 01.43.26.56.81. *Ouv. jusqu'à 22 h 45. F. lun. midi.* La **Provence** aux saveurs d'ail et d'herbes parfumées: ravioles de cagouilles à l'écume de mer; râble de lapereau aux herbes fraîches; givre de lavande. *Menus: 118 F et 168 F le midi, 168 F le soir et 198 F le dim.*

♦♦ **L'Écureuil, l'Oie et le Canard**, 3, rue Linné **IX-C2 M°** Jussieu ☎ 01.43.31.61.18. *Ouv. t.l.j., jusqu'à 23 h.* Le rendez-vous des amoureux du **Sud-Ouest** et du rugby, près du jardin des Plantes. Confit de canard, cassoulet ou délicieuse saucisse aux lentilles, arrosés d'un bon madiran. *Menus: 94 F le midi, 159 F le soir; à la carte: 180 F env.*

♦♦ **Mavrommatis**, 42, rue Daubenton **IX-B3 M°** Censier-Daubenton ☎ 01.43.31.17.17. *Ouv. jusqu'à 23 h. F. le lun.* Nouvel établissement proposant une cuisine élaborée: gambas gratinées, coulis de crustacés à la *feta* de brebis, espadon poêlé à la fondue d'aubergine. Sans doute le meilleur **grec** de Paris. *Menus: 120 F le midi, 140 F et 160 F le soir; à la carte: 200 F env.*

♦♦ **Moissonnier** ♥, 28, rue des Fossés-St-Bernard **IX-B2 M°** Cardinal-Lemoine ☎ 01.43.29.87.65. *Ouv. jusqu'à 22 h.* Le restaurant parisien typique. Depuis trente ans, on y sert une cuisine d'inspiration **lyonnaise**. Excellent accueil. *Menu: 150 F; à la carte: 250 F env.*

♦♦ **Ziryab** (restaurant de l'institut du Monde arabe), 1, rue des Fossés-St-Bernard **IX-B2 M°** Jussieu ☎ 01.40.46.84.62. *Ouv. jusqu'à 22 h 30. F. dim. soir et lun.* Superbe restaurant conçu par l'architecte **Jean Nouvel**. **Vue** imprenable sur la Seine et sur Notre-Dame. Délicieuse cuisine **marocaine** classique à base de couscous, *fassi* (couscous au poulet caramélisé), *pastilla* aux cailles, *Menus: 145 F le midi, 195 F le soir; à la carte: 220 F env.*

♦ **Ham-Lim**, 6, rue Blainville **IX-B2 M°** Monge ☎ 01.43.54.62.74. *F. lun.* L'ancêtre des restaurants **coréens** de Paris, une adresse sympathique. *Corean barbecue* et poulet farci à l'ail excellent. *Menu: 73 F le midi; à la carte: 150 F env.*

♦ **Kokonor**, 206, rue St-Jacques **IX-A2 M°** Maubert-Mutualité ☎ 01.43.29.96.14. *Ouv. midi et soir. F. dim. midi.* Restaurant tibétain où vous pourrez goûter aux *momos* (chaussons fourrés de viande ou de légumes), le tout accompagné de **thé au beurre et au sel**.

♦ **Les Fontaines ♥**, 9, rue Soufflot **IX-B3 M°** Luxembourg ☎ 01.43.26. 42.80. *Ouv. 8 h-22 h 30. F. dim. et lun.* Une des bonnes tables du quartier. Filet de saint-pierre aux quinze épices, ris de veau forestière… Les vins de la **Loire** y sont à la fête. *À la carte: 150 F env.*

♦ **Perraudin**, 157, rue St-Jacques **IX-A2 RER** Luxembourg ☎ 01.46.33. 15.75. Près du Luxembourg et du Panthéon, un **bistro 1900** miraculeusement préservé. Cuisine de ménage et accueil tout en gentillesse. *Menus: 63 F et 130 F; à la carte: 130 F env.*

## VIᵉ ARRDT (ST-GERMAIN, LUXEMBOURG, MONTPARNASSE)

➤ *Plan IX p. 154; plan X p. 169; plan XII p. 183.*

♦♦♦ **Les Bookinistes**, 53, quai des Grands-Augustins **X-B1 M°** St-Michel ☎ 01.43.25.45.94. *Ouv. jusqu'à minuit. F. sam. et dim.* Le chef est l'un des élèves les plus doués de **Guy Savoy**. On s'y précipite pour déguster le millefeuille de pommes gaufrettes, le tar-tare de saumon et de thon fumé. Bons vins d'Anjou. *Menus: 130 F et 160 F le midi; 140 F et 180 F le soir; à la carte: 280 F env.*

♦♦♦ **Lipp**, 151, bd St-Germain **X-A2 M°** St-Germain-des-Prés ☎ 01.45.48. 53.91. *Ouv. t.l.j., jusqu'à 1 h 30 du matin.* La **brasserie** du Tout-Paris **politique** et **intellectuel**. Léon Blum, François Mauriac, François Mitterrand, Bernard Pivot y ont dîné. Le superbe **plafond** peint n'a pas changé depuis 1880. Pas de réservation. On vient ici surtout pour le lieu. *Menu: 195 F; à la carte: 270 F env.*

♦♦ **La Bauta ♥**, 129, bd du Montparnasse **IX-A1 M°** Odéon ☎ 01.43.22.52.35. *Ouv. jusqu'à 23 h. F. sam. midi et dim.* Un des restaurants **italiens** les plus plaisants de Paris. Plats traditionnels discrètement inventifs. Le paradis des amateurs de *risotto* et de *spaghettis*. *Menus: 105 F le midi et 200 F; à la carte: 280 F.*

♦♦ **Le Caméléon**, 6, rue de Chevreuse **XII-B2 M°** Vavin ☎ 01.43.20.63.43. *Ouv. jusqu'à 22 h 30. F. dim. lun.* Tables en marbre et chaises en bois pour ce **bistrot** de Montparnasse où l'on vous servira ravioles de homard frais à l'estragon et tendron de veau. *Menu: 120 F le midi; à la carte: 200 F env.*

♦♦ **La Closerie des Lilas**, 171, bd du Montparnasse **X-A4 RER** Port-Royal ☎ 01.40.51.34.50. *Ouv. t.l.j., de 11 h à 1 h 30.* Cette ancienne guinguette attire, depuis sa création en **1847**, les **artistes** et les **intellectuels**. Certains comme Apollinaire, Max Jacob, Modigliani, Lénine ou Hemingway ont même leur nom gravé sur les tables. Cuisine de qualité (restaurant comme brasserie). **Terrasse** fleurie très agréable pour prendre un verre les soirs d'été. *À la carte: 300 F env.*

♦♦ **L'épi Dupin ♥**, 11, rue Dupin **XII-A1 M°** Sèvres-Babylone ☎ 01.42.22.64.56. *Ouv. t.l.j., jusqu'à 22 h 30.* Situé juste derrière le Bon Marché. Un rapport qualité/prix **imbattable**. Chaque jour choix de six entrées, huit desserts et six plats. *Menu-carte: 153 F.*

# Index des restaurants étrangers

*Pour les commentaires, se reporter à la rubrique « Restaurants »
classée par arrondissements.*

♦♦ **Yugaraj**, 14, rue Dauphine **X-B1** **M°** Odéon ☎ 01.43.26.44.91. *Ouv. jusqu'à 23 h. F. lun. midi.* À proximité du Pont-Neuf, dans son joli décor de bois sculpté, l'un des meilleurs restaurants **indiens** de Paris. Cuisine raffinée : boulettes de crabe au cumin, cabillaud au curcuma, curry de poisson au piment vert ou brochette au *tandoori. Menus: 130 F le midi, 170 F et 220 F le soir ; à la carte: 200 F.*

♦ **Aux Charpentiers ♥**, 10, rue Mabillon **X-A2 M°** Mabillon ☎ 01.43.26.30.05. *Ouv. t.l.j., jusqu'à 23 h.* Un vieux **bistrot** avec verres en Pyrex et nappe en papier. Joli décor réalisé avec les chefs-d'œuvre des **compagnons** qui tenaient ici leurs assises. Cuisine de ménage avec son rituel plat du jour : veau marengo, bœuf mode, etc. *À la carte: 150 F env.*

♦ **Bouillon Racine ♥**, 3, rue Racine **X-B2 M°** Odéon ☎ 01.44.32.15.60. *Ouv. t.l.j., jusqu'à 1 h.* Près du bd St-Michel, un jeune chef **belge** élabore une cuisine délicieuse à la **bière**. *Menus: 69 F à 159 F ; à la carte: 200 F.*

♦ **Chez Albert**, 43, rue Mazarine **X-B1 M°** Mabillon ☎ 01.46.33.22.57. *Ouv. jusqu'à 23 h. F. dim.* Bon petit restaurant **portugais** de quartier où l'on déguste la morue dans tous ses états, mais aussi le porc aux coquillages, le coquelet aux piments ou la *feijoada*, arrosés de *vinho verde* et de vin de Dao. *Menus: 80 F et 135 F ; à la carte: 150 F.*

♦ **La Lozère ♥**, 4, rue Hautefeuille **X-B2 M°** Cluny-La-Sorbonne ☎ 01. 43.54.26.64. *Ouv. jusqu'à 22 h 15. F. dim. et lun.* Rapport qualité/prix imbattable pour cette ambassade du **Causse** et de l'**Aubrac**. Salade aux mousserons, saucisses aux choux et aligot de l'Aubrac vous réconforteront dans un quartier envahi par les gargotes. Accueil charmant. *Menus: 95 F le midi, 125 F et 155 F le soir ; à la carte: 150 F env.*

♦ **Osteria del Passe-Partout**, 20, rue de l'Hirondelle **IX-A1 M°** St-Michel ☎ 01.46.34.14.54. *Ouv. jusqu'à 22 h 30. F. sam. midi et dim.* Une sympathique **Italienne** a investi l'ancienne demeure de la **duchesse d'Étampes**... pour en faire une charmante *trattoria*. Délicieux *antipasti, taglioni* à la ricotta, et toutes sortes de pâtes. Bon accueil. *Menus: de 65 F à 94 F ; à la carte: 80 F à 110 F.*

♦ **Le Petit-St-Benoît ♥**, 4, rue St-Benoît **X-A1 M°** St-Germain-Des-Prés ☎ 01.42. 60.27.92. *Ouv. jusqu'à 22 h 30. F. dim.* Ce **bistrot** vous fera partager l'espace d'un repas la légende de St-Germain-des-Prés. La cuisine « comme à la maison », le cadre et même les serveuses semblent hors du temps. *À la carte: 110 F.*

♦ **Le Petit Vatel ♥**, 5, rue Lobineau **X-A2 M°** Mabillon ☎ 01.43.54.28.49. *Ouv. jusqu'à 23 h 30. F. dim. et lun.* Vieille institution connue des **routards** du monde entier pour ses prix extrêmement modiques. Cuisine de ménage (poireaux vinaigrette, pâté maison, poisson au four, etc.) dans une ambiance bon enfant. *Menu à 60 F (entrée ou dessert + plat).*

♦ **Polidor ♥**, 41, rue Monsieur-le-Prince **X-B2 M°** Odéon ☎ 01.43.26.95.34. *Ouv. t.l.j., jusqu'à 23 h.* Des générations d'étudiants, d'employés et d'hommes de lettres (Verlaine, Valéry, Gide) sont venues dans ce **bouillon** parisien fondé en 1845. *Plats et desserts pour moins de 60 F.*

## VIIᵉ ARRDT (FAUBOURG ST-GERMAIN, TOUR EIFFEL)

➤ *Plan XI p. 178 ; plan XII p. 183 ; plan XIII p. 192.*

♦♦♦♦ **Le Jules Verne**, 2ᵉ étage de la tour Eiffel (ascenseur direct) **XIII-A1 M°** Trocadéro ☎ 01.45.55.61.44. *Ouv. t.l.j., jusqu'à 22 h 30.* La plus belle **vue** du monde dans un décor gris et noir signé **Slavik**. Cuisine somptueuse. Demandez une table près des grandes baies vitrées. Prix vertigineux, mais on peut se contenter d'un verre au bar. *Menus: 300 F le midi, 300 F et 680 F le soir ; à la carte: 700 F env.*

♦♦♦ **Écaille et Plume**, 25, rue Duvivier **XIII-B1 M°** École-Militaire ☎ 01.45. 55.06.72. *Ouv. jusqu'à 22 h 30. F. sam. midi et dim.* La cuisinière **bretonne** sait aussi bien mitonner un lièvre à la royale ou un civet de marcassin qu'un dos de merlu lorsque les beaux jours reviennent. Joli choix de vins. *À la carte: 300 F env.*

♦♦♦ **Le Violon d'Ingres**, 135, rue St-Dominique **XIII-B1 M°** École-Militaire ☎ 01.45.55.15.05. *Ouv. jusqu'à 22h30. F. sam. et dim.* L'ancien chef du **Crillon** reste fidèle à son style à la fois canaille et sophistiqué: culottée tatin d'andouillette et de pieds de porc caramélisés sur pommes rattes ou la poêlée de lieu jaune relevée d'écailles de chorizo accompagnée d'une purée de haricots blancs... *Menus: 240 F et 290 F; à la carte: 350 F env.*

♦♦ **La Fontaine de Mars**, 129, rue St-Dominique **XIII-B1 M°** École-Militaire ☎ 01.47.05.46.44. *Ouv. jusqu'à 23 h.* Un bistrot avec **terrasse** où il fait bon dîner aux beaux jours. Andouillette, salade au magret, filet de bœuf sauce madiran et vins du Sud-Ouest sont au rendez-vous. *Menu: 85 F le midi; à la carte: 200 F.*

♦♦ **Thoumieux**, 79, rue St-Dominique **XIII-B1 M°** Invalides ☎ 01.47.05.49.75. *Ouv. t.l.j., jusqu'à minuit.* Le style **brasserie**, version BCBG dans un décor suranné. Bonne cuisine du Sud-Ouest sans trop de génie. *À la carte: 200 F env.*

♦ **Café des Lettres** ♥, 53, rue de Verneuil **XI-B2 M°** Solférino ☎ 01.42. 22.52.17. *Ouv. de 9h à 23 h. F. dim.* Dans un **hôtel particulier**, à deux pas du musée d'Orsay. Un havre de tranquillité et de fraîcheur durant tout l'été pour déguster une nourriture d'inspiration **suédoise** (poissons fumés et marinés). *Plat du jour: 75 F; à la carte: 170 F.*

♦ **Au Pied de Fouet**, 45, rue de Babylone **XII-A1 M°** Sèvres-Babylone ☎ 01.47.05.12.27. *Ouv. jusqu'à 21h30. F. sam. soir et dim.* Un ancien **relais de poste** minuscule transformé en bistrot avec nappes à carreaux, banquettes en moleskine et ronds de serviette. *Entre 80 F et 100 F pour un excellent repas.*

## VIII<sup>e</sup> ARRDT (CHAMPS-ÉLYSÉES, MADELEINE, ST-LAZARE)

► *Plan IV p. 105; plan VII p. 132.*

♦♦♦♦ **Maxim's**, 3 rue Royale **VII-D2 M°**Concorde ☎ 01.42.65.27.94. *Ouv. jusqu'à 22h30.* Surtout pour le décor **art nouveau** (la verrière de la grande salle compte 180 éléments décorés de fleurs, fruits et feuilles). *À partir de 600 F le midi, et 1000 F le soir.* La réplique de l'illustre restaurant existe aussi sur l'eau. Pierre Cardin a en effet créé le *Maxim's-sur-Seine*, un bateau amarré au port de Suffren **VIII-D2-3** qui propose des dîners-croisières ☎ 01.44.18.96.96.

♦♦♦ **Yvan**, 1 bis, rue Jean-Mermoz **VII-C1 M°** Franklin-D.-Roosevelt ☎ 01.43.59.18.40. *Ouv. jusqu'à minuit. F. sam. midi et dim.* Le chef, très médiatique, n'a pas oublié ses origines **belges**. Le Tout-Paris du *show-biz* et du Sentier vient découvrir la sole à la gueuze, le cabillaud en *water-zoï*, ou le pigeon au miel et aux épices. À signaler, le **Petit Yvan** *(à la même adresse)* où, pour moins de 150 F, vous aurez un aperçu de sa cuisine.

♦♦ **Le Bœuf sur le Toit**, 34, rue du Colisée **VII-C1 M°** St-Philippe-du-Roule ☎ 01.53.93.65.55. *Ouv. jusqu'à 2 h.* Un décor superbe de style **Art déco**, une cuisine réussie pour cette brasserie au charme indéniable. *À la carte: 250 F env.*

♦♦ **La Ferme des Mathurins**, 17, rue Vignon **IV-A1 M°** Madeleine ☎ 01.42. 66.46.39. *Ouv. jusqu'à 22 h. F. dim.* **Simenon** était un des habitués de ce sympathique restaurant. Bons plats classiques: jambon à la crème, filet de bœuf marchand de vin, etc. servis généreusement. *Menus: 160 F et 210 F; à la carte: 200 F env.*

♦♦ **Ma Bourgogne**, 133, bd Haussmann **VII-D1 M°** Miromesnil ☎ 01. 45.63.50.61. *Ouv. jusqu'à 22 h. F. sam. et dim.* Pour les amateurs de bons vins (bourgogne et beaujolais surtout). Sur le zinc ou dans la salle du sous-sol, on vous servira de solides **plats de ménage** comme la cassolette d'escargots ou le *coq au chenas. Menus: 190 F le midi, 165 F le soir; à la carte, 220 F env.*

♦♦ **Les délices de Paris**, 28, av. Franklin-Roosevelt **VII-C2 M°** Franklin-D.-Roosevelt ☎ 01.43.59.95.81. *F. dim.* À midi, brasserie et restaurant. **Cuisine du marché** très soignée. On peut aussi déjeuner sur le pouce, dans la salle du café (terrines et jambon à l'os faits maison). Bons beaujolais, superbes aloxe-corton. *Plats à partir de 60 F, restaurant à partir de 110 F.*

♦♦ **Planet Hollywood**, 78, av. des Champs-Élysées **VII-B1 M°** George-v ☎ 01.53.83.78.27. *Ouv. t.l.j., de 11 h à 1 h.* On y mange **américain**, **tex-mex** ou terroir. *À la carte: 150 F env.*

♦ **Léon de Bruxelles**, 63, av. des Champs-Élysées **VII-B1 M°** Franklin-Roosevelt ☎ 01.42.25.85.16. *Ouv. t.l.j., de 11 h jusqu'à 1 h. Menus à partir de 59 F.* **Autres adresses:** Iᵉʳ arrdt, 120, rue Rambuteau; VIᵉ **arrdt**, 131, bd St-Germain; IXᵉ **arrdt**, 30, bd des Italiens; XIᵉ **arrdt**, 3, bd Beaumarchais; XIVᵉ**arrdt**, 82, bd du Montparnasse.

♦ **Les Amis du Beaujolais**, 28, rue d'Artois **VII-C1 M°** St-Philippe-du-Roule ☎ 01.45.63.58.64. *Ouv. jusqu'à 21 h. F. sam. et dim.* Un vrai **bistrot** de quartier, avec un patron qui vous servira les vins de la propriété familiale avec une agréable cuisine de ménage. *À la carte: 150 F env.*

♦ **L'Appart**, 9, rue du Colisée **VII-C1 M°** Franklin-D.-Roosevelt ☎ 01.53.75.16.34. *Ouv. t.l.j., jusqu'à minuit.* Un restaurant sur deux étages en forme d'**appartement**. Cuisine raffinée. *À la carte: 250 F env.*

♦ **Berry's**, 46, rue de Naples **hors plan par VII-D1 M°** Europe ☎ 01.40.75.01.56. *Ouv. jusqu'à minuit. F. sam. midi et dim.* Bistrot dédié aux produits du **terroir berrichon** et au **rugby** omniprésent. *À la carte: 175 F env.*

♦ **The Chicago Pizza Pie Factory**, 5, rue de Berri **VII-B1 M°** George-V.- ☎ 01.45.62.50.23. *Ouv. t.l.j., jusqu'à 1 h.* Ambiance typiquement **américaine** qui sert à une clientèle jeune d'épaisses pizzas à la mode de Chi-

cago. Bar et vidéo de football américain. *Menus: entre 50 F et 70 F le midi; à la carte: 100 F à 150 F.*

♦ **Le Singe d'Eau**, 28, rue de Moscou **hors plan par VII-D1 M°** Rome ☎ 01.43.87.72.73. *Ouv. jusqu'à 23 h. F. le dim.* Dans un beau décor exotique, le restaurant **tibétain** de Paris. Soupe au bœuf et radis noir *(thintuk)*; *dhre gnos* (sorte de sauté de bœuf); *momos*, petits pâtés de viande cuits à la vapeur, etc. Service charmant. *Menu: 65 F le midi; à la carte: 100 F.*

## IXᵉ ARRDT (GRANDS BOULEVARDS)

▶ *Plan V p. 112; plan VI p. 121.*

♦♦♦ **Casa Olympe**, 48, rue St-Georges **VI-A3 M°** St-Georges ☎ 01.42.85.26.01. *Ouv. jusqu'à 23 h. F. sam. et dim.* Cuisine d'inspiration **provençale** simple et raffinée: galette de châtaignes à l'œuf poché, sardines crues marinées, pigeonneau aux épices, choux rouge et vert ou raviolis de pintade fermière au jus. *Menu: 190 F; à la carte: 260 F.*

♦♦ **L'Alsace**, 10, rue Condorcet **VI-B3 M°** Grands-Boulevards ☎ 01.45.26.44.31. *Ouv. jusqu'à 22 h 30. F. sam. midi et dim.* Une des rares **winstub** de Paris. Choucroute (extra), charcuterie artisanale, bière et accent alsacien assurés. *À la carte: 170 F env.*

♦♦ **La Cave Drouot**, 8, rue Drouot **V-B1 M°** Richelieu-Drouot ☎ 01.47.70.83.38. *Ouv. jusqu'à 21 h 30. F. dim.* Face à l'hôtel Drouot, ce **bar à vin** est le rendez-vous des **antiquaires** et des commissaires-priseurs. Plats du jour à midi dans une ambiance «salle des ventes». *À la carte: 180 F env.*

♦♦ **Haynes**, 3, rue Clauzel **VI-B3 M°** St-Georges ☎ 01.48.78.40.63. *Dîner seulement. Ouv. jusqu'à minuit. F. dim. et lun.* Créé en 1947, ce fut le premier restaurant **américain** de Paris. C'est un lieu attachant au pied de la butte Montmartre. Musique de *jazz* et *blues* en fond sonore, piano et chanteur le sam. Honnête *soul food* composée de travers de porc au barbecue, *chili*, poulet frit, etc. *À la carte: 150 F.*

♦♦ **I Golosi** ♥, 6, rue de la Grange-Batelière **V-B1 M°** Grands-Boulevards

☎ 01.48.24.18.63. *Ouv. jusqu'à 23 h. F. sam. soir et dim.* Décor *design* à la milanaise et **cuisine italienne** authentique. Une bonne adresse pour déguster pâtes et *risotto*. Boutique et **bar-dégustation** au rez-de-chaussée ; restaurant au 1er étage. Très belle carte des vins. *À la carte: 200 F env.*

♦♦ **Wally le Saharien**, 36, rue Rodier **VI-B3 M°** Anvers ☎ 01.42.85.51.90. *Ouv. jusqu'à 23 h. F. dim.* Un excellent couscous mais aussi toute la gamme des plats **berbères** (*pastilla*, sardines farcies, etc.) servis dans un cadre agréable (beaux objets artisanaux). *À la carte: 250 F env.*

♦ **Chartier**, 7, rue du Faubourg-Montmartre **V-B1 M°** Grands-Boulevards ☎ 01.47.70.86.29. *Ouv. t.l.j., jusqu'à 22 h.* Ce « bouillon » parisien continue à faire le bonheur des porte-monnaie serrés. Œuf mayo, sardines à l'huile et bavette frites à prix record. *À la carte: 80 F env.*

♦ **Hard Rock Café**, 14, bd Montmartre **V-B1 M°** Grands-Boulevards. ☎ 01.53.24.60.00. *Ouv. t.l.j., jusqu'à 2h du matin.* Ce temple du *rock* est le rendez-vous des ados. **Cuisine américaine** avec *spare-ribs*; *T-bone* et *cheeseburgers*. La guêpière de Madonna, le blouson et la tenue de scène de Jim Morrison décorent les murs. File d'attente le samedi soir. *À la carte: 150 F env.*

♦ **Sinago**, 17, rue de Maubeuge **VI-B3 M°** Cadet ☎ 01.48.78.11.14. *Ouv. jusqu'à 22 h 30. F. dim.* L'une des meilleures adresses de la cuisine **cambodgienne** à Paris. Ici tout est fait maison et de nombreux plats ne sont préparés que sur commande. Le résultat est à la hauteur de l'attente. À découvrir. *Menu: 55 F; à la carte: 150 F.*

## Xe ARRDT
### (BELLEVILLE, GRANDS BOULEVARDS)

➤ *Plan V p. 112.*

♦♦ **Baalbeck**, 16, rue de Mazagran **V-C1 M°** Strasbourg-St-Denis ☎ 01.47.70.70.02. *Ouv. jusqu'à minuit. F. dim.* Cuisine **libanaise**. Ambiance à

tout casser pour une soirée hors du commun avec **danseuses du ventre** aguichantes et un *mezze* au rapport qualité/prix imbattable. *À la carte: 175 F.*

♦♦ **Brasserie Flo**, 7, cour des Petites-Écuries **V-C1 M°** Château-d'Eau ☎ 01.47.70.13.59. *Ouv. jusqu'à 1 h.* C'est l'archétype de la **brasserie** avec son **décor de 1880**, ses serveurs en tablier blanc et ses tables animées. On vient ici surtout pour le lieu. Le banc d'huîtres et les fruits de mer restent excellents. *À la carte: 200 F env.*

♦♦ **Chez Michel** ♥, 10, rue de Belzunce **hors plan par V-D1 M°** Gare-du-Nord ☎ 01.44.53.06.20. *Ouv. jusqu'à 23 h. F. dim et lun.* Exquises variations sur les produits du **terroir breton**. *Menu: 180 F.*

♦♦ **Paris-Dakar**, 56, rue du Faubourg-St-Martin **V-D1 M°** Strasbourg-St-Denis ☎ 01.42.08.16.64. *Ouv. jusqu'à 2 h. F. lun. et ven. midi.* Une des adresses clés de la communauté africaine et plus précisément **sénégalaise** à Paris. Dépaysement assuré autour

*Chartier offre un beau décor 1900. À l'époque, on y servait exclusivement du bouillon de pot-au-feu, d'où son nom.*

d'un poulet en *yassa* ou d'un *mafé* du Cap-vert. *À la carte: 200 F env.*

♦♦ **La P'tite Tonkinoise**, 56, rue du Faubourg-Poissonnière **V-E1 M°** Bonne-Nouvelle ☎ 01.42.46.85.98. *Ouv. jusqu'à 22 h. F. dim et lun.* Un joli restaurant consacré à la cuisine **nord vietnamienne** raffinée et authentique. *À la carte: 250 F env.*

♦♦ **Terminus-Nord**, 23, rue de Dunkerque **hors plan par V-D1 M°** Gare-du-Nord ☎ 01.42.85.05.15. *Ouv. t.l.j., jusqu'à 0 h 30.* Autre enseigne du groupe Flo dans un cadre **Art déco**. Atmosphère euphorique. Belle choucroute et superbe plateau de fruits de mer. Service efficace et accueil sympathique. *À la carte: 250 F env.*

♦ **Au Gigot Fin**, 56, rue de Lancry **V-D1 M°** Jacques-Bonsergent ☎ 01.42.08.38.81. *Ouv. jusqu'à 22 h 30. F. sam. midi et dim.* À côté du canal St-Martin, charmant restaurant qui permet de retrouver le Paris des **années 50**. Bonne cuisine bourgeoise. *À la carte: 150 F.*

♦ **Da Mimmo**, 39, bd Magenta **V-D1 M°** Jacques-Bonsergent ☎ 01.42.06.44.47. *Ouv. jusqu'à minuit. F. dim.* Pour savoir à quoi ressemble une bonne **pizza**. *À la carte: 150 F env.*

♦ **Le Réveil du Xe**, 35, rue du Château-d'Eau **hors plan par V-D1 M°** République ☎ 01.42.41.77.59. *F. sam. et dim.* Un **bistrot** à vin très prisé des Parisiens. Les bons petits vins, l'accueil charmant, la qualité de la cuisine: aligot «comme là-bas», sabodet, confits et autres tripous à prix doux. *À la carte: 150 F env.*

♦ **Rôtisserie de Sainte-Marthe**, 4, rue Sainte Marthe **hors plan par V-D1 M°** Belleville ☎ 01.40.03.08.30. *Ouv. t.l.j. 12 h-14 h et 20 h-minuit.* Des cuisiniers adhérant à différentes **associations caritatives** se relaient chaque soir et proposent selon les jours des plats indiens, végétariens, antillais, birmans, polonais... L'ambiance est conviviale et le lieu original. *Déjeuner et dîner à moins de 100 F.*

## XIe ARRDT (BASTILLE, BELLEVILLE, RÉPUBLIQUE)

▶ *Plan II p. 78; plan V p. 112; plan IX p. 154.*

♦♦♦ **Les Amognes**, 243, rue du Faubourg-St-Antoine **hors plan par IX-D1 M°** Nation ☎ 01.43.72.73.05. *Ouv. jusqu'à 22 h 30. F. dim. et lun. midi.* Ancien élève de **Senderens**, ce chef propose un remarquable menu unique au prix très raisonnable. Cuisine **inventive**: beignet de brandade de morue, tarte fraîche aux sardines marinées, joue de bœuf et pieds de veau aux carottes... Belle carte des vins. *Menu: 190 F; à la carte: 300 F env.*

♦♦ **Astier**, 44, rue J.-P.-Timbaud **hors plan par V-D1 M°** Parmentier ☎ 01.43.57.16.35. *Ouv. jusqu'à 23 h. F. sam. et dim.* La cuisine généreuse de ce vieux **bistrot** accueille une nombreuse clientèle qui ne craint pas d'être entassée (c'est complet tous les soirs). Menu unique renouvelé t.l.j. *Menu: 135 F; à la carte: 200 F env.*

♦♦ **Le Camelot**, 50, rue Amelot **V-D2 M°** St-Sébastien-Froissard ☎ 01.43. 55.54.04. *Ouv. jusqu'à 22 h 30. F. sam. midi, dim et lun. midi.* Cuisine délicieuse et **raffinée** pour cet ancien élève de Christian **Constant**. *Menu unique à 140 F.*

♦♦ **Chardenoux**, 1, rue Jules-Vallès **hors plan par IX-D2 M°** Charonne ☎ 01.43.71.49.52. *Ouv. jusqu'à 22 h 30. F. sam. et dim.* Joseph Losey a tourné une scène de *M. Klein* dans ce superbe **bistrot** classé du XIXe s. Bonne cuisine de ménage qui ravit les **branchés** et les habitués. Très belle carte des vins. *À la carte: 250 F.*

♦♦ **Le Clown-Bar**, 114, rue Amelot **hors plan par V-D2 M°** Filles-du-Calvaire ☎ 01.43.55.87.35. *Ouv. t.l.j., jusqu'à 1 h du matin.* À deux pas du Cirque d'Hiver, on reste dans la note avec les fresques de clowns et la **façade Modern style** pour ce bistrot classé. Sympathiques **plats du marché**. Excellente sélection de vins. *À la carte: 180 F env.*

♦♦ **Mansouria**, 11, rue Faidherbe **hors plan par V-D2 M°** Faidherbe-Chaligny ☎ 01.43.71.00.16. *Ouv. jusqu'à 23h30. F. dim. et lun. midi.* Sans doute l'une des meilleures tables maghrébines de la capitale. Dans un beau cadre, on découvre la cuisine *fassi*, l'une des plus fines du **Maroc**, grâce à d'authentiques *pastillas*, d'excellents *tajines* et couscous raffinés. *Menus: 168 F et 280 F; à la carte: 250 F.*

♦♦ **Le Passage**, 18, passage de la Bonne-Graine **hors plan par II-D3 M°** Ledru-Rollin ☎ 01.47.00.73.30. *Ouv. jusqu'à 23h30. F. dim.* Ici l'andouillette est reine; la carte propose aussi d'excellents plats du jour et surtout un très bon choix de vins. Un univers de calme, à deux pas de l'agitation de la Bastille. À signaler, *Le Café du passage (12, rue de Charonne)* ☎ 01.49.29.97.64 où l'on accueille les **noctambules** jusqu'à 1h30 du matin. *À la carte: 150 F à 200 F.*

♦♦ **Blue Éléphant**, 43-45, rue de la Roquette **hors plan par II-D2 M°** Bastille ☎ 01.47.00.42.00. *Ouv. jusqu'à minuit. F. sam. midi.* Les petites alcôves donnent sur une grande salle au **décor exotique**: pont, cascade, bambou, plantes tropicales. On mange ici une des meilleures **cuisines thaïlandaises** de la capitale, avec un choix surprenant de plats épicés et d'autres plus doux... *À la carte: 280 F env.*

♦♦ **Le Villaret**, 13, rue Ternaux **hors plan par V-D2 M°** Parmentier ☎ 01.43.57.89.76. *Ouv. jusqu'à 1h. F. dim.* Service allègre et cuisine **généreuse**: onglet de veau, somptueux faux-filet, homard breton rôti entier. Les vins ne sont pas à dédaigner non plus: morgon, bandol et autres côtes-rôties... *À la carte: 250 F env.*

♦ **Café de l'Industrie**, 16 rue St-Sabin **II-D2 M°** Breguet-Sabin, ☎ 01.47.00.13.53. *Ouv. 12h-2h. F. sam.* Ambiance tropicale, le lieu a du charme et ne désemplit pas. Jeunes **branchés** et jolies filles font le spectacle. Côté nourriture, rien de particulier à signaler. *À la carte: 120 F.*

♦ **Jacques Melac**, 42, rue Léon-Frot **hors plan par II-D1 M°** Charonne ☎ 01.43.70.59.27. *Ouv. jusqu'à 22h30. F. sam. et dim.* La vigne qui pousse le long de la façade de ce **bistrot** ne remplit pas tous les verres, mais celles du propriétaire situées dans le Languedoc y contribuent. Cuisine du marché. *À la carte: 120 F env.*

♦ **New Nioullaville** 32, rue de l'Orillon **hors plan par V-D1 M°** Belleville ☎ 01.40.21.96.18. *Ouv. t.l.j., jusqu'à 1h du matin.* Immense navire voué à la gastronomie **asiatique** où se presse le Tout-Paris, du plus chic au plus populaire. La carte est impressionnante et la cuisine surprenante. Totalement dépaysant ! *À la carte: 150 F env.*

♦ **Paris Main d'Or**, 133, rue du Faubourg-St-Antoine **hors plan par IX-D1 M°** Ledru-Rollin ☎ 01.44.68.04.68. *Ouv. jusqu'à minuit. F. dim.* C'est dans l'arrière-salle de ce **café**, qui ne paie pas de mine, que tout se passe. Tous les produits arrivent ici en direct de **Corse**. La carte regorge de spécialités. *À la carte: 150 F env.*

♦ **Reuan Thai** ♥, 36, rue de l'Orillon **hors plan par V-D1 M°** Belleville ☎ 01.43.55.15.82. *Ouv. t.l.j.* Voici un restaurant discret qui offre l'une des meilleures cuisines **thaïlandaises** à des prix imbattables *(formule buffet à 48 F, de 12h à 15h).* Fruits de mer sur feuille de banane, salade de poisson frit à la mangue verte, salade d'aubergine aux crevettes. *Menus: 78 F, 98 F et 149 F; à la carte: 150 F env.*

### XIIe ARRDT (BASTILLE, GARE DE LYON, NATION)

▶ *Plan IX p. 154.*

♦♦♦ **L'Oulette**, 15, pl. Lachambaudie **hors plan par IX-D2 M°** Dugommier ☎ 01.40.02.02.12. *Ouv. jusqu'à 22h15. F. sam. midi et dim.* Au cœur des jardins du **nouveau Bercy**. Tradition du Sud-Ouest et cuisine inventive. Belle carte des vins. *À la carte: 350 F env.*

♦♦♦ **Le Train Bleu**, gare de Lyon, 1er ét. **hors plan par IX-D2 M°** Gare-de-Lyon ☎ 01.43.43.09.06. *Ouv. t.l.j., jusqu'à 23h.* On vient ici pour le décor **1900** : nymphes, balustrades, plafonds et panoramas inoubliables. La cuisine, malheureusement, reste terne. *À la carte: 300 F env.*

♦♦ **Le St-Amarante**, 4, rue Biscornet **IX-D1 M°** Bastille ☎ 01.43.43.00.08. *Ouv. jusqu'à 22 h 30. F. sam. dim. et lun. soir.* À mi-chemin entre la gare de Lyon et l'opéra Bastille, l'une des meilleures tables du quartier pour sa cuisine **originale** et sa bonne carte des vins. *À la carte: 150 F env.*

♦♦ **Les Zygomates** ♥, 7, rue de Capri **hors plan par IX-D3 M°** Michel-Bizot ☎ 01.40.19.93.04. *Ouv. jusqu'à 22 h 30. F. sam. midi et dim.* Installé dans une **ancienne boucherie** qui a conservé ses dorures et ses marbres. Là officie l'un de ces jeunes chefs talentueux: pressé de poireaux et joue aux condiments, filets de canette au citron et carottes caramélisées. Menus époustouflants. *Menus: 75 F le midi, 130 F le soir; à la carte: 200 F env.*

♦ **L'Ébauchoir** ♥, 43, rue de Cîteaux **hors plan par IX-D2 M°** Reuilly-Diderot ☎ 01.43.42.49.31. *Ouv. jusqu'à 22 h 30. F. dim.* Dans un grand **bistrot** style années 60, plats sans chichi à des prix imbattables. Poireaux vinaigrette, bœuf miroton, saumon à l'unilatéral ou crème à la vraie vanille sont au menu. Un des repaires de la nouvelle **bohème** de la Bastille. *Menus: 66 F et 85 F le midi, boisson comprise; à la carte: 180 F env.*

## XIIIᵉ ARRDT (GOBELINS, ITALIE)

▶ *Plan IX p. 154; plan XII p. 183.*

♦♦♦ **Au Petit Marguery**, 9, bd de Port-Royal **IX-B4 M°** Gobelins ☎ 01.43.31.58.59. *Ouv. jusqu'à 22 h. F. dim. et lun.* Authentique **bistrot** parisien. Excellent foie gras, pintadeau fermier aux cèpes ou lièvre à la royale. Ambiance cordiale. *Menus: 165 F le midi, 215 F le soir; à la carte: 300 F env.*

♦♦♦ **Entoto**, 145, rue Léon-Maurice-Nordmann **IX-B4 M°** Glacière ☎ 01.45.87.08.51. *Ouv. dim. et lun. soir; uniquement le midi en semaine.* Restaurant **éthiopien** de Paris. Ses spécialités : poule berbère épicée, agneau sauté au piment vert. *Carte 250 F.*

♦♦ **Auberge Etchegorry**, 41, rue Croulebarbe **IX-B4 M°** Gobelins ☎ 01.44.08.83.51. *Ouv. jusqu'à 22 h 30. F. dim.* Une bonne **auberge basque** qui a vu défiler, au cours du siècle dernier, moult célébrités, dont Victor Hugo et Béranger... Cuisine régionale généreuse. *Menus: 140 F et 175 F; à la carte: 250 F env.*

♦♦ **La Mer de Chine** ♥, 159, rue du Château-des-Rentiers **hors plan par IX-C4 M°** Porte-d'Ivry ☎ 01.45.84.22.49. *Ouv. jusqu'à 1 h 30. F. le mar.* Une des excellentes adresses **chinoises** de la capitale. Pour savourer la cuisine la plus gastronomique de Chine, le *Teo-cheow*. À découvrir: les langues de canard pimentées, les crabes en mue à l'ail ou la carpe d'amour au gingembre. *À la carte: 180 F env.*

♦ **Tang Frères**, 44, av. d'Ivry **hors plan par IX-C4 M°** Porte-d'Ivry ☎ 01.45.86.88.79. *Ouv. t.l.j., jusqu'à 22 h 30.* Le restaurant du supermarché asiatique le plus célèbre de Paris *(voir encadré p. 251).* À première vue, l'ambiance fait penser à une cafétéria, mais il ne faut pas s'y fier. Une fois franchi le seuil, on est emporté par le tourbillon des plats venus des quatre coins de la **Chine**. Dépaysement assuré. *À la carte: 150 F env.*

♦ **Le Temps des Cerises**, 18, rue de la Butte-aux-Cailles **hors plan par IX-B4 M°** Corvisart ☎ 01.45.89.69.48. *Ouv. jusqu'à 23 h. F. sam. midi et dim.* Un restaurant géré en coopérative ouvrière et pratiquant des prix très démocratiques. L'ambiance y est décontractée et la **cuisine bourgeoise**: poulet braisé au fromage de chèvre, poires au roquefort. *Menus: 56 F le midi, 66 F et 118 F le soir; à la carte: 120 F env.*

♦ **Virgule**, 9, rue Véronèse **IX-C4 M°** Place-d'Italie ☎ 01.43.37.01.14. *Ouv. jusqu'à 22 h 30. F. dim.* Jeune chef **cambodgien** qui marie avec bonheur les traditions culinaires de son pays et les classiques de la gastronomie **française**. Un mélange étonnant et généreux. *Menu: 125 F.*

## XIVᵉ ARRDT (Cité Universitaire, Montparnasse)

➤ *Plan IX p. 154; plan XII p. 183.*

♦♦♦♦ **Le Dôme**, 108, bd du Montparnasse **XII-B2 M°** Vavin ☎ 01.43.35.25.81. *Ouv. jusqu'à 0 h 30. F. dim.* Antonin Artaud et les artistes **allemands** de l'école de Munich s'y donnaient rendez-vous dans les **années 20**. De la sole de l'île d'Yeu à la poêlée de Saint-Jacques aux endives, du carpaccio de thon au caviar d'aubergine au banc d'huîtres, tout est d'une fraîcheur irréprochable. *À la carte: 400 F env.*

♦♦♦♦ **Le Pavillon Montsouris**, 20, rue Gazan **hors plan par XII-A4 RER** Cité-Universitaire ☎ 01.45.88.38.52. *Ouv. t.l.j., jusqu'à 22 h 30.* Dans ce pavillon **Belle Époque**, délicieusement situé en bordure du parc Montsouris, la cuisine joue la sophistication avec plus ou moins de bonheur. *À la carte: 350 F env.*

♦♦♦ **La Cagouille** (G. Allemandou), 10, pl. Constantin-Brancusi **XII-A3 M°** Gaîté ☎ 01.43.22.09.01. *Ouv. t.l.j., jusqu'à 22 h 30.* Ce **bistrot** consacré aux **poissons** frais est d'une qualité irréprochable. Selon les arrivages: pétoncles blancs tièdes nature, dos de saint-pierre grillé et cerfeuil, pavé de cabillaud à la crème d'ail doux, etc. Bon choix de vins et de cognacs. *Menus: 150 F et 250 F; à la carte: 300 F env.*

♦♦♦ **La Coupole**, 102, bd du Montparnasse **XII-B2 M°** Vavin ☎ 01.43.20.14.20. *Ouv. t.l.j., jusqu'à 2 h.* Un monument des **années 20**. Chagall, Foujita, Soutine, Man Ray, André Breton, Joséphine Baker ont fréquenté cette immense salle. Cuisine de **brasserie** avec bancs d'huîtres l'hiver. Fait aussi dancing *(p. 286)*. *Menus: 89 F et 119 F le midi, 121 F le soir après 22 h; à la carte: 250 F env.*

♦♦ **L'Angelus**, 12, rue Joanès **XII-A4 M°** Plaisance ☎ 01.45.41.51.65. *Ouv. jusqu'à 22 h 30. F. dim. et lun.* Dans un décor très réussi, une cuisine qui joue le registre de la **modernité**: foie de veau citronnelle, tartare de thon, fraîche hure de saumon. Desserts déli-

*La décoration de La Coupole a été confiée à une trentaine de peintres dont Chagall et Brancusi. Au plafond, fresques d'Othon Friesz.*

cieux. *Menus: 95 F le midi, 132 F et 163 F le soir; à la carte: 180 F env.*

♦♦ **L'Apennino**, 61, rue de l'Amiral-Mouchez **hors plan par XII-A4 RER** Cité-Universitaire ☎ 01.45.89.08.15. *Ouv. jusqu'à 22 h. F. sam. midi et dim.* Une des bonnes adresses **italiennes** du quartier. Pâtes onctueuses et parfumées, tripes à l'italienne et *zampone* (pied de cochon). *À la carte: 200 F env.*

♦♦ **Le Bistrot du Dôme**, 1, rue Delambre **XII-B3 M°** Vavin ☎ 01.43.35.32.00. *Ouv. t.l.j., jusqu'à 23 h.* Le Dôme dans sa version bistrotière. Une clientèle **branchée** vient déguster une cuisine exclusivement de **poissons**, toujours de premier choix. *À la carte: 220 F env.*

♦♦ **Le Flamboyant**, 11, rue Boyer-Barret **hors plan par IX-D4 M°** Pernety ☎ 01.45.41.00.22. *Ouv. jusqu'à 22 h 45. F. dim. soir, lun. et mar. midi.* Grand choix de plats **créoles**: acras de morue, touffé de requin et matoutou de crabe. *Menus: 70 F le midi, 200 F le soir; à la carte: 200 F env.*

◆◆ **Les Petites Sorcières**, 12, rue Lian-court **XII-B4 M°** Denfert-Rochereau ☎ 01.43.21.95.68. *Ouv. jusqu'à 22 h 30. F. sam. midi, dim. et lun. midi.* **Fine** cuisine à des prix étudiés : soupe de lentilles au foie gras de canard, fricassée de rognons de veau à la moutarde de Meaux, blanquette de veau à l'ancienne, etc. *Menus : 120 F le midi, 165 F le soir; à la carte : 220 F env.*

◆◆ **La Régalade** ♥, 49, av. Jean-Moulin **hors plan par XII-B4 M°** Alésia ☎ 01.45.45.68.58. *Ouv. jusqu'à minuit. F. sam. midi, dim. et lun.* Ce **bistrot** fait courir tous les gourmets parisiens. Le chef a fait ses classes au **Crillon** et mitonne : pot-au-feu de queue de bœuf en terrine, pigeonneau rôti au lard, rognon entier à la confiture d'échalotes ou filet de bar poêlé au fenouil. *Menu : 170 F.*

◆ **Aux Petits Chandeliers**, 62, rue Daguerre **XII-B4 M°** Denfert-Rochereau ☎ 01.43.20.25.87. *Ouv. jusqu'à 23 h 30. F. dim. soir.* Cuisine corsée, pleine de saveurs dans ce restaurant **réunionnais**. Le punch de rigueur accompagne boudin créole, *rougails* (crevettes, morue, saucisses), *cari de petit-jacques* ou *massalé* de cabri. *Menus : 59 F, 78 F et 98 F le midi; à la carte : 150 F env.*

◆ **La Contre-Allée**, 83, av. Denfert-Rochereau **XII-B3 M°** Denfert-Rochereau ☎ 01.43.54.99.86. *Ouv. jusqu'à 23 h. F. sam. midi et dim.* À deux pas de la place, sous les platanes. Cette excellente **cuisine nouvelle** propose : *carpaccio* de thon à l'huile d'olive, filet de sole et son risotto aux gambas, soupe de fraises à la menthe fraîche. *Menu : 180 F.*

◆ **La Mère Agitée**, 21, rue Campagne-Première **XII-B3 M°** Raspail ☎ 01.43. 35.56.64. *Ouv. jusqu'à 23 h. F. dim.* **Cuisine du marché** et excellents petits vins de Loire à prix d'amis. *À la carte : 150 F env.*

◆ **Le Vin des Rues**, 21, rue Boulard **XII-B4 M°** Denfert-Rochereau ☎ 01.43.22.19.78. Pas de carte de paiement. *Ouv. jusqu'à 20 h. F. dim. et lun. Dîner mer. et ven. seulement. Jusqu'à 22 h.* Le **bistrot** parisien par excellence qui sert une cuisine **lyonnaise** et surtout de superbes vins. *Menus : 90 F le midi; à la carte : 160 F env.*

### XVe ARRDT (LA MOTTE-PIQUET, PORTE DE VERSAILLES)

➤ *Plan VIII p. 142.*

◆◆◆ **Chen**, 15, rue du Théâtre **VIII-D4 M°** Émile-Zola ☎ 01.45.79.34.34. *Ouv. jusqu'à minuit. F. dim.* Ce n'est sans doute pas le **chinois** le moins cher de Paris, mais c'est l'un des meilleurs. Le canard laqué est divin et le reste est à l'avenant : cuisses de grenouilles du Se Tchouan, fleurs de courgettes aux gambas et tourteau, figues rôties à la confiture de mangues. *Menu : 250 F ; à la carte : 400 F env.*

◆◆◆ **Bermuda Onion**, 16, rue Linois **VIII-C4 M°** Charles-Michels ☎ 01.45. 75.11.11. *Dîner seulement. Ouv. jusqu'à 1 h. F. dim. soir.* Haut lieu de la restauration **branchée** et rendez-vous des personnalités du *show-biz.* Le décor s'inspire des lofts de N.Y. ou de L.A. Cuisine soignée et inventive. *À la carte : 300 F env.*

◆◆◆ **La Dînée**, 85, rue Leblanc **hors plan par VIII-B4 M°** Balard ☎ 01.45.54.20.49. *Ouv. jusqu'à 22 h 30. F. sam. midi et dim.* Le chef est un jeune **prodige**. Foie gras de canard fumé et poêlé aux lentilles, saumon rôti et pommes de terre écrasées à la crème de caviar, croustillant au citron vert, etc. *Menus : 290 F, 310 F et 450 F; à la carte : 350 F env.*

◆◆◆ **La Petite Bretonnière**, 2, rue de Cadix **hors plan par VIII-C4 M°** Porte-de-Versailles ☎ 01.48.28.34.39. *F. sam. midi et dim.* À deux pas de la porte. La cuisine est plutôt tournée vers les **poissons** : rosace de perche de mer, crème de langoustines. *Menus : 150 F et 220 F; à la carte : 250 F env.*

◆◆◆ **Pierre Vedel**, 19, rue Duranton **hors plan par VIII-C4 M°** Boucicaut ☎ 01.45.58.43.17. *Ouv. jusqu'à 22 h 15. F. sam. et dim.* Cuisine de bistrot où se mêlent les plats du marché et les senteurs de la **Méditerranée**. *À la carte : 300 F env.*

♦♦ **Casa Alcade**, 117, bd de Grenelle **VIII-D3 M°** La Motte-Picquet-Grenelle ☎ 01.47.83.39.71. *Ouv. t.l.j., jusqu'à 22 h 30.* Une *bodega* où les *tapas, tortillas,* gambas *à la plancha* et les spécialités du pays **basque espagnol** sont au rendez-vous. Ambiance assurée ! *Menus: 150 F; à la carte: 220 F env.*

♦♦ **Woory**, 5, rue Humblot **VIII-D3 M°** Dupleix ☎ 01.45.77.37.11. *Ouv. jusqu'à 22 h 30. F. dim.* Une des meilleures tables **coréennes** appréciée des Coréens eux-mêmes. Vous savourerez les rouleaux de canard au chou, la raie crue à la sauce piquante ou la friture d'alevins. *À la carte: 180 F env.*

♦ **Le Bistrot d'André**, 232, rue St-Charles **VIII-C4 M°** Balard ☎ 01.45.57.89.14. *Ouv. t.l.j., jusqu'à 22 h 30.* À deux pas du parc Citroën, un petit **bistrot** qui sert une cuisine familiale. *Menus: 59 F le midi; à la carte: 120 F env.*

♦ **Les Coteaux**, 26, bd Garibaldi **hors plan par XIII-B3 M°** Cambronne ☎ 01.47.34.83.48. *Ouv. jusqu'à 21 h 30. F. sam. dim. et lun. soir.* Excellent bistrot à vin et cuisine **lyonnaise**: fromage de tête, morue à la rhodanienne, oreille de cochon grillée. *Menus: 90 F le midi, 130 F le soir; à la carte: 180 F env.*

### XVIᵉ ARRDT (AUTEUIL, BOIS DE BOULOGNE, TROCADÉRO)

➤ *Plan VII p. 132; plan VIII p. 142.*

♦♦♦♦♦ **Le Pré-Catelan**, route de Suresnes, bois de Boulogne **hors plan par VIII-A1 M°** Porte-Dauphine ☎ 01.44.14.41.44. *Ouv. jusqu'à 22 h. F. dim. soir et lun.* Salle à manger ornée de hauts-reliefs de **Caran d'Ache**. La cuisine est à la hauteur du lieu: tarte aux maquereaux, langoustines à la pomme de terre écrasée et un menu entièrement consacré aux légumes. *Menu: 295 F (midi seulement).*

♦♦♦♦ **La Grande Cascade**, allée de Longchamp, bois de Boulogne **hors plan par VIII-A1 M°** Porte-d'Auteuil ☎ 01.45.27.33.51. *Ouv. t.l.j., jusqu'à 22 h 30.* Un ancien **pavillon de chasse** Napoléon III perdu au cœur du bois.

Un cadre unique à Paris pour goûter une cuisine raffinée. *Menu: 295 F; à la carte: 600 F env.*

♦♦♦ **Conti**, 72, rue Lauriston **VII-A2 M°** Boissière ☎ 01.47.27.74.67. *F. sam. et dim.* L'une des meilleures tables **italiennes**: soupe froide d'aubergine, agneau de lait sauté aux poivrades et romarin, lasagne de homard, et, bien sûr, des pâtes, sous toutes leurs formes (au foie gras, aux herbes et à la ricotta, etc.). Desserts inoubliables: poêlée de panettone à la rhubarbe, *dolce mascarpone* aux fraises des bois. Superbe carte des vins. *Menu: 198 F; à la carte: 380 F env.*

♦♦♦ **Le Cuisinier François**, 19, rue Le Marois **hors plan par VIII-B4 M°** Porte-de-St-Cloud ☎ 01.45.27.83.74. *Ouv. jusqu'à 22 h 30. F. dim. soir, lun. et mer. soir.* Une carte **originale**: salade tiède de petits gris au cerfeuil, sole rôtie au jus de viande. *Menus: 160 F; à la carte: 300 F env.*

♦♦♦ **Fakhr El Dine**, 30, rue de Longchamp **VIII-D1 M°** Iéna ☎ 01.47.27.90.00. *Ouv. t.l.j., jusqu'à 23 h 30.* Cuisine **libanaise**. Le petit comme le grand *mezze,* avec le taboulé, l'*hoummos,* les boulettes et le *kefté* (viande de bœuf hachée avec oignon et persil) sont délicieux tout comme les *chawarma*s (agneau ou bœuf mariné à la broche) et les grillades de poulet ou d'agneau. *Menus: 150 F et 168 F; à la carte: 270 F env.*

♦♦♦ **Le Kambodgia**, 15, rue de Bassano **VII-B1 M°** George-V ☎ 01.47.23.31.80. *Ouv. jusqu'à 23 h. F. sam. midi et dim.* Restaurant **cambodgien**, situé près des Champs-Élysées. Une cuisine raffinée: raviolis de poulet laotien, pot-au-feu de la mer, poisson au gingembre sur feuilles de banane ou soupe glacée de mangue, au lait de coco. *Menus: 98 F et 138 F le midi; à la carte: 250 F env.*

♦♦♦ **Oum El Banine**, 16 bis, rue Dufrenoy **VIII-B1 M°** Rue-de-la-Pompe ☎ 01.45.04.91.22. *Ouv. jusqu'à 23 h. F. sam. et dim.* Les plats **marocains** ont ici un parfum d'authenticité: *tajines* et couscous variés, mais aussi tripes aux épices ou cervelles à la *charmoula*. *À la carte: 300 F env.*

♦♦ **Le Bistrot de l'Étoile**, 19, rue Lauriston **VII-A2 M°** Charles-de-Gaulle-Étoile ☎ 01.40.67.11.16. *Ouv. jusqu'à minuit. F. sam. midi et dim.* Un des fleurons de l'empire Guy Savoy. Bonne **cuisine du marché**: rougets grondins sur la peau et riz sauvage, coquelet rôti au four, poire pochée, etc. Petits vins à prix doux. *À la carte: 220 F env.*

♦♦ **La Butte Chaillot**, 110 bis, av. Kléber **VIII-C1 M°** Trocadéro ☎ 01.47.27.88.88. *Ouv. t.l.j., jusqu'à minuit.* Autre réussite de l'équipe de Guy Savoy. Le restaurant occupe une ancienne banque au décor original. Tables en **terrasse** l'été. Cuisine du **terroir**: salade d'escargots, selle d'agneau farci au crottin de Chavignol. *Menus: 150 F et 210 F; à la carte: 250 F env.*

♦♦ **Le Petit Rétro**, 5, rue Mesnil **hors plan par VII-A1 M°** Victor-Hugo ☎ 01.44.05.06.05. *Ouv. jusqu'à 23 h. F. dim. et lun. midi.* Non loin de la place, dans un décor de **céramique 1900**. Bonne cuisine de ménage: foie de veau au vinaigre balsamique, andouillette croustillante à la moutarde. *À la carte: 250 F env.*

♦♦ **Zebra square**, 3, pl. Clément-Ader **VIII-B3 M°** Passy ☎ 01.44.14.91.91. *Ouv. t.l.j., jusqu'à minuit.* **Brasserie mode** au décor très réussi. Quelques inventions sont plutôt audacieuses: tendron de veau braisé aux croquettes de polenta, gâteau frais de tourteau et de haricots verts. *À la carte: 250 F env.*

♦ **Casa Tina**, 18, rue Lauriston **VII-A2 M°** Charles-de-Gaulle-Étoile ☎ 01.40.67.19.24. *Ouv. t.l.j., jusqu'à minuit.* Jambon *serrano, parillada, tortilla, paella* et poissons grillés *à la plancha* sont à l'affiche de ce sympathique **bar à** *tapas*. Bons vins espagnols. *Menu: 98 F; à la carte: 90 F env.*

### XVIIe ARRDT (TERNES, ROME, ÉTOILE)

➤ *Plan VI p. 121; plan VII p. 132.*

♦♦♦♦ **Amphyclès**, 78, av. des Ternes **hors plan par VII-A1 M°** Ternes ☎ 01.40.68.01.01. *Ouv. jusqu'à 22 h 30.*

*F. sam. midi et dim.* Le **chef** est un des brillants disciples de Robuchon. Cuisine de **haute volée**: araignée de mer en carapace, foie gras de canard demi-sel à la vapeur, rouget grillé à la brandade de poivrons. L'une des meilleures tables de Paris. *Menus: 260 F le midi; 580 F le soir; à la carte: 600 F env.*

♦♦♦♦♦ **Guy Savoy**, 18, rue Troyon **hors plan par VII-A1 M°** Charles-de-Gaulle-Étoile ☎ 01.43.80.40.61. *Ouv. jusqu'à 22 h 30. F. sam. midi et dim.* Un des **grands** restaurants de la capitale. Le grand maître sait associer les saveurs: foie gras de canard au sel gris, bar en écailles grillées aux épices douces, pigeon grillé aux lentilles, sans oublier les sublimes desserts tels que le «craquant moelleux» vanille et pomme… *Menus: 150 F et 168 F; à la carte: 270 F env.*

♦♦♦♦ **Le Petit Colombier** ♥, 42, rue des Acacias **hors plan par VII-A1 M°** Argentine ☎ 01.43.80.28.54. *Ouv. jusqu'à 22 h 30. F. sam. et dim. midi.* Auberge à l'ancienne avec ses cuivres bien astiqués pour une **cuisine du marché**: champignons et gibiers à l'automne, truffes en hiver, primeurs au printemps ou poissons et crustacés l'été. Et toute l'année, des viandes cuites dans la magnifique **rôtissoire**. Très belle carte des vins. *Menus: 200 F le midi, 360 F le soir; à la carte: 400 F env.*

♦♦♦ **Graindorge**, 15, rue de l'Arc-de-Triomphe **hors plan par VII-A1 M°** Charles-de-Gaulle-Étoile ☎ 01.47.54.00.28. *Ouv. jusqu'à 23 h. F. dim.* Un restaurant **belge** où la bière (vous trouverez ici des crus étonnants) entre dans de nombreuses préparations: suprême de poularde aux légumes façon *waterzoï*, pigeonneau à l'amer-bière ou sabayon froid de fraises à la lambic framboisée… Et aussi la paupiette de plie safranée ou la *bintje* farcie de morue en brandade. *Menus: 138 F, 168 F et 230 F le midi; 188 F et 230 F le soir; à la carte: 300 F env.*

♦♦♦ **Taïra**, 10, rue des Acacias **hors plan par VII-A1 M°** Argentine ☎ 01.47.66.74.14. *Ouv. jusqu'à 22 h. F. sam. midi et dim.* Étonnante **cuisine de la mer** élaborée par un cuisinier d'origine **japonaise** qui a fait ses classes chez les plus **grands chefs** parisiens. Brochettes de langoustines aux herbes de Chine ou le saumon façon *Tataki* à la vinaigrette piquante. *À la carte: 250 F env.*

♦♦ **Le Beudant**, 97, rue des Dames **hors plan par VII-D1 M°** Rome ☎ 01.43.87.11.20. *Ouv. jusqu'à 22 h 30. F. sam. midi et dim.* Excellente **cuisine régionale**: salade de moules, coquilles Saint-Jacques crues à l'huile de truffes, dorade grise au gros sel de Guérande, rognon de veau poêlé entier à la moutarde de Meaux. *Menu: 155 F; à la carte: 220 F env.*

♦♦ **Le Bistrot d'à côté**, 10, rue Gustave-Flaubert **hors plan par VII-D1 M°** Courcelles ☎ 01.42.67.05.81. *Ouv. t.l.j., jusqu'à 23 h 30.* Dans ce cadre soigné, vous trouverez une formule **bistrot** et une cuisine sérieuse d'inspiration **lyonnaise**. *À la carte: 300 F env.* **Autre adresse:** XVIIᵉ arrdt, 16, av. de Villiers ☎ 01.47.63.25.61.

♦♦ **La Gazelle**, 9, rue Rennequin **hors plan par VII-B1 M°** Ternes ☎ 01.42. 67.64.18. *Ouv. jusqu'à 23 h. F. dim.* Pour les amateurs d'exotisme, une cuisine **camerounaise** de première qualité est concoctée avec des produits frais; porc-épic boucané sauce aux gombos, queue de crocodile à la sauce noire, *N'dole* aux crevettes (épinards servis hachés avec des viandes). *Menus: 130 F et 150 F; à la carte: 200 F env.*

♦♦ **L'Hébertard**, 1, rue de Chéroy **hors plan par VII-D1 M°** Rome ☎ 01.42. 94.80.42. *Ouv. jusqu'à 23 h. F. sam. midi et dim.* **Cuisine du marché** savoureuse. Ravioles de Royan, *pastilla* de volaille aux épices ou sandre aux lentilles. *Menus: 78 F et 100 F le midi, 150 F le soir; à la carte: 200 F env.*

♦♦ **La Tête de Goinfre**, 16, rue Jacquemont **hors plan par VI-A1 M°** La Fourche ☎ 01.42.29.89.80. *Ouv. jusqu'à 23 h. F. dim.* À deux pas de la place, on se régale ici de **cochonnailles** et de plats bien mitonnés, sur des tables recouvertes de nappes à carreaux rouges et blancs. *À la carte: 150 F env.*

♦ **Shah Jahan**, 4, rue Gauthey **hors plan par VI-A1 M°** Brochant ☎ 01.42. 63.44.06. *Ouv. t.l.j., jusqu'à 23 h 30.* Ce restaurant **pakistanais** est l'un des meilleurs de La Fourche. Traditionnels *nans* (pains au fromage), curry et riz basmati. *À la carte: 150 F env.*

## XVIIIᵉ ARRDT (MONTMARTRE, PIGALLE)

➤ *Plan VI p. 121.*

♦♦ **Marie-Louise**, 52, rue Championnet **hors plan par VI-A1 M°** Simplon ☎ 01.46.06.86.55. *Ouv. jusqu'à 22 h. F. dim. et lun.* Une cuisine **classique** et généreuse est servie dans une salle à manger «vieille France»: saucisson chaud, rognon de veau au madère, bœuf ficelle sans oublier la crème caramel. *À la carte: 160 F env.*

♦♦ **Le Moulin à Vins**, 6, rue Burq **VI-A1 M°** Abbesses ☎ 01.42.52.81.27. *Ouv. jusqu'à 15 h et jusqu'à 2 h le mar. ven. et sam. F. dim. et lun.* Un charmant **bistrot** tenu par une femme. Plats simples préparés avec beaucoup de talent: salade de queue de bœuf, rognons à la normande. Belle cave de vins de la Loire. *À la carte: 180 F env.*

♦♦ **Per Bacco**, 10, rue Lambert **hors plan par VI-B1 M°** Château-Rouge ☎ 01.42.52.22.40. *Ouv. jusqu'à 22 h 30. F. dim.* Une authentique *trattoria* dédiée à la cuisine du **sud de l'Italie**. *Risotto* aux poivrons doux, lasagnes vertes fraîches aux aubergines. *À la carte: 200 F env.*

♦♦ **Le Petit Robert**, 10, rue Cauchois **VI-A2 M°** Blanche ☎ 01.46.06.04.46. *Ouv. jusqu'à 23 h 30. Le soir seulement. F. dim. et lun.* Tout près de la place, l'une des meilleures tables du quartier. **Cuisine du marché** et ambiance *gay*. Soupe à l'oseille, chou farci ou poulet rôti à la citronnelle. *À la carte: 200 F env.*

♦ **Aux Négociants**, 27, rue Lambert **hors plan par VI-B1 M°** Château-

Rouge ☎ 01.46.06.15.11. *N'accepte pas les cartes de paiement. Ouv. jusqu'à 22h30. F. ven. soir, sam., dim. et lun. soir.* Un **bistrot** bon enfant au nord de la butte, loin des hordes de touristes. Bons beaujolais et bourgueil, plats du jour à prix doux. Clientèle de quartier et quelques intellos. *À la carte: 160 F env.*

♦ **Fouta Toro**, 3, rue du Nord **hors plan par VI-B1 M°** Marcadet-Poissonniers ☎ 01.42.55.42.73. *Ouv. jusqu'à 22h30. F. mar.* Un des plus anciens et des plus typiques restaurants **africains** de Paris situé au fond d'une ruelle. Dans une minuscule salle, on goûtera au *maffé* et aux autres spécialités sénégalaises. Accueil chaleureux. *À la carte: 150 F env.*

♦ **Le Palais du Kashmir**, 77, rue du Poteau **hors plan par VI-B1 M°** Jules-Joffrin ☎ 01.42.59.40.86. *Ouv. jusqu'à 23h30. F. dim.* Un excellent restaurant **indo-pakistanais**. Toute la panoplie des currys, des *kebabs* et des *tandooris* est au menu. *À la carte: 170 F env.*

## Où dîner après minuit ?

Chez Denise, Iᵉʳ arrdt, *p. 254.*

Au pied de Cochon, Iᵉʳ arrdt, *p. 254.*

Le Villaret, XIᵉ arrdt, *p. 267.*

Café de l'Industrie, XIᵉ arrdt, *p. 267.*

La Mer de Chine, XIIIᵉ arrdt, *p. 268.*

La Coupole, XIVᵉ arrdt, *p. 269.*

Le Moulin à Vins, XVIIIᵉ arrdt, *p. 273.*

Café de la Musique, XIXᵉ arrdt, *p. 274.*

Restaurante Ribatejo, XXᵉ arrdt, *p. 275.*

## XIXᵉ ARRDT (BUTTES-CHAUMONT, LA VILLETTE)

▶ *Hors plan.*

♦♦♦♦ **Le Pavillon Puebla**, parc des Buttes-Chaumont **M°** Buttes-Chaumont ☎ 01.42.08.92.62. *Ouv. jusqu'à 22h30. F. dim. et lun.* En plein cœur du parc, une cuisine qui marie traditions **catalane** et **française**. *Menus: 180 F et 240 F; à la carte: 400 F env.*

♦♦♦ **La Pièce de Bœuf**, 7, av. Corentin-Carriou **M°** Porte-de-la-Villette ☎ 01.40.05.95.95. *Ouv. jusqu'à 22h30. F. sam. et dim.* Face à la Cité des Sciences, ce **bistrot** perpétue la tradition **bouchère** avec les onglets à l'échalote, les chateaubriands maître d'hôtel, les filets mignons, et autres côtes de bœuf. *À la carte: 280 F env.*

♦♦♦ **La Verrière d'Éric Fréchon**, 10, rue du Général-Brunet **M°** Botzaris ☎ 01.40.40.03.30. *Ouv. jusqu'à 23 h. F. dim. et lun.* Le cuisinier a fait ses classes au **Crillon**. Rémoulade de lisettes, filets de bar rôtis au fenouil sec, polenta au basilic, poitrine de porc laquée aux épices ou choucroute de navets au genièvre. *Menu: 190 F; à la carte: 250 F env.*

♦♦ **Ay ! Caramba !**, 59, rue de Mouzaïa **M°** Danube ☎ 01.42.41.23.80. *Ouv. jusqu'à 23h30. F. midi du lun. au jeu.* Guitare et *mariachis*, *tequila* et bonne **cuisine tex-mex**, à deux pas de la place des Fêtes. *Menus: 150 F et 220 F; à la carte: 180 F env.*

♦♦ **Café de la Musique**, pl. de la Fontaine-aux-Lions, 213, av. Jean-Jaurès **M°** Porte-de-Pantin ☎ 01.48.03.15.91. *Ouv. t.l.j., jusqu'à 2 h.* Une des réussites des frères **Costes**. Dans l'enceinte même de la Cité de la Musique, ce bar-restaurant très *design* propose une cuisine à mi-chemin entre modernité et tradition : brick de chèvre chaud, bœuf bourguignon, os à moelle et toasts. *À partir de 120 F.* **Soirées à thèmes** pour les fondus de culture hip-hop, de l'acid jazz au hard-core. *Le dim., brunch pour 100 F.*

♦♦ **Chez Vincent**, 5, rue du Tunnel **M°** Buttes-Chaumont ☎ 01.42.02.22.45.

*Ouv. jusqu'à 22 h 30. F. sam. midi et dim.* Au-dessus des Buttes-Chaumont, on trouve un bon restaurant **italien**. Plats de pâtes délicieux, *carpaccio* de bœuf ou de poisson (coquilles Saint-Jacques) et *tiramisu*. *Menus: 130 F le midi, 200 F le soir; à la carte: 280 F env.*

♦ **Le Rendez-vous des Quais**, 10, quai de la Seine **M°** Stalingrad ☎ 01.40.37.02.81. *Ouv. t.l.j., jusqu'à 0 h 30.* Sur les quais rénovés du bassin de la Villette, un nouveau lieu à la **mode**. On y sert des plats soignés. Bons petits vins de propriété. *Formule à 78 F; à la carte: 120 F env.*

### XXᵉ ARRDT
### (BELLEVILLE, PÈRE-LACHAISE)

➤ *Hors plan.*

♦♦♦ **Les Allobroges**, 71, rue des Grands-Champs **M°** Maraîchers ☎ 01.43.73.40.00. *Ouv. jusqu'à 22 h. F. dim. et lun.* Une grande table au **décor raffiné** et à la cuisine **inventive**: fricassée de homard et de lotte, joue de bœuf en ravigote ou tournedos de thon au lard. *Menus: 95 F et 164 F; à la carte: 250 F env.*

♦♦ **Le Zéphyr**, 1, rue du Jourdain **M°** Jourdain ☎ 01.46 36 65 81. *Ouv. jusqu'à 23 h. F. sam. midi et dim.* Belle **salle 1930**, avec ses banquettes et ses colonnes. Plats simples et solides: tartares de saumon, poêlées de pintadeau au foie gras et autres gâteaux de riz aux poires arrosés de petits vins de la Loire. *À la carte: 220 F env.*

♦ **Le Baratin**, 3, rue Jouye-Rouve **M°** Pyrénées ☎ 01.43.49.39.70. *Ouv. jusqu'à minuit. F. dim. et lun.* Sympathique **bar à vin** avec son vieux zinc où se retrouvent gens du quartier et artistes. Bons crus de Loire, côtes-du-rhône, madiran et plats fins. La carte change tous les jours. *Menu: 69 F le midi; à la carte: 150 F env.*

♦ **Le Bistrot d'Asie**, 16, rue de Belleville **M°** Belleville ☎ 01.46.36.23.97. *Ouv. t.l.j., 11 h-15 h et 18 h-23 h.* Le meilleur **thaïlandais** du quartier. Vous y dégusterez des *laps* (viandes pilées aux épices), du canard laqué au lait de coco, de la soupe aux crevettes et à la citronnelle et surtout le crabe thaïlandais, la grande spécialité. *À la carte: 80 F à 130 F.*

♦ **Restaurante Ribatejo**, 6, rue Planchat **M°** Avron ☎ 01.43.70.41.03. *Ouv. jusqu'à 5 h du matin ! F. dim. et lun.* Un lieu hors du commun pour ce restaurant de quartier classique le midi et **restaurant-dancing portugais** la nuit ! Pour déguster à 2 h du matin, un plat de morue *a braz*, du porc aux coquillages ou de l'espadon, arrosé de *vinho verde*. *Menus: 65 F et 85 F le midi; à la carte: 160 F env.*

♦ **Le Saint Amour**, 2, av. Gambetta **M°** Père-Lachaise ☎ 01.47.97.20.15. *Ouv. t.l.j., jusqu'à 22 h 30.* Un **bistrot** idéal pour se restaurer après une longue promenade au Père-Lachaise. Assiette de cochonnailles, plat du jour ou pavé de charolais. Bons beaujolais. *Menus: 60 F, 75 F et 130 F; à la carte: 160 F env.*

## ■ Bars, pubs et guinguettes

### Iᵉʳ ARRDT (CHÂTELET, CONCORDE)

➤ *Plan III p. 91; plan XI p. 154.*

**Banana café**, 13, rue de la Ferronnerie **III-A2 M°** Châtelet ☎ 01.42.33.35.31. *Ouv. t.l.j., à partir de 16 h 30.* Ambiance *gay* dans ce piano-bar fréquenté par le **show-biz**. Soirées à thèmes les *jeu.*, *ven.* et *sam.*

**Café Véry**, jardin des Tuileries, entrée pl. de la Concorde **XI-B1 M°** Concorde. ☎ 01.47.03.94.84. *Ouv. t.l.j., 12 h-minuit.* Verre de muscat *(28 F)* ou d'arbois *(24 F)* à l'ombre des marronniers centenaires du **jardin des Tuileries**.

### IIᵉ ARRDT (ÉTIENNE-MARCEL, OPÉRA)

➤ *Plan III p. 91; plan IV p. 105.*

**The Frog & Rosbif**, 116, rue St-Denis **III-B1 M°** Étienne-Marcel ou Les Halles ☎ 01.42.36.34.73. *Ouv. t.l.j., 12 h-2 h.* **Pub anglais** où certaines bières sont brassées «maison». *22 F le demi.* Soirées foot et rugby sur écran lors des grands matchs.

**Harry's New York Bar**, 5, rue Daunou **IV-A1 M°** Opéra ☎ 01.42.61.71.14. *Ouv. t.l.j., 10 h 30-4 h.* Créé en 1911, ce **bar américain**, au décor acajou patiné par les ans, est une institution. Spécialiste des cocktails, la maison s'enorgueillit de célèbres créations comme le *Bloody Mary* et le *Blue Lagoon*... L'ambiance tourne au délire les soirs de «troisième mi-temps» de rugby.

**Kitty O'Shea's**, 10, rue des Capucines **IV-A1 M°** Opéra ☎ 01.40.15.00.30. *Ouv. t.l.j., 12 h-2 h.* Parfaite reconstitution d'un **bar irlandais**: papier peint gaufré, parquet, stalles en bois... tout vient d'Irlande, comme la *Guinness* et la *Kilkenny* à la pression.

### IIIᵉ ARRDT (FILLES DU CALVAIRE)

➤ *Plan V p. 112.*

**Web bar**, 32, rue de Picardie **V-D2 M°** Filles du Calvaire ☎ 01.42.72.66.55. *Ouv. t.l.j., 11 h 30-2 h.* Un **cybercafé** installé dans un ancien atelier d'orfèvrerie. On peut se brancher sur le Net *(pour 30 F)* tout en sirotant un verre de vin ou un café. **Expositions** de peinture et projections de **courts-métrages** *(deux mer. par mois)* ; contes *(le dim. apr.-m.)*. Petite restauration et *brunch* dominical *(100 F)*.

### IVᵉ ARRDT (BEAUBOURG)

➤ *Plan V p. 112.*

**Café Beaubourg**, 100, rue St-Martin **V-C2 M°** Rambuteau ☎ 01.48.87.63.96. *Ouv. t.l.j., jusqu'à 1 h (ven. et sam. jusqu'à 2h).* À côté du centre Georges-Pompidou, ce superbe espace signé **Christian de Porzamparc** est un lieu très «in». Un choix d'ouvrages et de quotidiens vous attend sur les étagères. Propose également un **restaurant**.

### Vᵉ ARRDT (QUARTIER LATIN)

➤ *Plan IX p. 154.*

**Café de la Nouvelle Mairie**, 19-21, rue des Fossés-St-Jacques **IX-A2 RER** Luxembourg ☎ 01.44.07.04.41. *Ouv. lun.-ven. 9 h-20 h.; mar. jeu. 9 h-22 h.* Sur une petite place de la montagne Ste-Geneviève. Savoureux **plats** du jour et bons crus au verre.

**Le Piano Vache**, 8, rue Laplace **IX-B2 M°** Cardinal-Lemoine ☎ 01.46.33.75.03. *Ouv. t.l.j., jusqu'à 2 h.* Rendez-vous de la jeunesse estudiantine dans ce **bar rock**, très animé. **Soirées à thèmes**: «gothique» *le mer.*; «pop britannique» *le ven.*

### VIᵉ ARRDT (St-Germain-des-Prés, Montparnasse)

➤ *Plan X p. 169.*

**Aux Deux Magots**, 170, bd St-Germain **X-A2 M°** St-Germain-des-Prés ☎ 01.45.48.55.25. *Ouv. t.l.j. 7 h 30-1 h 30.* Comme son voisin, le *Flore*, les *Deux Magots* reste l'un des Q.-G. mythique du St-Germain **intello**. André Breton et ses amis surréalistes y avaient leurs habitudes. En entrant, une plaque de cuivre indique la place où Simone de Beauvoir s'installait pour écrire.

*Haut lieu de l'intelligentsia, le café Aux Deux Magots délivre un prix littéraire chaque année.*

**Café de Flore**, 172, bd St-Germain **X-A2 M°** St-Germain-des-Prés ☎ 01.45.48.55.26. *Ouv. t.l.j., 7 h-1 h 30.* Ce café historique qui a vu défiler tant d'artistes et d'hommes politiques est toujours l'un des hauts lieux de l'**intelligentsia** parisienne. Le Iᵉʳ étage surtout est le fief des habitués, parmi lesquels BHL et Arielle Dombasle qui viennent ici en voisins.

**La Palette**, 43, rue de Seine **X-A2 M°** Odéon ☎ 01.43.26.68.15. *Ouv. 8 h-2 h. F. dim.* Un café début de siècle qui a conservé les apparences de la **bohème artiste**. Vous y rencontrerez aujourd'hui plus de touristes que de peintres authentiques. Tartines de pain poilâne, petits vins de propriétés.

**Pub St-Germain**, 17, rue de l'Ancienne-Comédie **X-B2 M°** Odéon ☎ 01.43.29.38.70. *Ouv. t.l.j., 24 h/24.* Décor classique de **pub anglais**. Record des bières à la pression mais souvent beaucoup de monde. Une bonne adresse pour se restaurer (steak tartare, salades, etc.) après une nuit agitée.

**Le Select**, 99, bd du Montparnasse **X-A4 M°** Vavin, ☎ 01.42.22.65.27. *Ouv. t.l.j., 7 h-3 h; jusqu'à 4 h le sam.* Repaire de la bohème artiste du Montparnasse des années 20, ce **bar américain** a conservé intact son **décor rétro**.

### VIIᵉ ARRDT (QUAI BRANLY)

▶ *Plan VIII p. 142.*

**La Guinguette Maxim's**, port de Suffren **VIII-D2-3 RER** Champ-de-Mars ☎ 01.44.18.85.05 et 01.45.55.45.57. *Ouv. t.l.j. à partir de 9 h.* Au pied de la tour Eiffel, **Pierre Cardin** renoue avec la tradition populaire; entre terrasse et ponton, le soir venu, un jeune accordéoniste donne le ton de la fête. Il existe aussi une version luxe, le *Maxim's-sur-Seine (p. 263).*

### VIIIᵉ ARRDT (CHAMPS-ÉLYSÉES, ST-PHILIPPE-DU-ROULE)

▶ *Plan VII p. 132.*

**Le Barfly**, 49-51, av. George-V **VII-B2 M°** George-V ☎ 01.53.67.84.60. *Ouv. 12 h-15 h et 19 h-2 h.; dim. 12 h 30-16 h. F. le sam. midi.* Cet établissement branché se donne des airs de **bar new-yorkais**. On vient ici pour voir et être vu. Nourritures japonisantes correctes.

**Le Bouddha Bar**, 8, rue Boissy-d'Anglas **VII-D2 M°** Concorde ☎ 01.53.05.90.00. *Ouv. t.l.j., 18 h-2 h du mat.* Le dernier repaire du Tout-Paris. Ambiance *New Age* avec bouddha géant et volutes d'encens. Vous y croiserez peut-être Naomi Campbell ou Isabelle Adjani. Bar mezzanine conçu comme des petites loges de théâtre. Plats vaguement asiatiques et chèrement facturées *(300 F env.).*

**Chesterfield Café**, 124, rue La Boétie **VII-C1 M°** St-Philippe-du-Roule

☎ 01.42.25.18.06. *Ouv. t.l.j. jusqu'à 5 h du matin.* Ambiance western dans ce bar-restaurant **tex-mex**, à deux pas des Champs-Élysées. Seuls les groupes américains ont d'ailleurs droit de cité sur l'estrade où se déroulent tous les jours *(sf sam. et dim.)* des **concerts** de rock and blues de qualité.

**Fouquet's**, 99, av. des Champs-Élysées **VII-B1 M°** George-V ☎ 01.47.23.70.60. *Ouv. t.l.j., jusqu'à 2 h.* «La» **terrasse** des Champs-Élysées, mais aussi un bar très *cosy*, avec décor en acajou et moelleux fauteuils de cuir.

### IXᵉ ARRDT (GRANDS BOULEVARDS, BLANCHE)

▶ *Plan V p. 112; plan VI p. 121.*

**Café de la Paix**, 12, bd des Capucines **V-A1 M°** Opéra ☎ 01.40.07.30.20. *Ouv. t.l.j., jusqu'à 1 h 30.* Une institution du XIXᵉ s. avec son décor intérieur, dessiné par **Charles Garnier**, et sa vaste terrasse sur le boulevard des Capucines.

**Le Dépanneur**, 27, rue Fontaine **VI-A2 M°** Blanche ☎ 01.40.16.40.20. *Ouv. t.l.j., 24 h/24.* On peut y boire et y manger à n'importe quelle heure du jour et de la nuit. Miss Tequila circule en permanence entre les tables pour vous proposer la boisson du même nom… **Soirées D.J.** très animées le w.-e.

**Le Général Lafayette** ♥, 52, rue Lafayette **VI-B3 M°** Cadet ☎ 01.47.70.59.08. *Ouv. t.l.j., jusqu'à 4 h du matin.* Un sympathique **bar à bières** au **décor 1900** offrant vins servis au verre et cuisine mi-snack, mi-brasserie (croque-madame, steak tartare, omelette au lard…) à une clientèle plutôt **branchée**.

**Pandora Station**, 24 rue Fontaine **VI-A2 M°** Blanche ☎ 01.45.32.62.41. *Ouv. mar.-dim. 24 h/24 sauf mar. et mer. (f. entre 2 h et 4 h).* Ambiance **baroudeur** et décor façon *Indiana Jones.* Les danseurs du Lido et les théâtreux du quartier s'y donnent rendez-vous après le spectacle. On y sirote des cocktails *(60 F)* sur une musique *salsa*.

## Xᵉ ARRDT (LOUIS-BLANC, GONCOURT)

▶ *Plan V p. 112.*

**L'Opus Café**, 167, quai de Valmy **V-D2 M°** Louis-Blanc ☎ 01.40.34. 70.00. *Ouv. de 19h30 à 2h (5h le w.-e.).* Ancien mess d'officiers britanniques où l'on vient pour déjeuner, boire et danser mode. Des **soirées à thèmes** (*soul, groove, gospel* notamment) sont organisées.

**La Soupière**, 12, rue Marie-et-Louise **hors plan par V-D2 M°** Goncourt ☎ 01.42.08.10.41. *Tous les soirs de 19h à 21h30.* **Guinguette** ou l'on vient pour «l'apéro» et pour l'ambiance.

## XIᵉ ARRDT (BASTILLE, RÉPUBLIQUE)

▶ *Plan V p. 112; plan IX p. 154.*

**Café-Charbons**, 109, rue Oberkampf **hors plan par V-D2 M°** Parmentier ☎ 01.43.57.55.13. *Ouv. t.l.j., 9h-2h. Brunch sam. et dim. 12h-17h.* Cet ancien relais charbon n'a rien perdu de son charme **rétro** : comptoir d'origine, **fresques** curieuses, tables de toutes tailles. Le samedi soir, les box sont pris d'assaut par une clientèle plutôt jeune et **branchée**. Quelques plats du jour servis jusqu'à 17h, mais le must reste le *brunch* du w.-e., à condition de trouver une place.

**Le Réservoir**, 16 rue de la Forge-Royale **hors plan par IX-D2 M°** Ledru-Rollin ☎ 01.43.56.39.60. *Ouv. t.l.j., 19h-2h.* Un décor incroyable de caverne où trône un ancien réservoir dans une ambiance surchauffée. Lieu fréquenté par le *show-biz.*

**Le Sanz-Sans**, 49, rue du Faubourg-St-Antoine **hors plan par IX-D1 M°** Bastille ☎ 01.44.75.78.78. *Ouv. t.l.j., 8h30-2h.* Avec son écran géant filmant les arrivées, sa décoration de bric et de broc et son ambiance **rap**, ce bar en vogue attire la faune **branchée** de la Bastille : blacks, artistes, gays, etc. Pour danser, boire un verre ou, éventuellement, dîner. Attention, sélection sévère à l'entrée.

**Wait and see**, 9, bd Voltaire **V-D1 M°** République ☎ 01.48.07.29.49. *Ouv. lun.-sam. de 17h-2h.* À un jet de pierre de la place de la République, ce *caf-conç'* au décor **underground** très réussi accueille une clientèle éclectique pour des **concerts** de rock au sous-sol ou, simplement, pour prendre un verre au bar. Prix raisonnables.

## XIIᵉ ARRDT (LEDRU-ROLLIN)

▶ *Plan IX p. 154.*

**Le China Club**, 50, rue de Charenton **IX-D2 M°** Ledru-Rollin ☎ 01.43.43. 82.02. *Ouv. 19h-2h, ven. et sam. jusqu'à 3h30.* Décor *cosy* de **club anglais**. Lové dans un Chesterfield, on sirote un cocktail servi par de charmant(e)s Asiatiques. Au 1ᵉʳ étage, le fumoir laqué de rouge distille une ambiance encore plus romantique.

## XIIIᵉ ARRDT (QUAI DE LA GARE)

**La Guinguette Pirate**, 157, quai de la Gare **hors plan par IX-D3 M°** Quai-de-la-Gare ☎ 01.44.24.89.89. *Ouv. de 12h à 2h. Concerts du mer. au sam., à 21h.* Cette **jonque** chinoise organise des **concerts** de tous les styles (reggae, rock, chanson française), mais aussi des **festivals** comme celui de musique africaine au printemps. Des soirées thématiques et des spectacles pour enfants sont aussi proposés *du sam. et mer. ap.-midi.*

## XIVᵉ ARRDT (MONTPARNASSE)

▶ *Plan XII p. 163.*

**Les Mousquetaires**, 77, av. du Maine **XII-A3 M°** Edgar-Quinet ☎ 01.43.22. 50.46. *Ouv. t.l.j., lun.-jeu. 7h-3h; ven.-sam. 7h-5h; dim. 15h-3h.* Pour jouer au **billard** jusqu'aux heures avancées de la nuit : onze tables (*pool* ou français). Clientèle jeune (surtout le soir) et ambiance sympa.

**Mustang Café**, 84, bd du Montparnasse **XII-A2 M°** Vavin ☎ 01.43. 35.36.12. *Ouv. t.l.j., jusqu'à 5h du matin.* Les *teenagers* de Montparnasse viennent s'éclater dans ce bar **tex-mex**. Certains soirs, particulièrement fiévreux, les clients dansent sur les tables ! Nourriture plutôt quelconque. Ouvert **toute la nuit. Autre adresse** : XIᵉ **arrdt**, Le 912, 20, rue de la Roquette ☎ 01.49.23.41.41

Le Rosebud, 11 bis, rue Delambre **XII-B3** M° Vavin ☎ 01.43.35.38.54. *Ouv. t.l.j., jusqu'à 3 h.* Un classique, dans les **années 50**, Jean-Paul Sartre et la bande de Montparnasse venaient souvent y prendre un verre. Excellents cocktails.

### XXᵉ ARRDT (PÈRE-LACHAISE, MÉNILMONTANT)

▶ *Hors plan.*

La Flèche d'or, 102 bis, rue de Bagnolet M° Alexandre-Dumas ☎ 01.43.72. 04.23. *Ouv. t.l.j., 10h-2 h.* Aucun train ne s'arrête plus dans cette **gare désaffectée** et transformée en **café cyberpunk** post-berlinois. Déco à base de récupération ferroviaire. Une faune **bohème** se presse sous la verrière pour siroter des bières ou déguster quelques plats maison comme le bœuf réunionnais ou le *chili con carne*. Une petite scène accueille des groupes musicaux ou des **spectacles** en tous genres. Tango et bal popu' *tous les dim. de 17h à 1 h.*

Lou Pascalou, 14, rue des Panoyaux M° Ménilmontant ☎ 01.46.36.78.10. *Ouv. t.l.j., 9 h 30-2 h.* Sur une place minuscule, un bistrot de quartier devenu le rendez-vous des **branchés** sans perdre pour autant son ambiance bon enfant. Musique tonitruante et **cocktails** d'enfer. Le *caïpirinha (27 F)* est notre préféré.

Le Piston Pélican, 15, rue de Bagnolet M° Alexandre-Dumas ☎ 01.43.70.93.98. *Ouv. 10h-2 h. F. mar.* Ce vieux bar de début de siècle a conservé ses barriques de vin et son zinc. Le jour, c'est un **bistrot** de quartier tranquille ; la nuit, le rendez-vous des **artistes** du quartier.

Le Soleil, 136, bd de Ménilmontant M° Ménilmontant ☎ 01.46.36.47.44. *Ouv. t.l.j., 8 h-2 h.* La **terrasse** extensible de ce **bar kabyle** est devenue, au fil des années, le repaire de la «branchitude». Idéal pour un apéro-bronzette sous les acacias du boulevard, avec en prime le spectacle de Ménilmuche.

## ■ Glaciers et salons de thé

Angelina, 226, rue de Rivoli **IV-A2** ; Iᵉʳ **arrdt** M° Tuileries ☎ 01.42.60. 82.00. *Ouv. t.l.j., 9h-18h45.* Une institution très **bon chic bon genre**, face aux Tuileries. Un chocolat célèbre et d'excellentes pâtisseries (goûtez le Mont-Blanc, chantilly sur meringue et crème de marrons). Le dimanche, on fait la **queue** pour entrer.

Muscade, 36, rue de Montpensier **IV-B2** ; Iᵉʳ **arrdt** M° Palais-Royal ☎ 01.42.97.51.36. *Ouv. jusqu'à 21 h l'hiver et 23 h l'été.* Ce **restaurant-salon de thé** bénéficie d'une terrasse agréable sous les frondaisons du jardin du Palais-Royal. Cuisine correcte *(150-200 F)*, avec salades composées pour estomacs légers ; pâtisserie et thé toute la journée.

Toupary, la Samaritaine, 2, quai du Louvre **IV-B2** ; Iᵉʳ **arrdt** M° Pont-Neuf ☎ 01.40.41.29.29.99. *Ouv. de 15h30 à 18 h.* Au dernier étage de la Samaritaine, **vue panoramique** exceptionnelle pour ce salon de thé.

A Priori-Thé, 35-37, galerie Vivienne **IV-B2** ; IIᵉ **arrdt** M° Bourse ☎ 01.42. 97.48.75. *Ouv. 12h-19 h. Dim. 12h30-18h (réservez pour le brunch).* Fréquenté par la clientèle des **boutiques de mode** de la place des Victoires qui vient y déjeuner d'une salade et d'une tarte salée. Excellentes pâtisseries… et une belle carte de thés.

Berthillon, 31, rue St-Louis-en-l'Île **I-D2** ; IVᵉ **arrdt** M° Pont-Marie ☎ 01.43.54.31.61. *Ouv. mer.-dim., 10h-20 h.* Le **glacier** le plus célèbre de Paris et, aussi, celui où l'attente est la plus longue. Parmi les valeurs sûres, citons le nougat au miel, le cacao, le chocolat blanc et tous les parfums imaginables en sorbets.

La Charlotte de l'Isle, 24, rue St-Louis-en-l'Île **I-C2** ; IVᵉ **arrdt** M° Pont-Marie ☎ 01.43.54.25.83. *Ouv. jeu.-dim., 14h-20 h.* Un mini-salon de thé, où toutes les pâtisseries sont faites par la patronne : florentins, tartes au chocolat, tartes au citron. Accueil **charmant**.

*Mariage Frères, une boutique au charme d'antan qui propose un grand choix de thé.*

**Le Loir dans la Théière**, 3, rue des Rosiers **I-D1** ; IV<sup>e</sup> **arrdt M°** St-Paul ☎ 01.42.72.90.61. *Ouv. lun.-ven., 12 h-19 h ; sam.-dim., 11 h-19 h.* Un nom poétique à l'image de ce salon de thé au décor de brocante. Fauteuils club et canapés **années 30** accueillent une clientèle d'habitués et de touristes. Plats du jour et tartes salées ou sucrées *(80 F env. le repas à la carte).*

**Mariage Frères**, 30, rue du Bourg-Tibourg **II-B2** ; IV<sup>e</sup> **arrdt M°** Hôtel-de-Ville ☎ 01.42.72.28.11. *Ouv. t.l.j., 10 h 30-19 h 30.* Le plus cher, et le plus **chic** avec un choix de thés à vous donner le tournis (plus de 500 variétés !). *Brunch classique t.l.j. (120 F).* Le petit **musée du Thé**, au 1<sup>er</sup> étage, vaut le détour. **Autre adresse** : VI<sup>e</sup> **arrdt**, 13, rue des Grands-Augustins ☎ 01.40.51.82.50.

**Café de la Mosquée de Paris**, 39, rue Geoffroy-St-Hilaire **IX-C3** ; V<sup>e</sup> **arrdt M°** Monge ☎ 01.43.31.18.14. *Ouv. 10 h-22 h.* Pour siroter un thé à la menthe, en grignotant des cornes de gazelle, dans un décor **mauresque**.

**À la Cour de Rohan ♥**, 59, rue St-André-des-Arts **X-B2** ; VI<sup>e</sup> **arrdt M°** Odéon ☎ 01.43.25.79.67. *Ouv. t.l.j.*

*12 h-19 h 30 ; ven. et sam. jusqu'à 23 h 30.* Un salon de thé *cosy* situé dans une demeure du XVIII<sup>e</sup> **s.** donnant dans le passage du Commerce-St-André. Propose aussi des plats du jour et des tartes salées. Brunch *le w.-e.* À partir de 100 F.

**Tch'a**, 6, rue du Pont-de-Lodi **X-B1** ; VI<sup>e</sup> **arrdt M°** Odéon ☎ 01.43.29.61.31. Dépaysement garanti dans cette enclave **Zen** qui fait à la fois **galerie**, restaurant, **magasin** et salon de thé. « Aiguilles d'argent du mont Jun », « Bigorneaux de jade », « Sourcils de longévité », « Immortel des eaux » La carte des thés est à elle seule une invitation au voyage.

**Ladurée**, 16, rue Royale **VII-D2** ; VIII<sup>e</sup> **arrdt M°** Concorde ou Madeleine ☎ 01.42.60.21.79 *Ouv. 8 h 30-19 h; dim, 10 h-19 h.* Macarons, croissants fourrés aux amandes et aux noix, tartes au chocolat, cannelés… Tout est **délectable** dans cette vénérable maison fondée en 1862. De quoi reprendre des forces après une éprouvante séance de shopping ! **Autres adresses** : VIII<sup>e</sup> **arrdt**, 75, av. des Champs-Élysées ; IX<sup>e</sup> **arrdt**, dans le grand magasin du Printemps, bd Haussmann ; XVI<sup>e</sup> **arrdt**, dans le grand magasin Franck & Fils, 80, rue de Passy.

**Tea Follies**, 6, pl. Gustave-Toudouze **VI-B3** ; IX<sup>e</sup> **arrdt M°** St-Georges ☎ 01.42.80.08.44. *Ouv. 9 h-21 h (jusqu'à minuit en été).* Ce charmant salon de thé s'ouvre sur une place, adorable **terrasse** très courue en été, et constitue une agréable halte avant (ou après) l'ascension de Montmartre. On peut s'y restaurer avec une tourte de poulet *(chicken pie)*, un tartare de thon aux pommes ou un gâteau de saumon à la mousse de courgette, suivi d'un *cheese cake* remarquable.

**Raimo ♥**, 59-61, bd de Reuilly **hors plan par IX-D2** ; XII<sup>e</sup> **arrdt M°** Daumesnil ☎ 01.43.43.70.17. *Ouv. mar.-dim., 9 h-minuit.* Un **glacier kitsch** dans un petit coin de province à Paris. Décor rose et garçons en veston écossais vert pomme. L'été, la **terrasse** est très prisée des familles du quartier.

# ♥ Les plus beaux marchés

| | |
|---|---|
| **I<sup>er</sup> arrdt ;**<br>**M°** Cité, bus : 39 | **Marché aux fleurs et aux oiseaux**<br>Pl. Louis-Lépine **hors plan par III-A3** ;<br>*du lun. au sam., de 8 h 30 à 19 h 30.* |
| **V<sup>e</sup> arrdt ;**<br>**M°** Monge ; bus : 47 | **Monge**<br>Pl. Monge **IX-B2** ; *les mer., ven., dim.,*<br>*de 7 h à 13 h 30.* |
| **VI<sup>e</sup> arrdt ;**<br>**M°** Mabillon ; bus : 86 | **St-Germain**<br>3 ter, rue Mabillon **X-A2** ; *t.l.j.*, marché couvert. |
| **VI<sup>e</sup> arrdt ;**<br>**M°** Rennes ou Raspail ;<br>bus : 68 | **Marché bio Raspail**<br>Sur le bd Raspail, entre les rues<br>du Cherche-Midi et de Rennes **XII-B1** ; *le dim.* |
| **VII<sup>e</sup> arrdt ;**<br>**M°** Ségur ou Duroc ;<br>bus : 82 | **Saxe-Breteuil**<br>Sur l'av. de Saxe, de l'av. de Ségur<br>à la pl. de Breteuil **XII-C3** ; *les jeu. et sam.* |
| **XI<sup>e</sup> arrdt ;**<br>**M°** Bastille ; bus : 20, 29 | **Bastille**<br>Bd Richard-Lenoir, de la rue Amelot<br>à la rue St-Sabin **II-D2** ; *les jeu. et dim.* |
| **XII<sup>e</sup> arrdt ;**<br>**M°** Nation ; bus : 86 | **Cours-de Vincennes**<br>Entre bd de Picpus et l'av. du Dr-Netter<br>**hors plan** ; *les mer. et sam.* |
| **XII<sup>e</sup> arrdt ;**<br>**M°** Ledru-Rollin ; bus : 86 | **Aligre**<br>Rue d'Aligre **hors plan par IX-D2** ; *t.l.j., sf*<br>*lun., de 8 h à 13 h et de 15 h 30 à 19 h 30;*<br>*dim., de 8 h à 13 h* |
| **XIII<sup>e</sup> arrdt ;**<br>**M°** Place-d'Italie<br>ou Corvisart ;<br>bus : 27, 57, 83 | **Auguste-Blanqui**<br>Bd Auguste-Blanqui, entre la pl. d'Italie<br>et la rue Barrault **hors plan par IX-B4** ;<br>*les mar., ven. et dim.* |
| **XIII<sup>e</sup> arrdt ;**<br>**M°** Nationale ;<br>bus : 27, 83 | **Jeanne-d'Arc**<br>Pl. Jeanne-d'Arc **hors plan par IX-B4** ; *les*<br>*jeu. et dim.* |
| **XV<sup>e</sup> arrdt ;**<br>**M°** Dupleix,<br>La Motte-Picquet ;<br>bus : 80 | **Grenelle**<br>Bd de Grenelle, entre la rue de Lourmel<br>et la rue du Commerce **XIII-A2** ; *les mer. et*<br>*dim.* |
| **XVI<sup>e</sup> arrdt ;**<br>**M°** Iéna<br>ou Alma-Marceau ;<br>bus : 42, 63, 72, 80 | **Président-Wilson**<br>Av. Wilson, entre la rue Debrousse<br>et la pl. Iéna, face au palais de Tokyo **VIII-D1** ;<br>*les mer. et sam.* |
| **XVIII<sup>e</sup> arrdt ;**<br>**M°** Anvers ; bus : 30 | **Marché St-Pierre aux tissus**<br>2, rue Charles-Nodier **VI-B2** ; *du mar. au*<br>*sam., 9 h 15-18 h 30 ; le lun. 13 h-18 h 30.* |
| **XIX<sup>e</sup> arrdt ;**<br>**M°** Place-des-Fêtes ;<br>bus : 60 | **Place-des-Fêtes**<br>Pl. des Fêtes **hors plan** ; *les mar., ven. et dim.* |

Les glaces (plus de 20 parfums) sont délicieuses et sans colorant.

**Pascal le Glacier**, 17, rue Bois-Le-Vent **VIII-B2** ; xvɪᵉ arrdt **M°** La Muette ☎ 01.45.27.61.84. *Ouv. mar.-sam., 10h30-19 h.* Le meilleur **glacier** de la capitale. Sorbets inégalés aux parfums sortant des sentiers battus : figue fraîche, rhubarbe, orange sanguine… et glaces tout aussi divines au chocolat noir et à la cannelle, caramel brûlé, vanille Tahiti, etc.

## ■ Shopping

### Antiquités, brocante, artisanat

**Louvre des Antiquaires**, 2, pl. du Palais-Royal **IV-B2** ; ɪᵉʳ arrdt **M°** Louvre-Palais-Royal. Situé à côté du musée du Louvre, cet espace réunit des antiquaires spécialisés en orfèvrerie, mobilier, tableaux, sculptures, objets d'art de toutes les époques.

**Village St-Paul**, 23-27, rue St-Paul **II-C3** ; ɪvᵉ arrdt **M°** St-Paul.

*Le viaduc des arts perpétue, à sa manière, la tradition artisanale du fbg St-Antoine vieille de sept siècles. Le lieu n'en demeure pas moins très branché.*

**Carré Rive gauche**, entre le quai Voltaire, la rue des St-Pères, la rue de l'Université, et la rue du Bac **X-A1** ; vɪᵉ arrdt **M°** St-Germain-des-Prés.

**Viaduc des arts**, av. Daumesnil **hors plan par II-D3** ; xɪɪᵉ arrdt **M°** Bastille, Gare de Lyon **RER** Gare de Lyon ; **bus** : 29. Quarante-cinq artisans et créateurs conçoivent, fabriquent et exposent des objets qui montrent la richesse et la vitalité des métiers d'art aujourd'hui. Luthiers, doreurs, dinandiers, encadreurs, brodeurs, sculpteurs… se côtoient dans ce lieu de « la belle ouvrage ».

### Les marchés aux puces

➤ **St-Ouen M°** Porte-de-Clignancourt ; *sam., dim. et lun. de 10h à 18 h.* Sur près de 30 ha, quelque 2 500 marchands sont répartis en dix marchés. **Jules-Vallès** a de tout : horloges, lampes, vaisselle ; **Biron** est plus cher avec ses meubles authentifiés, souvent xɪxᵉ s. ; branché, **Serpette** est plutôt orienté années 1900-1930 ; **Paul-Bert ♥** est le marché du chineur qui est resté le plus provincial, on y trouve des meubles régionaux, de la ferronnerie, du mobilier de jardin, des objets Art déco. Pour les blousons en cuir, les jeans, les Doc Martens, voyez plutôt du côté de **Malik**.

➤ **Vanves M°** Porte-de-Vanves ; *sam. et dim. 7 h-17 h.* 140 « patentés » sont installés le long de l'avenue Lafenestre ; la marchandise (bibelots, faïences, art populaire, curiosités…) est globalement moins chère qu'à St-Ouen.

➤ **Montreuil M°** Porte-de-Montreuil ; *sam., dim. et lun. 8h-18h.* Ce marché est resté fidèle à l'esprit fripes des années 1960-1970, on y voit de tout (luminaires, vieux bouquins, bric-à-brac).

### Galeries marchandes et grands magasins

**Carrousel du Louvre**, entrée 99, rue de Rivoli **IV-B2** ; ɪᵉʳ arrdt **M°** Palais-Royal-Musée du Louvre.

**Forum des Halles**, entrée rue Pierre-Lescot et rue Berger **III-A3** ; ɪᵉʳ arrdt **M°** Les Halles.

# Soldes, mode d'emploi

« Soldes » : un mot magique qui a le pouvoir de déclencher une véritable frénésie d'achat chez le consommateur deux fois par an. En général, ils se déroulent fin décembre-début janvier pour les collections d'hiver et en juillet pour celles d'été. Les étiquettes des produits soldés doivent obligatoirement mentionner le prix de référence barré et le prix soldé. Si la réduction est la même pour tous les articles, le commerçant peut se contenter d'afficher le montant de la démarque et laisser sur chaque article l'ancienne étiquette de prix. Attention : certains commerçants gonflent le prix de référence, qui devrait normalement être le prix le plus bas pratiqué durant les trente jours précédant le début des soldes. Ils peuvent ainsi afficher des rabais importants sans trop rogner sur leur marge.

**Samaritaine**, 19, rue de la Monnaie **III-A2** ; I$^{er}$ **arrdt M°** Pont-Neuf ☎ 01.40.41.20.20. *Ouv. lun.-sam., 9h30-19h ; 22h le jeu.* Moins prestigieuse que les Galeries ou le Printemps, la Samaritaine offre néanmoins un complexe de cinq magasins situés en plein cœur de Paris. Très beau rayon Maison et Bricolage ainsi que Jouets. Et surtout une **vue** imprenable sur la capitale depuis la **terrasse** ♥ et le restaurant le *Toupary (p. 255).*

**BHV (Bazar de l'Hôtel-de-Ville)**, 52-64, rue de Rivoli **III-B3** ; IV$^e$ **arrdt M°** Hôtel-de-Ville ☎ 01.42.74.90.00. *Ouv. lun.-sam., 9h-19h ; mer., 9h-22h.* Le paradis des bricoleurs. Le sous-sol, labyrinthique et surréaliste, est à découvrir absolument.

**Au Bon Marché**, 22, rue de Sèvres **XII-A1** ; VII$^e$ **arrdt M°** Sèvres-Babylone ☎ 01.44.39.80.00. Le grand magasin de la rive gauche, célèbre à juste titre pour son rayon épicerie fine. *Ouv. lun.-sam., 9h30-19h et jeu. jusqu'à 21 h* et, pour la **Grande Épicerie** ♥, *ouv. 8h30-21h.*

**Galerie des Champs-Élysées**, coté pair de l'av. des Champs-Élysées entre le rond-point et la rue de Berri **VII-B1** ; VIII$^e$ **arrdt M°** Champs-Élysées.

**Galeries Lafayette**, 40, bd Haussmann **V-A1** ; IX$^e$ **arrdt M°** Chaussée-d'Antin ☎ 01.42.82.34.56. *Ouv. lun.-sam.,*

*9h30-19h ; jeu., 9h30-21 h.* Un géant, avec ses trois magasins. Tous les grands noms du prêt-à-porter et de la haute couture y ont leur stand (Christian Lacroix, Guy Laroche, Yohji Yamamoto, Vivienne Westwood, etc.). On y trouve aussi des griffes plus abordables comme Agnès B, Gap ou le marque des Galeries Lafayette. **Défilés de mode**: *le mer. matin et le ven. apr.-m. Réservation* ☎ *01.42.82.30.25 (pour visiteurs étrangers).* **Festival de la Mode**: *chaque année en oct. (entrée libre).* **Autre adresse** : XIV$^e$ **arrdt**, 22, rue du Départ ☎ 01.45.38.52.87.

**Marks and Spencer**, 35, bd Haussmann **V-A1** ; IX$^e$ **arrdt M°** Havre-Caumartin ☎ 01.47.42.42.91. *Ouv. lun.-sam., 9h30-19h ; 22h le jeu.* Une succursale de la chaîne anglaise, spécialiste du prêt-à-porter à petits prix. Intéressant **rayon alimentation** ♥ pour son saumon fumé, ses *scones*, ses *apple pies* et autres douceurs *british* très apprécié, sans compter les spécialités indiennes. **Autre adresse**: IV$^e$ **arrdt**, 88, rue de Rivoli. ☎ 01.44.61.08.00.

**Printemps**, 64, bd Haussmann **V-A1** ; IX$^e$ **arrdt M°** Havre-Caumartin ☎ 01.42.82.50.00. *Ouv. lun.-sam., 9h30-19h ; 22h le jeu.* Le concurrent des Galeries Lafayette compte lui aussi trois magasins, consacrés à la maison, à l'homme (Brümmell) et à la femme. Beaucoup de grands noms du prêt-à-porter (Yves Saint-Laurent, Cerruti, Helmut Lang, etc.) mais aussi des étoiles montantes comme Alexander Mac Queen, Martin Margiela, etc. **Autres adresses** : XIIIe **arrdt**, 30, av. d'Italie ☎ 01.40.78.17.17 ; XXe **arrdt**, 21, cours de Vincennes ☎ 01.43.71.12.41.

### Et pour les fauchés...

Tati, 4, bd Rochechouart **hors plan** ; XVIIIe **arrdt M°** Barbès-Rochechouart, ☎ 01.55.29.50.00. *Ouv. lun.-sam.*, *10 h-19 h.* L'« institution parisienne du vêtement pas cher ». La qualité est inégale, mais on peut y faire des affaires. Éviter la cohue du samedi après-midi. **Autres adresses** : 141, rue de Rennes **XII-B2** ; VIe **arrdt**, **M°** St-Placide ☎ 01.45.44. 35.13 ; 13, pl. de la République **V-D2** ; IIIe **arrdt**, **M°** République ☎ 01.48.87. 72.81.

## Librairies

**Magasins Virgin Megastore**, galerie du Carrousel du Louvre **IV-B2** ; Ier **arrdt M°** Palais-Royal-Musée du Louvre. **Autre adresse** : VIIIe **arrdt**, 52-60, av. des Champs-Élysées ☎ 01.49. 53.50.00 **VII-C2 M°** Franklin D. Roosevelt.

**La Hune**, 170, bd St-Germain **X-A2** ; VIe **arrdt M°** St-Germain-des-Prés ☎ 01.45.48.35.85

**Magasins Fnac**, 136, rue de Rennes **XII-B1** ; VIe **arrdt M°** St-Placide ☎ 01.49.54.30.00. **Autres adresses** : XVIIe **arrdt**, 26, av. des Ternes **M°** Ternes ☎ 01.44.09.18.00 ; Ier **arrdt**, Forum des Halles, 1, rue Pierre-Lescot **III-B2** ; **M°** Chatelet-Les Halles ☎ 01.40.41.40.00 ; IXe **arrdt**, 109, rue St-Lazare ; **M°** St-Lazare ☎ 01.55.31.20.00

**Chantelivre**, 13, rue de Sèvres **XII-B1** ; VIe **arrdt**, **M°** Sèvres-Babylone ☎ 01.45.48.87.90. Pour la jeunesse.

**L'Arbre à Lettres**, 56, rue du Faubourg-St-Antoine **hors plan par IX-D2** ; XIIe **arrdt M°** Bastille ☎ 01.53.33.83.23.

**Le Divan**, 203, rue de la Convention **hors plan par XIII-A3** ; XVe **arrdt M°** Convention ☎ 01.53.68.90.68.

### Musées en boutique

**Musée et Compagnie**, 49, rue Étienne-Marcel **III-A1** ; Ier **arrdt M°** Étienne-Marcel ☎ 01.40.13.49.13. Il expose les objets du *Catalogue de la Réunion des Musées nationaux*).

**Musée du Louvre**, mezzanine de la librairie, sous la pyramide **IV-B2** ; Ier **arrdt M°** Palais-Royal-Musée-du-Louvre ☎ 01.40.20.50.50. On y trouvera, entre autres, la ligne « Louvre », une série d'objets utilitaires (tee-shirts, papeterie, foulards, etc.) décorés de motifs inspirés du musée.

**Paris-Musées**, Forum des Halles, 1, rue Pierre-Lescot, rez-de-chaussée **III-B2** ; Ier **arrdt M°** Les Halles ☎ 01.40. 26.56.65. Cette boutique ne vend que des objets contemporains inspirés des fonds des musées de la Ville de Paris (textile, boîtes, vaisselle, etc.) réalisés par des designers renommés : Philippe Starck, Paul Mathieu, Olivier Gagnaire, etc.

**Boutique du musée d'Orsay**, parvis de Bellechasse **XI-B1** ; VIIe **arrdt M°** Solférino ☎ 01.40.49.48.14. Reproduction d'objets d'art du XIXe s.

## Disques

**Magasins Fnac**, *pour les adresses, voir plus haut (Librairies)*. **Autre adresse** : VIIIe **arrdt** , 74, av. des Champs-Élysées **VII-B1** ; **M°** George-V ☎ 01.53.53.64.64.

**Magasins Virgin Megastore**, *pour les adresses, voir plus haut (Librairies)*.

# ■ Enfants

➤ *Pour les musées, voir p. 30.*

### Marionnettes

**Luxembourg**, jardin du Luxembourg **X-A3** ; VIe **arrdt M°** Vavin ☎ 01.43.26.46.47. *Les mer., jeu., sam. et dim.* **Champs-de-Mars**, **XIII-A1** ; VIIe **arrdt M°** École-Militaire ☎ 01.48.56.01.44. *Du mer. au dim.* **Champs-Élysées**, rond-point des Champs-Élysées **VII-C2** ; VIIIe **arrdt M°** Champs-Élysées ☎ 01.42.45.38.30 *Les mer., sam. et dim.* **Bois de Vincennes hors plan par IX-D2** ; XIIe **arrdt M°** St-Mandé-Tourelles ☎ 01.43.44.45.55. *Les mer., sam. et dim.* **La Guinguette Pirate**, 157, quai de la Gare **hors plan par IX-D3**; XIIIᵉ **arrdt** **M°** Quai-de-la-Gare *(p. 278).* **Montsouris**, parc Montsouris **hors plan par XII-B4**; XIVᵉ **arrdt** **RER** Cité Universitaire ☎ 01.46.63. 08.09. *Les mer., sam. et dim.* **Buttes-Chaumont hors plan**; XIXᵉ **arrdt** **M°** Buttes-Chaumont ou Pyrénées ☎ 01.43.64.24.29. *Les mer., sam. et dim.*

## MÉNAGERIES

**Ménagerie-Vivarium**, Jardin des Plantes, 57, rue Cuvier **IX-C2**; Vᵉ **arrdt** **M°** Jussieu ☎ 01.40. 79.30.00. *Ouv. t.l.j., de 9h à 18 h.* **Zoo de Vincennes**, 53, av. St-Maurice **hors plan par IX-D1**; XIIᵉ **arrdt** **M°** Porte Dorée ☎ 01.44.75.20.10 (répondeur). *Ouv. t.l.j., de 9h à 17h, jusqu'à 17h 30 le dim.* Le grand zoo parisien, plus complet que la ménagerie du Jardin des Plantes, avec son Grand Rocher restauré en 1996. **Ménagerie du Jardin d'Acclimatation**, bois de Boulogne **hors plan par VII-A1**; XVIᵉ **arrdt** **M°** Sablons ☎ 01.40.67.90.82. *Ouv. de 10h à 18h; jusqu'à 19h en été.*

## PARCS DE LOISIRS

**Aquaboulevard**, 4, rue Louis-Armand **VIII-C4**; XVᵉ **arrdt** **M°** Balard ☎ 01.40.60.10.00. *Ouv. jusqu'à 23 h.* Un parc aquatique, avec une eau à 30 °C, toboggans, cascades, jacuzzi, etc. Propose aussi une infinie variété de sports. **Jardin d'Acclimatation.** *Pour l'adresse et les horaires, voir plus haut.* Bateaux téléguidés, manèges, minimotos, etc. Et aussi… **Disneyland Paris**, à 32 km de Paris par l'autoroute A4, direction Nancy-Metz **hors plan**; Marne-La-Vallée **RER** A Marne-La-Vallée-Chessy ☎ 01.60.30. 60.30. *Ouv. t.l.j., de 10 h à 20 h; sam., jusqu'à 23 h.* Quarante attractions principales et de nombreux spectacles.

## BABYSITTING

**Ababa la Maman en plus** ☎ 01.45. 49.46.46. **Kid Services** ☎ 01.42.61.90.00.

## ■ Sorties nocturnes

### Boîtes de nuit

**La Scala**, 188 bis, rue de Rivoli **IV-B2**; Iᵉʳ **arrdt** **M°** Palais-Royal ☎ 01.42.60. 45.64. *Ouv. t.l.j. 22 h 30-6 h.* Discothèque vouée à la **house**, **techno** et **jungle** et aux jeux de lumière *(voir encadré p. 286).*

**Rex-Club**, 5, bd Poissonnière **V-B1**; IIᵉ **arrdt** **M°** Grands-Boulevards ☎ 01.42.36.28.83. *Ouv. mar.-sam., 23 h-6 h.* Club pour les amateurs de **house**, **techno** et **jungle**.

**Les Bains**, 7, rue du Bourg-l'Abbé **V-C2**; IIIᵉ **arrdt** **M°** Étienne-Marcel ☎ 01.48.87.01.80. *Ouv. de 23 h 30 à l'aube, sf dim.* Gens de **mode** et gens de pub très «lookés» dans le temple de la décadence (musique **techno**, **funk**).

**Keur Samba**, 79, rue La Boétie **VII-D1**; VIIIᵉ **arrdt** **M°** St-Augustin ☎ 01.43. 59.03.10. *Ouv. t.l.j., de minuit à 6h.* Une discothèque au décor sophistiqué pour les noctambules invétérés. Musique **afro-cubaine** et ambiance tropicale.

**Le Queen**, 102, av. des Champs-Élysées **VII-B1**; VIIIᵉ **arrdt** **M°** George-V ☎ 01.53.89.08.90. *Jusqu'à l'aube.* L'une des usines à danse **techno** les plus difficiles d'accès d'Europe… et le lieu d'élection des *drag queens.* Malgré une clientèle en majorité *gay*, les hétérosexuels sont admis, à condition d'être jeunes et beaux ou célèbres.

**Le Moloko**, 26, rue Fontaine **VI-A2**; IXᵉ **arrdt** **M°** Blanche ☎ 01.48.74. 50.26. *Ouv. t.l.j., jusqu'à 4 h.* Haut lieu de la nuit parisienne. Beaucoup de **mannequins** et un juke-box avec plus de 1 600 titres.

**La Java**, 105, rue du Faubourg-du-Temple **hors plan par V-D1**; Xᵉ **arrdt** **M°** Belleville ☎ 01.42. 02.20.52. *Jusqu'à 5h.* Cet ancien bal musette, où Édith Piaf et Maurice Chevalier ont fait leur début, a conservé son décor rétro. Aujourd'hui la **samba** transporte les initiés au cœur de Buenos Aires ou de Río, *sf le jeu*, où le DJ mélange **salsa**, **soul** et **acid jazz**. Chaude ambiance garantie.

# Lexique à l'usage des noctambules

Qu'on soit hip-hop, latino ou techno, pour sortir en boîte, il faut savoir ce que l'on y trouve. La techno, en l'occurrence, a tellement essaimé qu'il est parfois difficile de s'y retrouver. À l'origine, « techno » est un terme générique utilisé pour désigner les innombrables styles de musiques électroniques issues de la house et de la techno, deux courants nés aux États-Unis.

**ACID HOUSE**. Le mouvement apparaît avec l'explosion des raves en 1988 et se caractérise par une modification intensive du son au moyen de l'électronique pour lui donner un côté hallucinatoire.

**ACID JAZZ**. Courant éteint né en 1990, il s'agit d'un mélange entre le funk anglais, le groove et l'acid house. Il exprime l'opposition d'une élite londonienne au phénomène massif des raves.

**AMBIENT**. Née en 1990 en Angleterre, l'ambient est une house music sans pulsation, c'est-à-dire une techno plutôt contemplative.

**GARAGE**. Mouvement antérieur à la house qui a pris de l'ampleur par la suite. Ce sont de longs morceaux mélangeant la disco et la soul.

**GROOVE**. Le mot désigne à l'origine le sillon gravé sur les disques vinyle. La musique se réfère au rythme de base de la soul, du rythm and blues et du funk. Par extension, le terme caractérise un tempo solide mais donnant l'impression de fluidité.

**HARDCORE**. Forme de techno rapide et violente où les pulsations sont accélérées.

**HOUSE MUSIC**. Né à Chicago vers 1986, ce courant est issu de la rencontre de la *Black Culture* (soul, disco, funk) et de l'informatique musicale.

**JUNGLE**. Mélange de techno et de reggae.

**TECHNO**. Née à Detroit au milieu des années 1980, la techno fait fi de l'héritage soul ; c'est une musique entièrement informatisée, voire froide et industrielle.

**TRANSE-GOA**. Forme de techno lente néohippie.

---

**Le Balajo**, 9, rue de Lappe **II-D2** ; XIe arrdt M° Bastille ☎ 01.47.00.07.87. *Ouv. mer., 21 h-3 h.* ; *jeu.-sam., 23 h 30-5 h 30.* Depuis soixante ans, ce **bal musette** de la Bastoche accueille bourgeois et branchés venus s'y encanailler. *Soirée **Zazou-swing** le mer., rock et **Cuba** le jeu., rock et **swing** le ven. et le sam.*

**Le Gibus**, 18, rue du Faubourg-du-Temple **V-D1** ; XIe arrdt M° République ☎ 01.47.00.78.88. *Ouv. mar.-dim., 23 h-7 h.* Après avoir été un lieu mythique du rock dans les années 80, la salle est vouée désormais aux nouvelles tendances musicales du XXIe s. : *funk*, le mar. ; **hard core** le mer. ; **techno** minimale le jeu. ; **transe Goa** (ambient) le ven. ; **house** les sam. et dim.

**Dancing de la Coupole**, 102, bd du Montparnasse **XII-B3** ; XIVe arrdt M° Vavin ☎ 01.43.20.14.20. *Ouv. mar., ven., sam. et dim. jusqu'à 2 h du matin, soirées salsa le mar. à 20 h 30 ; rétro-disco les ven. et sam.*

**Le Niel's**, 27, av. des Ternes **hors plan par VII-A1** ; XVIIe arrdt M° Ternes ☎ 01.47.66.45.00. *Ouv. t.l.j., de 21 h à l'aube.* Décor raffiné pour ce bar-restaurant-discothèque très sélect, fréquenté par le monde du *show-biz*.

**La Locomotive**, 99, bd de Clichy **VI-A2** ; xviiie **arrdt M°** Blanche ☎ 08.36.69.69.28. *Ouv. mar.-dim., jusqu'à l'aube.* Conçu comme un gigantesque temple du rock n'roll sur 3 niveaux : diffusant respectivement **hard rock**, **techno** et musique douce. Plutôt réservé aux 18-25 ans.

## Cinémas

### QUELQUES SALLES

**Vidéothèque de Paris**, porte St-Eustache **II-A2** ; ier **arrdt M°** Les Halles ☎ 01.40.26.40.96.

**Le Grand Rex**, 1, bd Poissonnière **V-B2** ; iie **arrdt M°** Bonne-Nouvelle ☎ 08.36.68.05.96.

**Grande Action**, 5, rue des Écoles **IX-A1** ; ve **arrdt M°** Cardinal-Lemoine ☎ 01.43.29.44.40.

**Reflets Médicis Logos**, 3, rue Champollion **IX-A1** ; ve **arrdt M°** Maubert-Mutualité ☎ 01.43.54.42.34.

**Max Linder Panorama**, 24, bd Poissonnière **V-C1** ; ixe **arrdt M°** Grands-Boulevards ☎ 08.36.68.50.52.

**Kinopanorama**, 60, av. de la Motte-Picquet **hors plan par VIII-D3** ; xve **arrdt M°** La Motte-Piquet-Grenelle ☎ 08.92.69.66.96.

**Cinémathèque française**, 42, bd Bonne-Nouvelle **V-C2** ; xe **arrdt M°** Bonne-Nouvelle ☎ 01.56.26.01.01.

**La Géode**, 26, av. Corentin-Cariou **hors plan** ; xixe **arrdt M°** Corentin-Cariou ☎ 01.40.05.12.12.

**MK2 Quai de Seine**, 14, quai de la Seine **hors plan** ; xixe **arrdt M°** Riquet ☎ 08.36.68.14.07.

**Rens. programmes et réservations**, Allô Ciné ☎ 01.40.30.20.10.

## Cabarets et revues

*Voir aussi p. 122.*

**Paradis latin**, 28, rue du Cardinal-Lemoine **IX-B2** ; ve **arrdt M°** Cardinal-Lemoine ☎ 01.43.25.28.28. *F. mar.* Sous la charpente métallique créée en 1880 par Gustave Eiffel, une revue rondement menée.

**Crazy Horse Saloon**, 12, av. George-V **VII-B2** ; viiie **arrdt M°** Alma-Marceau ☎ 01.47.23.32.32. *Ouv. t.l.j.* Malgré la disparition d'Alain Bernardin, son créateur, le *Crazy* reste le temple du «nu artistique».

**Lido**, 116 bis, av. des Champs-Élysées **VII-B1** ; viiie **arrdt M°** George-V ☎ 01.40.76.56.10. *Ouv. t.l.j.* Le cabaret le plus célèbre du monde propose des spectacles avec soixante *Blue Bell girls* et des attractions à couper le souffle.

**Folies-Bergères**, 32, rue Richer **V-C1** ; ixe **arrdt M°** Cadet ☎ 01.44.79.98.98. *F. lun.* Autre lieu incontournable immortalisé par Manet au xixe s.

**Chez Michou**, 80, rue des Martyrs **VI-B2** ; xviiie **arrdt M°** Pigalle ☎ 01.46.06.16.04. *Ouv. t.l.j. Dîner à 20h30, show à 22h30.* Un cabaret de travestis où les numéros vous feront rire aux larmes. Dîner-spectacle.

**Moulin-Rouge**, 82, bd de Clichy **VI-A2** ; xviiie **arrdt M°** Blanche ☎ 01.53.09.82.82. *Ouv. t.l.j.* Dans la grande tradition montmartroise : french cancan et paillettes de rigueur. Entre les numéros, on peut admirer les évolutions des crocodiles vivants dans un bassin transparent.

**Au Lapin Agile**, 22, rue des Saules **VI-B1** ; xviiie **arrdt M°** Lamarck-Caulaincourt ☎ 01.46.06.85.87.

*Le cabaret Au Lapin Agile. Son enseigne a été réalisée par l'humoriste André Gill. Rapidement, le «lapin à Gill» a donné lieu au nom actuel de l'établissement.*

## Concerts rock et jazz

### LES GRANDES SALLES

**Olympia**, 28, bd des Capucines **V-A2** ; ixe **arrdt M°** Opéra ☎ 01.47.42.25.49.

**Palais omnisports de Paris-Bercy**, 8, bd de Bercy **hors plan par IX-D2**; XIIe **arrdt M°** Bercy ☎ 08.03.03.00.31.

**Zénith**, 211, av. Jean-Jaurès **hors plan**; XIXe **arrdt M°** Porte-de-Pantin ☎01.42.08.60.00.

## LES PETITES SALLES

**Le Baiser Salé**, 58, rue des Lombards **III-B2**; Ier **arrdt M°** Châtelet ☎ 01.42.33.37.71. *Ouv. t.l.j., 20h-6 h.* La dernière-née des boîtes de la rue des Lombards, spécialisée en **afro-jazz**. Ambiance sympa, cadre minimaliste.

**Petit Opportun**, 15, rue des Lavandières-Ste-Opportune **III-A3**; Ier **arrdt M°** Châtelet ☎ 01.42.36.01.36. *Ouv. mar.-sam., minuit-5 h.* Une petite cave voûtée du XIIIe s. propice à l'écoute d'un **jazz** intime et plutôt classique. Le point de ralliement de nombreux *jazzmen*. Bons disques.

**Caveau de la Huchette**, 5, rue de la Huchette **IX-A1**; Ve **arrdt M°** St-Michel ☎ 01.43.26.65.05. *Ouv. t.l.j., à partir de 21h30.* Une institution du **jazz** toujours bien vivante. On y «bope» selon la grande tradition du *Cotton Club* ou du *Savoy*.

**Le Petit Journal St-Michel**, 71, bd St-Michel **IX-A2**; VIe **arrdt RER** St-Michel ☎ 01.43.26.28.59. *Ouv. lun.-sam., 21h30-2 h.* Autre institution pour les amateurs de **jazz**. Style New-Orleans, Chicago et blues classique.

**La Villa**, 29, rue Jacob **IX-A1**; VIe **arrdt M°** St-Germain-des-Prés ☎ 01.43.26.60.00. Programmation **internationale** (à dominante américaine) pour ce club situé à deux pas du carrefour St-Germain-des-Prés.

**New Morning**, 7-9, rue des Petites-Écuries **V-C1**; Xe **arrdt M°** Château-d'Eau ☎ 01.45.23.51.41. *Ouv. t.l.j. à partir de 20 h. Concert à 21 h.* Une salle à la réputation internationale où les plus grands ont joué comme Benny Carter, Archie Shepp ou Miles Davis. Aujourd'hui programmation très **éclectique**, où le **jazz** coexiste avec la **salsa**, le **blues** et le **funk**.

**Le Bataclan**, 50, bd Voltaire **V-D1**; XIe **arrdt M°** Oberkampf ☎ 01.42.41.47.62. *Téléphoner entre 10h30 et 19h, sf dim., pour les horaires des concerts, spectacles, soirées.* Ancien théâtre aux formes circulaires, cette salle accueille avant tout les derniers groupes à la **mode** et les jeunes talents. Organise aussi des **concerts**.

**La Casbah**, 20, rue de la Forge-Royale **hors plan par IX-D2**; XIe **arrdt M°** Ledru-Rollin ☎ 01.43.71.04.39. Bar: *ouv. t.l.j., à partir de 20 h.* Club: *mer.-sam., à partir de 23h30.* Dans un somptueux décor marocain, vous apprécierez la musique **raï** et les **danses du ventre**. Un îlot oriental au cœur du XIe **arrdt** Pour prendre un verre ou dîner *(du mar. au sam. sur réservation).*

**Cithéa**, 112, rue Oberkampf **hors plan par V-D2**; XIe **arrdt M°** Ménilmontant ou Parmentier ☎ 01.40.21.70.95. *Ouv. lun.-sam., 21h-5h.* Ancien cinéma de quartier aujourd'hui voué à tout ce qui tourne autour du **rap**, de l'**acid-jazz** au **hard core**. *Dancing floor.* Bière: *25 F.*

**Le Petit Journal Montparnasse**, 13, rue du Cdt-Mouchotte **XIII-A3**; XIVe **arrdt M°** Montparnasse-Bienvenüe ou Gaîté ☎ 01.43.21.56.70. *Ouv. lun.-sam., 20h-1 h.* Pour les amateurs de **jazz**. Style New-Orleans, Chicago et *blues* classique. On peut également y dîner.

**Méridien Étoile-Jazz-Club Lionel-Hampton**, 81, bd Gouvion-St-Cyr **hors plan par VII-A1**; XVIIe **arrdt M°** Porte-Maillot ☎ 01.40.68.30.42 Jazz: *lun.-sam., 22h30-2 h.*

**La Cigale**, 120, bd Rochechouart **VI-B2**; XVIIIe **arrdt M°** Pigalle ☎ 01.49.25.89.99. *Ouv. t.l.j.* Fondée en **1887**; Mistinguett et Maurice Chevalier s'y produisirent. Par la suite, La Cigale fut transformée en salle de combat. De nouveau vouée à la culture, elle accueille de nombreux groupes de styles très différents, malgré une légère prédominance de la **variété**.

**L'Élysée-Montmartre**, 72, bd Rochechouart **VI-B2**; XVIIIe **arrdt M°** Anvers

☎ 01.55.07.06.00. *Téléphoner de 11h à 13h et de 15h à 19h, sf sam. et dim, pour les horaires des spectacles.* L'acoustique de cette ancienne salle de boxe a été entièrement refaite. Pour changer des stades ou des grandes salles auxquels ils sont habitués, les grands groupes de **rock internationaux** viennent y jouer. *Tous les 15 jours*, l'Élysée-Montmartre fait *bal de 23h30 à l'aube.*

**Le Trabendo**, parc de la Villette, 211, av. Jean-Jaurès **hors plan**; XIXe arrdt **M°** Porte-de-Pantin ☎ 01.49.25.89.99. *Ouv. à partir de 20h uniquement les soirs de concerts.* Jazz, musiques électroniques, world… un mélange éclectique pour cette salle de concert ouverte dans l'une des folies de Bernard Tschumi.

### Danse

#### QUELQUES SALLES

**Opéra-Garnier**, pl. de l'Opéra **V-A1**; IXe arrdt **M°** Opéra ☎ 08.36.69.78.68.

**Théâtre de la Ville**, 2, pl. du Châtelet **III-A3**; Ier arrdt **M°** Châtelet ☎ 01.42.74.22.77.

### Concerts classiques et contemporains

#### QUELQUES SALLES

**Auditorium du musée du Louvre**, rue de Rivoli **IV-B2**; Ier arrdt **M°** Palais-Royal-Musée-du-Louvre ☎ 01.40.20.51.51.

**Théâtre musical du Châtelet**, 2, rue Édouard-Colonne **III-A3**; Ier arrdt **M°** Châtelet ☎ 01.40.28.28.40.

**Opéra Comique**, 5, rue Favard **V-B1**; IIe arrdt **M°** Richelieu-Drouot ☎ 08.25.00.00.58.

**Auditorium du musée d'Orsay**, 102, rue de Lille **XI-B1**; VIIe arrdt **M°** Assemblée-Nationale ☎ 01.40.49.48.84.

**Salle Gaveau**, 45, rue de la Boétie **VII-D3**; VIIIe arrdt **M°** St-Augustin ☎ 01.49.53.05.07.

**Salle Pleyel**, 252, rue du Faubourg-St-Honoré **hors plan par VII-A1**; VIIIe arrdt **M°** Ternes ☎ 01.45.61.53.00.

## Se déplacer la nuit

➤ **EN MÉTRO**. Lignes de 5h30 à 0h30.

➤ **EN BUS**. Les lignes suivantes fonctionnent jusqu'à 0h30 : n° 21, 26, 27, 31, 38, 52, 62, 63, 72, 74, 80, 82, 85, 91, 92, 95, 96, PC. Les autres s'arrêtent vers 20h30-21h00. Néanmoins, les Noctambus desservent les portes de Paris. Départs : depuis la place Victoria (Châtelet) toutes les heures entre 1h30 et 5h30 ; depuis les portes de Paris toutes les heures entre 1h et 5h.

**Théâtre des Champs-Élysées**, 15, av. Montaigne **VII-B2**; VIIIe arrdt **M°** Alma-Marceau ☎ 01.49.52.50.50.

**Opéra-Bastille**, 120, rue de Lyon **IX-D1**; XIIe arrdt **M°** Bastille ☎ 08.36.69.78.68.

**Maison de Radio-France**, 116, av. du Président-Kennedy **VIII-B3**; XVIe arrdt **M°** Passy ou Bir-Hakeim ☎ 01.56.40.15.16.

**Cité de la Musique**, 221, av. Jean-Jaurès **hors plan**; XIXe arrdt **M°** Porte-de-Pantin ☎ 01.44.84.44.84.

**Et aussi…** Sachez que des concerts ont fréquemment lieu dans les **églises** parisiennes, notamment à **Notre-Dame**, à la **Sainte-Chapelle** et dans les églises de **St-Germain-des-Prés**, **St-Sulpice**, **St-Louis-en-l'Île**.

### Théâtres

#### QUELQUES SALLES

**Comédie Française Richelieu**, 2, rue Richelieu **IV-B2**; Ier arrdt **M°** Palais-Royal ☎ 01.44.58.15.15.

**Palais-Royal**, 38, rue Montpensier **IV-B2**; Ier arrdt **M°** Palais-Royal ☎ 01.42.97.59.81

**Rond-Point**, 2 bis, av. F-D-Roosevelt **VII-C3**; VIIIᵉ **arrdt M°** Franklin-Roosevelt ☎ 01.44.95.98.10.

**Odéon-Théâtre de l'Europe**, 1, pl. Paul-Claudel **X-B2**; VIᵉ **arrdt M°** Odéon ☎ 01.44.41.36.36.

**Bouffes du Nord**, 37 bis, bd de la Chapelle **hors plan par VI-B2**; Xᵉ **arrdt M°** La-Chapelle ☎ 01.46.07. 34.50.

**Abbesses**, 31, rue des Abbesses **VI-A2**; XVIIIᵉ **arrdt M°** Abbesses ☎ 01.42.74. 22.77.

### CAFÉS-THÉÂTRES

**Café de la Gare**, 41, rue du Temple **II-B1**; IVᵉ **arrdt M°** Hôtel-de-Ville ☎ 01.42.78.52.51.

**Café d'Edgar**, 58, bd Edgar-Quinet **XII-B3**; XIVᵉ **arrdt M°** Edgar-Quinet ☎ 01.42.79.97.97.

## Réservations et billets à prix réduits

**Kiosque-théâtre Madeleine**, 15, pl. de la Madeleine **V-A1**; VIIIᵉ **arrdt M°** Madeleine, *du mar. au sam., 12h30-20h; dim., 12h30-16h*; **kiosque-théâtre Tour Montparnasse**, sur l'esplanade **XII-B2**; XIVᵉ **arrdt, M°** Montparnasse (face à la gare), *du mar. au sam., 12h30-20h; dim., 12h30-16h*; **kiosque-théâtre RER** Châtelet-Les-Halles **III-A2**; *sf dim., lun. et j.f., 12 h 30-19 h 30*. **Et aussi** la billetterie Fnac qui centralise les réservations pour toute sorte de spectacles (théâtre, concerts, etc.), mais sans réduction. **Minitel** 3615 FNAC.

## ■ Visites guidées

### En car

Des guides professionnels commentent à bord d'un autocar les principaux monuments parisiens. Une formule plébiscitée par les Japonais… **Cityrama**, 4, pl. des Pyramides; Iᵉʳ **arrdt M°** Tuileries ☎ 01.44.55. 60.00. **Paris-Vision**, 214, rue de Rivoli; Iᵉʳ **arrdt M°** Tuileries ☎ 01.42.60.30.01. Un peu différent, **OpenTour** propose des visites commentées à bord d'un car à impériale desservant 40 arrêts, avec possibilité de descendre et de reprendre

la visite plus tard *(ticket valable deux jours; durée: 2h env.; rens.* ☎ *01.43.46. 52.06, à l'office de tourisme et dans les agences RATP).*

Pour ceux qui préfèrent les visites libres individuelles, il existe plusieurs organismes: **Balabus** *circule les dim. et j.f., d'avr. à fin sept. de 12h30 à 20h (passage toutes les 20 mn env.; durée: 1h env.; rens.* ☎ *08.36.68.41.14 et dans les agences RATP).* Autre possibilité, **ParisBus** propose un circuit «en toute liberté» desservant 9 arrêts, avec possibilité de descendre en cours de visite et de la reprendre plus tard *(durée: 2h env.; rens.* ☎ *01.42.82.36.40).*

### En bateau

La classique croisière en bateau-mouche est à faire absolument au moins une fois dans sa vie. Avec commentaires et option déjeuner (ou dîner) à bord.

➤ **LES BATEAUX-MOUCHES**. Embarcadère du pont de l'Alma, rive droite; XVIᵉ **arrdt M°** Alma-Marceau ☎ 01.42. 25.96.10. **Bateaux Parisiens**, embarcadères au pied de la tour Eiffel; XVᵉ **arrdt M°** Bir-Hakeim, ou quai de Montebello; Vᵉ **arrdt M°** St-Michel ☎ 01.44.11.33.44. **Vedettes du Pont-Neuf**, square du Vert-Galant; Iᵉʳ **arrdt M°** Pont-Neuf ☎ 01.46.33.98.38. **Vedettes**, rive gauche, port de Suffren; XVᵉ **arrdt RER** Champ-de-Mars ☎ 01.47.05.71.29. **Yachts de Paris**, port Henri IV; IVᵉ **arrdt M°** Quai de la Rapée ☎ 01.44.54.14.70. Dîner-croisière onéreux dans un authentique yacht des années 1930.

➤ **BATOBUS**. Pour explorer Paris en six escales de la tour Eiffel au Louvre, en passant par le musée d'Orsay, St-Germain-des-Prés, Notre-Dame et l'Hôtel de Ville. *D'avr. à nov., un bateau toutes les 25 mn, de 10h à 19h et jusqu'à 22 h de juin à août ; rens.* ☎ 01.44.11.33.99.

➤ **SUR LES CANAUX**. Ces croisières de charme dévoilent des facettes moins connues de Paris: le bassin de la Villette, le canal St-Martin et l'Arsenal. Prévoyez une demi-journée *(nom-*

# Dans les jardins et les cimetières

Chaque année, plus de 900 visites guidées de 1 h 30 env. sont organisées dans les 400 parcs et jardins d'hier et d'aujourd'hui ainsi que dans les 20 cimetières de la ville. Il s'agit tout simplement de faire découvrir les espaces verts qui nous entourent à travers leur histoire, leur ordonnancement et les espèces végétales qui les composent. Des conférences-projections sont aussi proposées, parmi lesquelles « Le jardin de peintre au XIXe s. » ou encore « Les arbres remarquables » — l'occasion de découvrir l'« arbre aux pochettes », dont les fleurs spectaculaires font penser à des mouchoirs (au parc Monceau), ou le « désespoir du singe », dont les branches entourées d'un manchon empêchent toute ascension (à Bagatelle). Programme des visites et horaires ☎ 01.40.71.75.23 ou 01.40.71.75.60. Et pour ceux qui souhaitent passer aux travaux pratiques, des cours de jardinage sont dispensés chaque week-end à l'école d'horticulture Du Breuil dans le bois de Vincennes. Rens. ☎ 01.43.28.28.94 et à la maison du Jardinage au parc de Bercy. Rens. ☎ 01.53.46.19.19.

*breuses réductions pour les jeunes ; réservation impérative).* **Canauxrama** ☎ 01.42.39.15.00. Du bassin de la Villette (XIXe **arrdt M°** Stalingrad) à l'Arsenal (**M°** Bastille), ou inversement *(durée: 3 h).* **Paris Canal** ☎ 01.42.40.96.97. Du bassin de la Villette au musée d'Orsay (VIIe **arrdt M°** Musée-d'Orsay), ou inversement *(durée: 3h).*

## À pied

**Caisse nationale des monuments historiques**, hôtel de Sully, 62, rue St-Antoine ; IVe **arrdt** ☎ 01.44.61.21.69. *(sf dim. et j.f.).* **Paris et son histoire**, 82, rue Taitbout ; IXe **arrdt** ☎ 01.45.26.26.77. Des guides-conférenciers proposent des visites de la capitale, individuellement ou en groupe *(liste complète à l'office de tourisme ou reportez-vous à Pariscope).* Idéal pour visiter des monuments difficiles d'accès comme certains hôtels particuliers.

## À vélo

**Paris à vélo, c'est sympa !** propose des visites guidées à bicyclette (fournie).

Plusieurs **circuits** sont au programme : le cœur de Paris (Marais, Montmartre, Palais-Royal, île de la Cité, île St-Louis…) ; les ateliers d'artistes ; le canal St-Martin, le quartier de la Mouzaïa, la Villette et la Coulée verte, ou encore Paris Art nouveau. **Paris à vélo, c'est sympa !** 37, bd Bourdon ; IVe **arrdt** ☎ 01.48.87.60.01. *Commentaires en six langues.*

## Sur grand écran

Le spectacle **Paris-Story** sur écran panoramique constitue une bonne entrée en matière avant de visiter la ville. L'histoire de Paris y est retracée à travers différents thèmes (architecture, histoire, peinture). L'iconographie compte 1 700 photos et tableaux et la bande-son mêle commentaires pédagogiques, extraits musicaux et poésie. Plébiscité par les critiques, ce spectacle séduira aussi bien les amoureux de Paris que les touristes. *Séances t.l.j. de 9h à 21h et 18h hors saison.* **Paris-Story**, 11 bis, rue Scribe ; IXe **arrdt** ☎ 01.42.66.62.06. *Traduction simultanée en 11 langues.*

# Les grands architectes de la capitale

JEAN-CHARLES ALPHAND (1817-1891). Chargé de l'administration des promenades par Haussmann, ce polytechnicien est à l'origine de la quasi-totalité des parcs parisiens *(p. 44)*.

JACQUES FRANÇOIS BLONDEL (1705-1774). Il est l'un des initiateurs du style Louis XVI, qui tend vers une plus grande simplicité *(p. 117)*.

RICARDO BOFILL (né en 1939). Il a su marier néoclassicisme monumental et modernité à travers des réalisations grandioses comme la place de la Catalogne *(pp. 164, 188)*. Il a aussi réalisé les halles de la place du marché St-Honoré.

GERMAIN BOFFRAND (1667-1754). Cet architecte et décorateur est l'un des promoteurs du style rocaille, cette forme fantaisiste et délicate du rococo qu'il contribua à propager en Europe *(pp. 179, 181)*.

ALEXANDRE BRONGNIART (1739-1813). Élève de Boullée et de Gabriel, cet architecte fut adepte d'un style antiquisant à l'imitation des temples grecs *(p. 112)*.

LIBÉRAL BRUANT (1636-1697). Architecte d'un classicisme austère, qui affirme très nettement la prédominance des lignes horizontales. On lui doit la chapelle de la Salpêtrière et surtout l'hôtel des Invalides *(p.194)*.

JEAN-FRANÇOIS CHALGRIN (1739-1811). Architecte très actif à Paris, il édifia ou acheva bon nombre de bâtiments dans le style Louis XVI, pour adopter ensuite le néoclassicisme dans sa forme la plus grandiose : l'Arc de Triomphe *(p. 139)*.

PIERRE ALEXIS DELAMAIR (1675-1745). Architecte très en vue au début du XVIIIᵉ s. Réfractaire aux fantaisies baroques, il utilise encore des formes classiques : colonnades, frontons, etc. *(pp. 80, 83)*.

PHILIBERT DELORME (v. 1510-v.1570). Passionné par l'Antiquité, il fut l'un des grands architectes-sculpteurs du XVIᵉ s. et travailla pour Henri II (châ-

teau de Fontainebleau), Diane de Poitiers (château d'Anet) et Catherine de Médicis (château des Tuileries). Comme Pierre Lescot, Philibert Delorme adapta les formes de la Renaissance italienne à l'esprit français *(pp. 102, 158)*.

GUSTAVE EIFFEL (1832-1923). Ingénieur qui passe pour le plus grand spécialiste des constructions métalliques au XIXᵉ s. Outre la tour Eiffel, on lui doit des ponts et des viaducs : viaduc de Garabit, pont de Porto au Portugal, etc. *(pp. 189, 190)*.

JACQUES ANGE GABRIEL (1698-1782). Nommé premier architecte du roi en 1742, il édifia une somme incomparable de monuments. Tous se caractérisent par une élégance sobre et un décor retenu qui annoncent le néoclassicisme *(pp. 132, 178, 192)*.

CHARLES GARNIER (1825-1898). L'architecte est à l'origine du style Napoléon III, un néobaroque fastueux mâtiné de multiples références Renaissance ou classiques. Outre l'Opéra de Paris, il a réalisé aussi le casino de Monte-Carlo *(pp. 46, 114, 135)*.

HECTOR GUIMARD (1867-1942). Principal représentant de l'architecture Art nouveau en France, il mélange les matériaux et décore ses édifices de lignes courbes imitant le monde végétal. Ses entrées de métro (1899-1904) lui ont valu un succès populaire *(pp. 135, 147, 151)*.

JULES HARDOUIN-MANSART (1646-1708). Élève de Libéral Bruant, il devint premier architecte du roi en 1681 et travailla dès lors sans relâche à Versailles, mais aussi à Paris (place des Victoires et place Vendôme). Son style grandiose d'esprit classique s'infléchit d'une recherche d'élégance nouvelle qui annonce déjà le goût du XVIIIᵉ s. *(pp. 104, 111, 194)*.

GEORGES EUGÈNE HAUSSMANN (1809-1891). Nommé préfet de la Seine en 1853, il est à l'origine des grands travaux d'embellissement et d'assainissement de la capitale menés tout au long du Second Empire *(pp. 46, 114, 119, 140, 148).*

JACQUES IGNACE HITTORFF (1792-1867). Architecte français d'origine allemande féru d'Antiquité (il propagea l'idée alors inconnue de la polychromie des temples grecs). On lui doit la gare du Nord, ainsi que l'église St-Vincent-de-Paul *(pp. 133, 134, 140).*

FRANTZ JOURDAIN (1847-1935). Adepte de l'Art nouveau, puis de l'Art déco, la forme géométrisée du précédent. Il a élevé à Paris «les» Samaritaine: l'ancien magasin du boulevard des Capucines et le magasin actuel du Pont-Neuf *(p. 26).*

HENRI LABROUSTE (1801-1875). Utilisant toutes les ressources du fer pour la Bibliothèque nationale et pour la bibliothèque Ste-Geneviève, il passe pour l'un des grands initiateurs de l'architecture moderne *(pp. 107, 158).*

VICTOR LALOUX (1850-1937). Mentor du style Beaux-Arts, qui pratique l'éclectisme architectural et mélange à l'envi les styles du passé *(p. 181).*

JULES LAVIROTTE (1864-1928). Un des maîtres du modern style. Son premier ouvrage important date de 1899, c'est l'hôtel de la rue Sédillot. Mais son chef-d'œuvre incontesté reste l'immeuble primé (1929) de l'avenue Rapp *(pp. 148, 180).*

LE CORBUSIER (Charles-Édouard Jeanneret, dit, 1887-1965). Il s'affirme très précocement comme adepte du modernisme (utilisation d'éléments préfabriqués, rejet de l'ornement, etc.) et transpose les formes du cubisme en architecture (recours à des formes géométriques et plans verticaux). À Paris, il a réalisé deux pavillons de la Cité universitaire et la fondation qui porte son nom dans le quartier d'Auteuil *(pp. 47, 147, 150).*

CLAUDE NICOLAS LEDOUX (1736-1806). Architecte, ardent propagateur d'un retour vers les formes classiques, exemptes d'ornements. Son goût de la symétrie et de la monumentalité éclate aux pavillons d'octroi qui ponctuent l'ancienne barrière des Fermiers généraux: entrées du parc Monceau et du parc de la Villette, place de la Nation, etc. *(pp. 42, 189).*

JACQUES LEMERCIER (1585-1654). Nommé premier architecte du roi par Louis XIII, il fut chargé de l'embellissement du Louvre (pavillon de l'Horloge), de la construction du Val-de-Grâce et du Palais-Royal. Lemercier est l'un des noms les moins connus du classicisme français *(pp. 40, 97, 99, 106, 158).*

PIERRE LESCOT (1515-1578). À l'origine du Louvre de François I$^{er}$ et d'Henri II (cour Carrée), il fusionna avec brio les données de l'architecture italienne antiquisantes avec les traditions nationales. Il passe, à ce titre, pour l'un des grands architectes de la Renaissance française *(pp. 40, 84, 96).*

LOUIS LE VAU (1612-1670). Son style imposant, rigoureux et empreint de simplicité symbolise à merveille le style classique. Seul ou avec son frère François, le premier architecte de Louis XIV construisit une somme incomparable d'hôtels (hôtel de Lauzun et hôtel Lambert) et de monuments (Institut de France) pendant le Grand Siècle *(pp. 41, 88, 97, 170).*

ROBERT MALLET-STEVENS (1886-1945). Adepte du dépouillement, de l'adaptation des formes cubistes à l'architecture et d'une utilisation systématique du béton, il rivalisait avec Le Corbusier *(p. 147).*

FRANÇOIS MANSART (1598-1666). Son goût pour les décorations fouillées et les ordonnances amples et symétriques en fait l'un des traits d'union entre Renaissance et classicisme (hôtel Carnavalet et hôtel d'Aumont) *(pp. 80, 82, 84, 88, 110, 158).*

JEAN NOUVEL (né en 1945). Ses créations (Institut du monde arabe et Fondation Cartier à Paris; Opéra de Lyon) illustrent les grandes tendances de l'architecture d'aujourd'hui: un certain goût de la transparence et une volonté de créer une esthétique nouvelle qui s'intègre sans rupture à un environnement ancien *(pp. 163, 164, 185).*

**CLAUDE PERRAULT** (1613-1688). À la fois architecte, médecin, physicien et traducteur (œuvres de Vitruve), il éleva la colonnade du Louvre et élabora un projet pour l'Observatoire. Son interprétation très personnelle du classicisme (colonnes accouplées d'esprit presque baroque) lui valut de nombreuses critiques *(pp. 97, 99).*

**AUGUSTE PERRET** (1874-1954). Né en Belgique, il adopta toutes les dernières nouveautés de son temps (plan libre, béton, éléments préfabriqués, etc.), ce qui lui valut le titre de fondateur de l'architecture moderne. Son style monumental et classique connut un prolongement dans l'Europe totalitaire pendant les années 1930 : en URSS, Italie et Allemagne *(pp. 137, 146).*

**CHRISTIAN DE PORTZAMPARC** (né en 1944). Créateur de formes nouvelles et esthétiques, il est l'un des architectes les plus intéressants de sa génération. On lui doit notamment la Cité de la musique édifiée à La Villette *(pp. 164, 239).*

**COMTE DE RAMBUTEAU** (Claude Philibert Barthelot, 1781-1869). Préfet de la Seine (1833-1848) sous la monarchie de Juillet, il commença l'assainissement de la capitale et les chantiers d'immeubles que poursuivit ensuite le baron Haussmann *(pp. 43, 148).*

**GERMAIN SOUFFLOT** (1713-1780). Marqué par l'Antiquité, ce précurseur du néoclassicisme en France a exercé une influence déterminante sur les architectes de la fin du XVIII$^e$ s. comme Boullée ou Ledoux *(pp. 41, 157).*

**EUGÈNE EMMANUEL VIOLLET-LE-DUC** (1814-1879). Architecte de formation, il entreprit un immense travail de réhabilitation du patrimoine français. Fasciné par le Moyen Âge, il prôna l'emploi de formes adaptées à leur fonction (l'architecture dite fonctionnaliste), à l'image des cathédrales et des châteaux qui avaient été conçus pour une fonction donnée *(pp. 43, 65).*

# Des livres et des films

## Histoire, art et urbanisme

*Dictionnaire historique des rues de Paris*, HILLAIRET (J.), Éd. de Minuit, 1987. Trois volumes consacrés à l'explication de l'origine du nom des rues.

*Guide du patrimoine de Paris*, coll. dir. par Jean-Marie PÉROUSE DE MONTCLOS, Hachette, 1994. Tous les monuments de Paris et leur histoire, avec une iconographie passionnante.

*Paris*, FAVIER (J.), Fayard, 1997. Deux mille ans d'histoire contée et analysée par un grand spécialiste. L'ouvrage de référence pour comprendre « l'exception » parisienne.

*Paris la Grande*, MEYER (P.), Flammarion, 1997. Déclinée au féminin comme au masculin, la capitale portraiturée par le caustique chroniqueur de France-Inter. Tonifiant !

## Littérature

*Le Flâneur des deux rives*, APOLLINAIRE (G.), Gallimard, 1993. Une errance dans la capitale par le plus parisien de nos poètes.

*Le Paysan de Paris*, ARAGON (L.), « Folio », Gallimard, 1978. Le Paris surréel des passages couverts et des Grands Boulevards.

*La Comédie humaine*, BALZAC (H. de), Le Livre de poche. Une plume trempée dans le vitriol décrit les menues turpitudes de la société parisienne.

*Nadja*, BRETON (A.), « Folio », Gallimard, 1998. Un hymne à l'amour dans une ville où l'étrangeté est toujours au coin de la rue.

*La Liberté ou l'Amour*, DESNOS (R.), Gallimard, 1982. Les folles amours de Corsaire Sanglot et de Louise Lame. En toile de fond, Bébé Cadum et Bibendum se livrent une lutte sans merci.

*Le Piéton de Paris*, FARGUE (L.-P.), Gallimard, 1993. Tout le parfum du Paris de l'entre-deux-guerres et des portraits attachants de Belleville, Ménilmontant et du X$^e$ arrondissement.

*L'Éducation sentimentale*, FLAUBERT (G.), Marabout, 1996. L'histoire d'une longue et douloureuse passion dans le Paris de la monarchie de Juillet.

*Notre-Dame de Paris*, Marabout, 1997, et *Les Misérables*, Le Livre de poche, 3 vol., HUGO (V.). Quasimodo, Esmeralda, Jean Valjean, Cosette, Gavroche… autant de figures aussi hugoliennes que parisiennes.

*Fièvre au Marais*, MALET (L.), Fleuve noir, 1998. Le détective Nestor Burma et son inséparable secrétaire traquent le crime dans le III$^e$ arrondissement. L'un des 20 titres (un par arrondissement) des *Nouveaux Mystères de Paris*.

*Paris, rive glauque*, PRUDON (H.), DAENINCKX (D.), OPPEL (J.-H.), REBOUX (J.-J.), DELCOUR (B.), POUY (J.-B.), Éd. Autrement, 1998. Des auteurs de polar mettent en scène la capitale au quotidien.

*Zazie dans le métro*, QUENEAU (R.), Gallimard, 1996. Les vacances à Paris d'une impertinente provinciale de dix ans.

*Les Chemins de la liberté*, SARTRE (J.-P.), « Folio », Gallimard, 3 vol., 1972-1976. La somme romanesque de Sartre, figure à jamais attachée au souvenir de St-Germain-des-Prés.

*Les Histoires du commissaire Maigret*, SIMENON (G.), Presses de la Cité. La PJ, le Quai des Orfèvres… : tout l'univers du plus populaire des flics de France.

*Les Mystères de Paris*, SUE (E.), Laffont, 1989. Paris glauque et effrayant par l'inventeur du roman-feuilleton.

*L'Assommoir*, ZOLA (É.), Seuil, 1993. Un roman cruel et âpre sur la misère des ouvriers parisiens pendant le Second Empire.

*Au bonheur des ogres, La Fée Carabine, La Petite Marchande de prose, Monsieur Malaussène*, PENNAC (D.), « Folio », Gallimard, 1985-1989. Une saga policière à Belleville. Irrésistiblement drôle.

*La Vie, mode d'emploi*, PEREC (G.), Le Livre de poche, 1978. La vie secrète d'un immeuble de la plaine Monceau.

La Traversée de Paris, *avec Bourvil et Gabin, une comédie de Claude Autant-Lara, dont l'action se déroule sous l'Occupation.*

## Guides

*Paris*, « Guides bleus », Hachette. L'ouvrage le plus complet sur Paris.

*Paris*, « Guide du Routard », Hachette.

*Paris et ses environs avec vos enfants*, « Guide du Routard junior », Hachette.

*Paris*, « Guides Voir », Hachette.

*Paris*, « Un Grand Week-End à », Hachette.

## Films

*La Traversée de Paris*, AUTANT-LARA (C.), 1956. Une vision de Paris sous l'Occupation.

*Les Enfants du paradis*, CARNÉ (M.), 1937 : le chef-d'œuvre du réalisme poétique décrit le Paris de Louis-Philippe. *Hôtel du Nord*, CARNÉ (M.), 1938 : pour Arletty et son célèbre « atmosphère, atmosphère ».

*Sous les toits de Paris*, CLAIR (R.), 1930. Un Paris bon enfant, nostalgique et gai, volontiers anarchisant.

*Casque d'or*, BECKER (J.), 1952. Magistrale chronique des bas-fonds parisiens. L'un des plus beaux films français de l'après-guerre.

*À bout de souffle*, GODARD (J.-L.), 1959. Le film fondateur de la « nouvelle vague » se double d'une vision quasi documentaire de Paris.

*Paris vu par*, GODARD, ROHMER, DOUCHET, POLLET, ROUCH, CHABROL, 1965. Six quartiers de Paris (la Muette, St-Germain-des-Prés, Montparnasse, rue St-Denis, place de l'Étoile et gare du Nord), choisis et filmés par six réalisateurs hors pair.

*Playtime*, TATI (J.), 1967. Un regard drôle sur la capitale et une inénarrable succession de gags.

# Index

Concorde pl. de la : nom de lieu
*Eiffel Gustave* : nom de personnage
Architecture : mot-clé

Les folios en **gras** renvoient aux rubriques les plus détaillées,
les folios en bleu renvoient aux cartes,
les folios en rouge renvoient aux bonnes adresses.

Cimetières, églises, hôtels particuliers, musées, parcs et jardins, théâtres
et passages sont indexés à ces entrées.

Imprimé en France par I.M.E 25110 Baume-les-Dames

Dépôt légal n° 09880-03/2001 - Collection n° 26 - Édition n° 03

N° imprimeur : 14935 - ISBN : 2-01-242693-X

**24/2693/0**

# À nos Lecteurs...

Ces pages vous appartiennent. Notez-y vos remarques, vos impressions de voyage, vos découvertes personnelles, vos bonnes adresses. Et ne manquez pas de nous en informer à votre retour. Nous accordons la plus grande attention au courrier de nos lecteurs.

HACHETTE
Tourisme
Guides Bleus Évasion – Courrier des lecteurs
43, quai de Grenelle – 75905 PARIS Cedex 15

Carnet de voyage